Journal of the Institute for Chinese Classics Studies
Nanjing University

古典文獻研究

第二十四輯　下

CSSCI來源集刊

程章燦 主編　　南京大學古典文獻研究所 主辦

國家"雙一流"建設學科"南京大學中國語言文學藝術"資助項目
江蘇省2011協同創新中心"中國文學與東亞文明"資助項目

鳳凰出版社

圖書在版編目（ＣＩＰ）數據

古典文獻研究. 第二十四輯. 下 / 程章燦主編.
-- 南京：鳳凰出版社，2021.12
　ISBN 978-7-5506-3550-0

Ⅰ. ①古… Ⅱ. ①程… Ⅲ. ①古文獻學－中國－叢刊 Ⅳ. ①G256.1-55

中國版本圖書館CIP數據核字(2021)第241671號

書　　　名	古典文獻研究(第二十四輯下)
主　　　編	程章燦
責 任 編 輯	許　勇
裝 幀 設 計	徐　慧
出 版 發 行	鳳凰出版社(原江蘇古籍出版社)
	發行部電話025-83223462
出版社地址	江蘇省南京市中央路165號,郵編:210009
出版社網址	http://www.fhcbs.com
照　　　排	南京凱建文化發展有限公司
印　　　刷	江蘇鳳凰數碼印務有限公司
	江蘇省南京市栖霞區堯新大道399號,郵編:210038
開　　　本	787毫米×1092毫米　1/16
印　　　張	19.5
字　　　數	402千字
版　　　次	2021年12月第1版
印　　　次	2021年12月第1次印刷
標 準 書 號	ISBN 978-7-5506-3550-0
定　　　價	108.00圓

(本書凡印裝錯誤可向承印廠調換,電話:025-57718474)

主　　編　程章燦
副 主 編　趙　益

編輯委員會（按姓名音序排列）
　　　　　曹　虹　陳尚君　陳正宏
　　　　　程章燦　叢文俊　杜澤遜
　　　　　郭英德　姜小青　劉玉才
　　　　　劉躍進　武秀成　徐　俊
　　　　　徐雁平　徐有富　張涌泉
　　　　　趙　益　趙生群

執 行 編 輯　張宗友

目　次

· 文獻文化史研究 ·

商業出版與詩歌總集的文本生成:新見日本藏《大明萬家詩山》考論
　……………………………………………………………… 湯志波（ 1 ）
學術良工:劉文奎局與乾嘉學者的出版活動 ………… 鄭　幸（ 16 ）

· 經學文獻研究 ·

論唐宋時期考較《周易》文本的學術傳統　…………… 顧永新（ 33 ）
明嘉靖本《禮記注》考略 ………………………………… 王　鍔（ 57 ）
從"西狩獲麟"釋義看杜預對漢代《春秋》學的突破 … 劉雅萌（ 78 ）
清周懋琦鈔校本《十三經注疏正誤》考略 ……………… 王曉静（ 96 ）

· 文學及文學文獻學研究 ·

殷璠初盛唐詩風三變説别解 ……………………………… 張固也（109）
王昶幕府集會文學活動及其幕賓考述 …………………… 李金松（123）

· 石刻文獻研究 ·

消失的碑林:《橋玄廟碑》與東漢鄉里石刻景觀 ……… 于　溯（139）
出土六朝磚銘文字校訂十五則 ………………………… 張　今（152）
唐代百濟太子扶餘豐女夫妻合葬墓誌考論
　……………………………………………… 王連龍　叢思飛（166）

· 道教文獻研究 ·

《太元真人茅君内傳》解題
　………………………〔法〕賀碧來 撰　張　粲　吕鵬志 譯（174）

論古靈寶經對般若經中"經臺"的接受與改造 ……… 甘沁鑫(185)
《三洞群仙録》考述 …………………………………… 李　静(211)

• 目録學暨四庫學研究 •

《古今書最》發微 ……………………………………… 張宗友(222)
《七録》總集、雜文二分及其集部文體學價值
　………………………………………………………… 翟新明(240)
王際華與于敏中關於《四庫》修書之通信
　——兼談《于文襄手札》的考釋 ……………… 張　昇(260)
四庫提要的差异與稿本《總目》的修改 ……………… 江慶柏(270)
《四庫全書總目》元别集提要版本問題辨證
　…………………………………………… 何素婷　何宗美(287)

商業出版與詩歌總集的文本生成：
新見日本藏《大明萬家詩山》考論

湯志波

日本早稻田大學中央圖書館藏明刻本《大明萬家詩山》五卷(以下簡稱《詩山》)，上下兩册，半葉十二行行二十三字，白口，四周單邊，雙黑魚尾，版心上鐫"萬家詩山"，卷一卷端題"江西萬年縣上陽春江汪炎孔編輯、弟對峰汪近德校正、弟見江汪本澄精選、門人趙應奎字號"，卷二、卷四題"見江汪本澄精選"，卷三題"對峰汪近德校正"，卷五題"江西萬年縣春江汪近孔編輯、弟對峰汪近德校正、弟見江汪本澄精選"。卷首佚名序云："是詩也，春江汪先生之所傳聞，而門人之所述之也。"①據卷端題名、卷首序及書中"汪近孔""汪炎孔""汪春江"一人三名混用的情況，當是汪近孔策劃或初纂，具體編選由汪本澄負責，弟子趙應奎編寫詩歌作者與詩題中涉及人物之字號、籍貫、簡介，今姑按慣例簡稱汪近孔等編。

編者汪近孔(又作汪炎孔)字學大，號春江；汪近德字敦夫，號對峰；汪本澄字汝源，號見江；兄弟三人均是饒州府萬年縣上陽人。趙應奎字文瑞，號少山，饒州府餘干縣魚池塘長山人，其餘生平不詳。據卷三汪本澄《賀表兄趙東湖配姻》云"嘉靖龍飛甲子春"，可知《詩山》成書至少在嘉靖甲子(四十三年，1564)之後。又序中提及"吾友翰林院侍講張春、編修王希烈，都給事中藍璧，左給事中李東承、江一川"，其中王希烈卒於萬曆五年(1577)，知《詩山》當成書於嘉靖末萬曆初。若此序爲僞托，成書時間或可稍微後延。書中"大明"頂格，其字體特徵亦符合嘉、萬間建陽府坊刻風格。

《詩山》五卷共收録297位作者詩歌688首②，以七言律詩爲主，偶有五律與七絶；以人繫詩，作者名下注明字號、籍貫。其中亦偶有評點，如評王陽明《自感書懷》云："佳言殊出，盡有道氣，非道明德立者不能如此形容。觀此令人悵然自得。"評王陽明理學詩又曰："前後詩詞，或發明身心之藴，或推廓道體之

---

① 〔明〕汪近孔等《大明萬家詩山》卷一，明刻本，葉1上。
② 按，由於《詩山》卷首無目録，序跋中也未提及總卷數，未知是否爲全本，今姑按全本論述。

妙,或伸言抱負之志,各有攸寓也。讀者不可忽之。"①評胡儼之詩:"胡公之詩二十四律,字字洗練,句句清新,真天馬行空,步驟不凡。誦之朗然精金美玉,世亦爲之罕得者也。"②不知是編者所評,還是所錄底本原有之評語。作爲一部明人編選的明詩總集,《詩山》有明顯迥異於其他總集之處,本文試從編選原則、文本來源等角度加以論述,并參照對比日用類書中的《皇明詩選》《萬家詩集》,揭櫫其商業出版特徵。

一 從大明到江西:《詩山》的地域定位與編選原則

與諸多明詩選本一樣,《詩山》收錄作者甚廣,從時段分布來看,從明初至嘉靖間的作者均有入選;從作者身份來說,上至館閣翰林,下及釋道閨秀,都未遺漏。表面看似是一部全國性的詩歌總集,但細讀之下可知,《詩山》更多是一本江西地域詩集。首先,《詩山》中明確注明江西籍之作者有 92 位,占全部作家的三分之一強,這其中饒州府籍詩人又占四分之三。由於《詩山》編刻相對粗疏,其中還有諸多署作"馮先生""詹先生""許先生""羅先生"者,不言作者籍貫。其中"吳先生"注明是東崗山人,屬於饒州府餘干縣,逆推其編選體例與編刻動機(詳見下文論述),這些未署具體姓名之人應是編者好友、當地文人,因過於熟悉暫未錄入姓名。因此江西籍作者約占全書半數。

其次,作者仕宦江西。《詩山》中明確注明官職的就有饒州兵備副使范輅、饒州知府李鎰、江西巡撫都御史周相、奉新知府潘相、江西儒學提舉楊維楨、江西監察御史胡金、饒州府樂平縣典史翁嶽、江西巡撫都御史王守仁、江西監察御史徐岱、江西都御史張元冲等十餘人,另如"儒學教諭吳杰""教諭李善""縣丞陳文""知縣林建邦"等未具體指明仕宦地點,今核《(同治)萬年縣志》職官之"縣令":"林建邦,福建莆田人,嘉靖三十三年任。"③可知《詩山》中的"知縣林建邦"即萬年縣知縣林建邦。其餘數人雖暫不可考,按其例亦應是江西地方官員。

再次,作者既非贛籍,亦未仕宦江西,但詩歌内容與江西有關。如江蘇泰興人茅大方《憶顏伯瑋死忠》,顏伯瑋是江西廬陵人,在靖難之役中遇害,是詩盛贊其忠義氣節。再如應天府汪九鱮《哭翰林學士陳文》,題下注曰:"(陳)文附李賢,因羅倫奏賢奪情事,而羅倫貶官。時則汪九鱮作此挽章親吊以哭之,遺此詩在香臺上,其實譏之也。"④此詩涉及陳文、羅倫之間的政治鬥爭,二人俱爲江西吉安府人,陳文官至内閣首輔,羅倫是成化二年(1466)狀元。再如卷四魏奇《讀文天祥傳》,歌頌文天祥殉國大義;卷五程梅岩《題饒娥廟》,述饒娥孝烈之節。作者魏奇、程梅岩籍貫不詳,但詩中文天祥、饒娥均是江西人。或

---

① 《大明萬家詩山》卷一,葉 12 上—13 上。
② 《大明萬家詩山》卷一,葉 19 上。
③ 〔清〕項珂、劉馥桂等《(同治)萬年縣志》卷四,清同治十年刻本,葉 2 上。
④ 《大明萬家詩山》卷一,葉 10 下。

者是在江西所作,如陶安《寓饒州府秋節述懷》、夏寅《過陳友諒故都而作》、汪廣洋《題康山韓晟(成)忠廟碑》等。《詩山》所收詩歌更多是以上數種情況交融,可知這是一部明代江西人編選、以江西地域爲主要内容的詩歌總集,收録江西之人與詩是其潛在的核心編選原則。

　　現存明詩總集中地域選本并不少見,"地域性"甚至成爲明詩總集的一大特色①,如浙江有《四明文獻》《吳興藝文補》,福建有《閩中十子詩》《晋安風雅》,廣東有《嶺南文獻》《廣中五先生詩集》等。江西也有代表性詩歌選本,如景泰間韓陽編《皇明西江詩選》,明末舒曰敬編《皇明豫章詩選》,均以選録江西籍詩人爲主。明人編選全國性的明詩總集,如俞憲編《盛明百家詩》、曹學佺編《石倉歷代詩選》(明詩部分)、陳子龍等編《皇明詩選》、錢謙益編《列朝詩集》等,雖收詩數量多寡不一,作者地域之分布或有差异,但總體來説是全國範圍内平衡分布,而非專選一省乃至一府之作②。像《詩山》這種以"大明"爲題而又以江西地域爲主的總集,極爲少見。

　　一般來説,編選詩歌總集,或是爲述存一代詩史,實現"網羅放佚,使零章殘什,并有所歸"之目的,或是通過選詩顯示編者的文學主張,達到"删汰繁蕪,使莠稗咸除,菁華畢出"之效果③。總集編選者一般都是士人階層,能獲得較多的詩歌文本資源,且具有較高的甄選鑒賞水平。但《詩山》之編者名不見經傳,編選也較爲粗疏,其編刻更多是出於謀利爲主的商業目的。

　　首先,總集都有一定的編選原則與宗旨,會在序跋或凡例中清楚展示。《詩山》没有凡例,且卷首不具署名之序,看上去似乎是拼凑而成,或大段論述大明之盛世:"我大明太祖高皇帝天錫勇智,訊掃胡元,復帝王已淪之土宇,植中國既墜之綱常。惟賢是任,惟能是舉。不以科爲限,而治化之隆盛,真足以邁唐宋而愧美於商周者矣。及我成祖文皇帝繼承大統,虎躍北平,中土有於變之風,四夷有來王之念。自是聖子神孫,授受一道。至我皇上,益光大之。嗚呼盛矣,不能贊一詞矣。"或將詩歌附會於陰陽術數:"七言四句者,字則北斗之數,而句則合乎四時也;八句者,八卦之象也。五言者,字則合五行之數,而句則亦猶是也。"或虛張聲勢誇大其詞:"自明良之歌作,而《三百篇》於是乎托始焉……求其興《三百篇》而繼其盛者,亦惟其《大明萬家詩山》而已矣。"④將《詩山》直接置於《詩經》之後的位置,却隻字未提編者所注重的江西地域之編選原則。且全書并未有一以貫之的編選體例,導致《詩山》顯得較爲雜亂。如雖是"以人繫詩",但或因各卷編者分工不同,同一詩人在不同卷中反覆出現:卷一載程楷《登試入翰林説幼年夢意》,卷三又收其《雁》《樵》;王守仁甚至重複出現

---

① 參見潘林《論明代明詩總集的編纂特色》,《江南大學學報》2017年第2期,第76—82頁。
② 馬漢欽已統計《盛明百家詩》《石倉歷代詩選》《皇明詩選》《列朝詩集》等全明詩歌總集中作者籍貫分布,本文不再贅述。可參見氏著《明代詩歌總集與選集研究》,哈爾濱工程大學出版社,2009年,第44—45、68、80、114頁。
③ 〔清〕紀昀等《欽定四庫全書總目》卷一八六,中華書局,1997年,第2598頁。
④ 《大明萬家詩山》卷首序,葉1—3。

4次，卷一有《自感書懷》等4首，卷三又存《題草萍驛》及無題詩各1首，卷四再錄《收復作反寧王宸濠》，卷五又載其理學詩2首。而編選中"大明"之體例也未能嚴格執行，或因尊崇理學，多次收錄宋代朱熹之詩；或因著眼地域，收錄江西籍宋人馬廷鸞之詩，均與"大明"之預設原則相悖離。

其次，從《詩山》具體內容來看，編者甚至并不需要用心搜集材料，一味照抄手頭所見總集。如卷二連續收錄元代薛宗海、黄溍、傅與礪、張翥、余闕等24人的作品，當是據某元詩選本整體過錄，甚至忽視了這是元代總集，而非明人所作。卷三開篇《李太白樓詩》，收錄高臺、陳鳳梧等三十人同題唱和之作，同樣亦是從相關專題類總集中抄錄。卷五《（館）閣諸公氣象》下注云"不及查名"，其後21首均未著作者姓名，顯露出自某書整體移錄之痕迹。編刻亦訛誤甚多，如黄淐《聞李景隆敗績紀事》誤作"授翰林院修撰有感而作"，作者韓成誤作"韓晟"、姚廣孝誤作"姚廣漢"、董旻誤作"董昊"、姜子奇誤作"姜子牙"，方豪號棠陵誤作"棠陵人"，鐵鉉是色目人誤作"鐵鉉，字色目"，李東陽字賓之誤作"字汝明"，胡儼字若思誤作"字畏之"，且云胡儼是"江西饒州府人"，其實胡儼是臨江府新淦人，後徙南昌，故又作南昌人，但絕非饒州府人。《詩山》編刻之匆忙與粗疏如此，與編選嚴格、刊刻精良的傳統詩歌總集相差甚遠。

再次，是書命名爲"萬家"，也有著明顯的商業廣告氣息。據相關統計，目前所見明人編纂的明詩總集大約有五百多種①，核《中國古籍總目》未見有以"萬家"命名者。是書收錄297位作者詩歌688首，平均每位詩人不到3首。對比一下其他明詩總集，可以明顯看出其差異：同樣是江西地域選本的《皇明西江詩選》收錄89人詩歌1190餘首，而全國性總集如《皇明詩選》收185人詩1205首，《盛明百家詩》收321人詩歌32439首，《列朝詩集》收1773人詩歌23606首，平均每人10餘首乃至近百首，像《詩山》這樣人均不到3首的總集較爲少見②。且選本多選"名家"或"名集"，如顧起綸編《國雅》所云："余就故篋中手筆諸名家愜意詩若干卷，并平生所積名集，得商略而采之。"③但《詩山》所選詩人之中，寂寂無名者占了大多數，以《詩山》所收江西籍詩人爲例，僅胡儼、費宏、嚴嵩、解縉、夏言、桂萼、吳與弼等數人堪稱名家，絕大部分作者與編者汪近孔一樣，皆名不見經傳，其詩歌水平也非常一般。

與純粹謀利不同，《詩山》同時還有"求名"的動機。編者將自己及友人的大量詩篇收入在內，既有擴大篇幅以謀利的考慮，亦有刻意留名以傳世的念頭。如卷一收汪春江理學詩11首，卷五又收七絕10首；卷三收汪本澄《賀表兄趙東湖配姻》，卷四又收《挽雷隱人》《挽趙隱人》《賀人創屋》《偶成》等詩；汪

---

① 王文泰《明代人編選明代詩歌總集研究》，復旦大學博士學位論文，2005年，第4頁。

② 按，與《詩山》收詩比例相仿的有楊慎所編十卷本《皇明詩鈔》，收錄99人277首。但楊慎編此書是爲宣揚其復古文學主張，每人只選一兩首，而李夢陽、何景明却獨占兩卷，以此來爲"前七子"張目，與《詩山》的商業性質完全不同。

③〔明〕顧起綸《國雅》卷首《凡例》，《四庫全書存目叢書》補編第15冊，齊魯書社，2002年，第329頁。

近德、趙應奎也有多首收録。卷一收柯珮《寓四川柳子驛懷汪春江》,卷五又收其《懷汪春江偶成》,均是懷念編者之作,題下注明柯珮是饒州萬年縣錫嶺人,當是編者的同鄉友人。與絶大部分詩人僅入選一兩首相比,編者汪春江與其餘干縣友人甘彥初均收入 21 首,數量在全書中排名第二,僅次於館閣重臣胡儼。編者亦試圖將自己與友人的詩歌憑藉《詩山》得以遠播,達到"以詩存人"之目的。有學者指出:"把許多没有名氣的人列在名録中目的大約有兩個。一是爲了聚攏人氣,製造聲勢。……二是把列名者作爲回報出版資助者的一種方式。這種回報,就是讓資助者及其親友的名字隨着書籍的流通而廣爲流傳。"①《詩山》大量收録甘彥初之詩,亦有可能存在這種"投資回報"的情况。

二 從小説到詩歌:《詩山》的編選來源與文本生成

詩歌總集之編選來源,多以作者别集爲主,如天順間懷悦編《士林詩選》曰"其於鄉先生所爲詩歌,求録其稿而珍藏之"②,隆慶間俞憲編《盛明百家詩》云"收采之豐約,隨本集之多寡"③,崇禎間陳子龍等編《皇明詩選》"閱名家文集四百一十六部"④。無論是"録其稿"還是閱其"本集"或"文集",均選自較爲可靠的一手資料。但《詩山》來源比較複雜,除同時代饒州府地方文人之作外,其餘詩歌多出自總集或小説中。以入選詩歌最多的胡儼爲例,卷一兩次收録胡儼之詩,首次題"北京國子祭酒胡儼",收《甘露》《别親友同學人》《會試》《廷試》《瓊林宴》《除授》6 首臺閣體詩。相隔 63 首之後又有"祭酒胡儼",收《登多景樓》《金山寺》《采石江》《忠宣廟》《小姑山》等游覽詩 24 首。這 30 首詩均不見於胡儼現存別集《頤庵文選》《胡祭酒文集》《胡祭酒集》《胡祭酒頤庵集》《頤庵集》中⑤。其中《金山寺》四首見於錢福《錢太史鶴灘稿》⑥,當是錢福之作。其餘詩歌來源暫不可考,或部分是胡儼之作。編者應是從某游覽詩選本中鈔録,却全部署在胡儼名下。

《詩山》最具特色之處,在於其中大量詩歌選自小説或筆記。如開篇爲朱元璋與徐達、馮國用、李善長、孫炎唱和《采石虜歌》五首,全録如下:

采石虜歌

洪武二年,因征陳友諒,秋夜寓采石磯。天氣清明,星月皎潔,君臣有相悦之樂。太祖高皇帝自爲倡,有時則李善長、徐達、馮國用、孫炎群臣相

---

① 何朝暉《晚明士人與商業出版》,上海古籍出版社,2019 年,第 375—376 頁。
② 〔明〕懷悦《士林詩選》卷首序,《四庫全書存目叢書》補編第 11 册,第 393 頁。
③ 〔明〕俞憲《盛明百家詩》卷首《明詩凡例》,《四庫全書存目叢書》集部第 304 册,齊魯書社,1997 年,第 402 頁。
④ 〔明〕陳子龍等《皇明詩選》卷首《皇明詩選凡例》,明崇禎癸未會稽刊本,葉 1 上。
⑤ 按,胡儼别集版本及其收録詩文概况可參見湯志波、黄越《明代胡儼别集考辨》,《山東圖書館學刊》2018 年第 4 期,第 105—108 頁。
⑥ 〔明〕錢福《錢太史鶴灘集》卷二《游金山偶題十首》,《四庫全書存目叢書》集部第 46 册,第 102—103 頁。

與賡和,觀此真唐虞喜起之賡歌,而太平之氣象可見矣。

太祖高皇帝

素月澄澄斗轉移,銀河一派徹東西。風吹鼓角爭先應,鳥避旌旗不敢啼。志若明蟾清絕翳,心同碧漢净無私。雄師夜宿同英武,氣概森森采石磯。

大元帥徐達

氣吐虹霓志不移,長驅甲士掃東西。金戈渡水月還正,鐵馬聲關雞未啼。常憶君恩圖委質,只全公道不容私。安民盡剪群雄亂,管取乾坤穩似磯。

保國公馮國用

節同宸極豈差移,水漸東流月漸西。細柳功成勞主敬,逍遥名震止兒啼。銀河有水難施渡,玉鑒無塵不染私。壯志勤王懷寶劍,肯隨慵懶伴漁磯。

韓國公李善長

水月澄清山不移,任教萬物轉東西。春來楊柳黄鶯語,月上梧桐杜宇啼。金屋榮華應有定,玉堂編纂自無私。今朝幸際明良會,日下賡歌采石磯。

泗國公孫炎

懷抱忠貞志豈移,平生氣貫斗牛西。筆操花月狐狸泣,劍擊山溪虎豹啼。報國赤心應有節,懸空旭日自無私。清風一掃烟塵净,萬里山河穩若磯。①

這與《皇明英烈傳》卷二之《高皇帝采石吟詩》所載高度相似,現全引如下,以便參照:

是夕,屯兵於采石磯。時值新秋,月色如畫。衆將各歸本帳,惟有徐達、李善長、馮國用、孫炎在麾下共望玩月。太祖曰:"清風明月,真好良霄,恨無佳句以酬之。吾欲勉強一律,諸公勿哂。"徐達等曰:"願聞佳句。"太祖遂微吟之,李善長執筆以書,詩曰:"素月澄澄斗轉移,銀河一派徹東西。風隨鼓角爭先應,鳥避旌旗不敢啼。志若明蟾清絕翳,心同碧海静無私。雄師夜宿同英武,氣概森森采石磯。"太祖詩畢,徐達躬身曰:"臣雖不才,願和一律:氣吐虹霓志不移,長驅甲士掃東西。金戈渡水月還正,鐵馬升關雞不啼。常憶君恩圖委質,只全公道不容私。安民共剪群雄亂,管取乾坤穩似磯。"徐達詩畢,馮國用曰:"小臣亦有一律:節同辰極豈差移,水漸東流月漸西。細柳功成勞主敬,逍遥名震止兒啼。銀河有水難施渡,玉鑒無塵不染私。壯士勤王懷寶劍,肯隨慵懶伴漁磯。"馮國用詩畢,李善長曰:"臣亦有一律:水月澄清山不移,任教萬物轉東西。春來槐柳黄鶯語,

---

① 《大明萬家詩山》卷一,葉1上—2上。

秋後梧桐杜宇啼。金屋榮華應有定,玉堂編纂信無私。今宵幸際明良會,月下賡歌采石磯。"李善長詩畢,孫炎離座曰:"臣雖淺陋,亦敢效雄,勉成一律:懷抱忠貞豈變移,平生志賈斗牛西。筆揮花月妖狐泣,劍擊山溪虎豹啼。報國赤心應有節,懸空旭日自無私。清風一掃烟塵靜,萬里山河穩若磯。"……是夕盡歡而散。①

《皇明英烈傳》是一部以明朝開國歷史爲主要内容的通俗小説,傳爲武定侯郭勛爲鞏固權位、取悦皇帝而招攬門客所作,成書於嘉靖十八年(1539)。所謂"采石賡歌",朱元璋較早的别集版本如明洪武初刻本、明嘉靖八年(1529)刻本、明嘉靖十四年(1535)刻本均不收此詩,至明萬曆十年(1582)姚士觀、沈鈇編刻《高皇帝御製文集》始將此詩輯出,題作《采石磯新秋月色》,作爲"又續增七言律詩"收録②。而徐達等人未有詩文集傳世,無從考究。由於《高皇帝御製文集》刊刻時間晚於《詩山》,再結合詩題、小序及四人賡唱之順序,可知《詩山》所採并非出自朱元璋别集,更可能是選自《皇明英烈傳》或與其密切相關的筆記中③。

《詩山》中更多詩歌源自筆記,如卷一《太祖召僧采(來)復賜食謝詩》:"淇園花雨曉吹香,手挽袈裟近御床。闕下彩雲生雉尾,座中朱茀動龍光。金盤蘇合來殊域,玉碗醍醐出上方。稠叠濫承天上賜,自慚無德頌陶唐。"題下有小注曰:"采復,善詩之僧,而召見之。帝賜食,而采復謝以詩。太祖見'殊'字與'無德'字,大怒曰:'汝謂歹朱無德耶?推出斬之。'"④該詩與郎瑛《七修類稿》所載相似:

……後承詔賜食,謝詩云:"淇園花雨曉吹香,手挽袈裟近御床。闕下彩雲明雉尾,座中紅芾動龍光。金盤蘇合來殊域,玉碗醍醐出上方。稠叠濫承天上賜,自慚無德誦陶唐。"上見詩,大怒曰:"汝詩用'殊'字,是謂我爲歹朱耶?又言'無德誦陶唐',是謂朕無德,雖則欲陶唐誦我而不能耶?何物奸僧,輒敢大膽如此!"⑤

---

① 〔明〕郭勛《皇明英烈傳》卷二,《古本小説集成》影印明刻本,上海古籍出版社,1990年,第102—104頁。

② 〔明〕朱元璋《高皇帝御製文集》卷二十,《明别集叢刊》第一輯第13册,黄山書社,2013年,第813頁。

③ 《皇明英烈傳》成書過程中吸收了衆多筆記史料,趙景深曾考證32種正史、筆記與《皇明英烈傳》之關係(參見其《英烈傳本事考證》,載《中國小説叢考》,齊魯書社,1980年,第176—209頁)。需要注意的是,《皇明英烈傳》中采石磯戰役是元至正十五年(1355)朱元璋與元軍間的戰鬥,而非《詩山》所云"洪武二年(1369)征陳友諒"。陳友諒在元至正二十三年(1363)鄱陽湖水戰中中箭身亡,未能活到洪武二年。這或是《詩山》所據底本有誤,或是編者有意篡改:以"洪武二年"凸顯大明,以"征討陳友諒"使讀者誤以爲是朱元璋在江西所作之詩。實際上采石磯在安徽,因爲征討陳友諒的鄱陽湖大戰奠定了朱氏統一全國的基礎,所以成爲明代江西文人不斷追憶的往事。《詩山》中多有詩歌描寫此戰役,如汪廣洋《題康山韓忠臣廟》:"鄱湖鏖戰不生還,是我皇家第一關。聖祖開基天地廣,將軍正氣斗牛寒。"胡儼《鄱陽湖》:"聞説皇師救豫章,觸艫千里壓鄱陽。霆驅電掃風雲會,地闢天開日月光。"

④ 《大明萬家詩山》卷一,葉8下。

⑤ 〔明〕郎瑛《七修類稿》卷四七《明天淵》,文化藝術出版社,1998年,第576頁。

《詩山》之標題以第三人稱作了簡練的故事梗概,又通過題下小注將基本情節補充完整,明顯不是出自來復詩集,其來源或是《七修類稿》之類的筆記。再如王鏊《震澤紀聞》中《鐵布政女詩》一篇:"鐵鉉,色目人也,建文時爲山東布政使。文皇師至城下,攻之百方,鉉隨機設變,終不能克。……既即位,以計擒至,終不屈,被殺。其家屬發教坊爲娼。鉉有二女,皆誓不受辱。仁宗即位,赦出之,皆嫁朝士。二女爲詩自述。長女詩曰:'教坊脂粉洗鉛華,一片閑心對落花。舊曲聽來猶有恨,故園歸去已無家。雲鬟半綰臨妝鏡,雨淚空流濕絳紗。今日相逢白司馬,樽前重與訴琵琶。'其妹詩曰:'骨肉傷殘舊業荒,此身何忍去歸娼。涕垂玉筯辭官舍,步蹴金蓮入教坊。覽鏡自憐傾國貌,向人羞學倚門妝。春來雨露寬如海,嫁得陶郎勝阮郎。'"①兩詩也被《詩山》收在"布政鐵鉉"名下,詩題下小注云:"字色目,建文時爲山東布政,靖難兵起,文皇擒鉉殺之,其家屬發教坊爲娼妓,二女上廉坊官詩,見而憐之,遂發配民家子弟。"②標題分別作《長女詩》《幼女詩》,同樣以題下小注補充故事背景,而將故事中"主人公"(作者)名字當作詩題,或是過錄自某種筆記。再如《詩山》卷四《姜子奇妻詩》與侯甸《西樵野記》卷十《姜子奇伉儷復合》一篇所錄基本一致,卷五孫蕡《臨刑自賦》:"鼉鼓聲方急,西山日又斜。黃泉無客店,今夜宿誰家?"③《江南詩伯》:"誰將詩伯挂桅杆,願借明珠一顆看。天晚不堪題妙句,恐驚龍起碧潭寒。"④等詩多家筆記均有記載,不再一一列舉。

亦有出自詩話者,如《詩山》卷五所收瞿佑、章彥復之詩:

國子監助教瞿佑

宋宗窗下愛高談,五德生成五彩毛。自是范張恩義重,割烹何必用牛刀?已上《鷄》詩。

福建檢校章彥復贈友人

瞿君有子早能詩,丰采英英玉自奇。天上麒麟原有種,定應高折廣寒枝。

哭四川學正凌雲翰

一去西川隔夜臺,忍看白壁瘞蒼苔。酒朋詩友凋零盡,只有存齋冒夜來。⑤

以上三首見於《歸田詩話》中《折桂枝》《鍾馗圖》兩則:

章彥復自福建省檢校回杭,過鄞,先君置酒待之。予適自學舍歸,彥復即席指鷄爲題,命賦詩。予勉成四句以呈云:"宋宗窗下對談高,五德聲名五彩毛。自是范張情誼重,割烹何必用牛刀?"彥復大加稱賞,手寫桂花

---

① 〔明〕王鏊《震澤紀聞》卷上,王永熙彙輯《震澤先生别集》,中華書局,2014年,第86—87頁。
② 《大明萬家詩山》卷一,葉9上。
③ 《大明萬家詩山》卷五,葉12上—12下。
④ 《大明萬家詩山》卷五,葉14上。
⑤ 《大明萬家詩山》卷五,葉20下。

一枝,并題詩其上以贈云:"瞿君有子早能詩,風采英英蘭玉姿。天上麒麟元有種,定應高折廣寒枝。"時予年始十四云。

鄉丈凌彥翀,名雲翰,號柘軒……到京授四川學官,遂成詩讖。在任以乏貢舉,謫南荒以卒,歸骨西湖。予送之葬,有絕句云:"一去西川隔夜臺,忍看白璧瘞蒼苔。酒朋詩友雕零盡,只有存齋冒雨來。"蓋感知己也。①

《歸田詩話》是瞿佑晚年致仕歸家所作,《折桂枝》中回憶自己十四歲時即席所賦《鷄》詩,《詩山》編者將其選入,或是匆忙只寫了作者名而忘記標題,只好在詩末小字注"已(以)上《鷄》詩";章彥復之贊許詩,被編者擬以"福建檢校章彥復贈友人"之題隨後收錄。《鍾馗圖》載瞿佑之詩,擬之"哭四川學正凌雲翰"爲題,概括倒也準確,只是瞿佑兩詩之間穿插一首章彥復之作,體例略乖,但正是如此可以確定其選自《歸田詩話》無疑。由於《歸田詩話》屬於"資閑談"類詩話,多收野史佚聞,亦可與筆記同觀。

筆記、小說、戲曲內容輾轉互鈔,有些已很難確定其真實來源,如卷五《山林諸士氣象》:"朝中宰相五更寒,鐵甲將軍夜度關。山寺日高僧未起,算來名利不如閑。"《(館)閣諸公氣象》:"乘鸞特地上天臺,親見姮娥把桂栽。昨夜廣寒宮未鎖,被吾和月掇將來。"②明代戲曲《新編林冲寶劍記》《魚籃記》均有引用,《詩山》抑或引自筆記,其最早來源已不可考。再舉寧王朱宸濠三首爲例:

上囚車途中自嘆

脫落羅衣上木籠,木籠底面甚難容。鐵門兩扇時時閉,金鎖三重夜夜封。得酒放懷權度日,隔船傳令叫巡風。乾坤我有一大半,今日難歸掌握中。

途中九日寫情

漸覺西風枕簟涼,今朝倏覺是重陽。林空葉落山形瘦,江闊雲拖雨腳長。綠酒且由今日醉,黃花不似去年香。我家世事如棋局,却被當心小卒將。

自述以知伍知府

懶與乾坤耽此憂,干戈落落起洪州。清風明月人三個,荒草斜陽土一丘。夢短夢長皆是夢,愁來愁去總成愁。從今別却江西去,不管人間春復秋。③

是詩以寧王口吻自述,細緻刻畫了其反叛後被囚的心態,顯然不是朱宸濠所作,更多是小說家言,或出自某戲劇之唱段。

上述詩歌出自小說或筆記無疑,但"作者"——也就是詩中的主人公——都是明代人,所以收入"大明"萬家詩山也屬正常。但明代流行的小說中非本

---

① 〔明〕瞿佑《歸田詩話》,喬光輝校注《瞿佑全集校注》,浙江古籍出版社,2010年,第468、464—465頁。
② 《大明萬家詩山》卷五,葉15。
③ 《大明萬家詩山》卷一,葉17。

朝人"代言"之詩也收入到《詩山》中，就會略顯突兀，以卷五《邵康節譏董卓》《孔明梁父吟》爲例：

邵康節譏董卓

　　董卓無端擅大權，焚燒宮闕廢陵源。兩朝帝主遭磨障，四海生靈盡倒懸。力斬亂臣憑吕布，舌誅逆賊是貂蟬。世間造惡終須報，上有無窮不老天。

孔明梁父吟

　　一夜北風寒，萬里彤雲厚。空中亂雪飄，改却山川舊。仰面觀太虛，想是玉龍鬥。紛紛鱗甲飛，頃刻遍宇宙。白髮銀絲翁，豈懼皇天漏。騎驢過小橋，獨嘆梅花瘦。①

邵康節即邵雍，北宋著名理學家；孔明爲三國時諸葛亮，二人所處朝代均與"大明"相距甚遠。之所以入選，因爲其出自《三國志通俗演義》。是書卷二之《王允授計誅董卓》講到董卓被誅後"邵康節有詩曰……"，故詩題爲《邵康節譏董卓》；諸葛亮詩出自卷八之《玄德風雪訪孔明》，劉備於卧龍崗訪諸葛亮時，偶遇黄承彦吟此詩，并云是孔明所作②。觀其内容，均爲《三國志通俗演義》作者所杜撰，而非邵雍與諸葛亮之作③。

　　《詩山》中類似例子還有署名李白的《代唐玄宗回蕃詩》："萬國中華帝德高，均天同樂極逍遥。文經宇宙諸邦順，武鎮乾坤萬國朝。溝壑豈交龍取水，坑潭安許虎奔巢。邊夷小國如殘雪，日影繞高徹底消。"④由於"詩仙"之盛名，筆記中關於李白的傳奇逸事也多被編排成其"所作"之詩，此首即選自當時流行的李白故事，按其内容似與《警世通言》中《李謫仙醉草吓蠻書》情節相類⑤。按照《詩山》的編排體例，已是將邵雍、諸葛亮、李白等人視爲"作者"。《詩山》編者汪近孔等人雖是下層地方文人，也應知道李白等人并非"大明"人，但他們認爲明人所編筆記、小説中的詩歌，也屬於"明詩"的範疇；不管故事背景是否是明代，都可以編入總集之中，這是其對入選"作者"的基本定位。

　　《詩山》中近百首詩歌摘鈔自當時流行的小説、筆記，其或將基本故事情節與内容概況壓縮成詩題與小序，或將一個短小的故事較爲完整地呈現出來，或

---

　　①　《大明萬家詩山》卷五，葉9上。
　　②　按，《三國志演義》版本衆多，其中詩歌也有較多異文，據《梁父吟》可以斷定《詩山》所據底本爲嘉靖元年(1522)修髯子《引》刊本。關於《三國志演義》不同版本中《梁父吟》的異文，可參見陳翔華《〈三國志演義珍稀古版彙刊〉總序》(《文獻》2009年第3期，第182—191頁)。《詩山》中同出自《三國志通俗演義》的還有《劉備曹操飲青梅酒》《劉備訪孔明遇雪》《劉備馬跳檀溪》三首，本文不再詳引。
　　③　按，邵雍《擊壤集》中不載此詩，是小説家附會在邵雍名下。清正誼堂全書本《諸葛武侯文集》卷一收《梁甫吟》，屬後人僞托，學界已有定論，且《諸葛武侯文集》之《梁甫吟》與《三國志通俗演義》所載《梁父吟》内容完全不同。
　　④　《大明萬家詩山》卷一，葉25上。
　　⑤　類似詩歌多見於《太白詩話》，以詩筆結合的文法來描繪李白的傳奇人生，以詩歌的吟誦來代替人物的説話。參見曾肖《英藏〈太白詩話〉的引詩情況與選詩特色》，《暨南學報》2018年第1期，第57—66頁；《英藏〈太白詩話〉的版本與價值考論》，《明清小説研究》2020年第3期，第127—143頁。

將長篇小說的章回段落複寫。編纂中雖然有"選"的因素，但更多是一個文本再生成過程，筆記或小說中原來占次要地位、僅僅是推動情節發展的詩歌，演變成總集中的主體；而原來占主要地位的情節敘事，反倒變成輔助性的標題與小序。從小說到詩歌，或是爲了迎合讀者的興趣口味，或是編刻粗疏照録手頭所見的任何資料。但無論如何，都顯示出商業出版下《詩山》編纂的文本特質與謀利的刊刻動機。

三　從精英到大衆：作爲參照的日用類書之明詩選本

綜上可知，《詩山》凸顯江西地域的編選原則、謀利與求名的編刻動機及其收録詩歌多取自筆記小說等特徵，都與我們常見的明詩總集有較大差異。總集的編者與讀者多屬於精英文人階層，而以謀利爲主的《詩山》編者及預設讀者更多是下層文人。與其較爲類似的是當時頗爲流行的日用類書中的明詩選本，以《博笑珠璣》中的《皇明詩選》爲例，同樣以朱元璋詩開篇，都意圖在"皇明"或"大明"爲題的選本中凸出"江西"。《皇明詩選》共收詩58首，其中署名者僅18首。這18首中除去帝王外，多與江西有關，或是江西籍文人，如才子解縉（《解縉題中秋》）、狀元舒芬（《題望夫石》《舒狀元游春》）、武將毛伯溫（《嘉靖贈毛伯溫》《上知府毛伯溫》）、名臣桂萼（《桂閣老送友》）等；或仕宦江西者，如分封南昌的寧王朱宸濠（《寧王題鞋山》《寧王自嘆》）、江西巡撫韓雍（《韓都題鶯》）等；或涉及江西之人事，如與江西密切相關的許真君信仰（《許真君詩》《續韵》）①、江西地域風土人情（《吉安九縣》）等。此外一些詩題看似與江西無關，但據其內容亦可判定爲本地域者，如《父送子試》："老夫翹首西江望，願汝今秋折桂回。"可知是送江西士子應試。與《詩山》序中故意強調"大明"而書中多選江西之詩一樣，篇幅短小的《皇明詩選》也在有意無意地突出"大明"與"江西"的對比：

　　相遇玉皇如有問，絲綸盡屬大明收。（《正德尊號》）
　　從個別去江西去，不管人間春復秋。（《寧王自嘆》）
　　正統再添新氣象，大明重塑舊山河。（《徐尚書致仕》）
　　身在江西嫌地窄，氣冲斗北恨天低。（《韓都題鶯·自喻》）②

《皇明詩選》的編者已經不可考，但可以推斷同樣是江西文人所爲。如《韓都題鶯·自喻》一詩，主人公"韓都"即韓雍，曾以右僉都御史巡撫江西，故江西人多

---

① 按，許真君原型是晉代許遜（239—374），江西南昌人。許真君信仰發源於唐代江西，古代江西人普遍將其視爲地方保護神。可參見劉亮《江西許真君信仰研究》，江西師範大學碩士學位論文，2012年；汪紅亮《許真君崇拜與江西民間信仰》，《江西廣播電視大學學報》2014年第4期；黃德鋒《和諧有序：民間信仰及道德教化功能探析——試以江西許真君信仰爲例》，《中州大學學報》2020年第4期。本文不再贅述。

② 佚名編《博笑珠璣》卷四上欄《皇明詩選》，明萬曆間建陽書林種德堂刻本。按，關於《博笑珠璣》一書，何予明有精彩論述，本文觀點多受其啓發。參見氏著《家園與天下——明代書文化與尋常閱讀》，中華書局，2019年，第27—100頁。

稱其"韓都"或"韓都堂",是詩即寫韓雍自江西升遷至廣西之事。可見《詩山》與《皇明詩選》都是江西人所編,在以"大明"或"皇明"爲題的詩歌選本中凸顯"江西"之策略也較爲一致。

《皇明詩選》所收58首詩歌,多出自類書甚至民間故事,其中"作者"既有歷史上真實存在的人物如解縉、舒芬、毛伯温,亦有民間傳説中的人物如饒愛英、吴夢舍,甚至是鬼怪神靈如江中尸、吕洞賓、許真君,當然也不會局限於"皇明",如唐代李白(《太白題花》)。但無論何種情況,均是虛構的"代言體",并非真實作者。這些在明代筆記中頻繁出現的内容,進入民間話語系統之後演變成更爲通俗與荒誕的"打油詩",在下層文人中廣泛流傳,又被編者拼湊成一部微型的"明詩"總集,其詩歌内容風格也更契合作爲通俗讀物的日用類書。《皇明詩選》作爲坊刻日用類書的一部分,其謀利的意圖不言而喻,與《詩山》一樣編刻粗糙,編選過程中同樣存在密集抄録某書的情況,如最後10首《美人春睡》《美人踢毬》《題楊貴妃眠起》《楊妃背身圖》《楊妃半身圖》《楊妃錦襪圖》《明皇幸蜀圖》《楊妃赤身圖》《書生戲婦》《婦答書生》均是香艷主題,中間連續6首又均是楊貴妃題材,或是從某種楊貴妃專書中集中抄録。

與《皇明詩選》相似的還有《萬寶全書》中所收《萬家詩集》。同樣以署作朱元璋的《太祖曉行》開篇,共收詩歌76首,與《皇明詩選》有16首重複。《萬家詩集》也有明顯的江西地域傾向,除《皇明詩選》中原有的江西人物外,還新增了淮王(原封韶州府,正統元年[1436]移饒州府)、張天師(廣信府龍虎山)及多首"韓雍"之作。值得注意的是,《皇明詩選》《萬家詩集》中多有饒姓作者,如《饒愛英寄夫》《饒先生春風》之類,雖不知其籍貫,但江西是饒姓第一大省,或與此有關。有趣的是,《萬家詩集》選詩雖以明代爲主,但"作者"也不局限於大明,唐代李白、宋代邵雍的詩歌亦有選録:

  花正開時月正明,花開如錦月如銀。團上月照花千朵,灼上花前月一輪。花下看花花富貴,花前賞月月精神。可憐月落花無語,愁殺花前月下人。(《萬家詩集》之《李白花月詩》)

  物如善得終爲美,事到巧圖安有公。不作風波於世上,自無冰炭到胸中。災殃秋葉霜前墜,富貴春花雨後紅。造化分明人莫會,榮枯消得幾何功。(《萬家詩集》之《邵康節先生安樂窩吟》)①

對比《皇明詩選》與《萬家詩集》,《詩山》中的反常之處都可以找到大致合理的解釋。其偏重江西的編選原則、小説筆記的文本來源以及謀利求名的編刻動機乃至并不嚴格遵循"大明"的界限,或是受到日用類書中選本的影響。比如上引署名寧王的《上囚車途中自嘆》等詩,筆者一直未能找到底本來源,但《皇明詩選》《萬家詩集》中即收寧王此詩,還有其他類似之詩如《寧王題鞋山》《寧王康山夜

---

① 佚名編《新板增補天下便用文林妙錦萬寶全書》卷十八上欄《萬家詩集》,《明代通俗日用類書集刊》第10册,西南師範大學出版社、東方出版社,2011年,第414—415頁。按,邵雍雖有《安樂窩》之詩,但與《萬家詩集》所收完全不同,李白與邵雍之詩均屬後人僞托。

泊》等,《詩山》或即鈔自日用類書,或與其同選自某種關於寧王的"詩話體小説"。

　　商業出版的主要類型有通俗文學、日用類書、蒙學以及科舉考試用書等,詩歌總集作爲傳統意義上精英文人的編纂與閱讀領域,很難與商業出版的通俗讀物聯繫起來,其主要原因在於市場太小,讀者群遠不能與通俗文學等書相比。但隨着出版業的發展,在《詩山》編刻的嘉靖、萬曆間,全國性明詩總集——即冠以"皇明""明詩"爲題者——大量涌現,如狄斯彬《皇明律詩類鈔》、范惟一《明詩摘鈔》、盧純學《明詩正聲》、李騰鵬《皇明詩統》等,形成了一股前所未有的"明詩熱"①。這些明詩總集既有編選刊刻精良的官刻與家刻,也有以謀利爲目的的書商坊刻,如汪萬頃編《明千家詩》即是仿照元代以來流行的《千家詩》,按"春夏秋冬"主題收録 150 位作者詩歌 205 首,并配以精美插圖,堪稱商業出版下明詩總集的代表②。商業出版下的總集也有其不足,清代四庫館臣曾批評晚明總集云:"末學循聲,主持過當,使方言俚語俱入辭章,麗製鴻篇橫遭嗤點。……至明萬曆以後,儈魁漁利,坊刻彌增,剽竊陳因,動成巨帙,并無門徑可言。"③可見在當時總集已成爲一種常見的商業出版品種,其質量也多爲學者所訾病,《詩山》正是這股風潮下的産物。

　　日用類書起源於宋代,將日常生活所需的各類知識分門别類加以編排,是爲大衆的日常生活和交際提供指南與參考的工具書。明代刊刻日用類書蔚然成風,尤其是萬曆以後隨着商品經濟的發展、消費社會的興起而受到士農工商各階層的青睞,據統計明代日用類書多達二百餘種④。已有學者指出,宋元時期的日用類書"在明代前期、中期一再翻刻,流傳頗廣,但仍偏重上層社會文人雅士日常行事之用;真正供四民大衆普遍適用的民間日用類書,出現於萬曆年間,内容、書名、旨趣、編排方式、遣詞用字、刊刻品質、行銷範圍等均與以往不同,而自成一類,往往用紙粗糙,版刻不佳,印刷低劣,内容雷同,是一種特殊的文化啓蒙和消費商品"⑤。相較於宋元時期,明代的日用類書内容包羅萬象,更偏重於實用與流行之文類。全明詩選本的流行,也逐漸影響到日用類書的編選,日用類書中開始收録"微型"總集——如上舉《皇明詩選》《萬家詩集》之類——既爲了迎合市場,也是當時總集流行的證據之一。而日用類書的流行,又反過來影響明詩總集的編刻,如《詩山》從編選原則到文本來源,都有所借鑒。雖然從筆記中輯録前代詩歌編入總集并不罕見,但從小説、筆記中摘取詩

---

① 參見陳正宏、朱邦薇《明詩總集編刊史略——明代篇》,《中西學術》第一輯,學林出版社,1995年,第106—127頁;《中西學術》第二輯,復旦大學出版社,1996年,第124—139頁;陳正宏《明代詩文研究史(1368—1911)》,上海文化出版社,2000年,第121—130頁。

② 參見金程宇編《和刻本中國古逸書叢刊》第 66 册《新鎸注釋出像皇明千家詩》,鳳凰出版社,2012年,第83—359頁;李成晴《哈佛燕京圖書館藏孤本明刻〈明千家詩〉初探》,《中國韵文學刊》2015年第4期,第103—109頁。

③ 《欽定四庫全書總目》,第2598頁。

④ 張獻忠《從精英文化到大衆傳播——明代商業出版研究》,廣西師範大學出版社,2015年,第167—172頁。

⑤ 郭孟良《晚明商業出版》,中國書籍出版社,2011年,第99—100頁。

歌編選本朝人的詩歌總集并無必要,之所以這樣做,一則是降低成本,不需要費力搜集各家別集;再則通俗"接地氣"的詩歌內容可以吸引更多下層讀者。

商業出版的發展,不僅帶來戲曲、白話小説等通俗文學的大量刊刻傳播,還出現了各種小説選本與戲曲選本,如《綉谷春容》《國色天香》《風月錦囊》《詞林一枝》《玉谷新簧》之類。小説中既有文人間故事,又有民間傳説,同時也收詩詞歌賦等文體。孫楷第評《國色天香》云:"此等讀物,在明時蓋極普通。諸體小説之外,間以書翰、詩話、瑣記、笑林,用意在雅俗共賞。"①曲集在收傳奇或折子戲之外,也會録散曲、酒令、燈謎、俗語甚至地理名稱、江湖方言等。這些小説集或者曲集皆以詩、詞、笑話、小曲等爲增飾,以謀利爲動機,以粗通文墨的市民階層爲讀者主體,不僅與日用類書共享原始材料,還有共同的編者、刻工或刊行者,甚至形製上都極爲類似,都分爲上下兩欄或者上中下三欄。《詩山》延續了流行的日用類書與小説戲曲選本中的"選詩"風格,其文本生成與類書、小説戲曲選本密切相關,是三者雜糅的產物,也爲我們了解明代嘉靖、萬曆間下層人文的閱讀史提供了重要材料。

餘 論

總集大量收録小説筆記中的詩歌,可再舉陳耀文《花草粹編》一例。成書於萬曆十一年(1583)的《花草粹編》——約與《詩山》同時——共收詞人五百餘家詞 3702 首,是明人所編詞選中規模最大的一部。其來源不僅有詞選、詞話,還有別集、史書、方志,同樣也選自衆多的小説與筆記,如《清湖三塔記》《小説》《張老小説》《山亭兒》《水滸傳》《雲娘傳》《西山一窟鬼》等小説近十種,涉及的筆記如《雲溪友議》《北夢瑣言》《洞微志》等更是多達 80 種,其中《夷堅志》《能改齋漫録》《耆舊續聞》等均徵引十餘次②。與《詩山》一樣,《花草粹編》所收亦頗爲"淆雜",詞調不僅有樂府體詩、民間歌謡、散曲,野史筆記中的俳諧打油之作也照收不誤,甚至亦有神仙鬼怪之作(如吕洞賓、琴精、狐仙妙香、女鬼王麗珍等)。但與《詩山》編者迥异,《花草粹編》編者陳耀文不是最下層的地方文人,而是嘉靖二十九年(1550)進士,歷官中書舍人、刑科給事中、寧波同知、蘇州同知、南京户部郎中、淮安兵備副史、陝西行太僕寺卿等職,且博學多才,《花草粹編》外還有《天中記》《學圃萱蘇》《正楊》《經典稽疑》《學林就正》等多種著述,四庫館臣曾將其與楊慎相比:"有明一代,稱博洽者推楊慎,後起而與之爭者,則惟耀文。"③陳耀文屬於典型的士大夫階層,而《花草粹編》也不是出於盈利爲目的的商業出版物,是編者欲"備一代之典章"而"漁獵剪耘,殆逾二紀"之作④,四庫館臣對其贊譽甚高,稱其"捃摭繁富","裒輯之功實居二家(指萬樹

---

① 孫楷第《日本東京所見中國小説書目》,上雜出版社,1953 年,第 171 頁。
② 參見張仲謀《文獻價值與選本價值的悖離——論陳耀文〈花草粹編〉》,《文學遺產》2012 年第 2 期,第 107—115 頁。
③ 《欽定四庫全書總目》,第 1792 頁。
④ [明]陳耀文《花草粹編》卷首《叙》,河北大學出版社,2007 年,第 1 頁。

《詞律》、朱彝尊《詞綜》)之前"①。商業出版使得原來精英壟斷的文化知識轉變爲大衆傳播的通俗讀物,而謀利的坊刻讀物同時又反過來影響了士人階層,從不署作者之日用類書到下層文人所編《詩山》再到傳統士大夫所編《花草粹編》,商業出版下的總集編選體例及文本來源如何一步步滲透影響到精英階層,其中的演變過程值得我們關注。

《詩山》中凸顯出的江西地域,同樣值得關注思考。雖然明代江西經濟發展尚不如江浙,但科舉業却甚爲發達,以致有"翰林多吉水,朝士半江西"之稱②。士子多而講學盛,萬曆間王士性曾云:"江右講學之盛,始於朱、陸二先生,鵝湖、白鹿,興起斯文。本朝則康齋吳先生與弼、敬齋胡先生居仁、東白張先生元禎、一峰羅先生倫,各立門墻,龍翔鳳起。最後陽明先生發良知之説,左朱右陸……其在於今,可謂家孔孟而人陽明矣。"③江西較周邊的閩、粵、湘、鄂等地文化更爲繁榮昌盛,景泰間韓陽編選江西地域詩集《皇明西江詩選》,專收朝中"大佬"、地方"耆宿"就得詩歌千餘首,所謂"乾坤正氣之鍾毓,醇儒碩輔之挺生,大江以西號稱最盛","西江實海內名邦,文獻爲東南之最"④。這也是江西編者得以大量選錄當地詩作的文化資源。晚明出版業在南方有金陵、蘇州、建陽、杭州、徽州等幾個出版集中地區,其中建陽尤以商業出版聞名。《詩山》所選詩之作者密集集中的饒州府,與建陽府距離不遠,當地又盛產紙張⑤,所以形成了密切的合作關係,《詩山》與《皇明詩選》就是其中的代表。學界已經關注到江西文人與建陽書坊合作編刻戲曲選本的情況⑥,但目前研究重點多集中在建陽坊刻,對江西商業編纂與出版的研究尚未充分展開⑦。江西人編纂書籍中"大明即江西"的意識,很難在其他地域中找到,這種"文化自信"與商業出版結合所催生出來的書籍刊刻與閱讀體驗,亦值得我們進一步深入研究。

(作者單位:華東師範大學中文系)

---

① 《欽定四庫全書總目》,第2805—2806頁。
② 〔明〕錢謙益《列朝詩集小傳》乙集"周講學叙"條,上海古籍出版社,2008年,第172頁。
③ 〔明〕王士性《廣志繹》卷四《江南諸省·江西》,中華書局,2006年,第79頁。
④ 〔明〕韓陽《皇明西江詩》卷首序,《豫章叢書》集部八,江西教育出版社,2007年,第397、401頁。
⑤ 明萬曆間陸萬垓修訂重刻《江西省大志》,專列"楮書"一卷,詳記當地造紙之事,可知造紙在當時已是江西的大事。參見黄長椿等點校《江西省大志》,中華書局,2018年,第383—396頁。
⑥ 參見劉天振《明清江南城市商業出版與文化傳播》,中國社會科學出版社,2011年,第52—58、75—84頁;何予明《家園與天下——明代書文化與尋常閲讀》,第112頁。
⑦ 僅研究建陽府刊刻的專著就有謝水順《福建古代刻書》(福建人民出版社,1997年)、賈晋珠《謀利而印:11至17世紀福建建陽的商業出版者》(哈佛大學出版社,2002年;福建人民出版社,2019年)、方彥壽《建陽刻書史》(中國社會出版社,2003年)、林應麟《福建書業史》(鷺江出版社,2004年)、涂秀虹《明代建陽書坊之小説刊刻》(人民出版社,2017年)、方彥壽《福建歷代刻書家考略》(中華書局,2020年)等。總論出版史、印刷史中涉及建陽坊刻的專著論文更是不勝枚舉。而江西刻書研究,筆者目前僅見杜信孚、漆身勇編《江西歷代刻書研究》(江西人民出版社,1994年)、龔平如《江西出版紀事》(江西人民出版社,1996年)等書,均較爲簡略。

學術良工：劉文奎局與乾嘉學者的出版活動

鄭　幸

劉文奎、劉文楷、劉文模三兄弟及其所開設的刻字鋪劉文奎局[①]，在清中葉南京地區的出版業中曾一度非常活躍。就筆者所收集到的資料來看，劉文奎局已知刻書數量至少有 80 種，刻石 1 種[②]，前後活動時間持續七十年左右[③]。而這七十年間，也正好是乾嘉學術著作出版最爲鼎盛的時期。由於劉文奎局精湛而專業的刻字技藝，吸引了大批學者、文人紛至沓來。葉德輝《書林清話》曾云："乾嘉時，如盧文弨、鮑廷博、孫星衍、黄丕烈、張敦仁、秦恩復、顧廣圻、阮元諸家校刻之書，多出金陵劉文奎、文楷兄弟。"[④]此語雖只是簡單列舉，却非常敏鋭地注意到了劉文奎局與乾嘉學者之間的密切聯繫。而據筆者考訂，文中所舉乾嘉學人，除鮑廷博、黄丕烈、阮元三家未詳所據，或當予以排除外，還可以補充嚴觀、畢沅、趙懷玉、姚鼐、吳鼒、胡克家、汪爲霖、汪喜孫、沈恕、張五典、陶焕悦、廖寅、陳宗彝、吳啓昌、朱士彦、朱緒曾等十餘位，所涉幾乎涵蓋了當時活動於南京及周邊地區的大部分知名學者與文人。而所出版的書籍，如《抱經堂叢書》《平津館叢書》、胡刻《資治通鑑》《文選》等，也都是乾嘉學

[①] 按劉氏兄弟所刻書籍的序文、目録之後或是全書卷末，多會留下一行基本格式爲"金陵（或江寧）＋署名＋鐫（或鐫字、鋟板等）"的刊語（或稱刻工題名）。其中"署名"部分的内容雖不盡相同，但亦呈現出一定規律。即大致上按照刻書時間的先後，依次出現"劉文奎""劉文楷""劉文奎家""劉文模""劉文奎局""劉文奎子觀宸、仲高""劉文楷家""劉文奎刻字鋪"等多種名稱，大致呈現出一個從個人刻書到兄弟合作，再到開設家庭式作坊（刻字鋪）的發展過程。其中刊行於道光六年（1826）的《最樂編》一書的内封葉，還出現了"版存江寧狀元境貢院旁劉文奎刻字鋪"的字樣，這説明至少在道光年間，劉文奎局不僅擁有實體店鋪，而且其具體位置是在南京書坊的主要集聚地狀元境一帶，亦即現在的夫子廟附近。由於不同時期的題名并不一致，爲行文省便，本文一般統稱作"劉氏兄弟"或"劉文奎局"，而不再作具體的區分。

[②] 今南京甘熙故居有嘉慶十七年（1812）石刻《江寧甘氏友恭堂記》，署"金陵劉文奎家鐫"。

[③] 按目前已知最早的作品是乾隆四十年（1775）所刻之《元和郡縣補志》九卷，最晚的則是道光二十年（1840）所刻之《金陵朱氏家集》二十九種四十卷。由此可知，劉文奎局經營時間應不會少於六十六年。考慮到他們在刻書前期很可能不留刊記，同時必然還存在一些筆者所不瞭解的刻書活動，因此保守估計，其刻書活動的持續時間應該在七十年左右。

[④] 〔清〕葉德輝《書林清話》卷九"古今刻書人地之變遷"，北京燕山出版社，1999年，第247頁。

術史上的經典之作,并以刊刻精良而著稱。從這個角度看,或可稱劉文奎局爲"學術良工",以對應其在乾嘉學術出版史上發揮的重要作用。

然而就淺見所及,目前學界對劉文奎局的關注并不多,即便提到也基本只有寥寥數語。如近代學者周叔弢曾稱劉氏兄弟爲"乾嘉間金陵名工",又稱"清代乾嘉間金陵刻書習用劉氏方整之體"①。這裏雖未直接點出其與乾嘉學術之間的聯繫,却也從字體形式的角度肯定了劉氏兄弟對乾嘉出版業的重要影響。此外值得一提的還有焦桂美《關於〈平津館叢書〉的兩個問題》一文②,在梳理孫星衍刻書活動的同時,也提及了其與劉文奎局的合作,但關注重點仍然放在對刻書地點的考證之上,并未着眼於兩者之間的互動。至於其他諸多版本學、印刷史等領域的通論性著述,雖然也會偶爾提及劉文奎局,但或完全承襲《書林清話》之語而無額外發明,或簡單列舉劉文奎局的刻書目錄而遠未完備,都不能視作對劉文奎局的真正研究。

有鑒於此,本文通過仔細梳理劉文奎局所參與的諸多乾嘉學術著作的出版活動,特別是其與盧文弨、孫星衍、顧廣圻這三位學者的合作過程,發現借助刻工這一綫索,實可牽出乾嘉學術史中的許多問題。一些原本看似毫無關聯的書籍或人事背後,或許交織着相同的刻工或者出版者;一些看似不經意的工匠雇傭、出版形式的調整或改變,有時却也能夠反映出乾嘉學者(出版者)對於學術問題的一些考量。因此,與以往主要從思想内容層面切入不同,本文嘗試從刻工與出版史的角度展開對乾嘉學術史的討論,尤其關注乾嘉學者們在出版活動中與刻工之間的種種互動,從而爲更好地理解和把握乾嘉學術的變化脉絡與走向,提供一個新穎而饒有趣味的視角。

一 教導成就:劉文奎局與盧文弨《抱經堂叢書》

目前已知最早出現劉文奎局刻工刊記的書籍,是乾隆四十年(1775)前後爲嚴觀所刻之《元和郡縣補志》九卷,署"江寧劉文奎鐫"。從書籍實物看,此書雖然只是普通的方體字,却刻得認真嚴整,一絲不苟。而在完成此書後差不多十年時間内,都沒有找到留下劉文奎局題名的其他書籍,可能在這一階段中,劉文奎一直沒有得到獨立或者領銜刻書的機會。一直到乾隆五十年(1785),在著名學者盧文弨所刻《抱經堂叢書》之《春秋繁露》十七卷中,才又再次出現了劉文奎局的題名。值得一提的是,盧文弨曾在乾隆四十年(1775)爲《元和郡縣補志》作序③,按常理推斷,書刻成後嚴觀當會呈送一部給盧文弨,因此盧氏

---

① 見李國慶《弢翁藏書題跋·年譜》"一九八二年"條,紫禁城出版社,2007年,第325頁。
② 焦桂美《關於〈平津館叢書〉的兩個問題》,載《文獻》2005年第1期,後收入其《孫星衍研究》,上海古籍出版社,2017年。
③ 按此序見《元和郡縣補志》卷首,落款作"乾隆四十年青龍在乙未極旦月哉生明東里盧文弨書於鍾山書院之須友堂",而在收入《抱經堂文集》時繫年則作"乙巳"即乾隆五十年。因《元和郡縣補志》卷首嚴觀自序亦署乾隆四十年,而《抱經堂文集》繫嘉慶間後人整理出版,存在訛誤可能,故以乾隆四十年爲準。

很可能早在乾隆四十年(1775)就已經注意到了劉文奎局及其刻字技藝。惟盧文弨最初開始刊行《抱經堂叢書》時并不在南京①，因此一直到乾隆五十年(1785)盧文弨因再掌鍾山書院而重返江寧時，才開始延請劉文奎局刊行《春秋繁露》。此後數年中，盧文弨在南京陸續刊行了《抱經堂叢書》中《荀子》《西京雜記》《群書拾補》諸書，其刻字工作也全都委託給了劉文奎局，足見對其之倚重。

不過，在雇傭的最初階段，也有一段小小插曲。在一通致友人梁同書的信札中，盧文弨曾經談到過對劉文奎局的不滿：

> 此地梓人，弟所教導成就者，本無多人，今凡刻書者，俱歸此鋪。渠貪多務得，趕辦不前，其板似亦不及杭州。我意若刻《呂覽》，須在杭州爲妙。②

據信札整理者彭喜雙考訂，此札當作於乾隆五十二年(1787)九月十四日。當時盧文弨身在南京且正刊行《西京雜記》《群書拾補》諸書，刻工題名俱署"劉文奎"，因此信中提到的"此地梓人"必然就是指劉文奎。而從札中"此鋪"云云來看，儘管這一階段劉文奎局的題名中尚未出現"家""局"等字樣，但應該已經擁有了刻字作坊，只是可能規模尚小而已。然正是因爲規模尚小，人手不足，而作爲經營者又必然有擴張與盈利的訴求，因此難免就會出現"貪多務得"的結果。事實上，在這一年中，除了盧文弨《抱經堂叢書》的工作外，劉文奎局還承接了張五典《荷塘詩集》十七卷、陶煥悅《自怡軒詩集》四卷等書的刊刻工作③，這必然會影響刻字進度，因而招致盧文弨"趕辦不前"的指責。

因爲上述不滿，盧文弨在信中流露出弃用劉文奎局的想法："若刻《呂覽》，須在杭州爲妙。"這裏的《呂覽》，指的是由盧文弨校勘、後收入畢沅《經訓堂叢書》中的《呂氏春秋》二十六卷④。今檢此書(刊行於乾隆五十三年[1788])，發現其中仍然有劉文奎的題名，可見最後還是委託給了劉文奎局。而據相關材料可知⑤，此書的刊刻工作實際上也是由盧文弨負責的，因此刻工雇傭應該也主要取決於盧氏。由於材料的缺乏，暫不清楚其中是否還有一些轉折，但從最

---

① 按《抱經堂叢書》始刻於乾隆四十九年，最先刻成的是《新書》《軺軒使者絕代語釋別國方言》《白虎通》三種，其中《方言》内封明言刻於杭州，《新書》《白虎通》則可能刻於蘇州太倉。

② 國家圖書館藏《梁山舟友朋書札》所收盧文弨信札手稿，轉引自彭喜雙、陳東輝輯錄點校《盧文弨全集》第10冊《抱經堂集外佚詩文》，浙江大學出版社，2017年，第250—252頁。

③ 按張五典時爲上元知縣，陶煥悅則於鍾山書院求學，二人俱與盧文弨有過從，因此他們請劉文奎刻書，或許也與盧文弨有關。可參見張波、趙玉敏《清盧抱經文弨先生年譜》乾隆五十年、五十一年、五十四年條，收入《盧文弨全集》第15冊，第302—303、310—311、335頁。

④ 信札前文云："《呂氏》抄出清本於七月下旬，托錢謙之寄豫。其日不及寫書，旬餘乃從蘇州畢公宅内補寄一函，邇日尚未見覆。"對此彭喜雙有詳細考訂，可參考。見彭喜雙、陳東輝《抱經先生集外函札輯釋》，《圖書館研究與工作》2017年第10期。

⑤〔清〕汪中《述學·補遺》代畢沅所作《呂氏春秋序》云："《呂氏春秋》世無善本……於時嘉善謝侍郎、仁和盧學士并好是書，及同學諸君，各有校本。爰輯爲一編，屬學士刻之。"清刻本，收入《續修四庫全書》第1465冊，第422頁。

終結果來看,劉文奎局顯然重新贏得了盧文弨的信任。事實上,此後一直到乾隆五十七年(1792),盧氏《抱經堂叢書》中陸續出版的書籍幾乎全部交給了劉文奎局。而期間盧文弨曾離開南京前往常州,劉氏兄弟很可能也一直追隨左右。在趙懷玉致盧文弨的一通信札中,曾云:

> 獨孤《毗陵集》向托一友人鈔錄,近始送到。初擬攜至浙中,與鮑君商刻。今得來示,知院中梓人刻下甚閑,可以就近付梓。……又其文有集中所無而《英華》有之者,尚欲覓人補鈔,非七八日不能卒業,未知梓人能待否?①

據《盧抱經文弨先生年譜》,此札當繫於乾隆五十四年(1789)前後②。而盧文弨自乾隆五十三年(1788)起主常州龍城書院,故札中所謂"院中"當即指龍城書院。這一階段盧文弨所刻書籍均出自劉文奎局之手,如同樣收入《抱經堂叢書》中的《釋名疏證》《群書拾補》《顏氏家訓》等,故所謂"院中梓人"應該正是指劉氏兄弟。據此或可推測,劉氏兄弟曾被盧氏帶至常州專門爲其刻書。對刻工來説,這種應雇主要求赴外地刻書的情況是非常常見的。後來在嘉慶年間,劉氏兄弟還曾應孫星衍之邀赴蘇州刻書,亦可見一斑。

值得一提的是,札中"刻下甚閑"云云,與此前盧文弨所謂"貪多務得,趕辦不前"的狀況可謂大不相同。這一方面可能是因爲劉文奎局此時在常州專門受雇於盧文弨,故業務量較少;另一方面,也可能是在遭到盧文弨批評後,劉文奎局有意識地增加了人手。自乾隆五十四年(1789)刻《顏氏家訓》等書開始,劉文奎局的題名中開始頻頻出現二弟劉文楷的署名,這顯然大大提高了刻書的效率,以至於出現"甚閑"之檔期。不過,最後填補這一檔期的并非信中所提到的《毗陵集》(此書後來刻成於乾隆五十六年[1791]③),而很可能是另一部同樣由趙懷玉所輯并刻成於乾隆五十五年(1790)的《韓詩外傳》(題名作"江寧劉文奎/楷鎸字")。其卷首趙懷玉自序云:"歲戊申(乾隆五十三年[1788]),餘姚盧弓父先生來主吾郡講席……過從之暇,偶及是書,先生出手定本見示。"又盧文弨序云:"余亟慫恿付梓,公諸同好。"可見此書正是兩人在常州共同校勘又共同謀刻的。惟因《毗陵集》此時可能尚未完成,故改《韓詩外傳》率先出版。

到乾隆五十七年(1792)離開龍城書院之前,盧文弨《抱經堂叢書》一共出版了十四種,除了最初刻於外地的三種,以及由謝墉代刻的《逸周書》之外,其餘十種竟全部出自劉文奎局之手。惟在離開常州之後,盧文弨又回到杭州主掌紫陽書院,至此也結束了與劉文奎局的合作。乾隆六十年(1795)六月亦即盧文弨去世前數月,他在杭州完成了《儀禮注疏詳校》十七卷的刊刻工作,但書中并無刻工題名。至於其遺稿《抱經堂文集》與《龍城札記》,則係後人完刻於

---

① 〔清〕趙懷玉《亦有生齋文集》卷十《與盧紹弓學士》,道光元年刻本,收入《續修四庫全書》第1470册,第136頁。
② 張波、趙玉敏《清盧抱經文弨先生年譜》,收入《盧文弨全集》第15册,第338頁。
③ 據卷首趙懷玉自序,且此書要遲至乾隆五十六年(1791)才出版。

嘉慶年間，且版刻風格大异，自然也不可能出自劉文奎局之手。因此，劉文奎局與盧文弨的合作實際上就集中在乾隆五十年至五十七年（1785—1792）這八年之中。八年時間雖不能算很長，但對於劉文奎局來説可謂意義深遠，試論述之：

　　首先，是對劉文奎局早期業務的扶持與穩定。《抱經堂叢書》是劉文奎局所承攬到的第一項長期業務，這對此前并無穩定業務來源的劉文奎局來説顯然至關重要。而且，由於盧文弨的身份與地位，他還在客觀上協助劉文奎局發展了一批新的顧客（姑且不論是盧文弨主動介紹還是劉文奎局借機結交），如畢沅、趙懷玉等。此外，隨着《抱經堂叢書》及其他學者著述的廣泛傳播，又進一步擴大了劉文奎局的聲名，從而使其在競爭尚屬激烈的南京刻書業中逐漸脱穎而出，爲接下來嘉慶年間的迅速發展奠定了良好的基礎。

　　其次，則是對劉文奎局刻字技藝的悉心"教導"。如果没有過硬的技術，僅僅倚靠盧文弨的"人脉"關係，劉文奎局顯然并不足以在南京立足并發展。因此這八年中，其在技術水平上的日臻成熟自然更爲重要。這其中當然有劉氏兄弟本身天賦與後天努力的因素，但更不應忽視的，還是盧文弨在前引致梁同書信中所提到的"教導成就"。這種"教導"，除了一般刻字技術層面上的訓練外，竊以爲還應當考慮到其中可能包含的"學術"成分。作爲一名嚴謹的學者，盧文弨對所刻書籍內容的準確性必然有着非常高的要求。早在乾隆四十七年（1782）致孔繼涵的書信中，盧文弨就曾提醒孔氏注意普通刻工容易誤刻古字的問題：

　　　　今足下校正此書，於馬本所補亦不肯輕徇，寧闕所疑，慎之至矣。然綉梓時，一以委之剞劂氏，彼俗工，但知世俗所行之宋體字耳，於卄艹、曰日、弓弖、舟月、月肉之辨皆不能審，古意寖微。而於唐時避諱之闕筆，僅有一二留者，至偏旁，則皆寫全矣。①

　　盧文弨在信中指出，孔氏所刻書籍雖然校勘精良，對前人的成果亦能慎重吸收處理，但在刊刻時却因刻工不能辨別古字、避諱等，而出現原本没有的訛誤，可謂功虧一簣。顯然，對於強調校勘、辯證的盧文弨乃至其他乾嘉學者而言，刻工能否一絲不苟地完全按照寫樣刻版，不因馬虎而漏刻、錯刻，也不妄改、增删筆劃，實是極其重要的基本素養。而要做到這一點，首先當然需要態度認真、嚴謹細心，其次則需對一些基本的古文字常識有一定的熟悉度。對於後者，一般刻工多不能具備，即使學習也不一定有此悟性，故盧文弨所謂的"教導成就"很可能主要是指這一方面。而一旦劉文奎局熟練掌握了此類學術著述之刊刻門徑，盧文弨自然就不會輕易更換刻工。畢竟要想重新"教導成就"一個熟練的刻工，需要花費很大的時間和精力。

　　由此，這也就能很好地解釋劉文奎局在隨後的嘉道年間廣受文人、學者雇

---

① 〔清〕盧文弨《抱經堂文集》卷二十一《答孔葒穀書》，收入《盧文弨全集》第9册，第399頁。

備的原因。縱觀劉文奎局的刻書目錄，基本上都是經部、史部類著述的校勘之作，其中不僅存在大量與當下通行寫法相異的古體字、异體字，而且還需要不時地辨析一些因字形相近而導致的混淆和訛誤，這就對寫樣者和刻工產生了比較高的要求。由於寫樣者通常具備一定的文化水平（非職業寫樣者則素養更高），因此問題尚不突出；但滿足這樣要求的刻工則相對較少，這就更加凸顯了劉文奎局的價值。換句話説，雖然盧文弨苦心"教導"劉氏兄弟，主要是爲了適應其個人在著述出版上的一些要求，但這種"學術"訓練却也正好滿足了清中葉學者們在學術出版上的一些普遍需要。

二　貫穿始終：劉文奎局與孫星衍、顧廣圻的學術出版

盧文弨離開南京之後，劉文奎局開始更廣泛地接觸新的雇主，并陸續承接了不少乾嘉文人學者的刻書業務。其中往來最多、時間最長的則是孫星衍，以及協助孫氏代行校勘與刻書之事的顧廣圻。可以説，劉文奎局在嘉慶年間最主要的刻書活動，基本上都是圍繞着此二人而展開的。

劉文奎局與孫星衍有接觸往來，大概是在嘉慶七年（1802）前後。在《小莽蒼蒼齋所藏清代學者書札》中，收録了一通孫星衍"致顔運生"的書信，中云：

> 寄來銀兩即付刻字人，現已令其速行改正。舊板之誤，不一而足，至府中舊刻，竟有將叙文二首互刻舛誤之處，今俱改正。尊名緣先從兄處手發條名，又核之《搢紳》，亦俱作"榘"字，不知何以不符？既蒙示改刻，即已照□……安國本并奉閱，粘簽甚多，一一改正矣。①

按所謂"顔運生"，即顔崇榘，一名崇榘（故信中有關於名字的討論），字運生，據云是顔真卿的三十代孫。嘉慶七年（1802）曾刻有《顔魯公文集》十五卷補遺一卷附年譜。今檢此本，卷端校刊者署"崇榘"，且卷首有孫星衍序，提到以"安國舊本"校正云云，這些都可以與信中内容相印證，可知二人所談論者即此《顔魯公文集》。此外，孫序末有"江寧劉文奎家鋟"一行，則所謂"刻字人"即指劉氏兄弟。綜合上述情況可知，《顔魯公文集》一書的出資方爲顔崇榘，而實際負責校勘與出版工作的當爲孫星衍，且其時他已經與劉文奎局有了合作。

次年即嘉慶八年（1803），劉文奎局又與當時南京的另一家刻字鋪顧晴崖局合作刊刻了《東臯詩存》四十八卷，而此書亦與孫星衍有關。其卷首分別有嘉慶十年（1805）阮元、孫星衍序，其中阮序云："今又重刻於江寧，陽湖孫淵如觀察爲之校凡兩歲，克復舊觀。"又卷末有嘉慶二十四年（1819）汪爲霖跋云："因屬孫伯淵觀察重刊是集於金陵。字多魯魚之誤，故刻而未印。又數年已卯夏日……精審勘校，以成完書，集始復出。"可知此書同樣是請孫星衍負責校勘、付梓。不過從"字多魯魚之誤"來看，其最初刻成時質量似乎不高，未詳是

---

① 〔清〕孫星衍《與顔運生書》，見陳鴻森輯《孫星衍遺文續補》，《書目季刊》2014年第四十八卷第一期，第81—82頁。

校勘還是刊刻的問題，抑或另有隱情。惟一可以確定的是，孫星衍在南京之際，劉文奎局應該是他比較熟悉且雇傭較多的刻字鋪，且早在嘉慶十年(1805)刻《物理論》(收入《平津館叢書》)之前就已經協助孫星衍刻書。

嘉慶八年(1804)冬，孫星衍離開南京赴山東爲官，直至嘉慶十六年(1811)才解職南還。由於山東刻書業遠不如江南地區發達，鮮有刻字佳手，因此孫星衍仍將其主要的刻書基地放在了南方，先後刊行了不少重要書籍。對此，他自己也甚感滿意，曾在致何元錫信中云："弟在江南所校刻古書頗多，亦有益於世之事，未嘗一息稍暇，可告良友。"①惟因此時孫星衍身在山東，故其在江南的刻書事業主要都委托給了顧廣圻董理。關於孫、顧二人之交往及相關刻書事，李慶《顧千里研究》、焦桂美《孫星衍研究》俱已詳述，此處不贅。今僅就其中與劉文奎局相關之材料，略作梳理如下。

早在嘉慶四年(1799)，顧廣圻就已經開始與孫星衍過從并協助其刻書②，所刻即《平津館叢書》中最早付刻的《孫子》《吳子》《司馬法》三書，惟此時承刻者并非劉文奎局③，而很可能是黃丕烈所常雇之工匠。黃氏曾題跋此三書云：

> 近孫淵如觀察過蘇，與抱冲從弟澗蘋談及是書，思以付梓。適余家命工翻雕影宋本《國語》畢，澗蘋即影摹一本，就蕘圃中開雕。④

由此可知，三書當刻於蘇州，且刻工應該正是爲黃丕烈刻《國語》者，惜姓名未詳。又孫星衍曾序三書云："《孫子》三卷，魏武帝注；《吳起》二卷，《司馬法》三卷。皆宋雕本。嘉慶五年三月，屬顧茂才廣圻影寫刊版行世。"且三書卷末俱有"嘉慶庚申蘭陵孫氏重刊小讀書堆藏宋本，顧千里手摹上版"之刊語，可知三書俱由顧廣圻影寫上版。這也是孫星衍以影摹的方式翻雕宋元舊本的開始，其中很可能是受到了黃丕烈、顧廣圻的影響。

嘉慶十年(1805)前後，顧廣圻應孫星衍、張敦仁的邀請前往南京刻書。孫星衍曾在致顧廣圻的書信中云：

> 奉煩足下督辦寫樣復校，古餘工調金陵，一切甚便，可與古餘熟商之。曾煩校《初學記》，務爲留意。弟既不能乞假送柩，一身獨居官署，甚無聊。但校《琴操》《古史考》等各書小種，年外亦寄金陵付刊，并煩校核耳。⑤

---

① 〔清〕孫星衍《與何夢華書一》，見陳鴻森《孫星衍遺文再續補》，《中國典籍與文化論叢》第十五輯，鳳凰出版社，2013年，第265頁。
② 參見李慶《新訂顧千里年譜》嘉慶四年條，見《顧千里研究(增補本)》，學生書局，2013年，第58—59頁。
③ 按孫星衍《平津館叢書》共收書四十三種，可明確由劉文奎局負責者有十三種，最早的一種應該是嘉慶十年所刻之《物理論》。此外，劉文奎局還曾承刊孫星衍的《岱南閣叢書》，惟數量較少，只刻了其中三種。
④ 〔清〕黃丕烈《蕘圃藏書題識續錄》卷二"《魏武帝注孫子》三卷《吳子》二卷《司馬法》三卷(平津館刻本)"條，見余鴻鳴、占旭東點校《黃丕烈藏書題跋集》，上海古籍出版社，2007年，第761頁。
⑤ 〔清〕孫星衍《與顧千里書二》，收入陳鴻森輯《孫星衍遺文續補》，第77—78頁。

按此信據焦桂美考訂,當作於嘉慶十年(1805)十一月前後①。又檢李慶《新訂顧千里年譜》是年十一月條云:"千里應張古餘之招,爲其校書,離家赴江寧。"又十二月條云:"爲張古餘影摹宋撫州公使庫本《禮記》第一、二卷;上版刊刻。"②則孫星衍信中所謂"督辦寫樣復校",很可能就是指影摹宋撫州本《禮記》之事。此書中有"劉文奎刻字"之刊語,可知正是出自劉文奎局之手。這也是劉文奎局第一次承擔寫刻本的工作。而此前一年即嘉慶九年(1804),張敦仁曾出資爲嚴觀刻《江寧金石記》八卷《待訪目》二卷,其題名作"江寧劉文奎家鋟",可知亦出自劉文奎局之手。考慮到嚴觀早在乾隆四十年(1775)就曾雇請劉文奎局刻書,因此張敦仁與劉文奎局有所接觸應該也是源於嚴觀的介紹。當然,也有一種可能是源於孫星衍的推薦,畢竟其與劉文奎局亦早有往來。而不管怎樣,從這幾年中張敦仁、孫星衍等人開始不約而同地雇傭劉文奎局這一點來看,其在南京學者圈中的聲名已經頗著。

此後數年中,顧廣圻又繼續爲張敦仁刊行了《儀禮注疏》,爲孫星衍刊行了《平津館叢書》中《魏三體石經遺字考》《牟子》《黃帝五書》《華氏中藏經》《說文解字》《尚書考異》《續古文苑》七種,以及《岱南閣叢書》中《故唐律疏義》《宋提刑洗冤集錄》《古文苑》三種,刻工俱爲劉文奎局。且其中有六種皆爲寫刻本,數量竟占總數的一半。如果算上同時期爲其他學者所刻之寫刻本,則總體比例更高。顯然,這一階段的劉文奎局,不僅已將其業務經營範圍拓展到了寫刻,而且發展迅猛,大有超過原來方體字業務的態勢。此外,隨着劉文奎局的進一步發展,三弟劉文模之名也首次出現在嘉慶十一年(1806)所刻之《牟子》中。與此同時,長兄劉文奎的署名則日見減少。目前已知最晚出現劉文奎單獨署名的書籍,是大概刻成於嘉慶十六年至二十年(1811—1815)間的《讀詩傳訛》三十卷,這距離其第一部作品差不多四十年時間,基本上已到達了古代刻工的工作極限。

而在爲孫星衍校書、刻書的同時,顧廣圻還曾爲許多學者校刻過書籍,其中有不少也是出自劉文奎局之手。如前文提到的張敦仁刻《禮記》《儀禮注疏》即是如此,此外至少尚可得以下七種:

嘉慶十四年,爲胡克家校刻完成仿宋淳熙本《文選》③,刻工:"江寧劉文奎弟(文楷/文模)鐫。"

嘉慶十七年,爲吳鼐校刻完成《宋元檢驗三錄》④,刻工:"金陵劉文奎家鐫。"

---

① 參見焦桂美《孫星衍研究》,第118—119頁。
② 參見李慶《新訂顧千里年譜》,《顧千里研究(增補本)》,第82—83頁。
③ 李慶《新訂顧千里年譜》嘉慶十四年:"爲胡克家重刻宋淳熙本《文選》。"《顧千里研究(增補本)》,第102頁。又其校刊過程可參考李慶《胡刻〈文選考異〉爲顧千里所作考》,《顧千里研究(增補本)》附錄五,第451—460頁。
④ 李慶《新訂顧千里年譜》嘉慶十六年條引孫祖基語:"元和顧廣圻既爲孫淵如摹刻元刊《洗冤錄》,後又得《平冤》《無冤》二錄舊鈔本,以語吳山尊學士。吳爲之付刻,與《洗冤錄》合爲一編。"《顧千里研究(增補本)》,第112頁。

嘉慶十九年，爲廖寅校刻完成《華陽國志》①，刻工："金陵劉文奎弟文(楷/模)鐫。"

嘉慶十九年，爲沈恕校刻完成《(紹熙)雲間志》②，刻工："金陵劉文奎弟(文楷/文模)鎸。"

嘉慶二十年，爲汪喜孫校刻完成《述學》③，刻工："江寧劉文奎子(觀宸/仲高)鐫。"

嘉慶二十一年，爲胡克家校刻完成仿元本《資治通鑒》④，刻工："江寧劉文奎弟(文楷/文模)鐫。"

嘉慶二十三年，爲吳鼐校刻完成仿宋乾道本《韓非子》⑤，刻工："江寧劉文奎子(觀宸/仲高)鐫。"

上述書籍，雖出資委託者不盡相同，但據相關文獻可知，其實際校勘者乃至"督工開雕"者均爲顧廣圻。對此，李兆洛在《顧君墓誌銘》中曾云：

> 當是時，孫淵如觀察星衍、張古餘太守敦仁、黃堯圃孝廉丕烈、胡果泉中丞克家，秦敦夫太史恩復、吳山尊學士鼐皆深於校讎之學，無不推重先生，延之刻書。爲孫刻宋本《說文》《古文苑》《唐律疏議》，爲張刻撫州本《禮記》、嚴州本單疏本《儀禮》《鹽鐵論》，爲黃刻《國語》《國策》，爲胡刻宋本《文選》、元本《通鑒》，爲秦刻《揚子法言》《駱賓王集》《吕衡州集》，爲吳刻《晏子》《韓非子》，每一書刻竟，綜其所正定者爲考異，或爲校勘記於後，學者讀之益欽。⑥

不難發現，文中所列諸書，絕大多數即出自劉文奎局之手。從這一點看，似乎這些不同的出版者選擇劉文奎局，很可能是出於顧廣圻的推薦。但實際上顧氏在刻工的選擇上究竟有多少主動權，很難確知，倒是孫星衍在其中的影響不容忽視。上述諸書若深究下去，會發現其背後或多或少都與孫星衍有關。如《華陽國志》一書，鄧邦述曾云：

> 澗薲校此書，本爲淵如刻板之用，後題襟館乃借刊耳。……廖氏以蜀人摹刻是書，故淵如讓之。直取澗薲已校成者，付諸廖氏，故册尾跋語云云，猶認孫爲刻書之人，無一字及廖也……甚或刻將成而廖氏出資加一跋

---

① 〔清〕廖寅《校刊華陽國志序》："元和顧茂才廣圻，是正諸書最稱審密，竭半歲之力，爲予督工開雕。"嘉慶十九年刻本。

② 李慶《新訂顧千里年譜》嘉慶十九年條云："千里作《雲間志跋》，爲孫淵如刊行之。"可知此書亦與孫星衍有淵源。《顧千里研究(增補本)》，第117頁。又可參見此書顧廣圻、王芑孫跋。

③ 〔清〕汪喜孫《汪氏學行記》錄顧廣圻信札："《(述學)内篇》以下并爲歐體……委刊刻《述學》，兹已竣工，奉上清樣全部。"收入《江都汪氏叢書》，民國十四年影印本。

④ 〔清〕胡克家《資治通鑒序》："延文學顧君廣圻、彭君兆蓀及族弟樞爲校勘翻雕之。"嘉慶十七年至二十一年胡克家翻元刻本。

⑤ 〔清〕吳鼐《重刻韓非子序》："明年丁丑五月，携至江寧，孫淵如前輩慫恿付梓。又明年戊寅五月刻成……元和顧君千里實爲余校刊。"嘉慶二十三年吳鼐翻宋刻本。

⑥ 〔清〕顧廣圻《思適齋集》卷首李兆洛撰《顧君墓誌銘》，道光二十九年刻本，收入《續修四庫全書》第1491册，第3頁。

語,亦未可定也。①

可知此書最初的策劃者實爲孫星衍,而廖寅很可能只是最後挂名而已。

更爲典型的是胡克家那部著名的仿元刻《資治通鑒》,孫星衍不僅參與其出版策劃(前引《與顧千里書五》有"總須刊《通鑒》"之語),而且還提供刻書場地:蘇州孫子祠②。按孫子祠爲孫星衍之家祠,始建於嘉慶十一年(1806)夏秋之間,其址在蘇州虎丘一帶③。孫星衍在致顧廣圻的信札中,曾屢次提及在孫子祠刻書事:

> 《古文苑序》甚好,即可刊入此書。《續古文苑》現在收拾,即覓便寄稿尊處,可在孫子祠開局刊刻,計需六百金……正月廿八。(《與顧千里書一》)

> 前有札奉寄,托足下在孫子祠辦理刻書之事,每歲與張古餘各奉脩金百數十兩,計可安身。刻工即交劉文楷經手,設局在祠內最便,足下亦可移居讀書。……尚有借到額鹽政小字《說文》,遇便寄交尊處翻版等事,乞先爲留意。(《與顧千里書三》)

> 廿九日接方伯代遞來字,悉宋刻《說文》等收到,即爲籌刻,甚慰。家君於廿六日南歸,必至吳門,住孫子祠,刻資帶上,并竹友代墊薛祠項亦擬償之……錢同人寫本甚整齊,然覓便祈歸,又復遷延時日。吳門如有佳書手,亦不必惜小費,此部留存亦有用也。……孫子祠內象龕有弟小象,覲瞻不便,乞屬竹友代作一黃幔施於龕內,僅露吳將之容爲妙。方伯許寫扁,祈催之。《文選》雖刊,總須刊《通鑒》。(《與顧千里書五》)④

按"書一"中提及《古文苑序》,檢《古文苑》卷首顧廣圻序,落款在嘉慶十四年(1809)。又"書三"中提及"額鹽政小字《說文》",即指額勒布所藏宋小字本《說文解字》,據董婧宸考訂,此事當在嘉慶十二年(1807)十二月,而此札或作於同時或次年一月。最後的"書五"則作於嘉慶十三年(1808)二月⑤。由此可知,至晚在嘉慶十三年初,孫子祠已開始作爲刻書場所,并於隨後陸續刊行了《說文解字》《續古文苑》等書。值得注意的是,在"書三"中,孫星衍還明確指示"刻工即交劉文楷經手",可見選擇刻工的主動權很可能是在孫氏手中。

這一點也可以從另外兩方面予以印證。一是在嘉慶十三年(1808)顧廣圻與黃丕烈交惡之前⑥,黃氏所刻之書多由顧氏校刊,却未見有劉文奎局之題

---

① 李慶《新訂顧千里年譜》嘉慶十八年條轉引鄧邦述《寒瘦山房鬻存善本書目》卷六"顧千里手校《華陽國志》十二卷"條,《顧千里研究(增補本)》,第115頁。
② 〔清〕胡克家《資治通鑒序》:"設局于孫伯淵觀察之家祠。"
③ 參見馬振君《孫星衍年譜新編》"嘉慶十一年"條,第325、327頁。
④ 以上俱見收入陳鴻森輯《孫星衍遺文續補》,第79頁。
⑤ 以上俱見董婧宸《孫星衍平津館仿宋刊本〈說文解字〉考論》,《勵耘語言學刊》2018年第1期,第222—224頁。
⑥ 按關於二人交惡時間,參見李慶《新訂顧千里年譜》"嘉慶十三年"條,《顧千里研究(增補本)》,第98頁。

名；二是嘉慶二十三年(1818)孫星衍去世之後，儘管顧廣圻仍代人校書、刻書不輟，却未見其與劉文奎局再度合作。由此可知，顧廣圻與劉文奎局的密切合作主要還是集中在爲孫星衍校刻書籍的階段，除此之外均未見其對劉文奎局有所偏愛。因此，其所校刻之書籍多委託劉文奎局刊刻，可能主要還是與孫星衍有關。

嘉慶二十三年(1818)正月，孫星衍去世。在其家人的主持下，劉文奎局又繼續完成了《平津館叢書》中《芳茂山人詩録》九卷(附《長離閣集》一卷)的刊刻工作，這才正式結束了與孫星衍的合作。如果從嘉慶七年(1802)刻《顔魯公文集》算起，其受雇於孫氏的時間長達十七年。而這十七年也正是劉文奎局發展最爲鼎盛的時期，期間刻書多達35種，其中不乏如《資治通鑒》這樣的巨帙。而在這之後的二十餘年間，儘管劉文奎局的刻字技藝仍然精湛①，刻書數量却大幅下跌，可以找到的只有區區15部而已。而且就所刻内容來看，也以集部文獻居多，再也不復此前經史著述皇皇大觀的盛況。顯然，在道光以後，劉文奎局不僅再也没能找到一位如盧文弨、孫星衍這樣的長期雇主，而且連來自於一般學者的刻書業務也漸趨減少。這其中的原因當然很多，但乾嘉考據的漸趨衰落或許也是其中很重要的一點。

三　風氣轉換：從方體精刊到摹刻宋元

縱觀劉文奎局在乾隆年間所刻諸書，使用的全部都是方體字，而其中較早且較具代表性的正是《抱經堂叢書》。盧文弨刻書采用方體字，這當然主要是出於經濟上的考慮。畢竟他的刻書資金基本靠友朋贊助，因此無法也無意仿照盧見曾《雅雨堂叢書》等的做法，以軟體字精寫精刻。而樸素實用的方體字，似乎也更符合盧文弨所追求的校勘精準、質樸無華的學者作風。惟方體字同樣存在多種形態變化，這一點熟悉明清版刻史的學者都非常清楚，無須贅述。發展至清中葉，比較常見的是一種接近正方的字形，這也正是《抱經堂叢書》所采用的字形。而據前文可知，《抱經堂叢書》最初刊刻的三部書籍均非出自劉文奎局之手。其中最早爲《輶軒使者絶代語釋別國方言》一書，内封有"杭州刻本"之語，可知刻於杭州；稍後的《新書》《白虎通》未詳刻地，或同樣刻於杭州。作爲一部叢書，形式上的整齊與統一顯然頗爲重要，因此上述三書的版式字體，基本上就成了《抱經堂叢書》此後各本的刊刻標準。換句話說，劉文奎局在接任續刻此套叢書時，實際上是有既定的字形範式的。從實物看，其最初刊刻的《春秋繁露》等書，也確實與上述三書如出一轍。此後各本，雖偶因寫樣者不同而略有差異②，但總體上還是保持了一種方正整飭、疏朗雅致的風格面貌，

---

①　如周叔弢曾盛讚其道光五年所刻之《古文辭類纂》，而辛德勇則曾高度評價其道光元年所刻之《養初堂詩集》《紅蕙館詞抄》。

②　如《經典釋文》一書，字體略顯扁方，行款亦不盡相同。此外，後人刻於嘉慶年間的《龍城札記》《抱經堂文集》二書，因寫工、刻工俱不同，故面貌差異較大。

這應該主要是應雇主盧文弨的要求。

　　至於盧文弨采取此種字體的原因,除了與當時流行的版刻風尚有關外,筆者猜測還可能受到了鮑廷博《知不足齋叢書》的影響。作爲乾隆時期最具代表性的學術類叢書之一,《知不足齋叢書》開刻於乾隆四十年(1775)前後,向以搜集廣博、校勘精審而聞名。盧文弨曾多次襄助鮑氏校書,對此書可謂十分熟稔,而除了肯定其校勘上的成就外,對版刻亦多所贊許,稱其"棗梨既精,剞劂亦良"①。按據馬培潔《鮑廷博知不足齋刻工研究》一文考訂,爲鮑氏寫樣、刻書的主要有杭州工匠方溥、高擎亭、陳世彭、陳立方、陳載周等人②。或正因爲此,盧文弨對杭州刻工始終頗爲肯定,乾隆四十三年(1778)在《書石林燕語後》一文中云:"其言天下印書以杭州爲上,此在近日猶然。"③故其刻《抱經堂叢書》,最初選擇的是在杭州開雕;而當不滿劉文奎局"趕辦不前"時,第一想到的也是改去杭州刻書。當然,由於《知不足齋叢書》采取巾箱小本的版式,字形也略顯扁方局促,相比《抱經堂叢書》疏朗雅致的整體風貌,還是遜色不少。這應該也正是得益於劉文奎局的精心雕造。

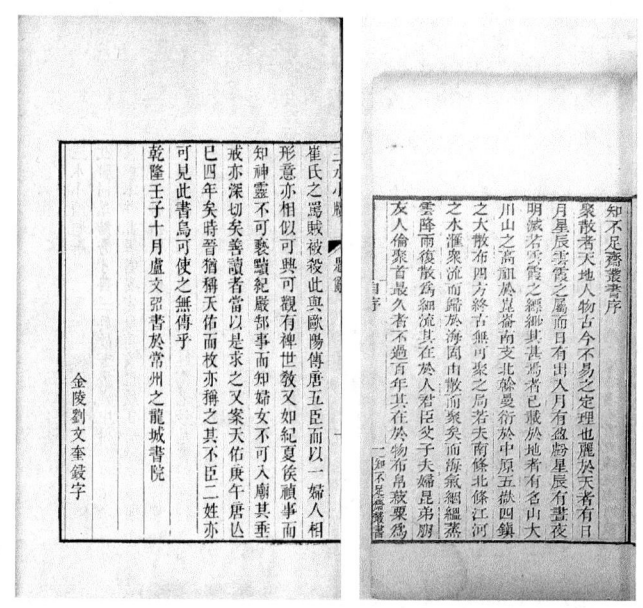

左:《抱經堂叢書·三山小牘》,乾隆五十七年刻本;
右:《知不足齋叢書》,乾隆至道光間增刻本

《抱經堂叢書》刻成之後,後人對其版刻效果頗爲肯定,如傅增湘在《抱經堂彙刻書序》一文中曾云:"書之規模雅飭,亦出一時善工,較諸趨步宋槧,其神采各

---

①〔清〕盧文弨《徵刻古今名人著作疏》:"晨書暝寫,句核字讎,乃始付之梓人氏。棗梨既精,剞劂亦良,以是毀其家不恤也。"見《知不足齋叢書》二十六集卷首,清乾隆至道光間刻本。

② 馬培潔《鮑廷博知不足齋刻工研究》,《文獻》2013年第1期。

③〔清〕盧文弨《抱經堂文集》卷十一《書石林燕語後》,收入《盧文弨全集》第8冊,第211頁。

不相掩。"①即認爲這種整齊雅致的方體字并不遜色於所謂的"仿宋",并將其功勞歸之於"善工"亦即劉文奎局。事實上,乾隆至嘉慶前期劉文奎局所刻之方體字,大多數都保持了這種方整雅致的總體風格。如乾隆四十年(1775)所刻之《元和郡縣補志》,五十二年(1787)所刻之《荷塘詩集》《自怡軒初稿》,五十三年(1788)所刻之《吕氏春秋》,五十四年(1789)所刻之《釋名疏證》,五十五年(1790)所刻之《韓詩外傳》,五十七年(1792)所刻之《封氏聞見録》,五十九年(1794)所刻之《海愚詩鈔》,六十年(1795)所刻之《韓詩内傳徵》,以及嘉慶八年(1803)所刻之《東皋詩存》等,總體上來説都比較方正,與《抱經堂叢書》之字體較爲類似。因此,與其將此種字體視爲盧文弨的個人喜好,倒不如説反映了當時文人對於方體字的一種整體審美取向。

嘉慶以後,劉文奎局所刻之方體字又有了一些變化,總體來説有一種向細長秀麗變化的趨勢,不如前期那麽方正。如果以《平津館叢書》中出自劉文奎局之手的方體字本與《抱經堂叢書》相比,就會發現前者的豎筆往往更細,同時整個字形也顯得略微拔長一些②。而在《平津館叢書》之外的一些私家刻本中,由於寫樣普遍更加精緻,因此秀麗的傾向會更加明顯一些,如嘉慶七年(1802)所刻之《顔魯公文集》,十四年(1809)所刻之《燕川集》,道光五年(1825)所刻之《古文辭類纂》等,俱於方正之中别有一種細長秀麗之態。值得一提的是,周叔弢曾評價其中之《古文辭類纂》一書云:

> 此本是清代乾嘉間金陵名工劉文奎、劉文楷兄弟所刻。寓流麗於方整之中,紙墨瑩潔,傳世甚稀,良可珍玩。清代乾嘉間金陵刻書慣用劉氏方整之體,獨穆大展則用楷書精刻。③

文中以"寓流麗於方整之中"來概括劉文奎局在嘉、道年間的字體特色,可謂允當。不過其後又將此種"方整之體"貫以"劉氏"之名,則又有些言過其實。畢竟所謂"方整之體"在劉文奎局之前就早已存在,劉氏也不過是順應潮流的"慣用"者之一而已。相比較而言,辛德勇在其《簡論清代中期刻本中"方體字"字形的地域差异》一文中,將劉文奎局所刻字體視爲清中葉"蘇式方體字"在南京地區的典型代表之一,可能更爲準確一些。不過文中評價道光元年(1821)所刻之《養初堂詩集》與《紅薑館詞抄》云:"字形秀麗瀟灑,單純就審美角度而言,已經超出於普通'蘇式'刻本之端莊平正之上。"④實際上所謂"端莊平正"代表的正是劉文奎局前期的刻字風格,而"秀麗瀟灑"則屬後期的發展變化,二者并不矛盾。當然這也僅僅是一種非常粗淺的區分,由於寫樣者的不同,還有不少書籍是完全越出上述之風格範疇的。如道光末年所刻之《金陵朱氏家集》,字

---

① 見傅增湘《藏園群書題記》附録二"藏園序跋選録",上海古籍出版社,1989年,第1066—1067頁。
② 但這種變化總體上比較微弱,只有嘉慶十九年(1814)所刻之《尚書考異》,字形明顯瘦長,但這應該主要與寫樣者有關。
③ 見李國慶《弢翁藏書題跋·年譜》"一九八二年"條,第325頁。
④ 辛德勇《簡論清代中期刻本中"方體字"字形的地域差异》,《中國典籍與文化》2012年第1期。

體扁方,版式緊密,就完全是另外一番風貌了。

至於劉文奎局第一次承刻寫體字本,則是在嘉慶十年(1805),所刻即張敦仁之《禮記》三十卷。此書係由顧廣圻手摹"宋撫州公使庫本"上版,刊刻難度顯然較普通寫刻更大。不過儘管是首度嘗試,其質量應該還是獲得了顧廣圻等人的基本肯定,這一點可以從接下來的頻繁委託中看出。次年八月,在《禮記》尚未完全刻成之際,顧廣圻與孫星衍就將另一部寫刻之本《魏三體石經遺字考》交給了劉文奎局;同年,顧廣圻又請劉文奎局重新翻刻了明吳元恭本《爾雅》,此雖非寫體,却也不同於普通方體。而隨後數年中,孫星衍又將《岱南閣叢書》中的《故唐律疏議》《宋提刑洗冤集錄》《古文苑》以及《平津館叢書》中的《説文解字》《續古文苑》這幾部寫刻本交給了劉文奎局,足見對該局的倚重。其中《故唐律疏議》《洗冤集錄》二書刻成後,孫星衍曾在跋語中高度評價稱"與元刻不爽絲髮",可謂相當滿意。

而在爲孫星衍仿刻宋元舊本的同時,劉文奎局還承接了不少其他雇主的寫刻業務。除了最早爲張敦仁所刻之仿宋本《禮記》外,尚有爲胡克家所刻之仿宋本《文選》、仿元本《資治通鑒》,爲廖寅所刻之仿宋本《華陽國志》,爲吳鼒所刻之仿宋本《韓非子》,爲沈恕所刻之仿宋本《(紹熙)雲間志》,這六部都是所謂仿宋元本,且其出版過程多少都與孫、顧二人有關。其他寫刻本,則尚有爲韓怡所刻之《讀詩辨字略》《讀易傳心》,爲汪喜孫所刻之《述學》,爲陳宗彝所刻之《熹平石經殘字》,爲嚴可均所刻之《説文校議》,爲張寶所刻之《灕江泛棹圖》,爲朱士彦所刻之《山帶閣集》《凌溪先生集》等書。其中《述學》刻於嘉慶二十年(1815),係顧廣圻所負責校刻者,題名中則出現了劉文奎之子劉覲宸、劉仲高的名字。至此,劉氏一家中,已有五人參與到刻書的工作中來。

又上述諸書中,最具代表性且最爲人所熟知者,當推胡克家所刻的兩部仿宋元本《文選》《資治通鑒》。對此二書歷來評價甚高,皆稱善本。這裏的"善",不僅指其校勘之精,亦贊其版刻之佳。其中《文選》係據宋淳熙年間尤袤刻本重雕,胡克家在自序中云:

> 往歲顧千里、彭甘亭見語,以吳下有得尤槧者,因即屬兩君遴手影摹校刊行世,逾年工成,雕造精緻,勘對嚴審,雖尤氏真本殆不是過焉。

文中"雕造精緻""真本殆不是過焉"云云,得意之情可謂溢於言表。而《資治通鑒》則爲仿元刻本,更多達二百九十四卷(後附《釋文辨誤》十二卷),卷帙繁浩却又能寫刻精美,更屬難能。惟對於翻刻本而言,是否能夠做到對原刻字體形神畢肖的摹仿,顯然是非常重要的。對此,後人亦有不少討論。莫友芝《宋元舊本書經眼録》在提及《資治通鑒》時云:"是刻字體多波折,四邊綫極粗,嘉慶間鄱陽仿刻亦稱善本,而未能畢似也。"[①]顯然認爲胡刻《資治通鑒》在字體上未能做到"畢似"。而黄永年、賈二强所編之《清代版本圖録》在評此二書時亦

---

① 〔清〕莫友芝《宋元舊本書經眼録》卷二"資治通鑒"條,中華書局,2008年,第56頁。

云:"惟《文選》仿宋尚在仿佛之間,此《通鑒》仿元實不似耳。"①則認爲《文選》之刻尚屬差强人意,而《資治通鑒》却"實不似"。這應該主要是黄永年的觀點,其在《版本學講義》中論述得更爲具體:

> 胡刻本:胡克家仿刻尤袤《文選》,用"文革"後期出的影印本與尤袤刻《文選》對比,更方,看起來好看。胡又刻《資治通鑒》,以元建本爲底本。元建本字體爲顔體,但他刻的,顔、歐都不像。②

取諸家評價相對較高的《文選》書影互相對照,不難發現原宋刻本確實要更加圓轉自如一些,胡刻本則略顯僵硬板滯,分視或尚可一觀,如若并置,則其間差异一望即知。

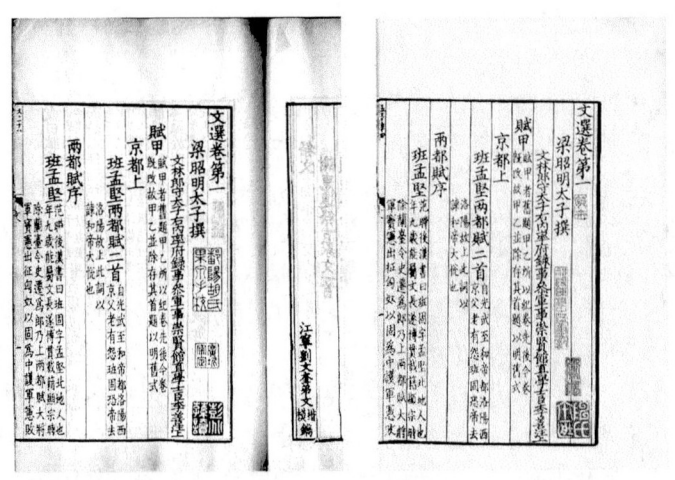

左:清嘉慶胡克家仿宋刻本;右:中華再造善本影印宋淳熙刻本

至於各家均認爲刻得不像的《資治通鑒》,則更是迥然各异。有鑒於此,筆者又進一步將劉文奎局所刻之其他仿宋元本,一一與原刻作了對比,發現這樣的現象同樣存在。對此,黄永年認爲可能與實際負責督工的顧廣圻有關,并稱顧氏校刻之書,均只是"校勘上仿宋而已,字體與宋本幾乎不像,看起來比宋本整齊,但都不是宋本的樣子"③。對這段話,或可作兩方面的理解。一方面,劉文奎局所刻諸仿宋元本,不少寫樣均出自於顧廣圻(但胡刻二書并不包括在内)④,這説明其摹寫尚不够逼真(事實上,要做到絶對逼真也是非常困難的);另一方面,也是更重要的,則是指出了出版者(這裏實際上也應當包含孫星衍等人)對所刻書籍從内容到形式的主觀影響。儘管相比盧文弨而言,顧廣圻等人已經開始强調形式與内容并重的出版理念,但作爲一名學者,在精力、財力

---

① 黄永年、賈二强編《清代版刻圖録》第 3 册,浙江人民出版社,1997 年,第 85 頁。
②③ 黄永年《黄永年文史五講·版本學講義》,中華書局,2011 年,第 63 頁。
④ 按顧廣圻曾爲孫星衍摹寫《平津館叢書》中《孫子》《吴子》《司馬法》《古文苑》、《説文解字》(篆字部分)以及《岱南閣叢書》中《故唐律疏義》《宋提刑洗冤集録》等書,又曾爲張敦仁摹寫《禮記》。

俱有限的情況下,畢竟内容還是要放在第一位的。換句話說,逼真與否可能并不僅僅取決於客觀能力,同時還會受到主觀態度的影響。

那麽從摹寫到刊刻,翻刻一部宋元本的花費究竟如何? 對此或可在孫星衍的一些記述中略窺一二。在仿元刻《故唐律疏議》三十卷之跋語中,孫星衍提到其工價爲"計需刊板銀六百餘兩";此外在與顧廣圻的書信中,則提到刊刻《續古文苑》二十卷,同樣"計需六百金"①。平均計算,每卷多達二十至三十兩,實在令人咋舌。而這可能還没算上寫樣的費用。孫星衍曾請錢侗影鈔王昶所藏宋本《説文解字》,費用是"工價白銀七十兩"②,但最終這部鈔本没有付刻,故孫氏又囑托顧廣圻"吴門如有佳書手,亦不必惜小費"③,則實際上付出的寫樣費用可能需要翻倍。因此,儘管孫星衍的經濟狀況明顯要好於盧文弨,但仍然會感到難以負擔而"力不能成",故常需衆人"捐資"④。由此再回頭看胡刻二書,《文選》正文六十卷,而《資治通鑒》正文更多達二百九十四卷,如果按照孫星衍的報酬標準來計算,刻《文選》至少千金,刻《資治通鑒》更不啻天價。因此,翻刻《文選》或尚能做到與原書仿佛,到了《資治通鑒》恐怕也只能是有心而無力了。因此,指責其不能"必似"顯然是過於苛刻了。

四　結語

劉文奎局在嘉慶十年(1805)以後共刻書 50 部,其中寫刻本 22 部,數量將近一半。相比此前三十年中一部都没有的狀況,可謂突飛猛進。這其中尤其值得注意的是十部仿宋元刻本,雖然數量并不算突出,但質量却相對較高。這些書從刊刻時間看,主要集中在嘉慶十年至二十三年間(1805—1818),正好是劉文奎局與孫星衍、顧廣圻合作之階段;而細究其出版之過程,亦基本上與孫、顧二人有關。這一方面自然再次説明了孫、顧二人對劉文奎局發展的重要意義,另一方面似乎也暗示着嘉慶年間以孫星衍、顧廣圻爲中心的學者群體,在校勘、出版古代典籍時一些觀念上的轉變。特別是與乾隆時期盧文弨、鮑廷博等人相比,嘉慶年間的諸位學者在整理出版舊籍時,雖然也同樣重視内容上的審慎校勘,但形式上的仿古復古也漸成風氣。具體表現在,其校勘成果往往是以考异、校勘記等形式附録於卷末,而原書舊貌則以仿宋元舊刻的形式得到基本保留。無論是從學術史還是出版史的角度來説,這種形式與内容并重的觀念性轉變無疑都是值得我們關注的。

而出版風氣的轉變,儘管主要還是來自於出版者的推動,但刻工在其中所起到的作用也不容忽視。除去最基本的寫樣、刻字等工序外,其他諸如對文本

---

① 〔清〕孫星衍《與顧千里書一》,收入陳鴻森輯《孫星衍遺文續補》,第 77 頁。
② 見錢侗影抄王昶本孫星衍跋:"此本從王少寇藏祠宋本影鈔。戊辰(嘉慶十三年)正月,錢文學侗到德州見付,酬贈工價白銀七十兩。"轉引自董婧宸《孫星衍平津館仿宋刊本〈説文解字〉考論》,第 223 頁。
③ 〔清〕孫星衍《與顧千里書五》,收入陳鴻森輯《孫星衍遺文續補》,第 79 頁。
④ 見《故唐律疏議》卷首孫星衍自序,嘉慶十二年《岱南閣叢書》本。

內容準確性的把控,對"仿"宋元本逼真程度的拿捏,以及對刻書成本的考慮與控制等方面,都需要刻工擁有超乎尋常工匠的能力和素養,以及與雇主之間良好的交流與溝通,才能得以實現。從這個角度來説,像劉文奎局這樣的"學術良工"的出現,既是對時代潮流與需求的順應,同時也反過來在一定程度上促進了學術出版業的發展。與之類似的是晚清另一位著名的學術良工陶子麟,他和他的刻書團隊滿足了晚清衆多出版家對於"仿宋元"的極致追求,從而也推動了晚清民初另一個學術出版高峰的到來。對於這些現象,以往的學術史與出版史研究似乎都没有給予太多關注,這未免有些遺憾。故成此文以就正於方家,并作引玉之磚。

(作者單位:上海大學文學院)

論唐宋時期考較《周易》文本的學術傳統

顧永新

中唐以降,隨着政治危機的逐步加深,封建國家對於意識形態領域的控制也逐漸鬆弛,反映在學術和思想領域,伴隨着儒學復興運動,篤守漢唐章句注疏的經學傳統開始被打破。《新唐書》記載:

> 大曆時,(啖)助、(趙)匡、(陸)質以《春秋》,施士匃以《詩》,仲子陵、袁彝、韋彤、韋茝以《禮》,蔡廣成以《易》,強蒙以《論語》,皆自名其學,而士匃、子陵最卓異。①

《唐國史補》也有"大曆已後專學者"的相關記載,略有异同②。可見,整個經學領域普遍都受到衝擊,并非僅僅局限於一二專經。其中最具代表性且影響最大的就是啖助、趙匡、陸質(原名淳,避唐憲宗諱改)的《春秋》學派,其學術旨趣是"援經擊傳"③"舍傳求經,實導宋人之先路"④,特點是"其或未明,則憑私臆決"⑤,以己意説經。具體到《易》學領域,代表人物則是蔡廣成。廣成,德宗貞元十一年(795)作爲"隱居丘園不求聞達"者"各授試官,令給公乘,到京日量才叙用"⑥。其著作不見於《舊唐書‧經籍志》《新唐書‧藝文志》著録,《宋史‧

---

* 本文爲國家社會科學基金後期資助重點項目"《周易》文獻學研究"(20FZWA003)、教育部人文社會科學重點研究基地北京大學中國古文獻研究中心重大項目"儒家經典整理與研究‧《周易》經傳注疏定本(附校勘記)"(19JJD750001)的階段性成果。

① 《新唐書》卷二〇〇《儒林傳下‧啖助傳》,中華書局,1975年,第5707頁。

② 〔唐〕李肇《唐國史補》卷下"叙專門之學"曰:"大曆已後專學者,有蔡廣成《周易》,強象《論語》,啖助、趙匡、陸質《春秋》,施士丐《毛詩》,刁彝、仲子陵、韋彤、裴茝講《禮》,章廷珪、薛伯高、徐潤并通經。"(古典文學出版社,1957年,第54頁)

③ 〔宋〕晁公武著,孫猛校證《郡齋讀書志校證》卷三"《春秋微旨》六卷《春秋辨疑》一卷"解題,上海古籍出版社,1990年,第109頁。

④ 〔清〕永瑢等《四庫全書總目》卷二六經部二十六《春秋》類一《春秋集傳纂例》十卷提要,中華書局影印乾隆六十年浙江杭州刻本,1965年,第213頁。

⑤ 《郡齋讀書志校證》卷三"《春秋微旨》六卷《春秋辨疑》一卷"解題,第109頁。

⑥ 《舊唐書》卷一三《德宗本紀下》,中華書局,1975年,第381頁。

藝文志》著録蔡廣成《(周易)啓源》十卷，又《周易外義》三卷①。晁公武對其人已不甚了了，"李邯鄲云唐人，田偉置於王昭素之下，今從李説"②。陳振孫則徑稱"唐太子左諭德蔡廣成"③。《(周易)啓源》十卷，凡三十六篇④，"皆設爲問答之辭。其卷首題德恒、德言、德庸、德翰問者，不知何義也"⑤。《周易外義》三卷，陳氏以爲"不知何人作。載於《三朝史志》，則其來亦久矣。大抵於《易》中所言及於制度、名物者，皆詳著之；於《易》之本旨，無所發明，故曰'外義'"⑥。蔡書今已不傳，由相關著録可知，一者設爲問答以講《易》之德義，一者考索與《易》相關的名物典制。宋晁説之(1059—1129，字以道，自號景迂生)《古周易》⑦曾引及《外義》：姤九五爻辭"(以杞)包瓜"⑧，陸氏曰："白交反，子夏作苞，馬、鄭百交反。瓜，工花反。"晁氏曰："馬、鄭讀爲庖，《説文》作匏，或從瓜，字書通，同包與苞。《外義》與張弧作匏。匏瓜，星名。"陳氏所言不虛，此條確係考證名物，涉及包字异文苞、庖、匏、爮等，《外義》取《説文》説作匏，以釋名物"匏瓜"。蔡氏與《春秋》學派齊名，作爲"大曆已後專學者"的代表，其詳不可考，或許其特點只是在於"自名其學"，開始突破漢唐注疏傳統？

宋王應麟把《新唐書·藝文志》所著録之漢唐《易》類文獻按照著述體式進行分類，計有傳、章句、注(至唐任希古止)、集解，又唐人"著義疏者"有陰弘道，"著論者"有應吉甫、宋處宗，《新注本義》則薛仁貴，《發揮》則王勃，終於玄宗《大衍論》。不著録十一家，始於李鼎祚《集注（當作解）》，次以一行《論》《大衍玄圖》《義決》、李吉甫注一行《易》、衛元嵩《元包》等，終於陸希聲之傳⑨。其中并未提及蔡書，而且蔡書至宋代始見於著録，所以我們有理由相信，其書雖然在大曆中開一時風氣，但就《易》學本身而言，影響恐怕并不大。王氏所做的科學分類頗具啓發意義，下面我們就從陰弘道、僧一行入手來探討唐宋時期考較

---

① 《宋史》卷一五五《藝文志一》，中華書局，1985年，第5035頁。南宋紹興中改定，葉德輝考證《秘書省續編到四庫闕書目》卷一著録二書書名、卷數相同，唯《啓源》署蔡氏，《外義》不著撰者姓名(《宋元明清書目題跋叢刊》影印光緒中葉氏觀古堂刻本，中華書局，2006年，第252頁)。

② 《郡齋讀書志校證》卷一"《周易啓源》十卷"解題，第26頁。

③ 〔宋〕陳振孫著，徐小蠻、顧美華點校《直齋書録解題》卷一"《周易啓源》十卷"解題，上海古籍出版社，1987年，第6頁。

④ 《郡齋讀書志校證》卷一"《周易啓源》十卷"解題，第26頁。

⑤ 《直齋書録解題》卷一"《周易啓源》十卷"解題，第6頁。

⑥ 《直齋書録解題》卷一"《周易外義》三卷"解題，第16頁。

⑦ 晁氏《古周易》八卷(見於《直齋書録解題》卷一著録，第2頁)久佚，宋吕祖謙《古易音訓》(《直齋書録解題》卷一著録，以爲"則其門人王莘叟筆受。朱晦庵刻之於臨漳、會稽，益以程氏是正文字及晁氏説"[第2頁])多所引用，本文據以輯出(采用《中華再造善本》影印中國國家圖書館(以下簡稱國圖)藏至正六年[1346]虞氏務本堂刻本，校以清嘉慶七年宋咸熙輯刻本《音訓》)。下同。

⑧ 本文引用《周易》經傳、注文悉據國圖藏清宫天禄琳琅舊藏南宋刻經注本《周易》迻録。

⑨ 〔宋〕王應麟著，武秀成、趙庶洋校證《玉海藝文校證》卷二"《易》下·唐七十六家《易》"，鳳凰出版社，2013年，第65—66頁。

《周易》文本的學術傳統①。因爲唐大曆和北宋慶曆分别是唐宋學術轉型的關鍵時間節點，所以我們討論的重點擬放在二者之間，尋源至初、盛唐，討流截至慶曆中。

一 初、盛唐因仍漢《易》文本傳統

就我們目前所能掌握的材料，唐大曆以降《易》學并未如《春秋》學一樣舍傳求經，援經擊傳②，亦未嘗疑傳疑經，至於歐陽脩排《繫辭》更是遲至北宋慶曆中，但確實形成了考較《周易》文本的學術風氣，或者說是學術傳統，且從唐代後期一直延續至北宋。這種學術傳統可以追溯至初唐人陰弘道③，《舊唐志》著録其《周易新論》十卷④，《新唐志》則著録爲《周易新傳疏》十卷，原注："顥子，臨涣令。"⑤《崇文總目》的著録與兩《唐志》皆有所不同，書名作《周易新論傳疏》⑥，"洪道世其父顥之學，雜采子夏、孟喜等十八家之説，參訂其長，合七十二篇，於《易》有助云"⑦。陰書久佚，清馬國翰《玉函山房輯佚書》卷八有輯本《周易新論傳疏》（作者弘作宏），據《音訓》所引晁氏《古周易》輯出兩條：豫九四爻辭"（朋盍）簪"，晁氏曰："虞作戠，云：'戠（《釋文》作戠）⑧，叢合（上三字殘缺，據清刻本補）也。'舊讀作撍（原作撍，據清刻本改）作宗。陰弘道按張揖《古今字詁》庚作撍。《埤蒼》云：'撍（以上二字原爲空格，據清刻本補），疾也。'撍與簪同。"姤初六"繫于金柅"，晁氏曰："陰云：《蒼頡篇》柅作檷。柅，檷也。許氏《説文》、呂氏《字林》云：'檷，絲趺也。'字或作鑈，呂女指反。案絡絲之器，今關西謂之絡垛，音墮；梁益之間謂之絲登，其下柎即柅也。"據《釋文》，

---

① 王鐵先生把宋人"無版本根據而僅據文義，參以主觀判斷來考訂經傳的風氣"視作"疑經、改經之風"，最早注意到這種學術風氣"始於唐代後期"，并輯出徐郾《周易新義》、王昭素《易論》等部分佚文（《宋代易學》第二章"宋代易學的疑經、改經之風"第一節"唐代至北宋的疑字、改字"，上海古籍出版社，2005年，第9—13頁。後整理而成《宋代易學的疑經、改經之風》一文，發表在《周易文化研究》第二輯，2010年，第93—106頁），草創之功至偉。我們認爲，這種"疑經、改經之風"更確切地講是一種考較《周易》文本的學術傳統，是唐宋人對漢唐《周易》文本的重新審視和自我突破，與宋代《古易》運動、疑古惑經思潮緊密關聯，相互影響，相互作用，正好契合或者説推動了當時的學風，但本身并非疑經、改經。

② 出現這種狀況的原因，當與《周易》經傳的關係有關，至少漢人已稱《易傳》爲經（《漢書·藝文志·六藝略》著録《易》經十二篇），以爲孔子所作，所以與《春秋》經傳之分聖賢不同。

③ 《舊唐書》卷七九《傅仁均傳》曰："貞觀初，有益州人陰弘道又執（王）孝通舊説以駁之（指傅仁均曆），終不能屈。"（第2714頁）

④ 《舊唐書》卷四六《經籍志上》，第1968頁。

⑤ 《新唐書》卷五七《藝文志一》，第1426頁。

⑥ 〔宋〕王堯臣等著，〔清〕錢東垣輯釋《崇文總目》卷一，輯自《文獻通考》，《宋元明清書目題跋叢刊》影印《粤雅堂叢書》本，第10頁。《秘書省續編到四庫闕書目》卷一著録《周易新論語傳疏》，無作者、卷數，書名衍"語"字（第252頁）。《宋史》卷二〇二《藝文志一》著録書名、卷數、作者（弘作洪）與《崇文總目》同（第5035頁）。

⑦ 〔元〕馬端臨《文獻通考》卷一七五《經籍考二》，中華書局，2010年，第5232頁。弘（避諱改字作洪）道父名作顥，與《新唐志》作顥不同。

⑧ 〔唐〕陸德明《經典釋文·周易音義》，本文採用上海古籍出版社1985年影印國圖藏宋刻宋元遞修本，簡稱《釋文》。

簪字、柅字漢《易》諸家异文頗多，陰氏援引字書對其進行考訂。

盛唐著名學者僧一行(683—727)解《易》之作，《新唐志》著録《周易論》(原注"卷亡")，又《大衍論》二十卷等，以及"李吉甫注一行《易》"(原注"卷亡")①，當即李吉甫本傳所謂"吉甫嘗討論《易》象异義，附於一行集注之下"②。至南宋《中興館閣書目》著録一行《易傳》十二卷，原缺四卷③；《四庫闕書目》著録唐《易論》一卷④，不署作者姓名，朱彝尊《經義考》疑即一行書⑤。王應麟《困學紀聞》引作一行《易纂》⑥。其書久佚，所以馬國翰"衷輯爲帙，古學一綫係此殘編已"⑦，輯本題《易纂》。一行《易傳》"采前代諸儒古説，無闕者凡四卷⑧。郭兼山父子因論歷云：論歷取一行則可，論《易》取一行則不可"⑨。朱震(1072—1138)稱"孟喜、京房之學，其書概見於一行所集，大要皆自《子夏傳》而出"⑩，知其與陰書旨趣相近。馬氏輯本於上下經闕涉异文者均據《音訓》所引晁氏《古周易》輯出，今據《音訓》重輯如下(補輯兩條)：

1. 蒙九二爻辭"包蒙"

"苞"，"今本作包"。陸氏曰："鄭云：苞當作彪。彪，文也。"晁氏曰："京房、鄭、陸績、一行皆作彪，文也。"

2. 上九爻辭"擊蒙"

"擊"，晁氏曰："馬融、鄭、荀爽、一行作繫。"

3. 師初六"否臧"

"否"，晁氏曰："劉、荀、陸、一行作不。"

4. 小畜上九爻辭"月幾望"

"幾"，晁氏曰："《子夏傳》、京、劉、一行作近。説在中孚。"

5. 豫九四爻辭"朋盍簪"

"朋"，晁氏曰："一行謂當作用。"

6. 隨上六爻辭"王用亨于西山"

---

① 《新唐書》卷五七《藝文志一》，第1426頁。
② 《舊唐書》卷一四八，第3997頁。
③ 〔宋〕陳騤等著，趙士煒輯考《中興館閣書目輯考》卷一《易》類，輯自《玉海·藝文》，《宋元明清書目題跋叢刊》影印1933年《古逸書録叢輯》本，第366頁。《宋史》卷一五五《藝文志一》著録沙門一行《(易)傳》十二卷，第5035頁。
④ 《秘書省續編到四庫闕書目》卷一，第253頁。
⑤ 〔清〕朱彝尊著，林慶彰等點校《點校補正經義考》卷一五《易》十四釋一行《易傳》，台灣"中央研究院"中國文哲研究所，1997年，第1冊，第338頁。
⑥ 〔宋〕王應麟著，〔清〕翁元圻輯注《困學紀聞注》卷一《易》"王昭素謂《序卦》云"條"一行《易纂》引孟喜《序卦》"云云(中華書局，2016年，第109頁)。
⑦ 〔清〕馬國翰《玉函山房輯佚書》卷八一行《易纂》題解，光緒九年長沙嫏嬛館刊本。
⑧ 此句似有舛誤。《玉海》引《中興(館閣)書目》著録是書十二卷，"元闕者四卷"(《玉海藝文校證》卷二《易》下，第68頁)，由是知此"無"字或係"元"字之誤，蓋元初誤作无，後无改作無。
⑨ 〔宋〕馮椅《厚齋易學》附録一"先儒著述上"引《中興(館閣)書目》著録《周易傳》十二卷，可補趙氏輯本解題(《景印文淵閣四庫全書》第16冊，第826頁)。所謂"郭兼山父子"指郭忠孝、郭雍父子，皆以治《易》名家。
⑩ 〔宋〕朱震《漢上易傳》卷末《叢説》，《景印文淵閣四庫全書》第11冊，第385頁。

"亨",晁氏曰:"京、虞、陸績、一行作享,祭也。"
7. 剝六三爻辭"剝之无咎"
"六三剝无咎","今本有之字"。陸氏曰:"一本作'剝之无咎',非。"晁氏曰:"按京、劉、荀爽、一行皆无之字。"
8. 復初九爻辭"无祇悔"
"祇",晁氏曰:"京、劉、一行作祇,安也。"
9. 頤六二爻辭"拂經于丘"(六三"拂頤"、六五"拂經")
"拂",晁氏曰:"劉、一行作弗,輔弼也。下同。案弗,古弼字。"
10. 習坎六四爻辭"樽酒、簋貳、用缶"
"樽酒簋","今本作'樽酒、簋貳'"。陸氏曰:"一本更有貳字。"晁氏曰:"按有貳字者,因王弼失之。京、劉、一行皆以'貳用缶'爲句。"
11. 習坎六四爻辭"納約自牖"
"納",晁氏曰:"京、一行作内,云:内自約束。"
12. 離《象傳》"百穀草木麗乎土"
"土",陸氏曰:"王肅本作地。"晁氏曰:"《説文》、一行亦作地。"
13. 鼎九四爻辭"其形渥"
"形",晁氏曰:"《九家》、京、荀悦、虞作刑,一行、陸希聲亦作刑。"
14. "渥"(原作屋,據清刻本改),晁氏曰:"《九家》、京、虞作剭,重刑也,并音屋。京謂刑在頂爲剭,一行、陸希聲同。薛云:古文作渥。"
15. 艮六二爻辭"不拯其隨"
"拯",晁氏曰:"按孟、京、王、陸績皆作承,一行作抍,其誤如明夷,下涣同。"
16. 九三爻辭"列其夤"
"列",晁氏曰:"孟、一行作裂。"
17. "夤",晁氏曰:"孟、京、一行作胂。鄭作臏,今文也。徐音胤,皆夾脊肉也。"
18. 歸妹六三爻辭"歸妹以須"
"須",晁氏曰:"子夏、孟、京作嬬,媵之妾也。古文作須。一行云:須亦賤女也。天文有須女。説之按:與賁六二同。"
19. 中孚六四爻辭"月幾望"
"幾",晁氏曰:"孟、荀、一行作既。孟云:十六日也。説之(原作文,據清刻本改)按:古文讀近爲既,《詩》'往近王舅'是也,此實當作既。"
20. 既濟六二爻辭"婦喪其茀"
"茀",陸氏曰:"子夏作髴,荀作紱,董作髢。"晁氏曰:"孟、一行、虞亦作髴,云:鬢髮也。説之按:茀,古文紱字。"
21. 未濟九四爻辭"震用伐鬼方"
"震",晁氏曰:"震字,《漢名臣奏》作祗,孟、京、虞云:震,敬也。一行同。"
不難看出,一行對於異文的去取往往同於漢《易》諸家,尤其是孟、京一系,淵源有自，於古有徵，足見其更加注重漢唐《周易》文本傳統的連續性和穩定性。當然，也有不同於漢魏諸家者，如例5謂朋當作用，殆以爲形近而訛。出土簡帛或作堋，或作倗（通朋），并無作"用"字者，後世刻本亦皆未見異文。

二　中、晚唐考較《周易》文本之風盛行

初、盛唐人考較《周易》文本，大體尚沿襲漢《易》傳統，少有出以己意者。中唐以降，則出現了專門考較《周易》文本之作，對漢代以降文本傳統提出質疑，或辯稱王弼、韓康伯手寫定本，或理校（如據經傳體例或文理、文義），或本校（如據經傳相對應的原則），帶有辨正、稽疑性質的考較成果行於世，其中對宋人影響最大的是徐郇《周易新義》和郭京《周易舉正》。《新義》是這類性質著作中最早的，作者和時間也都是明確的。《舉正》在唐代似不爲人所知，北宋始出，南宋以降逐漸爲宋人所接受并加以利用，經歷了一個比較漫長且又複雜的過程。其間又伴生其他考較《周易》異文的著作，如范諤昌《證墜簡》，徐、郭、范氏三書性質相同，內容也有不同程度的重合。下面，我們以南宋直至明清時期影響最大且有完整傳本的《舉正》爲參照系①，來探究這類著作考較《周易》文本的特點及其相互之間的承繼關係。

唐文宗大和元年（827），徐郇上《周易新義》三卷，事見《唐會要》："太和元年六月，國子直講徐郇上《周易新義》三卷。"②《玉海》卷三六"藝文一·唐《周易新義》"引《會要》，太作大，郇作郯③。《經義考》引《會要》作郇亦同④。徐書不見於兩《唐志》及宋代目錄著錄，但宋代尤其是北宋《易》著引用者頗爲不少，而且我們發現，較之郭京《舉正》，徐氏《新義》在宋代更早地發揮了影響力。徐書今已亡佚，馬國翰《玉函山房輯佚書》有輯本⑤。今據北宋熙寧中房審權撰、南宋李衡刪定《周易義海撮要》⑥及《音訓》所引晁氏《古周易》輯得佚文7例，均互見於《舉正》：

1. 坤初六《小象》"履霜堅冰，陰始凝也"

《舉正》："'陰始凝也'上誤增'堅冰'字。"《音訓》："晁氏曰：徐氏無'堅冰'二字，王昭素以徐氏爲然。胡先生亦云然。"《義海撮要》卷一："《象》辭'堅冰'二字當爲羡文。"（未注出處）《周易玩辭》卷一："《魏書》曹丕時許芝奏云云。郭

---

① 本文所引用之《周易舉正》均出自東京大學東洋文化研究所藏明嘉靖中范欽校、范氏天一閣刊《范氏二十種奇書》本，簡稱《舉正》。
② 〔宋〕王溥《唐會要》卷三六"修撰"，中華書局，1955年，第662頁。新案：徐氏名郇，行實無考。孔德凌、張巍、俞林波《隋唐五代經學學術編年》即據《唐會要》誤作郇（鳳凰出版社，2015年，第761頁）。
③ 《校證》云："徐郇，《稼村類稿》卷一二《代徐司戶上參政蔡九軒獻〈通鑒綱目考異〉書》亦作徐郇，《唐會要》卷三六作徐郯，疑誤。"（《玉海藝文校證》卷二，第78頁）
④ 《點校補正經義考》卷一五《易》十四徐郇《周易新義》三卷引，第1冊，第325—326頁。
⑤ 《玉函山房輯佚書》卷八，光緒九年長沙娜嬛館刊本。
⑥ 本文所引用之《周易義海撮要》均出自《景印文淵閣四庫全書》第13冊，簡稱《義海撮要》。

京、徐氏本亦皆无此二字。"①《易通》卷一:"郭京、徐氏本皆无'堅冰'二字。"②《周易集説》:"郭京《易舉正》云云。審如是,則王弼時猶未差誤,王弼後始差誤爾。"③《章句證異》卷五:"郭京云云。徐氏无此二字,王昭素、晁説之、胡瑗同。俞琰從郭京云云。"④新案:晁説之只是論及徐氏,并且明確指出北宋大儒王昭素和胡瑗認同其説,未及郭氏;《義海撮要》所引當亦爲徐説,但未具名。郭説始見於項氏、趙氏二書。

2. 賁《彖傳》"天文也。文明以止,人文也"

《舉正》:"'天文'上脱'剛柔交錯'一句。"《義海撮要》卷三:"'天文也'上脱'剛柔交錯'四字。"(原注:"徐氏。")《本義·彖上傳第一》:"先儒説'天文'上當有'剛柔交錯'四字,理或然也。"⑤《易纂言》卷三:"'天文也'上舊本无'剛柔交錯'四字。胡氏曰:蓋遺脱。朱子曰:或然也。……今從胡氏説補之。"⑥《章句證異》卷三:"郭京云云。徐氏説同,王昭素、胡瑗、朱子從之,石介、程子諸儒俱不從。"新案:據《義海撮要》,此説始出徐氏;又據《易纂言》,胡瑗亦取此説。二書皆未及郭京和王昭素,不知翟氏《章句證異》何據。

3. 習坎卦辭"習坎"

《舉正》:"卦首習字上脱卦名坎字。"《音訓》:"徐氏云:上脱一坎字。説之按:例諸今文則脱,在古文則不脱,古文則以其卦爲其名故也。"吳仁傑《古易》引葉左丞(夢得)論坎卦云:"卦辭首曰'習坎',《彖》曰'習坎,重險也',以爲卦固名坎,而'習坎'乃其卦辭,傳經者闕其坎字。及徐氏亦云上脱一字。晁以道詹事云云。是説固然。弟經雖不脱,而《彖》文脱之。"⑦《郭氏傳家易説》卷三:"王原叔先生引徐氏《新義》謂'習坎'字上脱卦名一坎字,而《易》中卦名之下亦无重言卦者。"⑧《大易粹言》卷二九同⑨。《章句證異》卷一:"郭京、徐勛(當作勣)曰脱卦名坎字,云:《説卦》諸言坎卦皆無習字。"新案:據晁氏和吳氏《古易》所云,上脱卦名"坎"説始出徐氏;郭氏稱王洙(原叔)稱引徐説,吳氏提及葉夢得亦有相同的觀點(吳氏進而認爲《彖傳》脱坎字),然皆未及郭京。

4. 困初六《小象》"入于幽谷,幽不明也"

《舉正》:"'不明'字上誤增幽字。"《音訓》:"徐氏云:多此幽字。"《周易集説》卷二四:"郭京云云。節初齊氏曰:'始雖无所見而妄出,終有所激而深入,

---

① 本文所引用之宋項安世《周易玩辭》均出自《景印文淵閣四庫全書》第14册。
② 本文所引用之宋趙以夫《易通》均出自《景印文淵閣四庫全書》第17册。
③ 本文所引用之宋元之際俞琰《周易集説》均出自《景印文淵閣四庫全書》第21册。
④ 本文所引用之清翟均廉《周易章句證異》均出自《景印文淵閣四庫全書》第53册,簡稱《章句證異》。
⑤ 本文所引用之宋朱熹《周易本義》均出自《中華再造善本》影印國圖藏宋咸淳元年(1265)吳革刻本,簡稱《本義》。
⑥ 本文所引用之元吳澄《易纂言》均出自《景印文淵閣四庫全書》第22册。
⑦ 〔宋〕呂祖謙《古周易》,康熙十九年通志堂刊《通志堂經解》本,第24頁ab。
⑧ 本文所引用之宋郭雍《郭氏傳家易説》均出自《景印文淵閣四庫全書》第13册。
⑨ 本文所引用之宋方聞一《大易粹言》均出自《景印文淵閣四庫全書》第15册。

皆不明也。然則初非入而幽,蓋本幽也,故特出幽字。或以幽爲衍文,非也。'"①《章句證異》卷六引俞琰云云。新案:晁氏《古周易》僅及徐氏,俞氏《集説》始引及郭京説。

5. 井《彖傳》"改邑不改井,乃以剛中也"

《舉正》:"脱'无喪无得,往來井井'兩句。"《音訓》:"按徐氏云'改邑不改井'下脱'无喪无得,往來井井'二句。王昭素取徐説。"《周易總義》卷一三引晁氏《古周易》云云②。新案:據晁氏《古周易》,王昭素所襲取者乃徐氏説,并非郭京説。

6. 震《彖傳》"出可以守宗廟社稷"

《舉正》:"經脱'不喪匕鬯'字。"《音訓》:"王昭素按徐氏云:出字上脱'不喪匕鬯'四字。"《程傳》:"《彖》文脱'不喪匕鬯'一句。"③《漢上易傳》卷五:"徐氏謂《彖》文脱'不喪匕鬯'一句,是也。"④《本義·彖下傳第二》:"程子以爲'邇也'下脱'不喪匕鬯'四字。今從之。"《厚齋易學》卷三六:"徐氏、王昭素諸儒皆云脱此句,今補之。"⑤《童溪易傳》:"程河南、朱子發、徐氏皆云《彖》謂'出可以守宗廟社稷,以爲祭主也',上文脱'不喪匕鬯'一句。以文義考之,是也。"⑥《周易總義》卷一四引晁氏《古周易》云云。《困學紀聞注》卷一:"范諤昌《證墜簡》:'震《彖》辭脱"不喪匕鬯"四字。'程子取之。"⑦《周易集説》卷一八:"郭京與伊川程子皆云脱'不喪匕鬯'一句。紫陽朱子曰:出謂繼世而主祭也。或云:出即鬯字之誤。"《易纂言》卷四:"'懼邇'下舊本无'不喪匕鬯'。晁氏云云。程子亦以爲文脱,而朱子從之,今增補。"《章句證異》卷四:"徐氏、王昭素、歐陽修、晁説之、朱震、晁公武、王宗傳、朱子、鄭汝諧、王申子、俞琰諸儒同。虞翻、王弼无'不喪匕鬯'字。石介、張子、吕大臨、趙彦肅、項安世、李舜臣、梁寅、鄭維岳、陳仁錫、查慎行皆不從郭京。"新案:北宋學者王昭素、朱震、晁説之皆從徐氏説,而程子(頤,1033—1107)所取資者乃范諤昌,諸家皆未及郭京,郭説始見於《集説》。

7. 巽《彖傳》"重巽以申命",注"命乃行也,未有不巽而命行也"

《舉正》:"'命乃行也'一句誤入注。"《音訓》:"徐氏《新義》云:下有'命乃行也'一句,誤寫入注。"《漢上易傳》卷六:"徐氏、王昭素考王弼注有'命乃行也'四字當在'重巽以申命'之下,疑《象》(《周易窺餘》引作《彖》,是也)或脱文。理若有之。"《章句證異》卷四:"郭京云云。徐氏、王昭素、晁説之、朱震從之。"新案:晁氏《古周易》僅及徐氏,《漢上易傳》兼及徐、王二氏,知王昭素

---

① 〔清〕納蘭性德《石澗俞氏〈大易集説〉序》稱"鄱陽齊節初,其名字、官閥亦不復可考矣"(《納蘭性德全集》,新世界出版社,2014年,第196頁)。
② 本文所引用之宋易袚《周易總義》均出自《景印文淵閣四庫全書》第17册。
③ 本文所引用之宋程頤《周易程氏傳》均出自中華書局點校本(2011年),以下簡稱《程傳》。
④ 本文所引用之宋朱震《漢上易傳》均出自《景印文淵閣四庫全書》第11册。
⑤ 本文所引用之宋馮椅《厚齋易學》均出自《景印文淵閣四庫全書》第16册。
⑥ 本文所引用之宋王宗傳《童溪易傳》均出自《景印文淵閣四庫全書》第17册。
⑦ 《困學紀聞注》卷一·《易》,第80頁。

當亦從徐氏説。

《玉函山房輯佚書》輯本失輯例 4，僅得其餘 6 例及以下 2 例：

1. 大有九四《小象》"明辯晢也"

《音訓》："晢"，陸氏曰："章舌反，王廙作晰，同音。徐、李之世反，又作哲字。"晁氏曰："徐、李、劉遵作哲。"新案：此説不見於《舉正》。陸氏所謂徐、李實指徐邈、李軌，晁氏亦同，且劉遵乃南朝人，由是知"徐"絕非唐人徐鄆，馬氏誤輯。

2. 遯九四爻辭"小人否"

《音訓》："否"，陸氏曰："音鄙，《象》同，惡也。徐方有反，鄭、王備鄙反。"晁氏曰："徐疾讀爲然否。案古文作不字。"新案：此説不見於《舉正》。晁氏所謂"徐"當即陸氏所稱徐邈，馬氏誤輯。

上述馬國翰誤輯 2 例"徐"實指徐邈，并非徐鄆，異文本非徐氏《新義》所有。

分析前揭徐氏《新義》與郭氏《舉正》互見的 7 例異文，不難看出徐書最晚在宋初既已流行，北宋學者論及上述異文悉出徐氏，先後有王昭素、胡瑗從之，晁説之、朱震、葉夢得甚至包括程子在内只引徐説（間有范諤昌《證墜簡》），均未及郭京《舉正》。引及郭説者，已屆南宋，尤其多見於宋末元初俞琰《集説》，可見徐、郭二書彼此消長，流行各有時，宋人習慣性接受徐説在先，郭説在後。那麽，《舉正》和《新義》爲何有如此高的重合度呢？二者之間的關係如何？

清人較早注意到徐氏《新義》者是前揭翟均廉《章句證異》，對於《新義》與《舉正》重合的異文，往往分別引之，但他誤以爲徐書因仍郭書。馬國翰輯本據晁氏《古周易》及《義海撮要》輯出徐氏《新義》，題解云：

> 《周易新義》一卷，唐徐鄆撰。鄆字、里俱佚。《唐會要》云云。《新》《舊唐志》均不著録。書佚已久，惟吕祖謙《古易音訓》晁氏引之，多辨悉文句之脱誤。其書要與郭京《舉正》相似，王昭素、胡安定亟取之，宋儒好改經文，源實啓於郭京及徐氏。書名"新義"未知於古有據否？ 姑依采取，以見《易》學之一變云。①

馬氏注意到徐書與郭書相似，且爲宋儒所取資，并指出宋人改經實導源於此二書。不過，就其表述方式而論，似仍以郭書爲先。王樹枬（1851—1936）則已正確認識到徐、郭二書之先後，曰："惠氏棟云宋人僞撰《舉正》，始有此語（新案：指前揭賁《象傳》"天文"上有"剛柔交錯"四字），其説蓋本徐鄆《新義》。"②雖爲疑似之辭，然其説近是。徐芹庭先生也注意到二書有重合的異文，論曰：

> 馬國翰輯有……徐鄆《周易新義》八條，亦從《古易音訓》輯得，其中辨析《易》文之脱誤者有六條，與郭京《周易舉正》重複。非郭氏取徐氏之説，

---

① 《玉函山房輯佚書》卷八，光緒九年長沙娜嬛館刊本。
② 〔清〕王樹枬《費氏古易訂文》卷三，《續修四庫全書》影印光緒十七年新城王氏文莫室刊本，第 40 册，第 268 頁。

則徐氏本郭氏之説也。餘二條爲大有"明辨晢（新案：當作晢，下同。馬氏輯本原文作哲）也"，晢作哲；豚（新案：馬氏輯本原文作遯）"小人否"，疾讀作否，則有關於音讀與异文者也。①

如上所述，馬氏輯本不與《舉正》重合的 2 例异文實爲誤輯，本非《新義》之文，徐先生因循馬説，失考。又徐先生認爲二者重合的异文是徐氏本諸郭氏，其説恐非是。文宗大和元年(827)徐郾爲國子直講，并上《新義》；而郭京係武宗會昌二年(842)進士，可知徐書先行於世，郭書晚出，似無徐氏參酌郭氏之理。而且，從二書在宋代的接受史來看，也是徐書被普遍接受在先，郭書大行於世遠在其後。這樣看來，潘雨廷先生所謂"後宋儒之擅改經文，郭氏實始作俑者"②，其説非是，馬國翰稱"宋儒好改經文，源實啓於郭京及徐氏"近是。

郭京《舉正》凡三卷，據其自序，"曾得王輔嗣、韓康伯手寫注定傳授真本讀誦，比校今世流行本，及國學、鄉貢、學人等本"，發現"或將經入注，用注作經，《小象》中間以下句反居其上，爻辭注内移後義却處於前，又兼有脱漏、兩字顛倒、謬誤、增省，義理不通"等各種訛舛，所以"今并依定本舉正其謬"，凡一百三節。其書不見於兩《唐志》著録，但在北宋天聖、慶曆中經歐陽脩之手行於世，流傳不廣，兩宋之際晁公武《易解》多引用之，其他北宋《易》著多未之及。至南宋前期，經洪邁稱揚、推廣，其書始漸爲《易》學者所知，影響擴大更遲至中期以後。而且，《舉正》在宋代既已疑信參半，信者如洪邁、李燾有之，疑其僞托者如晁公武、趙汝楳亦有之。至清質疑者更多，如惠棟等排之甚力，至於《四庫提要》"疑其書出宋人依托，非惟王、韓手札不可信，并唐郭京之名亦在有無、疑似之間也"，同時也肯定"顧其所説，推究文義，往往近理……則亦未嘗無可取矣"③。我們通校《舉正》全書，認爲雖然所謂王、韓定本實乃無稽之談，但《舉正》其書出自唐人之手則無可疑④。

繼徐氏、郭氏之後，晚唐致力於考訂《周易》文本者則有陸希聲(約 828—895，一説約 901)⑤，《新唐志》著録其《周易傳》二卷⑥，《崇文總目》同，"初隴西李阮學其説，以爲上、下經傳二篇思屬甚妙，故希聲自爲之解；餘篇差顯，不復爲注。蓋近世之名家歟？今二篇外餘篇逸"⑦。《郡齋讀書志》著録《周易微指》三卷⑧，《直齋書録解題》著録《易傳解説》一卷、《微旨》三卷，"案《唐志》有

---

① 徐芹庭《易經源流——中國易經學史》九"隋唐五代之易學"，中國書店，2008年，第 541 頁。
② 潘雨廷《讀易提要》郭京《舉正》提要，上海古籍出版社，2006年，第 79 頁。
③ 《四庫全書總目》卷一經部一《易》類一是書提要，第 4 頁。
④ 詳參拙作《〈周易舉正〉考》，載《中國文化》第五十三期(2021年春季號)，中國文化雜志社，2021年 5 月，第 52—75 頁。
⑤ 《隋唐五代經學學術編年·唐代後期經學學術編年》，第 836 頁。
⑥ 《新唐書》卷五七《藝文志一》，第 1426 頁。
⑦ 《崇文總目》卷一，第 10 頁。輯自《文獻通考》卷一七五《經籍考二》，甚作近(第 5229—5230 頁)。
⑧ 《郡齋讀書志校證》卷一，第 22 頁。《秘書省續編到四庫闕書目》卷一著録書名(指作旨)、卷數亦同(第 251 頁)。

《易傳》二卷,《中興書目》作六卷,別出《微旨》三卷①。今所謂《解說》者,上、下經共一册,不分卷","然則其全書十卷,不盡傳矣。家舊惟有《微旨》,續得《解說》一編,始知其詳"②。據陸氏自序,所撰《易傳》十篇(上、下經分别爲第一、二篇),"别撰作《易圖》一卷、《指説》一卷、《釋變》一卷、《微旨》一卷。又以《易經》文字古今謬誤,又撰《證》一卷"③。宋人引用陸氏《易》解者尚多,知其亡佚當在宋以後。清黄奭有輯本《易傳》一卷④,主體係從《義海撮要》中輯出,解説《易》義;并未注意到晁氏《古周易》所引陸説,盡皆失輯,所以基本上沒有涉及異文(僅豫九四爻辭"朋盍簪"引程沙隨《周易古占法》"陸希聲本作捷"⑤)。據《郡齋讀書志》,陸書"皆設問答",與前揭蔡廣成書的體式是相同的。但有單獨的一卷《證》,專門考較文本,知其沿襲中唐以來的學術傳統。今據《音訓》所引晁氏《古周易》輯出陸書關涉異文者如下:

1. 豫九四爻辭"朋盍簪"

"簪",晁氏曰:"陸希聲云:撍,今捷字。説之案:撍、簪同音一字,王原叔謂即《詩》'不寁'字,祖感反。"

2. 大畜九三爻辭"曰閑輿衛"

"曰",晁氏曰:"虞云:離爲日。陸希聲謂當作日。"

3. 習坎六四爻辭"樽酒、簋貳、用缶"

"樽酒簋","今本作'樽酒、簋貳'"。晁氏曰:"虞云:禮有副樽,故'貳用缶'。張弧、陸希聲説皆同虞。"

4. 遯上九爻辭"肥遯"

"肥",晁氏曰:"陸希聲云:本作飛。説之未知陸所據。"

5. 明夷六二爻辭"夷于左股"

"夷于",晁氏曰:"陸希聲作睇。《九家》无此夷字,直云'明夷于左股'。"

6. 睽上九爻辭"先張之弧,後説之弧"

"弧",陸氏曰:"本亦作壺,京、馬、鄭、王、翟子玄作壺。"晁氏云:"陸希聲謂作壺是。説之按:象數當作壺。"

7. 萃上六爻辭"齎咨涕洟"

"咨",晁氏曰:"虞作資,賵也。陸希聲作資,才也。"

8. 井九二爻辭"甕敝漏"

"漏",晁氏曰:"陸希聲作屚,藉也。説之未知陸所據。"

9. 鼎九四爻辭"其形渥"

---

① 《中興館閣書目輯考》卷一,第366頁。
② 《直齋書録解題》卷一,第7—8頁。《宋史》卷一五五《藝文志一》著録陸希聲《易傳》十三卷(第5035頁),或係十篇篇自爲卷,加上《郡齋讀書志》《直齋書録解題》所著録之《微旨》三卷。
③ 〔清〕董誥等《全唐文》卷八一三,中華書局影印嘉慶十九年内府刊本,1982年,第8553頁。
④ 〔清〕黄奭《黄氏逸書考·漢學堂經解》,光緒十九年子黄澧集成、懷荃堂補刊本。
⑤ 〔宋〕程迥《周易古占法》卷下《古周易章句》,明嘉靖中范欽校、范氏天一閣刊《范氏二十種奇書》本。

"形",晁氏曰:"《九家》、京、荀悦、虞作刑,一行、陸希聲亦作刑。"

10. "渥"(原作屋,據清刻本改),晁氏曰:"《九家》、京、虞作剭,重刑也,并音屋。京謂刑在頄爲剭,一行、陸希聲同。薛云:古文作渥。"

11. 豐九三爻辭"豐其沛"

"沛",晁氏曰:"陸希聲作芾。《九家》云:大暗謂之沛。虞云:日在雲下稱沛。沛,不明也。說之按:近文作旆。"

不難看出,較之一行,陸氏更加自覺地考較《周易》文本,不僅校異同且校是非,大多做出明確按斷,且有超出漢唐《周易》文本傳統之外的異文,晁氏所謂不知所據。上述陸氏關於異文之説,均不見於郭氏《舉正》,知其内容與《舉正》并無重合,與徐氏《新義》之於《舉正》不同,當無直接的淵源關係。

除上述諸家外,晁氏《古周易》所引唐人《易》著涉及异文者,尚有孔穎達、張弧和史徵。孔穎達等《正義》以闡發義理爲宗,少有考較文本者,如既濟《彖傳》"既濟亨,小者亨也",《正義》:"具足爲文,當更有一'小'字。但既叠經文,略足以見,故從省也。"(《舉正》稱"《彖》'亨小'下脱'小'字",或係承襲孔説)《音訓》引晁氏曰:"孔謂合有兩小字。"可知晁氏對於前人考較《周易》文本的成果頗爲關注,細大不捐,多所采擷。張弧在《易》學史上最出名的就是僞作《子夏易傳》,漢代以降相傳的《子夏傳》"書不傳於今。今號爲《子夏傳》者,《崇文總目》知其爲僞,而不知其所作之人。予知其爲唐張弧之《易》也"①。張氏本人著有《王道小疏》五卷,"見《館閣書目》,云'唐大理評事',亦不詳何時人"②。張書"其所謂《易》有王道,爲治國、治家、治身之監戒"③。《音訓》所引晁氏《古周易》提及張弧者凡2例:

1. 習坎六四爻辭"樽酒、簋貳、用缶"

"樽酒簋","今本作'樽酒、簋貳'"。晁氏曰:"虞云:禮有副樽,故'貳用缶'。張弧、陸希聲説皆同虞。"

2. 姤九五爻辭"以杞包瓜"

"包瓜",晁氏曰:"馬、鄭讀爲庖,《説文》作苞,或從瓜,字書通,同包與苞。《外義》與張弧作庖。庖瓜,星名。"

分别與陸希聲和蔡廣成説相同,一爲句讀,一爲异文,大體上皆遵循漢《易》傳統。

史徵《周易口訣義》六卷,不見於兩《唐志》著録,北宋時始出,但時人對史

---

① 《直齋書録解題》卷一著録《子夏易傳》十卷解題引晁以道《傳易堂記》,第5頁。《郡齋讀書志》卷一著録《卜子夏易》十卷,"《漢·藝文志》子夏書已亡,今此書約王弼注爲之者,止《雜卦》。景迂云:張弧僞作"(《郡齋讀書志校證》卷一,第10頁)。卷一李鼎祚《集解》解題亦稱"子夏書或云張弧僞爲"(第19頁)。

② 《直齋書録解題》卷一,第5頁。《中興館閣書目輯考》卷一輯自《直齋書録解題》,按曰:"《宋志》作《周易上經王道小疏》,《秘書省闕書目》上有《周易》二字,作十卷。"(第366頁)《秘書省續編到四庫闕書目》卷一著録爲十卷,葉德輝按:"《宋志》五卷,云'張弧《周易上經王道小疏》',蓋此書之半也。"(第252頁)

③ 〔宋〕俞琰《讀易舉要》卷四,《景印文淵閣四庫全書》第21册,第458頁。

徵生平已不甚了了,《崇文總目》以爲"不詳何代人"①,晁公武指出"田氏乃以爲魏鄭公撰,誤也"②,陳振孫亦稱"不詳何代人,《三朝史志》有其書,非唐則五代人也"③。書名和卷數各家著録基本相同（或無"周"字）,但作者姓名頗有參差,《崇文總目》和晁氏作"史證"④,宋《三朝（國）史（藝文）志"有之,作'史之證',以徵爲證,避諱也；文又訛而爲之"⑤。《中興館閣書目》作"史文徵"⑥,陳氏作"史之徵",并指出"避諱作證字"⑦,《通志》亦作"史之徵"⑧。至《宋志》則誤作"史文徽"⑨,之作文,徵誤徽。《口訣義》"鈔注疏以便講習"⑩,"今詳考之,實不盡然",所引尚有漢魏六朝《易》説,"多出孔穎達疏及李鼎祚《集解》之外","今閲年數百,舊籍佚亡,則遺文緒論,無一非吉光片羽矣"⑪。其書久佚,乾隆中自《永樂大典》輯出,并收入《四庫全書》,"今定爲'史徵',從《永樂大典》；定爲唐人,從朱彝尊《經義考》也"⑫。是書以王注、孔疏爲宗,多引據以釋《易》義,少有關涉异文者。《音訓》所引晁氏《古周易》提及史氏者僅有1例：升《大象》"（君子以）順（德）",陸氏曰："如字,王肅同。本又作慎,師同。"晁氏曰："史證云：何妥作慎。説之案：順,古文作慎,與慎多相亂。"晁氏按語并不準確。《口訣義》原文作："又何妥云：'君子謹習爲先修習道德,積其微小以至高大。'案此之義,順字恐當爲慎也。"⑬可知何妥本并不作慎,亦未明確指出作慎,甚至連解説辭也没有出現"慎"字,而通過分析何説進而認爲順當作慎者恰是史氏本人。

三 北宋前期延續學術傳統

在經學史上,北宋前期大體沿襲漢唐章句注疏之學的傳統,國子監先行校刊"五經正義",繼而校刊"七經疏義",其中《論語》《孝經》《爾雅》三經新疏係宋人纂修,可視爲漢唐經學傳統的總結和尾聲。考較《周易》文本的學術傳統與之大體同步,北宋前期仍在延續。太祖朝宿儒王昭素（894—982）"博通九經,兼究《莊》《老》,尤精《詩》《易》,以爲王、韓注《易》及孔、馬疏義或未盡是,乃著

---

① 《崇文總目》卷一,第11頁。輯自《文獻通考》卷一七五《經籍考二》（第5232頁）。
② 《郡齋讀書志校證》卷一,第21頁。
③ 《直齋書録解題》卷一,第8頁。
④ 《厚齋易學》附録一"史氏《口訣義》"引《崇文總目》,著録作者作"史徵"（第16册,第828頁）。
⑤ 《讀易舉要》卷四,第458頁。
⑥ 《厚齋易學》附録一"史氏《口訣義》"引,第16册,第828頁。趙氏《中興館閣書目輯考》失輯。
⑦ "史之徵",盧校本作"史證"。
⑧ 〔宋〕鄭樵《通志·藝文略一》經類一,王樹民點校《通志二十略》,中華書局,1995年,第1455頁。
⑨ 《宋史》卷二百二《藝文志一》,第5035頁。
⑩ 《郡齋讀書志校證》卷一,第21頁。《崇文總目》解題作"直抄孔氏説以便講習,故曰'口訣'"（第11頁）,輯自《文獻通考》卷一七五《經籍考二》,抄作鈔（第5232頁）。
⑪ 《四庫全書總目》卷一經部一《易》類一是書提要,第4頁。
⑫ 史證《周易口訣義》見於《經義考》卷一五《易》十四著録（《點校補正經義考》本,第334頁）。
⑬ 《周易口訣義》卷五,《武英殿聚珍版叢書》本。

《易論》二十三篇"①,"學者多從之游"②。王氏"以注疏异同互相詰難,蔽以己意"③,"取諸家之善,参以其言折衷之"④。雖然"此書專辨注疏同异,往往只是文義之學"⑤,但還是遵循唐人考較《周易》文本的學術傳統。王氏《易論》久佚⑥,今據《音訓》所引晁氏《古周易》輯出王書關涉异文者如下:

1. 比《彖傳》"比,吉也"

晁氏曰:"王昭素謂多此也字。"(《舉正》:"《彖》曰'比吉',吉字下誤增也字。")

2. 隨《彖傳》"而天下隨時"

"而天下隨時",陸氏曰:"王肅本作'隨之'。"晁氏曰:"王昭素云:舊本无此時字,乃有之字。説之按:王肅、陸績作'天下隨之',意自可見。"

3. 大畜九三爻辭"良馬逐"

"逐",陸氏曰:"如字,鄭本作'逐逐',云:兩馬走也。"晁氏曰:"王昭素謂當作'逐逐'。"

4. 萃卦辭"萃,亨"

"亨",陸氏曰:"王肅本同。馬、鄭、陸績、虞等并无此字。"晁氏曰:"王昭素謂當无此字。説之案:象數无。"

5. 升《大象》"積小以高大"

"以高大",陸氏曰:"本或作'以成高大'。"晁氏曰:"王昭素云:成字諸本或有或无。"

6. 《繫辭上》"遂成天地之文"

"天地",陸氏曰:"一本作'天下'。"晁氏曰:"王昭素云:諸本多作下之文。"

7. 《繫辭下》"與地之宜"

"與(原作与,據清刻本改)地",晁氏曰:"王昭素云:印本地上脱一天字,諸本多有。"

8. "耒耨之利"

"耨",晁氏曰:"王昭素云:諸本或作耛,乃合上文。"(《舉正》引作"耒耛之利")

---

① 《續資治通鑑長編》卷一一開寶三年三月辛亥、《宋會要輯稿》選舉三四之三一和職官七七之二八、《東都事略》卷一三三《王昭素傳》及《宋史》卷二六三《李穆傳》均作三十三篇,《郡齋讀書志》和《宋史·藝文志一》亦作三十三卷,僅宋王闢之《澠水燕談録·高逸》作"二十三篇"(中華書局,1981年,第43—44頁),由是知《宋史》王昭素本傳有誤。

② 〔宋〕李燾《續資治通鑑長編》卷一一開寶三年三月辛亥,中華書局,2004年,第244頁。

③ 《郡齋讀書志校證》卷一《易論》十三卷解題,第27頁。宋馮椅《厚齋易學》附録一"先儒著述"引作《崇文總目》(第16册,第828頁),疑誤。

④ 《玉海藝文校證》卷二"《易》下·開寶王昭素《易論》"引《崇文總目》,第82頁。錢氏輯本《崇文總目》卷一著録是書,解題失輯(第11頁)。

⑤ 〔元〕胡一桂《周易啓蒙翼傳》中篇,日本國立公文書館藏元刻本。《義海撮要》多引王昭素説,但大多是解《易》之"文義之學",不涉及异文。

⑥ 宋元之際俞琰《周易集説》、元吴澄《易纂言》所引王説皆稱"晁氏曰"云云,知其轉引自晁説之《古周易》乃至吕祖謙《音訓》,則王書亡佚時間當在宋元之際。

9. "能研諸侯之慮"

"諸侯之慮",晁氏曰:"王昭素云:剩'侯之'二字,必是王輔嗣以後、韓康伯以前錯。溫公曰:王輔嗣《略例》曰'能研諸慮',則'侯之'衍字也。說之按:虞翻亦作'諸侯',則其謬已久矣。"

10.《序卦》"離者,麗也"

晁氏曰:"王昭素云:諸本更有三句:'麗必有所感,故受之以咸,咸者感也。'"①

除晁氏《古周易》所引諸例,尚有2例散見於其他宋人《易》著:

11. 咸上六《小象》"滕口說也"

《漢上易傳》卷四:"滕,王昭素作騰。騰,傳也,上三相應,騰口之象,兌爲說,故曰'騰口說也'。"《周易窺餘》卷八:"《九家易》謂山澤通氣,滕口說之象。王昭素訓滕作騰。"②

12.《繫辭上》"舟楫之利,以濟不通,致遠以利天下"

《厚齋易學》卷四五:"今本'以濟不通'下有'致遠以利天下'一句,與下文相重。陸德明、王昭素皆云古無此一句,朱子亦曰疑衍,今除之。"

此外,前揭徐氏《新義》諸例之中,坤初六《小象》"履霜堅冰,陰始凝也",徐氏無"堅冰"二字;井《彖傳》"改邑不改井,乃以剛中也",徐氏云"改邑不改井"下脫"无喪无得,往來井井";震《彖傳》"出可以守宗廟社稷",徐氏云出字上脫"不喪匕鬯"四字(以上輯自《音訓》);巽《彖傳》"重巽以申命",王注:"命乃行也。"徐氏以爲"命乃行也"句誤寫入注(輯自《漢上易傳》)。以上4例互見於《舉正》,王氏悉皆從之,但據晁說之和朱震所云,王氏所取資者實爲徐說,未嘗參考《舉正》。除因仍徐說外,如例2、3、4、5、6王氏所取正之異文多出自《釋文》或本,具體而言是漢《易》諸家的異文,知其於古有徵,源流有自。王昭素是宋代《易》學的開創者,同時也繼承唐人的學術傳統,最早對《周易》文本進行考較。至於後來接受王說者,則有胡瑗、司馬光(例9)、程子、晁說之、朱震及南宋諸家。朱子對王說間亦有取,如《本義·繫辭下傳第六》:"王昭素曰:'與地'之間,諸本多有天字。俯仰遠近,所取不一,然不過以驗陰陽消息兩端而已。"當然,朱子有些觀點先後似有變化,如比《彖傳》"比,吉也",《本義·彖上傳第一》:"此三字疑衍文。"晚年和學生講論《易》義則曰:"也字羨。當云:'比吉。比,輔也,下順從也。''比輔也',解'比'字;'下順從也',解'吉'字"③。宋董楷《周易傳義附錄》兼錄二說,"按王昭素謂多此'也'字,此即用其說。與《本義》有疑而未定之辭姑錄于此,更詳之"④。

前揭與《新義》《舉正》性質相同且內容有重合的宋人考較《周易》文本之

---

① 《厚齋易學》卷四九引晁以道云云,作"王氏昭素云諸本皆有之",且上有"後人妄有上下經之辯,故省此三句"數字(第16冊,第809頁)。
② 本文所引用之宋鄭剛中《周易窺餘》均出自《景印文淵閣四庫全書》第11冊。
③ 〔宋〕黎靖德《朱子語類》卷七十《易》六,中華書局,1986年,第1754頁。
④ 《中華再造善本》影印元延祐二年圓沙書院刻本《周易傳義附錄》卷三上。

作——《證墜簡》一卷，"右皇朝天禧中毗陵從事建溪范諤昌撰。其書酷類郭京《舉正》，如震卦《彖辭》內云脫'不喪匕鬯'四字，程正叔取之；漸卦上六疑陸字誤，胡翼之取之。自謂其學出於溢浦李處約、廬山許堅，意（袁本下有者字）豈果有師承，故程、胡有所取焉"①。《直齋書錄解題》卷一著錄《易證墜簡》二卷，"序言任職毗陵，因事退閒。蓋嘗失官也。……其上卷如郭京《舉正》，下卷辨《繫辭》非孔子命名，止可謂之'贊繫'，今爻辭乃可謂之'繫辭'"。又重定其次序。又有《補注》一篇，辨周、孔述作，與諸儒異，爲《乾》《坤》二傳。末有《四辭晷刻圖》一篇"。陳氏還提及"《館閣書目》止一卷。又有《源流圖》一卷，言納甲、納音者，即此下卷《補注》序中語也"②。《中興館閣書目》則分別著錄范氏《易證墜簡》一卷和《源流圖》一卷③，後者"其説先定納甲之法，以見納音之數"④。《宋志》著錄范諤昌《大易源流圖》一卷，又《證墜簡》一卷⑤。綜上所述，范書實爲兩種，或分別題名《易證墜簡》和《源流圖》，各一卷；或總名《易證墜簡》，分爲二卷，上、下卷分別爲上述二書。書名"墜簡"，顧名思義，則專爲考較《周易》篇目及文本，以證遺編斷簡之闕逸。今據《郡齋讀書志》及宋人《易》著輯得其書關涉異文者5例：

1. 震《彖傳》"出可以守宗廟社稷"，"脫'不喪匕鬯'四字，程正叔取之"（《郡齋讀書志》）。《厚齋易學》附錄二"先儒著述下"范書解題同。《舉正》："經脫'不喪匕鬯'字。"《音訓》："晁氏曰：王昭素按徐氏云：出字上脫'不喪匕鬯'四字。"《泰軒易傳》卷五引范諤昌云云，"其義或然"⑥。此例異文徐鍇、郭京和范諤昌三家盡皆相同，而據《郡齋讀書志》和《困學紀聞》可知，程子所取者乃范氏《證墜簡》⑦。

2. 漸上九爻辭"鴻漸于陸"，"疑陸字誤，胡翼之取之"（《郡齋讀書志》）。《厚齋易學》附錄二"先儒著述下"范書解題同。胡瑗《周易口義》卷九："今考于經文，陸字當爲逵字。……逵者，雲路也。"⑧《程傳》卷七："安定胡公以陸爲逵。"《本義·下經第二》："胡氏、程氏皆云陸當作逵，謂雲路也。今以韻讀之，良是。"宋人多有引此説者，但皆稱出自胡瑗，未及范氏。而據《郡齋讀書志》可知，胡氏實乃因仍范氏。

3. 困《彖傳》"貞大人吉，以剛中也"。"范諤昌曰：《彖》文'貞大人吉'下脫

---

① 《郡齋讀書志校證》卷一"《證墜簡》一卷"解題，第28頁。
② 《直齋書錄解題》卷一，第8頁。
③ 《中興館閣書目輯考》卷一《易》類，輯自《直齋書錄解題》，第366—367頁。
④ 《中興館閣書目輯考》卷一《易》類著錄是書，解題失輯。今據馮椅《厚齋易學》附錄二"先儒著述下"引《中興書目》輯出。《秘書省續編到四庫闕書目》卷一《易》類著錄范昌諤撰《源流圖》一卷，葉德輝按："《宋志》作范諤昌。"（第252頁）
⑤ 《宋史》卷二〇二《藝文志一》，第5035頁。
⑥ 本文所引用之宋李中正《泰軒易傳》均出自《續修四庫全書》影印日本寬政十二年活字印《佚存叢書》本，第2冊。
⑦ 《困學紀聞注》卷一《易》，第80頁。
⑧ 本文所引用之《周易口義》均出自《景印文淵閣四庫全書》第8冊。

'无咎'二字。理或然也"(《漢上易傳》卷五)。《童溪易傳》卷二一朱子發引范諤昌云云,"恐未必然"。《周易總義》卷一二引范諤昌云云。《周易集説》卷一八漢上朱氏曰范諤昌云云。《童溪易傳》和《集説》皆由朱書轉引,《總義》當亦如是,如此則南宋人多未見范氏原書歟?

4. 井《彖傳》"巽乎水而上水","范諤昌曰:'巽乎水'當作'巽乎木'"(《漢上易傳》卷五)。《周易經傳集解》卷二四引范諤昌云云,"愚謂不然"①。《周易玩辭》卷九:"今按'巽乎水'作'巽乎木',范諤昌言説也。"《周易總義》卷一二亦引范諤昌云云。前揭《厚齋易學》附録二"先儒著述下"范書解題係櫽括《郡齋讀書志》而成,但較之《郡齋讀書志》所舉"酷類郭京《舉正》"異文多出此例"井《彖》木字爲水"及下例"頤爻頤字作經"。《舉正》所引《彖傳》同於通行本,與范説不同。

5. 頤六二爻辭"拂經于丘",六五"拂經,居貞吉","頤爻頤字作經"。此説見於《厚齋易學》附録二"先儒著述下"范書解題。《直齋書録解題》卷一《舉正》解題臚列其書"於義爲長"的異文,其中有"'拂經'當作'拂頤'"一條②,不見於今本《舉正》,頗疑陳氏誤記,本非《舉正》之説。

分析上述5例异文,可以確知范説同於《舉正》者僅1例(同時亦與徐氏《新義》相同),同於陳振孫所引《舉正》者1例(疑誤),餘者3例皆不同於《舉正》。由此可知,范氏《證墜簡》雖與《舉正》性質相同,也有個別重合的異文,但它成於真宗天禧中,而《舉正》仁宗天聖、慶曆中始出,范書與之當無直接關聯;而徐氏《新義》宋初即被王昭素普遍接受和利用,所以范氏參考過徐書的可能性是比較大的。范書亦爲胡瑗和程子、朱震所取資,知其產生影響亦早於《舉正》。

在《舉正》撰作之前和之後,分別有唐徐郢《新義》和北宋范諤昌《證墜簡》兩部性質相同、專門考較《周易》文本之作,至於三者之間是否有因襲、承繼的關係則無可確考。徐書至少在宋初既已流行,王昭素多所認同,後胡瑗仍之;范書出現在天禧中,爲胡瑗、程子所取資;郭書則遲至仁宗朝始行於世,而真正產生廣泛影響更是晚到南宋中期以後。三書先後出現并相繼被接受,乃至產生較大影響,反映了唐宋考較《周易》文本的學術傳統是連續的、一貫的。

四 慶曆中疑古惑經思潮推波助瀾

慶曆中,鄙薄傳注、疑古惑經的學術思潮興起③,更加推波助瀾,唐代及宋初以來考較《周易》文本的學術傳統得以延續。其中影響最大者是胡瑗(993—1059)。南宋《易》學家趙汝楳論曰:

---

① 本文所引用之宋林栗《周易經傳集解》均出自《景印文淵閣四庫全書》第8册。
② 《直齋書録解題》卷一,第7頁。
③ 詳參拙作《歐陽修學術研究》第四章"歐陽修與鄙棄傳注、疑古惑經的學術思潮"(人民文學出版社,2003年)。

《易》畫備於包犧，辭詳於三聖，性命道德之緼，夫子盡以發之。顧乃灾异於西漢，圖緯於東都，《老》《莊》於漢魏之交。隋絶圖緯，唐祖玄元，故老《易》獨行。學者瀾倒，吁可嘆已。賴我朝王昭素、胡安定諸儒挽而回之，伊洛益閎其說，究極指歸，然後始復爲性命道德之書。①

可見王昭素和胡瑗在宋代《易》學發展史上的重要地位，對《易》的解讀方式實現了從老莊思想到性命道德的轉換，趙氏以爲這才是回復孔子之舊。

慶曆是疑古惑經思潮興起的重要時間節點②，而胡瑗、孫復、石介"三先生"是慶曆之學的代表學者。胡瑗"皇祐、至和間國子直講，朝廷命主太學，時千餘士日講《易》"③。《中興館閣書目》著録《周易口義》十卷④、《繫辭說卦》三卷⑤，《郡齋讀書志》著録胡先生《易傳》十卷⑥，皆稱弟子所纂。《宋志》同時著録胡瑗《易解》一十二卷和《口義》十卷、《繫辭說卦》三卷⑦。事實上，"蓋安定講授之餘，欲著述而未逮。倪天隱述之，以其非師之親筆，故不敢稱傳，而名之曰'口義'"⑧。《口義》今有傳本，以闡釋義理爲主，"大抵祖王弼"⑨，"每引當世之事明之"⑩，"則是書在宋時固以義理說《易》之宗已"⑪。朱子稱胡安定《易》"分曉正當，伊川亦多取也"⑫，"伊川教人看《易》，只看王弼注、胡安定、王介甫解"⑬。

胡氏解《易》大體遵循義理學的内在理路和方法論，闡述性命道理之學，對程朱影響很大。不過，他仍然延續唐代和宋初以來考較《周易》文本的學術傳統，自覺地加以考辨。現將《口義》之中關涉異文者臚列如下：

1. 乾《文言》"其唯聖人乎！知進退存亡，而不失其正者，其唯聖人乎"

《口義》卷一："上一句'其唯聖人乎'于義不安，當爲羨文。"

---

① 〔宋〕趙汝楳《周易輯聞·易雅·學釋第三》，《景印文淵閣四庫全書》第19册，第291頁。
② 陸游曰："唐及國初，學者不敢議孔安國、鄭康成，況聖人乎？自慶曆後，諸儒發明經旨，非前人所及；然排《繫辭》，毀《周禮》，疑《孟子》，譏《書》之《胤征》《顧命》，黜《詩》之序，不難於議經，況傳注乎？"（《困學紀聞注》卷八《經說》引，第1192頁）
③ 〔宋〕王得臣《麈史》卷上"忠謹"，中華書局重印《叢書集成初編》本，1985年，第11頁。
④ 《秘書省續編到四庫闕書目》卷一著録《口義》卷數爲二十卷（第253頁），疑誤。
⑤ 〔宋〕馮椅《厚齋易學》附録一胡安定《口義》引《中興書目》，第16册，第828頁。趙氏輯本《中興館閣書目輯考》失輯。
⑥ 《郡齋讀書志校證》卷一，第29頁。
⑦ 《宋史》卷二〇二《藝文志一》，第5037頁。《直齋書録解題》卷一著録《周易口義》十三卷，盧文弨校注："《宋·藝文志》：《口義》十卷，《繫辭說卦》三卷，陳氏合并數之也。《宋志》又有《易解》十二卷，晁志作《易傳》，僅十卷，乃瑗門人倪天隱所纂云。"（第10—11頁）
⑧ 《點校補正經義考》卷一七《易》十六胡氏《易傳》引李振裕說，第388頁。《四庫提要》亦以爲"後世或稱'口義'，或稱'易解'，實無二書也"（《四庫全書總目》卷二經部二《易》類二《周易口義》十二卷提要，第5頁），是也。
⑨ 《厚齋易學》附録一胡安定《口義》引《中興書目》，第16册，第828頁。
⑩ 《麈史》卷上"忠謹"，第11頁。
⑪ 《四庫全書總目》卷二經部二《易》類二《周易口義》十二卷提要，第5頁。
⑫ 〔宋〕朱鑒《朱文公易說》卷一九，元刻本。朱子此語不見於中華書局點校本《朱子語類》。
⑬ 《朱子語類》卷六七《易》三，第1650頁。

2. 坤初六《小象》"《象》曰:履霜堅冰,陰始凝也"

《口義》卷一:"'堅冰'二字當爲羨文,蓋下文已有'至堅冰也'。"(互見於徐氏《新義》、郭氏《舉正》)

3. 同人《彖傳》"同人曰:同人于野,亨"

《口義》卷三:"'同人曰',此三字蓋羨文,于義无所通。"

4. 臨九二《小象》"《象》曰'咸臨,吉无不利',未順命也"

《口義》卷四:"《象》曰'未順命也'者,此未字當爲羨文。夫九二有剛明之德,以臨于人,天下皆感悦而歸之,无有不順其命者也。而經文言'未順命',豈天下率歸,而有未順命者乎?蓋《易經》傳之久,其間不能无脱誤,故此未字當爲羨文也。"

5. 賁《彖傳》"天文也。文明以止,人文也"

《口義》卷四:"按經但云'天文也',上下相應,不成義理,當上有'剛柔交錯'四字,蓋遺脱故也。言剛柔交相錯雜以成天文,是天之文也。"(互見於徐氏《新義》、郭氏《舉正》)

6. 大畜上九爻辭"上九,何天之衢亨"

《口義》卷五:"且經文有何字,推尋其義,殊無所適,蓋傳寫者因《象》辭有之,故遂加之也。"

7. 頤六五爻辭"六五,拂經,居貞吉"

《口義》卷五:"今六五乃以陰柔之質,居于陽之位,是拂亂其頤之義也,經言經字之誤也。豈有居至尊而乃拂亂其常道之甚哉?但以其少不得于正,故唯失其養之道耳。"(互見於范氏《證墜簡》,《直齋書録解題》誤記爲《舉正》説)

8. 遯六二爻辭"六二,執之用黃牛之革,莫之勝説"

《口義》卷五:"然此句上'之革'二字乃羨文也。革之初有鞏,用黃牛之革,故此誤有之也。推求無義可通,注謂革者固也,此臆爲之説爾。"

9. 睽六三爻辭"六三,見輿曳,其牛掣。其人天且劓,无初有終"

《口義》卷七:"'其人天且劓'者,天當作而字,古文相類,後人傳寫之誤也。"

10. 夬《大象》"君子以施禄及下,居德則忌"

《口義》卷七:"此則字當作明字。輔嗣之説亦曰'居德以明禁',蓋傳寫之誤耳。"

11. 夬九三爻辭"九三,壯于頄,有凶。君子夬夬,獨行遇雨若濡。有愠,无咎"

《口義》卷七:"此一爻有錯倒之文,當曰:'壯于頄,有凶。獨行遇雨若濡,有愠。君子夬夬,无咎。'何則三應于上,上爲陰柔被決之小人。夫既應于小人,爲小人之所污辱,則何得无咎哉?又'《象》曰:君子夬夬,終无咎也',以此固知'夬夬'而後'无咎'也。"

12. 革九三爻辭"九三,征凶,貞厲。革言三就,有孚"

《口義》卷八:"今觀此爻經文有所倒錯,止依此文以解之,則義無所當。蓋當先云'革言三就,有孚',後則曰'征凶,貞厲'。"

13. 漸上九爻辭"上九,鴻漸于陸"

《口義》卷九:"今考于經文,陸字當爲逵字。蓋典籍傳文,字體相類而録之誤也。逵者,雲路也。"(互見於范氏《證墜簡》)

14. 小過六五《小象》"《象》曰:密雲不雨,已上也",注"陽已上,故止也"

《口義》卷十:"'《象》曰:密雲不雨,已上'者,上當爲止,傳寫之誤。言陽氣已止于下,故不雨也。"(《舉正》:"經、注止字并誤作上字,故字上仍脱下字,察其文義可見矣。")

15. 既濟卦辭"既濟,亨,小利貞"

《口義》卷十:"'亨小'者,傳寫之誤。按《彖》曰'小者亨也',此當曰'小亨',蓋言既濟之時,朝廷已盡正,教化已盡行,故上下遠近、纖悉微隱至小之物,皆得其所,濟而亨通,況其大者乎?"

16. 《繫辭上》"大衍章釋義"

《口義·繫辭上》:"按此一章有脱落之處,亦有倒錯之文。何以知之? 按下文云'子曰知變化之道,其知神之所爲乎',下文又不言變化之道。又一章言'天一地二,天三地四,天五地六,天七地八,天九地十',下文又不言天地之事。大衍之數五十有五,而經文止言四十有九。以此推之,則此文倒錯而脱漏矣。今當先言'子曰知變化之道者,其知神之所爲乎',次言'天一地二……天九地十',又次言'天數五,地數五……當萬物之數也',次言'大衍之數……故再扐而後挂。是故四營而成易……可與祐神矣'。"

17. "大衍之數五十,其用四十有九"

《口義·繫辭上》:"按此大衍之數當有五十有五,何以明之? 按上文言'天一地二,天三地四,天五地六,天七地八,天九地十',是天數二十有五,地數三十,總而五十有五也。今經文但言五十者,蓋簡編脱漏矣。"

18. 《繫辭下》"能説諸心,能研諸侯之慮"

《口義·繫辭下》:"按此'能研諸侯之慮',其'侯之'二字,蓋是後人習慣其言,而傳寫之誤也。若順其文而言之,則'能研諸侯之慮'於義无取,當言'能研諸慮'也。言聖人作此大易之道,能自悦美其心,又能研究人之思慮,使其情僞之道不作,憂虞之理不生也。注疏之説,皆失之矣。"(互見於王昭素《易論》)

例2、5互見於《新義》《舉正》,例7、13互見於《證墜簡》,例18互見於《易論》,唯一一例互見於《舉正》者是例14。由此推論,胡瑗對於徐氏《新義》、范氏《證墜簡》及王氏《易論》皆有取焉,《舉正》慶曆中始出,當時并未産生影響,頗疑胡氏并未直接參考其書。胡氏的校勘方法主要是理校,通過剖析文義,着眼於"于義不安""于義无所通"來推斷異文;間有本校,通過揣摩《周易》經傳(爻辭和《小象》)或上、下文理關聯、呼應來推斷。他不僅注意到訛誤類型如誤字、羨文、脱落、倒錯之文等,還對致誤原因有所分析,多爲"傳寫之誤",他如"簡編脱漏""(古文)字體相類而録之誤",感嘆"蓋《易經》傳之久,其間不能无脱誤"。除了上述异文,胡氏就《正義》關於《繫辭》分章也提出了不同觀點,如

《繫辭上》："彖者，言乎象者也。"《口義》："疏以爲自此至'死生之説'爲一章，則非也。今觀其文辭，當從'辭也者，各指其所之'爲一段，自'易與天地準'而下至'盛德大業'爲一章，是也。"此前王昭素對《繫辭》分章已有不同於唐人的見解，如"離'易與天地準'合'精氣爲物'通爲一章"，"合'初六藉用白茅'通爲一章"①，胡氏或當受到王昭素的影響。

程子受胡瑗影響頗大，他提出"若欲治《易》，先尋繹令熟，只看王弼、胡先生、王介甫三家文字，令通貫，餘人《易》説無取，枉費功"②，知其推尊有加。前揭朱子亦云爾。《程傳》取資胡氏説者，"觀卦詞云'予聞之胡翼之先生曰"君子居上爲天下之表儀"'，大畜上九云'予聞之胡先生曰"天之衢亨"誤加何字'，夬九三云'安定胡公移其文曰"壯于頄，有凶。獨行遇雨若濡，有愠。君子夬夬，無咎"'，漸上九云'安定胡公以陸爲逵'"。所以，清人劉紹攽以爲"意是時(程子皇祐中游太學)必從而受業焉，世第知其從事濂溪，不知其講《易》多本於翼之也"③。由是知對程子《易》學影響最大者就是胡瑗。當然，程子亦有不取胡氏説者，如既濟卦辭："既濟，亨，小利貞。"胡氏認爲"亨小"二字誤乙，當作"小亨"。程子則曰："'小'字在亨下，語當然也。若言'小亨'，則爲亨之小也。"王宗傳《童溪易傳》卷二六以爲當從程子説。

除王昭素、范諤昌和胡瑗外，截至慶曆中宋代《易》著略及文本考較者亦不乏其書。胡旦(太平興國三年(978)進士)撰《周易演聖通論》十六卷④，"其説多引注疏及王昭素論，爲之商榷"⑤。其中即有考辨異文者，如隨《彖傳》"而天下隨時"，胡氏從字體演變的角度加以考察，曰："王肅本作'隨之'。篆字之爲屮，時爲峕，轉隸者增日爲時。"揭示出異文的成因是小篆轉隸書過程中之變爲時。朱震以爲"胡説爲長"⑥。邵雍之父邵古(天叟)撰《周易解》五卷，"其學先正音文云"⑦，其詳不可考，所謂"正音文"或係考辨音義和異文，則與《釋文》性質相近。王洙(997—1057，字原叔)是宋代《古易》運動的重要學者之一，葉夢得(1077—1148)曾於"睢陽王原叔家得《古易》本"⑧。《直齋書録解題》即著録"出翰林學士睢陽王洙原叔家"的《古易》十二卷⑨，以爲諸家《古易》之首。洙

---

① 《漢上易傳》卷七《繫辭上》，第11册，第227、232頁。
② 〔宋〕邵博《邵氏聞見後録》卷五引程子《與謝湜書》，中華書局，1983年，第39頁。
③ 〔清〕劉紹攽《周易詳説》卷一"宋儒説《易》"，乾隆中劉氏傳經堂刻本，第6b頁。《四庫全書總目》卷二經部二《易》類二《口義》提要轉引，文字略有異同。四庫館臣以爲"其説爲前人所未及，今核以《程傳》，良然"(第4頁)。
④ 《宋史》卷二○二《藝文志一》著録胡書書名(無周字)、卷數略同(第5035頁)。
⑤ 《厚齋易學》附録一"先儒著述"引《中興(館閣)書目》，第16册，第827頁。趙氏輯本《中興館閣書目輯考》失輯。
⑥ 《漢上易傳》卷二，第11册，第66頁。
⑦ 《郡齋讀書志》卷一是書解題。何焯批語云："此必妄人僞作。"(《郡齋讀書志校證》卷一，第30頁)。邵古《周易解》亦見於《玉海藝文校證》卷二《易》下·《周易傳》"著録(第88頁)。
⑧ 〔宋〕呂祖謙《古周易·睢陽王氏古易》引"石林先生"云云，《通志堂經解》本，第34頁a。
⑨ 《直齋書録解題》卷一，第1頁。

另著有《周易言象外傳》十卷①，十二篇，"自序云：'論次舊義，傅以新説，以王弼傳爲内，摘其异者，表而正之，故云《外傳》。'"②前揭《郭氏傳家易説》所謂"王原叔先生引徐氏《新義》謂'習坎'字上脱卦名一坎字"，《音訓》引晁氏《古周易》"陸希聲云：搢，今捷字。説之案：搢、簪同音一字，王原叔謂即《詩》'不寁'字，祖感反"，知其援引徐氏和陸氏説考較异文，此之謂"論次舊義"，亦皆關涉异文。石介(1005—1045)著有《徂徠先生周易》五卷③，當亦略及异文考較，如賁《彖傳》徐氏以爲"天文也"上脱"剛柔交錯"四字，王昭素和胡瑗皆用此義，而"石徂徠不然之"，曰："《彖》解'亨，小利有攸往'，中間更無异文。即言'天文'者，言剛柔也者，天之文也。天之文即剛柔二義也，二氣交錯，成天之文。'柔來文剛，分剛上而文柔'者，天文也。"④宋咸(慶曆元年除太常博士)更有考較《周易》文本的專著，"嘗撰《易明》，凡一百九十三條，以正亡誤。及得郭京《舉正》於歐陽公，遂參驗爲《補注》，皇祐五年表上之。別有《易訓》，未見。《易辨》凡二十篇，爲一卷。劉牧之學，大抵求异先儒，穿鑿破碎，故李(覯)、宋(咸)或删之，或辨之"⑤。

　　值得注意的是，唐宋時期考較《周易》文本的學術傳統對於宋代《古易》運動也產生了積極影響。前揭唐宋人對於《周易》文本的考較成果多保存在晁説之《古周易》中，"卷首列名氏二十餘家，文字异同則散見於卦云"⑥。對於"其幸而諸儒之傳，今有所稽考者，具列其异同、舛訛於字下，亦庶幾乎同復於古也"⑦，知其建構《古易》文本不僅着眼於經傳別行的體式，更加關注的是漢唐以來《周易》文本的沿革和遞嬗，尤其是唐宋學者對於文本的考較和辨正。李燾稱"晁氏專主北學，凡故訓多取許叔重《説文解字》、陸德明《章(當作音)義》，僧一行、李鼎祚、陸希聲及本朝王昭素、胡翼之(瑗)、黃聱隅(晞)輩所論，亦時採掇。吕公(大防)書，則文字句讀，初無增損⑧；景迂則輯諸家异同，或斷以己意，有增有損"⑨。例如《序卦》"離者，麗也"，王昭素稱諸本更有三句："麗必有所感，故受之以咸，咸者感也。"晁説之《古周易》"取此三句，增入正文，謂後人妄有上、下經之辯。案晁以道錄《古周易自序》曰：'如古者竹簡重大，以經爲二

---

① 《崇文總目》卷一，第11頁。輯自《文獻通考》卷一七五《經籍考二》，傅誤作集，注云"《古易》"（第5236頁）。

② 《厚齋易學》附錄一《先儒著述》引《崇文總目》，第16冊，第827頁。《文獻通考》所引略同。趙氏《中興館閣書目輯考》據《玉海·藝文》輯出(第367頁)，誤當作《中興館閣書目》。

③ 《郡齋讀書志校證》卷一，第35頁。《秘書省續到四庫闕書目》卷一著錄爲《易議》十卷(第253頁)、《直齋書錄解題》著錄爲《周易解義》十卷(第11頁)，書名、卷數皆有所不同。

④ 《漢上易傳》卷末《卦圖》卷中，第11冊，第335頁。

⑤ 《直齋書錄解題》卷一"宋咸《易補注》十卷又《王劉易辨》一卷"解題，第9頁。

⑥ 《直齋書錄解題》卷一是書解題(盧校本卦上有諸字)，第2頁。

⑦ 〔宋〕晁説之《嵩山文集》卷一八《題古周易後》，《四部叢刊續編》影印舊鈔本。又見於〔宋〕吕祖謙《古周易》(《通志堂經解》本，第30頁 a)，文字全同。

⑧ 吕氏《周易古經》十二卷亦見於《直齋書錄解題》卷一著錄(第2頁)。

⑨ 《文獻通考》卷一七六《經籍考三》著錄晁以道《古易》十二卷解題引，第5251頁。

篇,今又何必以二篇成帙哉?'吴仁傑《古周易》①亦從王、晁之論"②。當然,《古易》學者也有不認同唐宋人對於《周易》文本的考較成果者,如同人《彖傳》"同人曰:同人于野,亨"。王昭素謂此"同人曰"三字錯。吴仁傑"案《正義》云'《彖》有叠卦名而稱其卦'者。同人之《彖》稱'同人曰',猶言同人卦曰也。'同人于野,亨'是同人卦下之文也。如此則'同人曰'三字乃其卦名,故《彖傳》引之,非錯也"③。知其批評地繼承,并非簡單地因襲。

結　語

　　《周易》蓋以其未經秦火,所以傳承有緒,今、古文經文本差異甚小,西漢劉向校書之時已經注意到這一點④。至魏王弼注《易》采用費氏本,確立了經傳參合體式,至於文本則與漢《易》諸家并無二致,當亦大體沿襲這個文本傳統。唐宋時期,尤其是大曆以後,伴隨着唐代後期儒學復興運動,對於《周易》文本的考較形成了學術風氣,表現爲開始打破漢唐以來相對穩定的《周易》文本傳統。初、盛唐人如陰弘道、僧一行考較《周易》文本,大體尚沿襲漢《易》傳統,少有出以己意者。繼貞觀中顔師古正定五經二百年後,大曆十年(775)國子司業張參承詔校訂群經文本,并將定本書於太學屋壁,後大和、開成中繼有刊立石經之舉,這些都是朝廷正定經書文本的努力。至中、晚唐,則出現了專事考較《周易》文本、帶有辨正、稽疑性質的《易》著,并且開始打破漢代以降的文本傳統,或辯稱王弼、韓康伯手寫定本,或理校,或本校,其中對宋人影響最大的是徐郿《周易新義》和郭京《周易舉正》。其中《舉正》是唐宋人同類著作中唯一今有完整傳本者,不見於兩《唐志》著録,北宋天聖、慶曆間經歐陽脩之手行於世。雖然所謂王弼、韓康伯定本實乃無稽之談,但其書出自唐人之手則無可疑。這種學術傳統一直延續至北宋,最早爲宋人所接受的是徐氏《新義》,宋初大儒王昭素《易論》、真宗朝范諤昌《證墜簡》皆有所參考和利用,慶曆中胡瑗亦然。宋人對於《舉正》的接受則歷時較長,真正產生廣泛影響更是晚到南宋中期以後。《舉正》與《新義》《證墜簡》相伴生,性質相同,内容也有不同程度的重合,從它們的接受史即可看出唐宋時期考較《周易》文本的學術傳統的連續性和一貫性。

　　唐宋時期考較《周易》文本的學術傳統,是對漢唐《周易》文本的重新審視和自我突破,大致伴隨着唐代後期儒學復興運動、北宋古文運動、《古易》運動、

---

　　① 吴氏《古周易》十二卷亦見於《直齋書録解題》卷一著録(第3頁)。
　　② 《困學紀聞注》卷一《易》,第108—109頁。宋人對於這一問題的認識也有不同,如丁易東以爲,"晁氏以道謂因後人忘(作妄)有上下經之辨,故去之。愚謂此説誠然,但雖有此三句,亦不害爲上下經也。若無此三句,則上下經離而不合,成兩書矣;加此三句,然後貫上下經爲一經也"(《易象義》卷一六《序卦》,《景印文淵閣四庫全書》第21册,第780頁)。
　　③ 吕祖謙《古周易》迻録吴仁傑跋,《通志堂經解》本,第24頁b。
　　④ 《漢書》卷三十《藝文志·六藝略·《易》類》小序云:"劉向以中古文《易》經校施、孟、梁丘經,或脱去'無咎''悔亡'。"(中華書局,1962年,第1704頁)

疑古惑經思潮等經學、文學、思想領域的深刻變革,相互影響,相互作用,説明經書文本的嬗遞不僅僅關乎文獻、文本,自有其内在的動力和規律性,同時與經學、文學、思想等也都有一定的關聯和互動。所以,我們研究唐宋時期考較《周易》文本的學術傳統的意義,也就不僅局限於文獻本身,更有着思想和學術的深層意義所在。

(作者單位:北京大學中文系、中國古文獻研究中心)

明嘉靖本《禮記注》考略*

王　鍔

明嘉靖年間，東吳徐氏依據宋本覆刻《周禮注》《儀禮注》《禮記注》三經，備受學界關注。清葉德輝《書林清話》卷五《明人刻書之精品》曰："東吳徐氏，嘉靖間仿宋刻《儀禮注》十七卷，見陸《志》。德輝案：徐刻《三禮》罕見，黃丕烈士禮居仿刻之《周禮注》，亦其一也。蓋《三禮》皆據宋本，與武英殿仿岳氏《五經》之一《禮記》，行字相同。但岳本有《釋音》，徐本無《釋音》，以此爲异。吾藏明刻《儀禮》與此同，《周禮》有《釋音》與《禮記》同，蓋翻自岳本。"①可見，清人已將明嘉靖徐氏所刻《三禮》視爲明代刻書之精品。

徐氏所刻《三禮》，今皆有傳本存世。其中《禮記注》前人做過哪些研究？此本今存幾部？淵源於何本？與蜀大字本、撫州本、婺州本、余仁仲本、紹熙本、岳本《禮記注》、八行本、十行本、和珅《禮記注疏》相比②，質量如何？就以上問題，我們從嘉靖本《禮記注》之著録、嘉靖本《禮記注》淵源、嘉靖本《禮記注》之質量等方面，來揭示其價值。

一　嘉靖本《禮記注》之著録

嘉靖本《禮記注》自刊刻以來，多有傳本，清代藏書家很重視。清丁丙《善

---

* 本文爲國家社科基金重點項目"明清時期《禮記》校勘整理與主要刻本研究"（17AZW008）的階段性成果。

① 葉德輝著，漆永祥點校《書林清話》，北京聯合出版公司，2018年，第168頁。

② 蜀大字本指分藏遼寧省圖書館《禮記注》卷1至5（書號善00032）和中國國家圖書館卷6至20（書號12343），國學基本典籍叢刊影印宋本《禮記》，國家圖書館出版社，2020年。《中華再造善本》影印宋淳熙四年撫州公使庫刻《禮記注》20卷——簡稱"撫州本"，影印宋紹熙建安余氏萬卷堂刻《禮記注》20卷——簡稱"余仁仲本"；影印宋婺州義烏蔣宅崇知齋刻《禮記注》20卷——簡稱"婺州本"，影印宋紹熙刻《纂圖互注禮記》20卷——簡稱"紹熙本"，影印兩浙東路茶鹽司刻《禮記正義》70卷——簡稱"八行本"，影印元刻明修《十三經注疏》本《禮記注疏》63卷——簡稱"十行本"，清仿宋相臺岳氏《五經》本《禮記注》20卷——簡稱"岳本"，山東省圖書館藏清乾隆六十年和珅仿宋刻本《附釋音禮記注疏》63卷——簡稱"和珅本"。

本書室藏書志》曰：

> 《禮記》二十卷，明嘉靖翻宋本，蕭山王紹蘭藏書，鄭氏注。首題"禮記卷第一"，次行頂格"曲禮第一"，越四格"禮記"，越二格"鄭氏注"，次頂格經文起。每葉十六行，行十七字，每卷後夾注經幾字、注幾字。此亦明嘉靖間徐氏翻刊宋本《三禮》之一也。按，今所傳宋本，一爲萬卷堂余仁仲刊，有音義，本卷末總注經凡九萬八千一百七十一言，注一十萬九千三百七十八言；一爲撫州公使庫刊，有《釋文》四卷并校正銜名；是書卷首行款、卷尾夾注皆同，惟無音義及最後總注耳。天禄琳琅所藏仁仲本，校列不同，注疏監本之字及陳鱣《經籍跋文》所校撫州本之异文，一一吻合。徐氏此本，大約從兩宋本所出耳。卷端有"知足知不足館人王紹蘭所見"一印。紹蘭，字南陔，蕭山人，乾隆癸丑進士，官至福建巡撫兼閩浙總督，生平學務淵博，無所不窺，著述最富。①

丁丙謂他收藏的嘉靖本《禮記注》源自宋本，與撫州本、余仁仲本有關，不附陸德明釋文，原爲清乾隆癸丑(1793)進士王紹蘭藏書，今藏南京圖書館，《中國古籍善本書目》經部著録②。

劉薔《天禄琳琅知見書録》記載：

> 明嘉靖東吳徐氏覆宋刻《三禮》本。兩夾板二十册，現藏台北"故宮博物院"(書號故善〇一二八〇二——〇一二八二一)。
>
> 匡高二〇·四厘米，廣一四·三厘米，每半葉八行，行十七字，小字雙行同，四周雙邊，白口，單綫魚尾。版心中記"禮幾"及葉次，下有刻工名：仲、仁、安、張、劉、受、王、宗、恩、龍、化。偶見宋諱闕筆，如恒字。首卷卷端題"禮記卷第一"，次行題"曲禮第一　禮記　鄭氏注"。每卷末刊有經幾字、注幾字。皮紙，杉木夾板，上刻字填緑，題"宋版禮記　上函(或下函)"。石青杭細書衣，黃綾書籤，僅書"禮記"及册次。
>
> 《天目後編》云："每卷末刻經若干字，注若干字。宋中字本，校正與前余仁仲本同。"據台北故宮吳哲夫先生考證，是書卷首行款、卷尾夾注皆同於宋版，惟無音義及最後總注，而刻工張、受、劉、化、王、仁、安、享、子榮、澄、仲等均見於台北"故宮博物院"藏明嘉靖東吳徐氏覆宋《三禮》本《周禮》書中，且行款、字體亦相雷同，則是本實爲明徐獻忠覆宋《三禮》本也。
>
> 徐獻忠是明嘉靖間華亭詩人，後人所輯簡譜中不聞有刻書之舉。此東吳徐氏，或以爲是長洲人徐時泰，室名東雅堂；或以爲是長洲人徐封，字子慎，別號墨川，喜藏書，家有紫芝園，法書名畫甚多。尚無定論。徐氏合刊《周禮》《儀禮》《禮記》三經及鄭玄注，無序文，刻工多活動於嘉靖年間。徐刻《三禮》，後世有翻刻本，其間差別參見郭立暄《中國古籍原刻翻刻與

---

① 〔清〕丁丙《善本書室藏書志》卷二，收入《清人書目題跋叢刊》二，中華書局，1990年，第420頁。
② 中國古籍善本書目編輯委員會編《中國古籍善本書目》經部，上海古籍出版社，1989年，第190頁。

初印後印研究》一書。

此本無序跋，與前一部《儀禮》一樣，都是以明嘉靖中期吳郡徐氏覆宋刻《三禮》本僞充宋板。刊刻精良，初刻初印，紙墨瑩潔。

每册俱鈐"天禄繼鑒"諸璽，前後副葉所鈐爲"大三璽"，其他無私家藏印。

《故宫善本書目》記其爲"明嘉靖間東吴徐氏覆宋《三禮》本"。《"國立故宫博物院"善本舊籍總目》，上册，第七一頁。①

《天禄琳琅書目後編》記載之"宋中字本"《禮記注》二十卷，實爲明嘉靖徐氏覆宋《三禮》之一，今藏中國台北"故宫博物院"，《"國立故宫博物院"善本舊籍總目》著録。徐氏刻《三禮》，後世有翻刻本，與原刻有差别②。至於刊刻者徐氏，是徐獻忠、徐時泰，還是徐封，尚無定論。

嘉靖本《禮記注》今存七部。《北京圖書館古籍善本書目》著録三部：一部二十册，書號七九二七；一部十二册，書號八七六八；一部八册，書號○九三一七③，均藏中國國家圖書館。《"國立故宫博物館"善本舊籍總目》④著録二部，一部二十册，一部十册（沈贈），藏中國台灣"故宫博物院"。中國台灣"中央圖書館"藏一部，二十册。南京圖書館藏一部，十册，書號是一一○○六一，有丁丙跋⑤。

 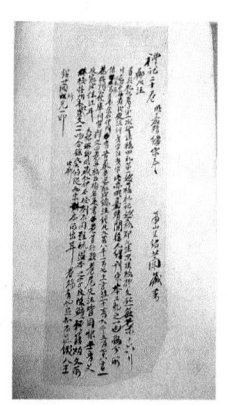

圖一：南京圖書館藏嘉靖本《禮記注》卷端、丁丙跋

二　嘉靖本《禮記注》之淵源

嘉靖本《禮記注》，半頁八行，行十七字，小字雙行同，白口，四周雙欄，版匡

---

① 劉薔《天禄琳琅知見書録》，北京大學出版社，2017年，第48—49頁。
② 郭立暄《中國古籍原刻翻刻與初印後印研究》，中西書局，2015年，第312—315頁。
③ 北京圖書館《北京圖書館古籍善本書目》，書目文獻出版社，1988年，第1册第73—74頁。
④ "國立故宫博物院"編印《"國立故宫博物院"善本舊籍總目》，"國立故宫博物院"，1983年，上册第71頁。
⑤ 王鍔《三禮研究論著提要》（增訂本），甘肅教育出版社，2007年，第243頁。

高二〇·四厘米,廣一四·三厘米,單綫魚尾,版心記"禮記幾"及頁數。首卷卷端題"禮記卷第一",次行題"曲禮第一",空四格題"禮記",空兩格題"鄭氏注",次行頂格經文起。每卷末刊有經幾字、注幾字。

中國國家圖書館將書號爲〇九三一七的嘉靖本《禮記注》掃描爲電子文件,方便閲讀。此本卷首鈐蓋有"龔稼邨秘籍印"白文長印、"龔氏墨稼軒珍藏圖書"朱文方印、"十二橋南烟舍"朱文方印、"得此書費辛苦後之人其鑒我"白文長印、"仲魚圖象"肖像印、"鱣讀"朱文長印、"寅昉"朱文方印、"臣光焴印"白文方印、"鹽官蔣氏衍芬草堂三世藏書印"朱文方印、"北京圖書館"朱文方印等藏書印。根據這些藏書印,得知此本自清初以來,先後在浙江杭州龔翔麟和海寧吳騫、陳鱣、蔣光焴家收藏過,最後庋藏國家圖書館。

龔翔麟(1658—1733),字天石,號蘅圃,又號稼邨,清仁和(今杭州市)人。康熙二十年(1681)順天副貢生,官至監察御史,工詩文,喜藏書,藏書處有紅藕莊、墨稼軒,藏書印有"玉玲瓏閣藏書圖記""龔稼邨秘笈之印""玉玲瓏山館""紅藕莊""蘅圃曾觀""紅菡萏湖莊""龔氏墨稼軒珍藏圖書""横沙龔氏玉玲瓏閣收藏圖書""龔蘅圃秘笈之印"等。

吳騫(1733—1813),字槎客,號兔床,清海寧人。諸生,篤嗜典籍,凡遇善本,傾囊購之,儲拜經樓,展誦摩挲,藏書四五萬卷。藏書印有"吳騫之印""拜經樓""十二橋南烟舍"等。"十二橋南烟舍"乃清篆刻家奚岡(1746—1803)刻,邊款有文曰:"兔床山有隱君子,嘗載書一舟,往來吟泛於溪橋魚杈間,人莫之識,或問其居處,遂鼓枻而歌曰:十二橋南烟舍,第三灣口漁翁。青箬緑簑歸去,桃花細雨東風。奚鋼記。"①

陳鱣(1753—1817),字仲魚,號簡莊,清海寧人。嘉慶三年(1798)舉人,嗜好典籍,精通經學,家有藏書樓向山閣,藏書十萬卷,藏書印有"仲魚圖象""得此書費辛苦後之人其鑒我""鱣讀""陳鱣收藏"等。

蔣光焴(1825—1892),字繩武,號寅昉,亦號吟舫、敬齋,清海寧人。其祖父蔣開基性喜聚書,建有"衍芬草堂""淵芬草堂"藏書樓,與其兄蔣光煦"別下齋"齊名,珍藏圖書數十萬卷。藏書印有"寅昉""臣光焴印""鹽官蔣氏衍芬草堂三世藏書印"等。

前人皆謂嘉靖本據宋本翻刻,那麽,嘉靖本翻刻依據的宋本是哪個版本?經過比對,我們發現,嘉靖本是依據余仁仲本翻刻。

(一)經注文字與余仁仲本相同。今傳《禮記注》宋版有蜀大字本、撫州本、婺州本、余仁仲本、紹熙本,蜀大字本、撫州本、婺州本同源,紹熙本源自余仁仲本,宋十行本以來《附釋音禮記注疏》63卷之經注釋文皆源自余仁仲本。經過比勘,嘉靖本無論文字對錯,經注文字多與余仁仲本相同,兹就《曲禮》篇舉數例。

---

① 朱昌元《橋南烟舍來知己——由一枚印章談奚岡、吳騫之交往》,《書法報》2012年4月18日第15期。

1.《曲禮》上曰:"則必賜之几杖,行役以婦人,適四方,乘安車。自稱曰老夫。"鄭《注》曰:"几杖、婦人、安車,所以養其身體也。安車,坐乘,若今小車也。老夫,老人稱也。亦明君尊賢。"(1/4/A/4①)

案:"尊賢",余仁仲本、紹熙本同,蜀大字本、撫州本、婺州本、岳本、八行本、十行本、和珅本作"貪賢",非。

2.《曲禮》上曰:"共飯不澤手。"鄭《注》曰:"爲汙手不絜也。"(1/13/B/4)

案:"汙手",余仁仲本、紹熙本同,十行本、和珅本作"汙手",蜀大字本、撫州本、婺州本、岳本、八行本作"汙生",孔《疏》同,是。

3.《曲禮》上曰:"言不惰。"鄭《注》曰:"憂不在私好。惰,不正之言。"(1/15/A/7)

案:"惰不正之言",余仁仲本、紹熙本、十行本、和珅本同,岳本作爲釋文,蜀大字本、撫州本、婺州本、八行本無此五字,是。《考異》曰:"憂不在私好:十行以來本,此下皆衍'惰不正之言'五字,嘉靖本亦然,因岳本取《正義》語附載之,遂誤入鄭《注》耳。"②阮《校》曰:"惰不正之言:閩、監、毛本同,嘉靖本同。惠棟校宋本無此五字,宋監本同,衛氏《集説》同,《考文》引古本、足利本同,《通典》六十八引同。岳本有此五字,而別入於釋文。按釋文亦無此五字,當因《正義》誤入。"③

4.《曲禮》上曰:"飲玉爵者弗揮。"鄭《注》曰:"爲其宝而脆。"(1/16/B/7)

案:"脆",余仁仲本、紹熙本、十行本、和珅本同,蜀大字本、撫州本、婺州本、岳本、八行本作"脃",是。阮《校》曰:"爲其寶而脆:閩、監、毛本同,嘉靖本同,惠棟校宋本'脆'作'脃',宋監本同,岳本同,《釋文》同。《五經文字》云:'脃從刀,從卪作脆,訛。'"④

5.《曲禮》下曰:"歲凶,年穀不登,君膳不祭肺,馬不食穀,馳道不除,祭事不縣;大夫不食粱,士飲酒不樂。"鄭《注》曰:"皆自爲貶損,憂民也。"(1/28/A/6)

案:"自爲",余仁仲本、紹熙本、岳本、十行本、和珅本同;蜀大字本、撫州本、婺州本、八行本作"爲自",是。阮《校》曰:"皆自爲貶損憂民也:閩、監、毛本同,岳本同,嘉靖本同,《考文》引宋板'自爲'作'爲自',古本、足利本同。案:衛氏《集説》作'皆爲歲凶自貶損憂民也','歲凶'二字,是衛氏所增成,'自'字在'爲'字下,則與宋板合,《正義》亦言'自貶損'。"⑤

6.《曲禮》下曰:"柰何去社稷也?"(1/29/B/7)

案:"柰",蜀大字本、余仁仲本、紹熙本、婺州本、岳本、八行本同,撫州本、

---

① 1/4/A/4 指嘉靖本卷 1 第 4 頁 A 面第 4 行,下同。
② 〔清〕張敦仁《撫本禮記鄭注考異》(顧廣圻代撰),顧校叢刊《禮記》,福建人民出版社,2020 年,第 1139 頁。
③ "阮《校》"指阮刻本《附釋音禮記注疏》所附阮元《禮記注疏校勘記》。〔清〕阮元校刻《十三經注疏》,中華書局,1982 年,第 1247 頁。
④ 《十三經注疏》,第 1248 頁。
⑤ 《十三經注疏》,第 1263 頁。

十行本、和珅本作"奈"。阮《校》曰:"奈何去社稷也:閩、監、毛本同,《石經》同,岳本'奈'作'柰',嘉靖本同,衛氏《集説》同,後仿此。案:此本疏中,亦皆作'柰'字。○按:作'奈',俗字也。"①

7.《曲禮》下:"臨諸侯,畛於鬼神,曰'有天王某甫'。"鄭《注》曰:"畛,致也。祝告致于鬼神辭也。曰'有天王某甫'。某甫,且字也。不名者,不親往也。《周禮》:'大會同,過山川,則大祝用事焉。'鬼神,謂百辟卿土也。畛,或爲'祇'。"(1/29/A/8)

案:"告致",蜀大字本、余仁仲本、紹熙本、岳本、十行本、和珅本同,撫州本、婺州本、八行本作"告至"。阮《校》曰:"祝告致於鬼神辭也:閩、監、毛本同,岳本同,嘉靖本亦作'致',《正義》同,惠棟校宋本作'至'。"②

8.《曲禮》下曰:"天子穆穆,諸侯皇皇,大夫濟濟,士蹌蹌,庶人僬僬。"鄭《注》曰:"皆行容止之貌也。《聘禮》曰:'賓入門皇。'又曰:'皇且行。'又曰:'衆介北面蹡蹡焉。'凡行容,尊者體盤,卑者體蹙。"(1/33/A/1)

案:下"又曰",蜀大字本、撫州本、余仁仲本、紹熙本、岳本、八行本、和珅本同;十行本"又"作"者",非。阮《校》曰:"皇且行曰:惠棟校宋本作'行又',岳本同,嘉靖本同,衛氏《集説》同,此本'行又'二字闕。閩、監、毛本'又'作'者',非。"③阮説非,十行本不缺此二字,且作"行者",故閩、監、毛本沿襲而誤。

"蹡蹡焉",蜀大字本、余仁仲本、岳本、十行本、和珅本同,撫州本、婺州本、紹熙本、八行本作"蹡焉",是。阮《校》曰:"衆介北面蹡蹡焉:閩、監、毛本同,岳本同,嘉靖本同,衛氏《集説》同,惠棟校宋本'蹡蹡焉'三字作'蹌焉'二字,宋監本同。齊召南《考證》云:'按:鄭用《聘禮·記》文,當作"衆介北面蹌焉",此下疏亦作"蹌焉",則"蹡蹡"二字并誤也。'○按:段玉裁云:'依《説文》當作"玱玱",爲行皃。"蹌"訓動也。然則禮言行容者,皆"玱"爲正字,"蹌"爲假借字。'"④《考異》曰:"各本'蹡'下,更有'蹡'字,誤也。山井鼎所據與此同。毛居正曰:'蹡'作'蹌',誤。興國軍本作'蹌',是。宋監本與此同。'今案:《釋文》音經'蹌蹌'云:'本又作'鶬',或作'蹡',同七良反。'是正文有作'蹡蹡',注有作'蹡焉'之本,非無出也。但正文既從'蹌蹌',而注仍作'蹡',則爲歧耳。《聘禮》作'蹌',《士冠禮》鄭《注》云'行翔而前鶬焉'。可見'蹌''鶬''蹡'三文之非有异也。毛居正泥'蹡'爲'鏗鏘'字,未得假借之理。《正義》所用本經注,皆爲'蹌'字,與或作者不同。"⑤阮元、段玉裁、張敦仁所説甚是。

上羅列《曲禮》八條(實爲九條)經注文字,嘉靖本正確、兩通者各兩條,錯誤者五條,然無論對錯异同,皆與余仁仲本一致。

(二) 卷尾總計經注字數一致。

宋代刊刻古籍,於版心上下,注大小字數;於卷末書尾,總計字數,經書文

---

① 《十三經注疏》,第1263頁。
② 《十三經注疏》,第1264頁。
③④ 《十三經注疏》,第1271頁。
⑤ 〔清〕張敦仁《撫本禮記鄭注考异》(顧廣圻代撰),第1142頁。

獻，或分標經文若干，注文若干，釋文若干，原爲計工付酬之用，然轉相翻刻，亦可作爲考察版本源流之特徵。

《禮記》版本，於卷末書尾記錄某卷或全書字數者，有蜀大字本、撫州本、余仁仲本、婺州本、嘉靖本等，現將各本卷末書尾字數列表，以示差異。

表一　《禮記》經注本卷末書尾字數統計表

卷數	蜀大字本	撫州本	婺州本	余仁仲本	嘉靖本
卷一		經 5722 注 8327	經 5728 注 8327	經 5690 注 8401 音義 6057	經 5690 注 8401
卷二		經 5422 注 5320	經 5225 注 5255	經 5219 注 5365 音義 3686	經 5219 注 5365
卷三		經 5081 注 4936	經 5081 注 4936	經 5074 注 4898 音義 2916	經 5704 注 4898
卷四		經 4339 注 5161	經 4339 注 5161	經 4438 注 5158 音義 2198	經 4430 注 5158
卷五		經 4339 注 5361		經 5091 注 9663 音義 3984	經 5091 注 9663
卷六		經 5764 注 5500		經 5772 注 5525 音義 2252	經 5772 注 5525
卷七		經 4921 注 5740		經 5191 注 5695 音義 2985	經 5191 注 5695
卷八		經 6683 注 7107		經 6743 注 7033 音義 4984	經 6743 注 7033
卷九		經 3651 注 6355		經 3637 注 6349 音義 3361	經 3637 注 6349
卷十		經 3713 注 5447		經 4020 注 6308 音義 2886	經 4020 注 6308
卷十一		經 6495 注 5532		經 6480 注 5485 音義 3793	經 6495 注 5533
卷十二		經 5084 注 6712		經 5037 注 6782 音義 2779	經 5037 注 6782

卷數	蜀大字本	撫州本	婺州本	余仁仲本	嘉靖本
卷十三		經 3391 注 4134		經 3381 注 4129 音義 2075	經 3381 注 4129
卷十四		經 7460 注 5523		經 7182 注 5409 音義 2926	經 7182 注 5409
卷十五		經 5583 注 4754		經 5553 注 4761 音義 2222	經 5532 注 4606
卷十六		經 3593 注 3731		經 3579 注 3733 音義 2079	經 3593 注 3731
卷十七		經 4116 注 4611		經 4118 注 4604 音義 2734	經 4118 注 4604
卷十八		經 3638 注 3488		經 3634 注 3705 音義 2175	經 3634 注 3705
卷十九		經 3432 注 3513		經 3455 注 3489 音義 2739	經 3432 注 3513
卷二十		經 5332 注 2981		經 5196 注 3021 音義 2850	經 5173 注 2942
合計	經 98171 注 109378	凡 201992 經 97759 注 104233			

就上表所列可知,蜀大字本只有經注總數。婺州本殘存五卷,所知四卷經注字數,卷一、二接近撫州本,卷三、四與撫州本一致。嘉靖本經注字數,除卷十一、十五、十六、十九、二十等五卷接近余仁仲本外,其他十五卷經注字數,與余仁仲本完全一致,説明其依據余仁仲本翻刻。至於各本經注字數之差異,清顧廣圻認爲:"經九萬七千七百五十九字,唐石本末題云九萬八千九百九十四字,互異者,數標題與不數耳。注一十萬四千二百三十三字,岳本皆無字數,嘉靖本無此總計,其每卷有,但小異,今不出。"①

(三) 嘉靖本有漏删釋文者。

前人或謂嘉靖本不附陸德明釋文,或言嘉靖本依據之宋本,在"附音"本之後。阮元謂嘉靖本有誤衍釋文者,阮刻本《禮記注疏》"引據各本目録"曰:

---

① 〔清〕張敦仁《撫本禮記鄭注考异》(顧廣圻代撰),第 1222 頁。

嘉靖本：此本不著刊板人姓氏，書分二十卷，每卷後托經若干字，注若干字。段玉裁定爲嘉靖時仿宋刻本。但中如《曲禮》上"惰不正之言"五字，羼入正義；《檀弓》下曹桓公"依注音宣"一條，羼入釋文。即宋本，當亦在"附音"本之後。①

仔細檢之，發現嘉靖本漏删釋文者有五處。

1. 嘉靖本卷三《檀弓》下曰："諸侯伐秦，曹桓公卒于會。"鄭玄《注》曰："魯成十三年，'曹伯盧卒於師'是也。盧，謚宣，言桓，聲之誤也。桓，依注音宣。"（3/18/A/3-5）

案："桓依注音宣"五字是釋文，余仁仲本同，岳本無"依注"二字，嘉靖本漏删。

2. 嘉靖本卷十六是《中庸》，於"中庸第三十一"下有雙行小字曰："鄭云：以其記中和之爲用也。庸，用也。孔子之孫子思作之，以昭明聖祖之德也。"（16/1/A/2-3，見圖二）

案：撫州本將《禮記釋文》四卷整體附於書尾，惟余仁仲本將釋文打散分別附於有關經注文之下。岳本雖有釋文，但經大量删減，《中庸》篇無"鄭云"至"德也"三十字。所以，此漏删之三十字釋文，乃嘉靖本據余仁仲本翻刻之明證。

3. 《中庸》曰："仲尼曰：'君子中庸，小人反中庸。君子之中庸也，君子而時中；小人之中庸也，小人而無忌憚也。'"鄭《注》："庸，常也。用中爲常，道也。反中庸者，所行非中庸，然亦自以爲中庸也。君子而時中者，其容貌君子，而又時節其中也。小人而無忌憚，其容貌小人，又以無畏難爲常行，是其反中庸也。"○"小人之中庸也"，王肅本作"小人之反中庸也"。（16/2/A/1-5，見圖二）

案："○"是鄭注與釋文之間隔號，下"小人之中庸也王肅本作小人之反中庸也"十七字是釋文文字，岳本無，嘉靖本惟删除"忌憚徒旦反忌畏也憚難也難乃旦反行下孟反"十九字注音文字，而漏删上十七字。

4. 《中庸》曰："子曰：'中庸其至矣乎！民鮮能久矣！'"鄭《注》："鮮，罕也。言中庸爲道至美，顧人罕能久行。"○"中庸其至矣乎"，一本作"中庸之爲德，其至矣乎"。（16/2/A/5-7，見圖二）

案："中庸其至矣乎一本作中庸之爲德其至矣乎"十八字是釋文文字，岳本無，嘉靖本惟删除"鮮息淺反下及注同罕呼但反希少也"十五字注音文字，漏删上十八字。

5. 嘉靖本卷十九包括《投壺》《儒行》《大學》。《大學》曰："子曰：'聽訟吾猶人也，必也使無訟乎！'無情者不得盡其辭，大畏民志。"鄭《注》："情，猶實也。無實者，多虛誕之辭。聖人之聽訟，與人同耳，必使民無實者不敢盡其辭，大畏其心志，使誠其意不敢訟。"○《論語》作"聽訟吾猶人也"，一本作"吾聽訟猶人

---

① 《十三經注疏》，第1227頁。

也"。(19/14/A/5-8,見圖二)

案:"論語作聽訟吾猶人也一本作吾聽訟猶人也"十八字是釋文文字,原文作"吾聽訟似用反猶人也論語作聽訟吾猶人也毋訟音無誕音但",余仁仲本同,岳本無,嘉靖本删改,但未删盡。

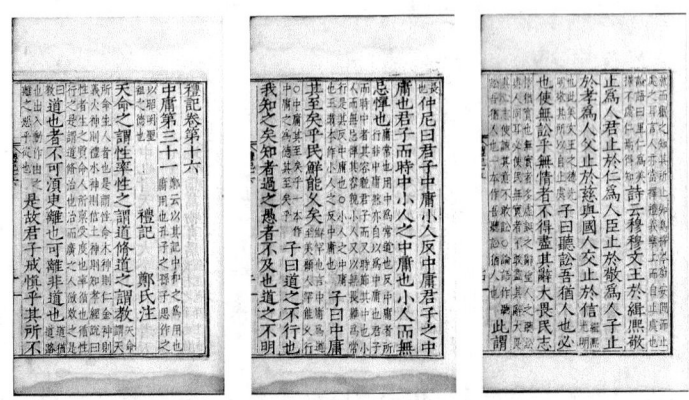

圖二:南京圖書館藏嘉靖本《禮記注》卷十六
第一頁A面、第二頁A面、卷十九第十四葉A面

就嘉靖本删改殘存的五處釋文來看,嘉靖本翻刻依據底本是附有釋文的。余仁仲本是宋代《禮記》附釋文之最佳版本,《九經三傳沿革例》稱爲"善本",廖瑩中、岳浚皆據以翻刻①,故嘉靖本依據余仁仲本删除釋文翻刻,也是情理之中之事。就嘉靖本與余仁仲本經注文字异同、卷末經注字數接近或一致,以及五處漏删釋文判斷,我們認爲嘉靖本翻刻依據的底本是南宋余仁仲本。

三 嘉靖本《禮記注》之質量

嘉靖本在清代備受重視,阮元、顧廣圻皆將其作爲對校本,校勘《禮記》。那麽,嘉靖本與蜀大字本、撫州本、余仁仲本、婺州本、紹熙本、岳本等經注本比較,刊刻質量如何?下面我們以卷五《月令》篇爲據,比較優劣。

1.《月令》:"其日甲乙。"鄭《注》曰:"時萬物皆解孚甲,自抽軋而出,因以爲日名焉。"(5/1/A/6)

案:"萬",蜀大字本、撫州本、余仁仲本、婺州本、岳本同,紹熙本作"與",非。

2.《月令》:"其數八。"鄭《注》曰:"數者,五行佐天地生物、成物之次也。"(5/1/B/6)

案:"成物",蜀大字本、撫州本、余仁仲本、紹熙本、岳本同,婺州本脱。

3.《月令》:"其祀户,祭先脾。"鄭《注》曰:"春,陽氣出,祀之於户,内陽也。祀之先祭脾者,春爲陽中,於藏直脾,脾爲尊。凡祭五祀,於廟用特牲,有主有

---

① 王鍔《〈禮記〉版本研究》,中華書局,2018年,第208—215頁。

尸,皆先設席于奥。祀户之禮,南面,設主于户内之西,乃制脾及腎爲俎,奠于主北。又設盛于俎西,祭黍稷,祭肉,祭醴,皆三。祭肉,脾一,腎再。既祭,徹之,更陳鼎俎,設饌于筵前。迎尸略如祭宗廟之儀。"(5/2/A/4)

案:"如祭","蜀大字本、余仁仲本、婺州本、紹熙本、岳本同,撫州本"祭"作"察",非。

4.《月令》:"天子居青陽左个,乘鸞路,駕倉龍,載青旂,衣青衣,服倉玉,食麥與羊。其器疏以達。"鄭《注》:"皆所以順時氣也。青陽左个,大寢東堂北偏。鸞路,有虞氏之車,有鸞和之節而飾之以青,取其名耳。春言鸞,冬夏言色,互文。馬八尺以上爲龍。凡所服玉,謂冠飾及所珮者之衡璜也。"(5/2/B/3)

案:"珮",余仁仲本、紹熙本、岳本同,蜀大字本、撫州本、婺州本作"佩",是。"衡",蜀大字本、撫州本、余仁仲本、婺州本、岳本同,釋文出"衡璜",紹熙本作"珩"。

5.《月令》:"還反,賞公、卿、諸侯、大夫於朝。"(5/3/A/2)

案:"反",蜀大字本、撫州本、余仁仲本、婺州本、紹熙本、岳本同,唐石經作"乃",釋文出"還乃",屬下讀,是。

6.《月令》:"命相布德和令,行慶施惠,下及兆民。"鄭《注》曰:"相,謂三公,相王之事也。"(5/3/A/5)

案:"謂",蜀大字本、撫州本、余仁仲本、紹熙本、岳本同,婺州本作"語",非。

7.《月令》:"乃擇元辰,天子親載耒耜,措之于參保介之御間。"鄭《注》曰:"元辰,蓋郊後吉辰也。"(5/3/B/6－7)

案:"吉辰",撫州本、余仁仲本、婺州本、紹熙本同,蜀大字本、岳本作"吉亥",是。阮《校》曰:"蓋郊後吉辰也。閩、監、毛本同,嘉靖同,衛氏《集説》同。惠棟校宋本'辰'作'亥',岳本同,《考文》引古本同,岳本《禮記考證》云:'吉亥,猶詩云"吉日維戊"。疏以陰陽式法,亥爲天倉,故耕用亥日。皇氏云:"正月建寅,日月會辰在亥,故耕用亥。"其明證也。本改作"吉辰",反失其義。'"①

8.《月令》:"帥三公、九卿、諸侯、大夫躬耕帝藉。"(5/3/B/6)

案:"藉",蜀大字本、撫州本、余仁仲本、婺州本、岳本同,紹熙本作"籍",非。

9.《月令》:"是月也,天氣下降,地氣上騰,天地和同,草木萌動。"鄭《注》曰:"此陽氣蒸達,可耕之候也。《農書》曰:'土上冒橛,陳根可拔,耕者急發。'"(5/4/A/4)

案:"土上冒橛",余仁仲本、紹熙本同,蜀大字本、撫州本、婺州本、岳本"上"作"長",非。

10.《月令》:"王命布農事,命田舍東郊,皆脩封疆,審端徑術。"鄭《注》曰:"田,謂田畯,主農之官也。"(5/4/A/6)

---

① 《十三經注疏》,第1360頁。

案："徑",蜀大字本、撫州本、婺州本、岳本同,余仁仲本、紹熙本作"經",釋文出"經術",是。"主農",蜀大字本、撫州本、余仁仲本、婺州本、岳本同,紹熙本"主"作"王",非。

11.《月令》："乃修祭典。"鄭《注》曰："重祭禮,歲始省錄。"(5/4/B/4)

案："省錄",余仁仲本、紹熙本同,蜀大字本、撫州本、婺州本、岳本"錄"下有"也",是。

12.《月令》："命祀山林川澤,犧牲毋用牝。"(5/4/B/4)

案："毋用牝",余仁仲本、婺州本、紹熙本、岳本同,蜀大字本、撫州本脱"用"字。

13.《月令》："掩骼埋胔。"鄭《注》曰："謂死氣逆生也。"(5/4/B/7)

案："謂",撫州本、余仁仲本、紹熙本同,蜀大字本、婺州本、岳本作"爲",是。

14.《月令》："國時有恐。"鄭《注》曰："以火訛相驚"(5/5/A/4)

案："火",蜀大字本、撫州本、余仁仲本、紹熙本、岳本同,婺州本作"天",非。

15.《月令》："行秋令,則其民大疫。"(5/5/A/4)

案："其民",蜀大字本、撫州本、余仁仲本、婺州本、岳本同,紹熙本脱"其"字。

16.《月令》："是月也,安萌芽。"(5/6/A/2)

案："芽",蜀大字本、撫州本、余仁仲本、婺州本、紹熙本、岳本作"牙",是。

17.《月令》："乃禮天子所御,帶以弓韣,授以弓矢于高禖之前。"鄭《注》曰："天子所御,謂今有娠者。於祠,大祝酌酒,飲於高禖之庭,以神惠顯之也。帶以弓韣,授以弓矢,求男之祥也。《王居明堂禮》曰:'帶以弓韣,禮之禖卜,其子必得天材。'"(5/6/B/5)

案："卜",蜀大字本、撫州本、余仁仲本、婺州本、紹熙本、岳本作"下",是。

18.《月令》："雷將發聲,有不戒其容止者,生子不備,必有凶災。"(5/6/B/8)

案："生子",蜀大字本、撫州本、余仁仲本、紹熙本、岳本同,婺州本脱此二字。

19.《月令》："上丁,命樂正習舞、釋菜。"鄭《注》曰："樂正,樂官之長也。命習舞者,順萬物始出地鼓舞也。將舞,必釋菜於先師以禮之。《夏小正》曰:'丁亥,《萬》舞入學。'"(5/7/B/7)

案："《萬》舞",余仁仲本、紹熙本同,蜀大字本、撫州本、婺州本、岳本"舞"作"用",是。

20.《月令》："仲丁,又命樂正入學習樂。"鄭《注》曰："爲季春,將習合樂也。習樂者,習歌與八音。"(5/8/A/1)

案："將習合樂也",余仁仲本、紹熙本同,蜀大字本、撫州本、婺州本、岳本無"習"字,是。

21.《月令》:"桐始華,田鼠化爲鴽,虹始見,萍始生。"鄭《注》曰:"萍,蓱也。"(5/8/B/5)

案:"萍,蓱也",蜀大字本、撫州本、婺州本、岳本同,余仁仲本、紹熙本"蓱"作"萍",非。

22.《月令》:"是月也,命工師,令百工審五庫之量:金、鐵、皮、革、筋、角、齒、羽、箭、榦、脂、膠、丹、漆,毋或不良。"(5/10/B/3)

案:"筋",蜀大字本、撫州本、余仁仲本、婺州本、岳本同,紹熙本脱。

23.《月令》:"百工咸理,監工日號:毋悖于時,毋或作爲淫巧,以蕩上心!"鄭《注》曰:"咸,皆也。於百工皆理治其事之時,工師則監之,日號令之,戒之以此二事也。"(5/10/B/7)

案:"皆理治",蜀大字本、撫州本、余仁仲本、婺州本、岳本同,紹熙本"皆"作"食",非。

24.《月令》:"是月也,乃合累牛騰馬游牝于牧。"鄭《注》曰:"累、騰,皆乘匹之名。是月所合牛馬,謂繫在廄者。其牝欲游,則就牧之牝而合之。"(5/11/A/5)

案:"就牧之牝",蜀大字本、撫州本、余仁仲本、婺州本、紹熙本、岳本"牝"作"牡",是。

25.《月令》:"命國難,九門磔攘,以畢春氣。"鄭《注》曰:"此難,難陰氣也。陰寒至此不止,害將及人。所以及人者,陰氣右行,此月之中,日行歷昴,昴有大陵積尸之氣,氣佚則厲鬼隨而出行。命方相氏帥百隸,索室毆疫以逐之"(5/11/B/1)

案:"毆",余仁仲本、婺州本、紹熙本同,蜀大字本、撫州本、岳本作"殿",是。阮《校》曰:"索室殿疫以逐之:閩、監、毛本如此,岳本同,衛氏《集説》同。此本'索'誤'素','殿'誤'毆',嘉靖本'索'字同,'殿'誤'毆'。《釋文》出'索室毆疫'。○按:依《説文》當作'殿'。"①

26.《月令》:"律中中吕。"鄭《注》曰:"孟夏氣至,則中吕之律應。中吕者,无射之所生,三分益一,律長六寸萬九千六百八十三分寸之萬二千九百七十四。"(5/12/A/8)

案:"六寸",蜀大字本、撫州本、余仁仲本、婺州本、紹熙本同,岳本作"六十",非。"九千",蜀大字本、撫州本、余仁仲本、婺州本、岳本同,紹熙本作"九十",非。

27.《月令》:"其祀竈,祭先肺。"鄭《注》曰:"祀竈之禮,先席於門之奧,東面,設主于竈陘,乃制肺及心肝爲俎,奠于主西。又設盛于俎南,亦祭黍三,祭肺、心、肝各一,祭醴二。"(5/12/B/4-5)

案:"制",蜀大字本、撫州本、余仁仲本、婺州本、紹熙本同,岳本作"下",非。"亦",蜀大字本、撫州本、余仁仲本、婺州本、岳本同,紹熙本脱。"二",撫州本、余仁仲本、紹熙本同,蜀大字本、婺州本、岳本作"三",是。

---

① 《十三經注疏》,第1367頁。

28.《月令》:"命司徒巡行縣鄙,命農勉作,毋休于都。"鄭《注》曰:"急趨於農也。縣、鄙、鄉、遂之屬,主民者也。《王居明堂禮》曰:'毋宿于國。'"(5/14/A/2)

案:"宿于",蜀大字本、余仁仲本、婺州本、紹熙本、岳本同,撫州本脱。

29.《月令》:"靡草死,麥秋至。斷薄刑,決小罪。"鄭《注》曰:"舊説云:'靡草,薺、亭歷之屬。'《祭統》曰:'草艾則墨。'謂立秋後也。"(5/14/A/7)

案:"後",蜀大字本、撫州本、余仁仲本、紹熙本、岳本同,婺州本作"月",非。

30.《月令》:"是月也,天子飲酎,用禮樂。"鄭《注》曰:"酎之言醇也,謂重釀之酒也。春酒至此始成,與群臣以禮樂飲之於朝,正尊卑也。"(5/14/B/5)

案:"與",蜀大字本、余仁仲本、婺州本、紹熙本、岳本同,撫州本作"舉",非。

31.《月令》:"孟夏行秋令,則苦雨數來,五穀不滋。"鄭《注》曰:"申之氣乘之也。"(5/14/B/6)

案:"乘",蜀大字本、撫州本、余仁仲本、婺州本、岳本同,紹熙本作"承",非。

32.《月令》:"其音徵,律中蕤賓。其數七。其味苦,其臭焦。其祀竈,祭先肺。"鄭《注》曰:"蕤賓者,應鍾之所生,三分益一,律長六寸八十一分寸之二十六。仲夏氣至,則蕤賓之律應。《周語》曰:'蕤賓,所以安静神人,獻酬交酢。'"(5/15/A/8)

案:"酢",蜀大字本、撫州本、余仁仲本、婺州本、岳本同,紹熙本作"錯",非。

33.《月令》:"命有司爲民祈祀山川百源,大雩帝,用盛樂。乃命百縣雩祀百辟、卿士有益於民者,以祈穀實。"鄭《注》曰:"陽氣盛而常旱,山川百源,能興雲雨者也。衆水始所出爲百源。必先祭其本乃雩。雩,吁嗟求雨之祭也。雩帝,謂爲壇南郊之旁,雩五精之帝,配以先帝也。自'韜韠'至'枳敢'皆作,曰盛樂。凡他雩,用歌舞而已。百辟卿士,古者上古,若句龍、后稷之類也。"(5/16/A/2-4)

案:"旁",蜀大字本、撫州本、余仁仲本、婺州本、岳本同,紹熙本作"傍",非。"上古",余仁仲本、紹熙本同,蜀大字本、撫州本、婺州本、岳本作"上公",是。阮《校》曰:"古者上公:惠棟校宋本、宋監本作'公',岳本同,衛氏《集説》同。此本'公'誤'古',閩、監、毛本同,嘉靖本同。浦鏜從《假樂》《雲漢》詩疏校作'古者上公以下',《考文》引古本亦作'古者上公以下'。"①

34.《月令》:"游牝別群,則縶騰駒。"鄭《注》曰:"孕妊之欲止也。爲其壯氣有餘,相蹄齧也。"(5/16/B/4-5)

案:"止也",蜀大字本、撫州本、余仁仲本、婺州本、紹熙本同,岳本"也"下衍"○別彼列反"。"壯",岳本同,蜀大字本、撫州本、余仁仲本、婺州本、紹熙本

---

① 《十三經注疏》,第1375頁。

作"牡",是。

35.《月令》:"止聲色,毋或進。"鄭《注》曰:"進,猶御見也。聲,謂樂也。《易》及《樂》《春秋說》:'夏至,人主與群臣從八能之士作樂五日。'今止之,非其道也。"(5/17/A/2)

案:"今止之",蜀大字本、撫州本、余仁仲本、婺州本、岳本同,紹熙本"止"作"正",非。

36.《月令》:"節嗜欲,定心氣。"(5/17/A/2)

案:"嗜",婺州本同,蜀大字本、撫州本、余仁仲本、紹熙本、岳本作"耆",非。阮《校》曰:"節耆欲:閩、監、毛本同,岳本同,衛氏《集說》同,嘉靖本初作'耆',後改'嗜'。釋文出'嗜欲',《石經》作'節嗜欲',《考文》引古本、足利本'耆'亦作'嗜'。盧文弨校云:'"耆",惠棟本改作"嗜",疑宋本亦作"嗜"也。'○按:'嗜',正字。'耆',假借字。"①

37.《月令》:"百官靜事毋刑。"鄭《注》:"罪討之事,不可以聞。"(5/17/A/3)

案:"討",蜀大字本、撫州本、余仁仲本、婺州本、紹熙本、岳本作"罰",是。

38.《月令》:"以定晏陰之所成。"鄭《注》曰:"晏,安也。陰稱安。"(5/17/A/4)

案:"稱安",蜀大字本、撫州本、余仁仲本、紹熙本、岳本同,婺州本"安"作"也",非。

39.《月令》:"命澤人納材葦。"鄭《注》曰:"蒲葦之屬,此時柔刃,可取作器物也。"(5/18/B/2)

案:"柔",蜀大字本、撫州本、余仁仲本、婺州本、岳本同,紹熙本作"游",非。

40.《月令》:"以給郊廟祭祀之服,以爲旗章,以別貴賤等給之度。"(5/19/A/4)

案:"等給",蜀大字本、撫州本、余仁仲本、婺州本、紹熙本同,唐石經、岳本"給"作"級",是。

41.《月令》:"是月也,土潤溽暑。"鄭《注》曰:"潤溽,謂塗濕也。"(5/19/B/4)

案:"濕",蜀大字本、岳本同,撫州本、余仁仲本、婺州本、紹熙本作"溫",非。

42.《月令》:"可以糞田疇,可以美土彊。"鄭《注》曰:"土潤溽,膏澤易行也。糞、美,互文耳。土彊,強檗之地。"(5/19/B/8)

案:"美土彊",蜀大字本、撫州本、余仁仲本、婺州本、岳本同,紹熙本"彊"作"疆",非。"土彊強檗之地",蜀大字本、撫州本、余仁仲本、岳本同,婺州本作"土彊檗水之地",紹熙本作"土疆強檗之地",皆非。《正義》云:"'土彊,強檗之地'者,强是不軟,檗是墣鬫也,并謂磙礫磊魂之地也。《草人》職云:'彊檗用蕡。'彊檗,強堅者也。"《釋文》曰:"彊,其丈反,注同。強,其兩反。"

43.《月令》:"行秋令,則丘隰水潦。"鄭《注》曰:"戌之氣乘之也。九月宿

———
① 《十三經注疏》,第1375頁。

直奎,奎爲溝瀆,溝瀆與此月大雨并,而高下皆水。"(5/20/A/4)

案:"皆",蜀大字本、撫州本、余仁仲本、婺州本、岳本同,紹熙本作"大",非。

44.《月令》:"其神后土。"鄭《注》曰:"后土,亦顓頊氏之子,曰黎,兼爲土官。"(5/20/B/2)

案:"曰",蜀大字本、撫州本、余仁仲本、婺州本、岳本同,紹熙本作"也",非。

45.《月令》:"其器圜以閎。"鄭《注》曰:"器圜者,象土周布於四時。"(5/21/A/5)

案:"布",余仁仲本、婺州本、紹熙本同,蜀大字本作"匝",撫州本、岳本作"帀",是。

46.《月令》:"其祀門,祭先肝。"鄭《注》曰:"秋,陰氣出,祀之於門,外陰也。"(5/21/B/8)

案:"之",蜀大字本、撫州本、余仁仲本、婺州本、岳本同,紹熙本脱。

47.《月令》:"是月也,以立秋。先立秋三日,大史謁之天子曰:某日立秋,盛德在金。"鄭《注》曰:"謁,告。"(5/22/B/1)

案:"告",蜀大字本、撫州本、余仁仲本、婺州本、岳本同,紹熙本"告"下衍"也"字。

48.《月令》:"命理瞻傷、察創、視折。"鄭《注》曰:"理,治獄官也。有虞氏曰士,夏曰大理,周曰大司寇。創之淺者曰傷。"(5/23/A/1)

案:"淺",蜀大字本、撫州本、余仁仲本、婺州本、紹熙本同,岳本作"殘",非。

49.《月令》:"戎兵乃來。"鄭《注》曰:"十月宿直營室,營室之氣爲害也。營室主武事。"(5/23/B/3)

案:"事",余仁仲本、紹熙本同,蜀大字本、撫州本、婺州本、岳本作"士",非。《考異》曰:"營室主武士:岳本及山井鼎所據同此,蓋非也。其本作'事',不作'士'。"①

50.《月令》:"行春令,則其國乃旱。"(5/23/B/3)

案:"其",蜀大字本、撫州本、余仁仲本、婺州本、岳本同,紹熙本脱。

51.《月令》:"其音商,律中南呂。"鄭《注》曰:"南呂者,大蔟之所生,三分去一,律長五寸三分寸之一。"(5/23/B/3)

案:"之一",蜀大字本、撫州本、余仁仲本、婺州本、岳本同,紹熙本"一"作"十",非。

52.《月令》:"是月也,乃命宰、祝循行犧牲,視全具。"鄭《注》曰:"於鳥獸肥充之時,宜省群牲也。宰、祀,大宰、大祝,主祭祀之官也。"(5/25/A/3)

案:"祀",蜀大字本、撫州本、余仁仲本、婺州本、紹熙本、岳本作"祝",是。

---

① 〔清〕張敦仁《撫本禮記鄭注考異》(顧廣圻代撰),第1157頁。

"祭祀",余仁仲本、紹熙本、岳本同,蜀大字本、撫州本、婺州本作"祭祝",非。

53.《月令》:"是月也,可以築城郭,建都邑,穿竇窖,脩囷倉。"鄭《注》:"爲民將入,物當藏也。穿竇窖者,入地圓曰竇,方曰窖。"(5/25/B/2)

案:"圓",撫州本、余仁仲本、紹熙本作"圓",蜀大字本、婺州本、岳本作"隋",是。阮《校》曰:"入地隋曰竇:毛本作'隋',岳本同。衛氏《集説》'隋'誤'惰'。《釋文》出'隋'曰:云'他果反,謂狹而長。'此本'隋'誤'圓',閩、監本同,嘉靖本同。"①

54.《月令》:"是月也,日夜分,雷始收聲,蟄蟲坏戶,殺氣侵盛,陽氣日衰,水始涸。"鄭《注》曰:"此甫八月中,氣雨未止,而云水竭,非也。"(5/25/B/7)

案:"氣雨",余仁仲本、紹熙本同,蜀大字本、撫州本、婺州本、岳本作"雨氣",是。

55.《月令》:"是月也,易關市。"鄭《注》曰:"易關市,謂輕其税,使民利之。"(5/26/A/5)

案:"利",蜀大字本、撫州本、余仁仲本、婺州本、岳本同,紹熙本作"和",非。

56.《月令》"仲秋行春令,則秋雨不降。"鄭《注》曰:"卯之氣乘之也。卯宿直房、心,心爲大火。"(5/26/A/8)

案:"大火",蜀大字本、撫州本、婺州本、岳本同,余仁仲本、紹熙本作"天火",非。

57.《月令》:"收雷先行。"鄭《注》:"先,猶蚤也。冬主閉藏。"(5/26/B/3)

案:"主",蜀大字本、撫州本、余仁仲本、婺州本、岳本同,紹熙本作"至",非。

58.《月令》:"嘗,犧牲告備于天子。"鄭《注》曰:"嘗者,謂嘗群神也。天子親嘗帝。使有司祭乎群神,禮畢而告焉。"(5/27/B/7)

案:"乎",余仁仲本、紹熙本、岳本同,蜀大字本、撫州本、婺州本作"于",是。

59.《月令》:"合諸侯制,百縣爲來歲受朔日,與諸侯所税於民輕重之法、貢職之數。"鄭《注》曰:"諸侯言'合制',百縣言'受朔日',互文也。貢賦,所入天子。"(5/28/A/4)

案:"賦",蜀大字本、撫州本、余仁仲本、婺州本、紹熙本、岳本作"職",是。"所入",余仁仲本、紹熙本同,蜀大字本、撫州本、婺州本、岳本"所"上有"謂"字,是。

60.《月令》:"司徒搢扑,北面誓之。"鄭《注》曰:"誓衆以軍法也。"(5/28/A/4)

案:"衆",蜀大字本、撫州本、余仁仲本、婺州本、岳本同,紹熙本作"軍",非。

---

① 《十三經注疏》,第1378頁。

61.《月令》:"孟冬之月,日在尾,昏危中,旦七星中。"鄭《注》曰:"孟冬者,日月會於析木之津,而斗建亥之辰也。"(5/29/B/3)

案:"津",蜀大字本、撫州本、余仁仲本、婺州本、岳本同,紹熙本作"律",非。

62.《月令》:"其日壬癸。"鄭《注》曰:"日之行,東,北從黑道。"(5/29/B/3)

案:"東",余仁仲本、紹熙本同,蜀大字本、撫州本、婺州本、岳本作"冬",是。

63.《月令》:"其帝顓頊。"鄭《注》曰:"顓頊,高陽氏也。"(5/29/B/6)

案:"也",蜀大字本、撫州本、余仁仲本、婺州本、紹熙本同,岳本脱。

64.《月令》:"其祀行,祭先腎。"鄭《注》曰:"行在廟門外之西,爲軷壤,厚二寸,廣五尺,輪四尺。"(5/30/A/5)

案:"二",蜀大字本、撫州本、余仁仲本、婺州本、岳本同,紹熙本作"一",非。

65.《月令》:"天子居玄堂左个,乘玄路,駕鐵驪,載玄旂,衣黑衣,服玄玉,食黍與彘。"鄭《注》曰:"玄堂左个,北堂西偏也。鐵驪,色如鐵。黍秀舒散,属火,寒時食之,亦以安性也。"(5/30/B/2)

案:"性",蜀大字本、撫州本、余仁仲本、婺州本、岳本同,紹熙本作"生",非。

66.《月令》:"是察阿黨,則罪無有掩敝。"(5/31/A/4)

案:"敝",余仁仲本、紹熙本同,蜀大字本、撫州本、婺州本、岳本作"蔽",是。

67.《月令》:"是月也,命工師效功。"鄭《注》:"工師,工官之長也。"(5/32/A/1)

案:"工官",蜀大字本、撫州本、余仁仲本、婺州本、岳本同,紹熙本"工"作"下",非。

68.《月令》:"物勒工名,以考其誠。"鄭《注》曰:"勒,刻也。刻工姓名於其器,以祭其信,知其不功致。"(5/32/A/3)

案:"祭",蜀大字本、撫州本、余仁仲本、婺州本、紹熙本、岳本作"察",是。"知其不功致",《考異》曰:"案《正義》云'於後以考其誠信與不'云云,是其本作'知其功致不'明甚。不者,否也。各本皆誤倒。"張説是。

69.《月令》:"是月也,大飲烝。"鄭《注》曰:"《詩》云:'十月滌場,朋酒斯饗,曰殺羔羊。躋彼公堂,稱彼兕觥,受福無疆。'"(5/32/A/8)

案:"觥",蜀大字本、撫州本、余仁仲本、婺州本、岳本同,紹熙本作"觓",非。

70.《月令》:"是月也,農有不收藏積聚者,馬牛畜獸有放佚者,取之不詰。"鄭《注》曰:"此收斂尤急之時,人有取者不罪,所以警懼其主也。"(5/34/B/5)

案:"急之時",撫州本、余仁仲本、婺州本、紹熙本、岳本同,蜀大字本脱

"之"字。

71.《月令》:"是月也,日短至,陰陽争,諸生蕩。"鄭《注》曰:"争者,陰方盛,陽欲起也。蕩,謂物動萌芽也。"(5/35/A/2)

案:"萌芽",余仁仲本、紹熙本同,蜀大字本、撫州本、婺州本、岳本"萌"上有"將"字,是。阮《校》云曰:"蕩謂物動將萌芽也:惠棟校宋本有'將'字,宋監本同,岳本同,《考文》引古本、足利本同,此本'將'字脱,閩、監、毛本同,嘉靖本同,衛氏《集説》同。盧文弨校云:'《初學記》作"謂物將萌芽"者。'亦有'將'字也。"①

72.《月令》:"君子齊戒,處必掩身,身欲寧,去聲色,禁耆慾,安形性,事欲静,以待陰陽之所定。"鄭《注》曰:"寧,安也。聲,謂樂也。"(5/35/A/4)

案:"寧安也聲謂樂也",蜀大字本、撫州本、婺州本、紹熙本、岳本同,余仁仲本作"寧安居不作樂也"②,非。

73.《月令》:"塗闕廷門閭,築囹圄,此以助天地之閉藏也。"(5/35/B/1)

案:"此以",余仁仲本、紹熙本同,蜀大字本、撫州本、婺州本、岳本"以"上有"所"字,是。

74.《月令》:"氣霧冥冥。"鄭《注》曰:"霜降之氣散相亂也。"(5/35/B/3)

案:"氣霧",蜀大字本、撫州本、余仁仲本、婺州本、紹熙本、岳本"氣"作"氛",是。"降",余仁仲本、紹熙本同,蜀大字本、撫州本、婺州本、岳本作"露",非。

75.《月令》:"其音羽,律中大吕。"鄭《注》曰:"大吕者,蕤賓之所生也。三分益一,律長八寸二百四十三分寸之百四。"(5/36/A/3)

案:"生",蜀大字本、撫州本、余仁仲本、婺州本、岳本同,紹熙本作"主",非。"八寸",蜀大字本、撫州本、余仁仲本、紹熙本、岳本同,婺州本"寸"作"十",非。

76.《月令》:"是月也,命漁師始漁,天子親往,乃嘗漁,先薦寢廟。"(5/36/B/7)

案:"嘗漁",余仁仲本、婺州本、紹熙本同,蜀大字本、撫州本、岳本"漁"作"魚",是。

77.《月令》:"乃命四監收秩薪柴,以共郊廟及百祀之薪燎。"鄭《注》曰:"四監,主山林川澤之官也。大者可析,謂之薪;小者合束,謂之柴。薪施炊爨,柴以給燎。"(5/37/A/8)

案:"爨",余仁仲本同,蜀大字本、撫州本、婺州本、紹熙本、岳本作"爨",釋文出"炊爨",是。

78.《月令》:"命宰歷卿、大夫至于庶民土田之數,而賦犧牲,以共山林名川之祀。"鄭《注》曰:"此所與卿、大夫、庶民共者也。歷,猶次也。卿、大夫采

---

① 《十三經注疏》,第1387頁。
② 王鍔《禮記鄭注彙校》,中華書局,2020年,第269頁。

地,亦有大小,其非采地,以其邑之民多少賦之。"(5/38/A/4)

案:"其非采地",蜀大字本、余仁仲本、婺州本、紹熙本、岳本同,撫州本"地"作"也",非。

79.《月令》:"四鄙入保。"鄭《注》曰:"畏兵、辟寒氣。"(5/38/B/1)

案:"氣",余仁仲本、紹熙本同,蜀大字本、撫州本、婺州本、岳本作"象",非。

80.《月令》:"國多固疾。"鄭《注》曰:"生不充性,有久病也。"(5/38/B/3)

案:"病",余仁仲本、紹熙本同,蜀大字本、撫州本、婺州本、岳本作"疾",是。

以上八十條,其中第4、10、26、33、34、42、52、59、68、74、75條等十一條,每條包含兩處异文,第27條包含三處异文,第4條之第二處异文兩通,可不計入,如此合計,諸本异文實爲92條。比較92條异文,得出以下結論:

第一,嘉靖本優於紹熙本,但不如宋蜀大字本、撫州本、余仁仲本、婺州本和岳本。《月令》92條异文中,蜀大字本正確者79條,錯誤者13條;撫州本正確者73條,錯誤者19條;余仁仲本正確者63條,錯誤者29條;婺州本正確者70條,錯誤者22條;紹熙本正確者36條,錯誤者56條;岳本正確者77條,錯誤者15條;嘉靖本正確者57條,錯誤者35條。按照正確率排序,諸本順序依次是蜀大字本、岳本、撫州本、婺州本、余仁仲本、嘉靖本和紹熙本,可見嘉靖本經注文字校勘質量差於蜀大字本、岳本、撫州本和余仁仲本,優於紹熙本。

第二,證明嘉靖本源於余仁仲本。嘉靖本《月令》篇與蜀大字本、撫州本、余仁仲本、婺州本、紹熙本、岳本等比勘,异文總計93條(包括兩通者)。嘉靖本與余仁仲本相比,不管文字對錯,相同者有77條,不同者惟第10—1、16、17、21、24、34—2、36、37、41、52—1、56、59—1、68—1、72、74等15條,説明嘉靖本與余仁仲本高度一致,應該源自余仁仲本。

第三,嘉靖本在刊刻時,依據他本進行過校勘。嘉靖本據余仁仲本翻刻時,除删削余仁仲本所附釋文之外,利用他本校勘,糾正了底本一些錯誤。如第21條《月令》:"桐始華,田鼠化爲鴽,虹始見,萍始生。"鄭《注》曰:"萍,萍也。"余仁仲本鄭《注》"萍"作"萍",誤甚,嘉靖本改爲"萍",甚是。第41條《月令》:"是月也,土潤溽暑。"鄭《注》曰:"潤溽,謂塗濕也。""濕",余仁仲本作"溫",不通。鄭玄謂"潤溽"是"塗濕",孔《疏》謂"土之膏澤易行,故可糞美之,使肥易也"①。意思是在季夏之月,土地濕潤,天氣濕熱,雨水不斷,可以把雜草曬乾燒掉,用水浸泡,肥沃田地。故改"溫"爲"濕"。

當然,嘉靖本在刊刻時,也産生一些錯誤,多爲形近而誤。如17條"下"誤"卜",第24條"牡"誤"牝",第37條"罰"誤"討",第52條"祝"誤"祀",第59條"職"誤"賦",第68條"察"誤"祭",第74條"氛"誤"氣"等等,説明刊刻之時,校對不够細緻。

---

① 〔漢〕鄭玄注,〔唐〕孔穎達疏,吕友仁整理《禮記正義》,上海古籍出版社,2008年,第682—683頁。

另外，中國國家圖書館藏〇九三一七號嘉靖本，個別葉面有殘缺，導致部分文字缺漏。如嘉靖本卷三《檀弓》下第十八頁B面第一行至第六行中間有殘缺，缺"叔敬""肸之""伯慶""名叔""滕之近""叔父""伯""君命""穆以""弔"等經注文十九字；卷十一《樂記》第二十七頁B面第三行至第八行上端有殘缺，導致經文"及樂"之"及"、"不得"之"得"、"咏嘆"之"咏"、"及時事"之"及時"、注文"歌遲"之"歌"、"及也事"之"也事"等字殘缺；卷十二《雜記》上第十八頁A面第一行至第三行上端有殘缺，導致經文"下殤"之"殤"、注文"則不居"之"則""居"、"而哀未忘"之"而""未"等字殘缺。他館所藏未見，待查考。

結　語

嘉靖本《禮記注》今存七部，分別收藏於中國國家圖書館、南京圖書館和中國台灣。嘉靖本半頁八行，行十七字，小字雙行同，白口，四周雙欄，版匡高二〇·四厘米，廣一四·三厘米，單綫魚尾，版心記"禮記幾"及頁數。自明代嘉靖以來，嘉靖本因其刊印精美，備受學者和藏書家重視，顧廣圻校勘撫州本《禮記注》、阮元校刻《禮記注疏》，均將其列為對校本，清代藏書家吳騫、陳鱣、丁丙、楊紹和均收藏有嘉靖本。將嘉靖本與蜀大字本、撫州本、余仁仲本、婺州本、紹熙本、岳本進行比勘，發現嘉靖本依據余仁仲本翻刻，於《曲禮》上、《檀弓》下、《中庸》《大學》等篇有漏删釋文者，經注文字優於紹熙本，但劣於蜀大字本、撫州本、余仁仲本、婺州本、岳本。

（作者單位：南京師範大學文學院）

從"西狩獲麟"釋義看杜預對漢代《春秋》學的突破

劉雅萌

哀公十四年,春,西狩獲麟。作爲《公羊》《穀梁》經、傳的終結,"西狩獲麟"在《春秋》學的闡釋話語中占有舉足輕重的地位。從經文的簡略記録到三《傳》的鋪陳叙寫,再到漢儒三家之學的繁瑣演繹,"西狩獲麟"由單純的歷史記事演變爲具有强烈象徵意味的政治隱喻。漢儒以"獲麟"爲漢家受命之符或爲孔子作《春秋》之應,無論公羊家、穀梁家還是左傳家,都賦予"麟"五行的屬性,旨在將《春秋》經傳視爲陰陽五行天道的應徵,從而將經典納入其自身架構的宇宙、歷史脈絡,勾連起孔子《春秋》與漢制的關係。杜預《春秋左傳集解》注重史策成文舊例,釋"西狩獲麟"爲虞人冬狩而獲麟的單純史事,摒棄了"周災""漢瑞"之争,革去了漢儒以人事休咎比附五行順逆的穿鑿解經模式,將《春秋》從所謂的"素王之法"還原爲魯國"舊史",突破了漢儒的知識結構與信仰體系。"西狩獲麟"話語意義轉變的背後是《春秋》學擺脱漢代經學制度後的新變,亦是魏晋學術新氣象的顯現。

一 述史與隱喻:《左傳》《公羊傳》中"西狩獲麟"的闡釋傾向

三《傳》是"西狩獲麟"事件的第一層次的解讀:

《穀梁傳》:十有四年,春,西狩獲麟。引取之也。狩地不地,不狩也。非狩而曰狩,大獲麟,故大其適也。其不言來,不外麟於中國也。其不言有,不使麟不恒於中國也。①

《左傳》:十四年,春,西狩於大野,叔孫氏之車子鉏商獲麟,以爲不祥,以賜虞人。仲尼觀之,曰:"麟也。"然後取之。②

---

① 〔晋〕范寧注,〔唐〕楊士勛疏《春秋穀梁傳注疏》卷二十,〔清〕阮元校刻《十三經注疏》,中華書局,1980年,第2451頁。
② 〔晋〕杜預注,〔唐〕孔穎達等正義《春秋左傳正義》卷五十九,《十三經注疏》,第2172—2173頁。

《公羊傳》：十有四年，春，西狩獲麟。何以書？記异也。何异爾？非中國之獸也。然則孰狩之？薪采者也。薪采者，則微者也。曷爲以狩言之？大之也。曷爲大之？爲獲麟大之也。曷爲爲獲麟大之？麟者，仁獸也。有王者則至，無王者則不至。有以告者曰："有麕而角者。"孔子曰："孰爲來哉！孰爲來哉！"反袂拭面，涕沾袍。顔淵死，子曰："噫！天喪予！"子路死，子曰："噫！天祝予！"西狩獲麟，孔子曰："吾道窮矣。"①

《穀梁傳》爲單純講經之體，何以"非狩而稱狩"，何以"不言來"之類，緊扣經文文例訓解，旨在闡釋《春秋》筆法。其文其義皆不逾於《春秋》經文的意義邊界。與此相較，《左傳》與《公羊》則對"西狩獲麟"事件進行了補充與發揮，形成了不同的闡釋重點與傾向。

《左傳》重在補充豐富"西狩獲麟"事件的歷史經過，寥寥幾筆，已明確交待了"獲麟"事件發生的時間、經過、參與人物等信息。與《公羊》《穀梁》的解經體例不同，"西狩獲麟"在《左傳》的叙述中是一段單純的史事，可獨立於經文成文。孔子作爲一個博雅君子，對"麟"的名稱作出判斷，其與獲麟的鉏商、受賜的虞人一樣，僅是此歷史事件中的一個參與角色，并未有鮮明的形象。《左傳》的經文并未止於獲麟，故"西狩獲麟"在《左傳》中僅是客觀記述歷史，并無特殊意義，更與孔子作《春秋》無關。

而在《公羊傳》的語境中"西狩獲麟"則具有了"孔子道窮"的隱喻色彩。《公羊傳》并不注重爲"獲麟"增加事件的經過細節，而是着力塑造孔子在"獲麟"事件中的形象。孔子不再僅是識得"麟"爲何物的旁觀者，而是在"孰爲來哉""吾道窮矣""反袂拭面，涕沾袍"等一系列言語與行爲的塑造與渲染下，成爲"西狩獲麟"事件的主角與意義核心。《公羊傳》雖不以叙事見長，但在此處孔子心理與情感的細節塑造上，却較《左傳》更爲鮮活生動②。"西狩獲麟"不僅是孔子參與的一個歷史事件，更是象徵其命運的寓言。在《公羊傳》的叙述話語中，"獲麟"與"孔子"之間已建立起事實與意義層面上的雙重關聯。

正如胡安國所云："《左氏》叙事見本末，《公羊》《穀梁》詞辨而義精"③，在"西狩獲麟"一事的記叙上，《左傳》發揮"原始要終"④之義，注重事件發生的完整性，而《公羊》則側重從經典的字裏行間，挖掘文字背後微言隱喻。此後言"西狩獲麟"之事者，多是兼用《左傳》之叙史與《公羊》之隱喻之法，如《史記·孔子世家》：

魯哀公十四年春，狩大野。叔孫氏車子鉏商獲獸，以爲不祥。仲尼視

---

① 〔漢〕何休注，〔唐〕徐彦疏《春秋公羊傳注疏》卷二十八，《十三經注疏》，第 2352—2353 頁。
② 《公羊傳》叙事在情節誇張與細節安排上亦時有過於《左傳》處，徐興無即指出《公羊》的叙事已帶有傳奇色彩"（徐興無《論說與叙事——從〈左傳〉看儒家史學傳統的形成》，載氏著《經緯成文》，鳳凰出版社，2015 年，第 32 頁）。
③ 〔宋〕胡安國《春秋胡氏傳·叙傳授》，嶽麓書社，2011 年，第 6 頁。
④ 杜預《春秋左氏傳集解序》謂《左傳》"將令學者原始要終，尋其枝葉，究其所窮"（《春秋左傳正義》卷一，《十三經注疏》，第 1705 頁）。

之,曰:"麟也。"取之。曰:"河不出圖,雒不出書,吾已矣夫!"顏淵死,孔子曰:"天喪予!"及西狩見麟,曰:"吾道窮矣!"喟然嘆曰:"莫知我夫!"①

《孔子家語》亦言:

> 叔孫氏之車士曰子鉏商,采薪於大野。獲麟焉,折其前左足,載以歸。叔孫以爲不祥,棄之於郭外。使人告孔子曰:"有麕而角者,何也?"孔子往觀之曰:"麟也。胡爲來哉!"反袂拭面,涕泣沾襟。叔孫聞之,然後取之。子貢問曰:"夫子何泣爾?"孔子曰:"麟之至爲明王也,出非其時而見害,吾是以傷焉。"②

此皆是在綜合二《傳》基礎上繼續豐富,其事取《左傳》,其義取《公羊》,在敘事細節上更加具體生動的同時,亦强化了"獲麟"與"孔子"的關聯,將二《傳》對《春秋》經文的詮釋轉化爲一種確定的史事書寫。《公羊傳》出於"末世口説流行"之時,在闡發大義與敘事情節上踵事增華本不足爲奇,但其突出了孔子在"西狩獲麟"事件中的主體性,并强調了孔子哀麟之不應、己道不行的情感表達,使原本單純、客觀的記事具有了主觀的意義指向與價值判斷,爲後世進一步闡發提供了空間。

二 五行與瑞灾:漢儒"西狩獲麟"的政治話語

兩漢經學昌熾,説《春秋》者衆多,三《傳》自有傳習,對"西狩獲麟"之解亦可謂紛繁駁雜。唐人《左傳正義》疏中援引漢儒舊説最詳:

> 説《公羊》者云:麟是漢將受命之瑞,周亡天下之异,夫子知其將有六國争强,秦項交戰,然後劉氏乃立。夫子深閔民之離害,故爲之隕泣。麟者,太平之符,聖人之類。又云:麟得而死,此亦天告夫子將没之徵也……説《左氏》者云:麟生於火,而游於土,中央軒轅大角之獸。孔子作《春秋》,《春秋》者,禮也,修火德以致其子,故麟來而爲孔子瑞也。奉德侯陳欽説麟,西方毛蟲金精也。孔子作《春秋》,有立言,西方兑爲口,故麟來。許慎稱劉向、尹更始等皆以爲吉凶不并,瑞灾不兼。今麟爲周异,不得復爲漢瑞,知麟應孔子而至。鄭玄以爲修母致子不如立言之説密也。賈逵、服虔、潁容等皆以爲孔子自衛反魯,考正禮樂,修《春秋》,約以周禮,三年文成致麟,麟感而至,取龍爲水物,故以爲修母致子之應。③

漢儒公羊家與左傳家在"西狩獲麟"的解説上雖有很多分歧與論争,但在一點上是共通的,即二者皆視"獲麟"爲一種隱喻,旨在揭示事件背後的象徵意義,而非關注其中的史事細節,將歷史敘事轉變爲政治話語。此是推闡《公羊

---

① 〔漢〕司馬遷撰,〔南朝宋〕裴駰集解,〔唐〕司馬貞索隱,〔唐〕張守節正義《史記》卷四十七《孔子世家》,中華書局,1982年,第1942頁。
② 〔清〕陳士珂輯《孔子家語疏證》卷四,上海書店,1987年,第115—116頁。
③ 《春秋左傳正義》卷五十九,《十三經注疏》,第2172頁。

傳》的思路而與《左傳》的敘述異趣。

(一) 周災漢瑞與孔爲赤制

說《公羊》者闡發了"西狩獲麟"三個象徵意義,一爲漢家受命之瑞,二爲周亡天下之兆,三爲孔子將没之徵。三個層面側重不同,但其旨皆是以"西狩獲麟"作爲符號,勾連起孔子《春秋》與漢家受命間的關聯。《公羊》家說源於董仲舒,《春秋繁露·隨本消息》曰:"西狩獲麟,(孔子)曰:'吾道窮,吾道窮。'三年,身隨而卒。階此而觀,天命成敗,聖人知之,有所不能救,命矣夫。"①《符瑞》篇又言:"有非力之所能致而自至者,西狩獲麟,受命之符是也。"②《公羊》學者進而比附五行,推衍其說,以麟爲仁獸,於五行屬木,認爲漢家火德所繼爲周之木德,故周亡而漢興皆爲獲麟之應,形成了獲麟爲漢家受命、孔子爲漢制法之說。其說在緯書中保留的最爲完整:

> 孔子曰:《洛書摘六辟》曰,建紀者,歲也。成姬倉有命在河,聖。孔表雄德,庶人受命,握麟徵。(《易緯乾鑿度》)

> 夫子素案圖録,知庶姓劉季當代周,見薪采者獲麟,知爲其出,何者?麟爲木精,薪采者,庶人燃火之意,此赤帝將代周。(《尚書中候日角》)

> 經十有四年春,西狩獲麟,赤受命,蒼天權,周滅火起,薪來得麟。孔子曰:丘覽史記,援引古圖,推集天變,爲漢帝制法,陳叙圖録。(《春秋漢含孳》)

> 麟出周亡,故立《春秋》,制素王,授當興也。(《春秋緯》)③

可見麟出、周亡、漢受命、孔子《春秋》爲漢制在漢代公羊家的話語系統中是一體的過程。何休《公羊解詁》雜采緯書,可謂是漢代公羊家解"西狩獲麟"的集成之說:

> 夫子素案圖録,知庶姓劉季當代周,見薪采者獲麟,知爲其出,何者?麟者,木精。薪采者,庶人燃火之意,此赤帝將代周居其位,故麟爲薪采者所執。西狩獲之者,從東方王於西也,東卯西金象也;言獲者,兵戈文也,言漢姓卯金刀,以兵得天下。④

何休之說充分闡發《公羊傳》"西狩獲麟"的象徵意味,并通過對"麟""薪采者""西狩""獲"等文字的分析,闡釋了"西狩獲麟"與"漢家受命"間聯繫的合理性,漢家代周居位不僅於經傳有徵,亦合乎五行運轉與天道昭示。則在此闡釋語境下,《春秋》對"西狩獲麟"事件記叙成爲漢代得天下的預言。如此看似荒謬的闡釋正反映了"西狩獲麟"對漢儒的特殊意義。

(二) 立言說與修母致子說

然而公羊家此說以"獲麟"兼具周亡與漢興兩種災瑞异質的徵兆,受到了

---

① 〔漢〕董仲舒撰,〔清〕蘇輿校證《春秋繁露義證》,中華書局,1992年,第137頁。
② 《春秋繁露義證》,第157頁。
③ 安居香山、中村璋八輯《緯書集成》,河北人民出版社,1994年,第43、451、815、905頁。
④ 《春秋公羊傳注疏》卷二十八,《十三經注疏》,第2353頁。

穀梁家與左傳家的質疑。《左傳正義》孔疏"許慎稱劉向、尹更始等"一段本於許慎《五經异義》，鄭玄之言見《駁五經异義》：

> （許慎）謹案：公議郎尹更始、待詔劉更生等議石渠，以爲吉凶不并，瑞灾不兼，今麟爲周亡天下之异，則不得復爲漢瑞，知麟應孔子而至。

> （鄭玄）駁曰：《洪範》五事，"二曰言，言作從，從作乂，乂，治也。"言於五行屬金。孔子時，周道衰亡，已有聖德，無所施用，作《春秋》以見志，其言可從，以爲天下法，故天應以金獸，性仁之瑞。賤者獲之，則知將有庶人受命而行之。受命之徵已見，則於周將亡，事勢然也。興者爲瑞，亡者爲灾，其道則然，何吉凶不并、瑞灾不兼之有乎？如此，修母致子，不若立言之說密也。①

石渠閣會議劉向、尹更始所謂"吉凶不并，瑞灾不兼"爲穀梁家所持之論②，則與公羊說"獲麟"爲漢家之應不同，穀梁與左傳家的核心觀點皆以麟應孔子修《春秋》而來。

左傳家又分二說：一是，修母致子說。與《公羊》家與緯書以麟爲木、屬仁不同，此說於五行中取麟爲土，於五常屬信，而以《春秋》爲禮。《左傳》家如賈逵、服虔、潁容等亦皆認爲孔子自衛反魯，修《春秋》，三年文成而麟至，是爲"修母致子"。《左傳》昭公二十九年"龍，水物也，水官棄矣，故龍不生得"孔疏：

> 漢氏先儒說《左氏》者，皆以爲五靈配五方，龍屬木，鳳屬火，麟爲土，白虎屬金，神龜屬水。其五行之次，木生火，火生土，土生金，金生水，水生木。王者修其母則致其子，水官修則龍至，木官修則鳳至，火官修則麟至，土官修則白虎至，金官修則神龜至，故爲其說云：視明禮修而麟至，思睿信立而白虎擾，言從文成而神龜在沼，聽聰知正而名川出龍，貌共體仁則鳳皇來儀，皆修其母而致其子也。③

《詩·周南·麟之趾》毛傳曰："麟信而應禮，以足至者。"④《禮記正義·禮運》疏引服虔曰："麟，中央土獸，土，爲信。"⑤《經典釋文》引服虔注《左傳》曰："視明禮修則麒麟至。"⑥等皆是修母致子之說。此說的基礎是漢儒以《洪範》

---

① 〔清〕皮錫瑞《駁五經异義疏證》卷六，中華書局，2014 年，第 451 頁。
② 《漢書·儒林傳》："召《五經》名儒太子太傅蕭望之等大議殿中，平《公羊》《穀梁》同异，各以經處是非。時《公羊》博士嚴彭祖、侍郎申輓、伊推、宋顯，《穀梁》議郎尹更始、待詔劉向、周慶、丁姓并論。"（《漢書》卷八十八，中華書局，1962 年，第 3618 頁）
③ 《春秋左傳正義》卷五十三，《十三經注疏》，第 2123 頁。又此處《毛詩正義·周南·麟之趾》疏引作："哀十四年《左傳》服虔注云：'視明禮修而麟至，思睿信立白虎擾，言從義成則神龜在沼，聽聰知正而名山出龍，貌恭體仁則鳳皇來儀。'"見〔漢〕毛亨傳，〔漢〕鄭玄箋，〔唐〕孔穎達等正義《毛詩正義》卷一，《十三經注疏》，第 283 頁。
④ 《毛詩正義》卷一，《十三經注疏》，第 283 頁。
⑤ 〔漢〕鄭玄注，〔唐〕孔穎達等正義《禮記正義》卷二十二，《十三經注疏》，第 1425 頁。
⑥ 《毛詩正義》卷一，《十三經注疏》，第 283 頁。

"五事"①、五常、五靈與五行相配生的完整理論框架,此於《春秋繁露·五行五事》《漢書·五行志》等篇中皆有顯現②。許慎《五經异義》面對《公》《左》對"麟"的不同解說,支持麟爲中央土獸,按語云:"《禮運》云:'麟鳳龜龍,謂之四靈。'龍,東方也。虎,西方也。鳳,南方也。龜,北方也。麟,中央也。"③蔡邕《麟頌》所謂"皇矣大角,降生靈獸;視明禮修,麒麟來乎。《春秋》既書,爾來告就;庶士子鉏,獲諸西狩"④,所取亦是《左傳》家的"修母致子"說。

二是,陳欽所主"立言"說,此說以麟爲金精。金於四方屬西,而西於《易》當"兌",兌爲口舌,爲言之象,故獲麟爲孔子立言之應。在"獲麟"爲孔子之應的義理上,"立言"與"修母致子"說并無本質區別,只是在推衍邏輯上,"修母致子"說取五事、五常與五行相配,而"立言"說則基於五方、八卦與五行相配生的系統。

五方配五行起源很早,《管子》《吕氏春秋》等中已有較爲清晰穩定的東木、南火、西金、北水、中央土的組配模式。八卦與五行、八方相對則見於《易·說卦》,所謂"帝出乎震,齊乎巽,相見乎離,致役乎坤,說言乎兌,戰乎乾,勞乎坎,成言乎艮"⑤。是以震爲東,巽爲東南,離爲南,坤爲西南,兌爲西,乾爲西北,坎爲北,艮爲東北。如此五方、八卦與五行的組配方式爲漢儒所沿襲,其結構穩定性較强,如《漢書·五行志》即謂:"於《易》,震在東方,爲春爲木也;兌在西方,爲秋爲金也;離在南方,爲夏爲火也;坎在北方,爲冬爲水也。"⑥則兌—西—金的比配爲漢儒的通識。

"立言"說與"修母致子"說最大的不同在於五靈配五行的方式。"修母致子"說雖在五行相生上闡發精微,但其薄弱處在於五靈五行屬性的推衍,所據僅《左傳》昭公二十九年"龍,水物也,水官棄矣,故龍不生得"一句,"五靈"之謂亦未詳其本源。許慎《五經异義》以《禮記·禮運》"四靈"說解,但"四靈"與"五行"亦不能完全對應,故許慎爲使麟當中央土,而添"虎"爲一靈當西方。虎當西方,原應指白虎星,《史記·天官書》云"西宫咸池……参爲白虎",司馬貞《索隱》引《文耀鈎》云:"西宫白帝,其精白虎。"⑦與《禮運》之"四靈"并非同一概念。鄭玄在《駁五經异義》中即駁斥許慎曰:"古者聖賢言事,亦有效三者,取象天地人;四者,取象四時;五者,取象五行。今云'麟、鳳、龜、龍,謂之四靈',是

---

① 《尚書·洪范》:"羞用五事。五事:一曰貌,二曰言,三曰視,四曰聽,五曰思。"見《尚書正義》卷十二,《十三經注疏》,第 188 頁。
② 漢儒各家在五行與五事、五常的具體組配方式略有不同。《春秋繁露·五行五事》與《漢書·五行志》中五事配五行的方式與此處左傳家言五行、五事的對應關係相同,惟董仲舒等以五行相克爲序,而《左氏》先儒以五行相生爲序。《春秋繁露·五行相生》則以智爲火而禮爲水,《中庸》"天命之謂性"下鄭玄注曰:"木神則仁,金神則義,火神則禮,水神則信,土神則知。"是鄭玄用緯書説以知爲土,亦與《左氏》先儒有別。
③ 《駁五經异義疏證》卷六,第 453 頁。
④ 〔漢〕蔡邕《麟頌》,〔唐〕徐堅等著《初學記》卷二十九《獸部》,中華書局,1962 年,第 701 頁。
⑤ (魏)王弼、韓康伯注,〔唐〕孔穎達等正義《周易正義》卷九,《十三經注疏》,第 94 頁。
⑥ 《漢書》卷二十七中《五行傳》,第 1354 頁。
⑦ 《史記》卷二十七《天官書》,第 1304 頁。

則當四時明矣。虎不在靈中,空言西方虎者,麟中央則得無近誣乎?"①指出"四靈"當"四時"而不應"五行"②,進而質疑以麟爲土的"修母致子"之説。而"立言"説以麟爲金獸,則有五行災異的推衍背景。董仲舒《春秋繁露·五行順逆》以"鱗蟲""羽蟲""倮蟲""毛蟲""介蟲"五蟲與木、火、土、金、水五行相對,謂"金者秋,殺氣之始也。……恩及於毛蟲,則走獸大爲,麒麟至。……咎及毛蟲,則走獸不爲,白虎妄搏,麒麟遠去。"③是以金之順逆應麒麟之至去。又《大戴禮記·易本命》曰:"有羽之蟲三百六十,而鳳皇爲之長;有毛之蟲三百六十,而麒麟爲之長。"④《禮記正義·禮運》疏引《樂緯》之言亦與此相同,則麒麟又有"毛蟲之長"之謂。可見,陳欽所謂"麟西方毛蟲金精",雖爲《左氏》家説,但其沿用的却是《公羊》家言陰陽災異的五行比附結構。

需要説明的是,《漢書·五行志》引劉歆之説,雖亦云"五行""五事"不順對應的"五蟲"之孽,但其所謂的"五蟲"并不同於董仲舒或《大戴禮》指代的野獸,而是各自另有指涉,如"言之不從"處《五行志》曰:"劉歆《言傳》曰時有毛蟲之孽。説以爲於天文西方參爲虎星,故爲毛蟲。"⑤毛蟲對應的是西方白虎星,其説以白虎配西方的結構似與"修母致子"接近,而不用毛蟲爲麟而應金之説。

陳欽《左傳》受於賈護,而賈逵《左傳》傳其父徽之學而本劉歆,《漢書·儒林傳》云:"授尹更始,更始傳子咸及翟方進、胡常。常授黎陽賈護季君,哀帝時待詔爲郎,授蒼梧陳欽子佚,以《左氏》授王莽,至將軍。而劉歆從尹咸及翟方進受。由是言《左氏》者本之賈護、劉歆。"⑥則"修母致子"與"立言"二説,亦有可能是兩漢之際的《左傳》學劉歆、賈護兩支不同授受體系的家法之異。當然二説并非完全對立,如前已言服虔"視明禮修則麒麟至"而主"修母致子"説,而《左傳正義》又引其説謂:"言西者,有意於西,明夫子有立言,立言之位在西方,故著於西。"⑦則服虔亦兼用"立言説"。

此外,鄭玄融匯古今學且兼用讖緯,其認爲獲麟既爲孔子作《春秋》之應,又可爲漢受命之徵。瑞、災可兼處,同《公羊》之説,而言麟爲金獸,又取立言説。所謂"天應以金獸,性仁之瑞",正是公羊家與《左氏》"立言説"的縮合。但金於五常爲義,麟屬金與性仁之間存在矛盾,《禮記正義·禮運》疏引鄭玄曰:"金九以木八爲妻,金性義,木性仁,得陽氣性似父,得陰氣性似母,麟毛蟲得木

---

① 《駁五經异義疏證》卷六,第452頁。
② 《吕氏春秋》《淮南子》謂春麟、夏羽、秋毛、冬介,是以四靈對四時之説。
③ 〔漢〕董仲舒撰,〔清〕蘇輿校證《春秋繁露義證·五行順逆》,第377頁。
④ 〔清〕王聘珍撰《大戴禮記解詁》,中華書局,1983年,第259頁。此處成玄英《莊子疏》引《大戴禮》爲:"東方鱗蟲三百六十,應龍爲其長;南方羽蟲三百六十,鳳皇爲其長;西方毛蟲三百六十,麒麟爲其長;北方甲蟲三百六十,靈龜爲其長;中央倮蟲三百六十,聖人爲其長。"見郭慶藩撰《莊子集釋》卷一《逍遥游》,中華書局,2004年,第12頁。
⑤ 《漢書》卷二十七中之上《五行志》,第1377頁。
⑥ 《漢書》卷八十八《儒林傳》,第3620頁。
⑦ 《春秋左傳正義》卷五十九,《十三經注疏》,第2173頁。

八之氣而性仁。"①則是在五行推衍上調和了二家的矛盾。"金九以木八爲妻"源於《左傳》中所謂"火,水妃也"及"妃以五成"②,而又京氏《易》用五行生數説,將五行與天地陰陽之數相組配,《漢書·五行志》所謂:"水以天一爲火二牡,木以天三爲土十牡,土以天五爲水六牡,火以天七爲金四牡,金以天九爲木八牡。陽奇爲牡,陰耦爲妃"③,可詳此説。則就"西狩獲麟"一事而言,鄭玄欲合古今學義理,較之"修母致子"説釋麟爲土屬信而與《公羊》説針鋒相對,《左傳》家的"立言説"以麟爲金精與《公羊》家以麟爲仁獸之間,則存在術數與知識層面的可通之處,故鄭玄認爲"修母致子不如立言説之密",亦理所應當。

綜上所述,漢儒解"西狩獲麟",以"麟"的五行屬性可粗分木精説、土精説、金精説,以灾、瑞分,可爲周灾説、漢瑞説、灾瑞相兼説。幾種解説背後都有各自不同的推衍邏輯,同時又雜合了時代流行的讖緯之説及政治話語。儘管三《傳》師法不同,左氏各家家法亦異,但其共同之處在於,各家皆極力牽合"西狩獲麟"、孔子及其所著《春秋》之間的關係,賦予孔子作《春秋》以神秘的色彩。《春秋》與"獲麟"的關係,三《傳》本身并未有明確的説明,《公羊》《穀梁》雖以"獲麟"爲經文終結,甚或《公羊傳》强調"獲麟"與孔子形象及情感間的隱喻意義,亦皆未明言"西狩獲麟"與孔子《春秋》間存在必然的關聯。④《左傳》更是引經文至"孔子卒","獲麟"不過是一普通的史事。然而漢儒論《春秋》者,却無一不將孔子及《春秋》視爲"獲麟"的徵驗。無論是公羊家的"周灾漢瑞",還是左氏、穀梁家的"文成致麟",其話語背景皆是孔子作《春秋》爲新王立法。此是董仲舒《三代改制質文》理論建構的關鍵一環,所謂:"《春秋》應天作新王之事,時正黑統,王魯,尚黑,絀夏,新周,故宋。"⑤又謂:"《春秋》上絀夏,下存周,以《春秋》當新王。"⑥漢儒托王魯而以孔子《春秋》繼周爲新王,而《春秋》又是孔子爲漢制的新法。此并非僅是公羊家法,即如賈逵、鄭玄等左氏古學家亦謂孔子"爲後世受命之君,制明王之法"⑦,《史晨碑》中亦稱"西狩獲麟,爲漢制作"⑧,則此觀念實爲漢儒普遍接受。

---

① 《禮記正義》卷二十二,《十三經注疏》,第 1425 頁。
② 《春秋左傳正義》昭公九年《傳》曰:"陳,水屬也;火,水妃也。而楚所相也。今火出而火陳,逐楚而建陳也。妃以五成,故曰五年。"見《春秋左傳正義》卷四十五,《十三經注疏》,第 2057 頁。
③ 《漢書》卷二十七上《五行志》,第 1328 頁。
④ 《左傳正義》謂何休注《公羊》無作《春秋》事,又謂"孔舒元《公羊傳》本云:'十有四年,春,西狩獲麟,何以書? 記异也。今麟非常之獸,其爲非常之獸,奈何有王者而至,無王者則不至,然則孰爲而至? 爲孔子作《春秋》。'"(《春秋左傳正義》卷一,《十三經注疏》,第 1708 頁)是其以爲孔舒元《公羊傳》本有麟爲孔子作《春秋》而來之明文,與何休注本不同。清人陳立考辨此事,引惠棟校漢石經與今本合,又謂《通義》云:'何氏《傳》本無此,蓋治《公羊》者强成其説。'"其説可參(見氏撰《公羊義疏》,中華書局,2017 年,第 2880 頁)。惟陳立以何休注"據獲麟乃作"質疑孔疏謂何休注無明文處,孔疏之意在何休注本《傳》文無此明文,而陳立所據爲何休注文。
⑤ 《春秋繁露義證》,第 187 頁。
⑥ 《春秋繁露義證》,第 198 頁。
⑦ 賈逵《春秋序》云:"孔子覽史記,就是非之説,立素王之法。"鄭玄《六藝論》云:"孔子既西狩獲麟,自號素王,爲後世受命之君,制明王之法。"見《春秋左傳正義》卷一疏引文,《十三經注疏》,第 1708 頁。
⑧ 高文《漢碑集釋》(修訂本),河南大學出版社,1997 年,第 325 頁。

公羊家與左氏家雖有所謂今、古學立場之异,但解"西狩獲麟"爲孔子作《春秋》之應與漢家受命之符,本質上并無區别,皆是漢儒在現實政治語境下的附會之説。這些後人看來穿鑿虚誕的闡釋,却恰是漢儒篤信不移的共同信仰。從董仲舒到劉向、尹更始、陳欽,再到劉歆、賈逵、服虔、潁容、鄭玄,無論古學、今學,兩漢先儒的努力不過是以不同的五行推衍方式將"西狩獲麟"事件納入自身的五行架構中,作爲此漢家受命論合理性與權威性的印證。

三 從新法到舊典:杜預之解的突破

由於"西狩獲麟"事關《春秋》的制作,杜預在序文中即已自設問答,駁斥先儒,申明己意。大略而言,其要有三:一是,杜預反對孔子素王作《春秋》立法説,認爲《春秋》"蓋周公之志,仲尼從而明之"。二是,反對《左氏》先儒認爲孔子修《春秋》文成致麟説,亦反對《左傳》家引《經》至孔子卒。杜預認爲麟出非其時,正似王道不行,孔子作《春秋》乃是"感麟而作,作起獲麟","獲麟"是孔子作《春秋》的動因,而非文成後出現的祥瑞。三是,不取公羊家所謂孔子"反袂拭面""吾道窮"之類的臆想之辭,認爲經止於"獲麟",不過是"文止於所起,爲得其實"①。杜預此解實是將漢魏諸家的"獲麟"之解一概摒棄。皮錫瑞指出:"杜預苟异先儒,以爲感麟而作,則與《左氏》義違,又不取稱吾道窮之文,則與《公羊》又异,杜預以爲孔子《春秋》鈔録舊文,全無關係,故爲瑞爲灾之説,皆彼所不取也。"②皮氏之論,雖爲責杜預壞師法而發,但却從反面展現了杜預對漢儒之學的本質革新。

《春秋經傳集解序》是杜預論《春秋》與《左傳》思想的總綱,與此呼應,杜預對"西狩獲麟"《經》《傳》的具體解釋爲:

《經》:十有四年,春,西狩獲麟。(杜注:麟者,仁獸,聖王之嘉瑞也。時無明王,出而遇獲。仲尼傷周道之不興,感嘉瑞之無應,故因《魯春秋》而修中興之教,絶筆於獲麟之一句,所感而作,固所以爲終也。冬獵曰狩,蓋虞人修常職,故不書狩者。大野在魯西,故言"西狩"。得用曰"獲"。)

《傳》:十四年,春,西狩於大野,叔孫氏之車子鉏商獲麟。(杜注:大野,在高平鉅野縣東北大澤是也。車子,微者,鉏商,名。)以爲不祥,以賜虞人。(杜注:時所未嘗見,故怪之。虞人,掌山澤之官。)仲尼觀之,曰:"麟也。"然後取之。(杜注:言魯史所以得書獲麟。)③

則杜預釋"西狩獲麟"在具體史實上依據《左傳》,認爲麟最終爲虞人所得,而不用《公羊傳》所謂"采薪者獲",更不用漢《公羊》家以"采薪者"爲庶姓劉季的附會。在杜預看來,"西狩獲麟"本爲"虞人修常職",僅是一件普通的史事,虞人爲微賤之官,故經不記其姓名,常事本不必書,只因所獲爲"麟"而虞人不

---

① 《春秋左傳正義》卷一,《十三經注疏》,第1708頁。
② 〔清〕皮錫瑞《經學通論》,中華書局,1954年,第31頁。
③ 《春秋左傳正義》卷五十九,《十三經注疏》,第2172—2173頁。

識,請孔子觀之,魯史才有此事的記載。故孔子在"獲麟"事件中僅是一個旁觀者、感慨者與記錄者,而非漢儒心中能應"聖王嘉瑞"的"素王"。此與《左傳》述史的本義更爲貼合。

在"獲麟"與《春秋》的關係上,杜預認爲是孔子傷周道之不興、嘉瑞之不應,故因《魯春秋》設教。此意爲《左傳》所無,而是《公羊傳》孔子言"孰爲來哉"之義的闡發。但杜預亦僅闡釋《公羊傳》本文的隱喻内涵,而不取漢代公羊家及讖緯所謂孔子受圖錄而爲漢制法等穿鑿之解。在麟自身的屬性上,杜預以麟爲仁獸,其義亦從《公羊傳》出,但却抛棄了公羊家以麟爲木精的五行比附。可見,杜預爲《左傳》作注,其排斥的不是《公羊傳》的義理,而是以漢儒附會經義的師法家法,以及以五行災異術數説經的解釋模式。杜預將對《春秋》的解釋重點,由聯想聖人的"微文隱義"落實到闡發《經》《傳》的義理本身。

(一) 從"孔子"到"周公"

漢儒講經重在經世,正如王充《論衡》所云:"《春秋》漢之經,孔子制作,垂遺於後",又云"夫《五經》亦漢家之所立,儒生善政,大義皆出其中。"①清人陳立亦謂:"當時諸儒皆緣漢制釋經。"②經學在漢代現實政治中的巨大影響,自不必多言,而《春秋》作爲其治世之大綱,制作者"孔子"亦被賦予了"素王"的尊稱。漢儒各家"西狩獲麟"之解無一不在極力地突顯孔子的神聖地位。劉師培《論孔子無改制之事》指出:

> 蓋漢儒以王擬孔子,亦有二因。一則以孔子當正黑統,蓋以秦爲黑統,不欲漢承秦後,遂奪秦黑統而歸之孔子,以爲漢承孔子之統,此一説也。一則以孔子爲赤統,孔子爲漢制法,《春秋》亦爲漢興而作,因以孔子受命之符,即漢代受命之符。此又一説也。由前之説,由於欲漢之抑秦。由後之説,由於欲漢之尊孔。則正漢儒附會其説,欲以歆媚時君,不得已而王孔子。③

漢儒推尊孔子有現實政治的意圖,無論是以孔子當黑統,如董仲舒《三代改制質文》中所論,亦或以孔子當赤統,以《春秋》爲新王之法,作爲孔子"素王"的神聖地位皆是漢家進入天道正統序列的重要環節與保障。而杜預之時已無論證漢家受命的必要與信仰,"西狩獲麟"事件亦失去了在漢代政治背景中特殊象徵意義,故其擯棄漢儒所謂"孔爲赤制"之類"妄佞時世"的説法亦在情理之中。

在杜預注解的語境中,"孔子"的神聖地位逐漸削弱,取而代之的是對"周公"的推崇。其於《春秋序》中直言"春秋者,魯史記之名也"且"其發凡以言例,

---

① 〔漢〕王充著,黄暉校釋《論衡校釋·程材篇》,中華書局,1990年,第542頁。
② 〔漢〕班固撰,〔清〕陳立疏證《白虎通疏證》卷六《巡狩》,中華書局,1994年,第300頁。
③ 劉師培《論孔子無改制之事》,《左盦外集》卷五,《儀徵劉申叔遺書》,廣陵書社,2014年,第4261頁。

皆經國之常制,周公之垂法,史書之舊章,仲尼從而修之,以成一經之通體"①。將《春秋》視爲孔子依周公之舊例修訂的魯國舊史,又以《左傳》"五十凡"爲周公舊制,僅以"書""不書""先書"等七例爲孔子變例。此實是將制作《春秋》的權威由被漢儒神化的孔子新王之法上溯到舊史成文與周公所掌之典章。

　　杜預此説受到後世學者的攻擊,反駁者一方面指出"凡例"非周公所制,如劉文淇即認爲"五十凡"爲左氏一家之法而非周公所定史例②,劉師培亦謂:"禮經即周典。周典之例,國例也。《春秋》之例,史例也。史例與國例不同。若謂《左傳》'凡例',即周公所定之'禮經',是混同史例於國例之中也。"③另一方面則斥責杜預宗周抑孔爲謬論,如皮錫瑞云:"周公之例多,孔子之例少;周公之功大,孔子之功小。奪尼山之筆削,上獻先君;飾冢宰之文章,下誣後聖。"④然而,無論"五十凡"是否爲周公舊例,亦無論杜預注《左傳》是否有粉飾司馬氏政權的現實政治意圖⑤,杜預以周公舊典代替孔子新法作爲一種對《春秋》新的言説方式,皆從根本上突破了漢儒《春秋》的闡釋體系。

　　推尊孔子還是周公,某種程度上可視爲漢代今古學分歧的一個標志。自劉歆、王莽時增廣學官,以《周禮》爲"周公致太平之迹",至鄭玄遍注群經而尤重《周禮》,古學依托《周禮》逐漸建立起與《公羊春秋》學不同的理論體系⑥。《左傳》雖同爲古學與《周禮》有相合之處,但漢魏左氏先儒尚未有將"五十凡"歸於周公舊例者。杜預之説實在古學傳統之上更進一步,將以"周公"、《周禮》爲核心的話語方式納入對《春秋》的闡釋,將孔子《春秋》歸入"周公"所制舊典禮經的傳統,從而使《春秋》真正成爲先王舊典的"王官學"⑦。

　　在此核心變革的基礎之上,杜預才得以從史策成文舊例的角度解讀《春秋》,從而摒棄漢儒從經典的一字一句中尋求"微言大義"的穿鑿之説,"西狩獲麟"亦重新回到了《左傳》本文述史的語境。正如吴承仕在《經典釋文序録疏證》中指出:"至杜預撰《集解》,簡二《傳》,去异端,舉四家之失違,明姬、孔之條

---

① 《春秋左傳正義》卷一,《十三經注疏》,第1705頁。
② 劉文淇《春秋左傳舊注疏證》云:"禮經即周典,五十凡乃周典中史例,不關周公創制。……此五十凡乃《左氏》一家之學,异於《公》《穀》。"科學出版社,1959年,第42頁。)
③ 劉師培《讀左札記》,《儀徵劉申叔遺書》,第857頁。
④ 〔清〕皮錫瑞《經學歷史》,中華書局,1959年,第93頁。
⑤ 清儒焦循等人認爲杜預注《左傳》發凡時有回護司馬氏之意,如弑君之例處,焦循即認爲:"所謂'稱君,君無道',顯然謬乎孔子作《春秋》使亂臣賊子懼之義。而杜預援此而演其説,以爲非君臣爲路人,其妄悖甚矣。夫劉歆之於莽,猶杜預之於昭也。歆稱左氏好惡與聖人同而表之,預遂以左氏爲素臣而尊之。預之背恕而諂昭,與歆之背向而諂莽,情事實同。其援左氏以爲亂臣賊子地,其情事亦同。"又云:"自杜預爲《集解》《釋例》,而亂臣賊子接迹於六朝,而懼心且漸泯,是孔子之《春秋》爲邪説誣民而作?"見氏撰《春秋左傳補疏》卷三,鳳凰出版社,2015年,第566—567頁。
⑥ 賈公彦《序周禮廢興》:"《周禮》起於成帝劉歆,而成於鄭玄,附離之者大半。故林孝存以爲武帝知《周官》末世瀆亂不驗之書,故作《十論》《七難》以排棄之。何休亦以爲六國陰謀之書。唯有鄭玄遍覽群經,知《周禮》者乃周公致太平之迹,故能答林碩之論難,使《周禮》義得條通。故鄭氏《傳》曰玄以爲'括囊大典,網羅衆家',是以《周禮》大行,後王之法。"載《周禮注疏》卷首,《十三經注疏》,第636頁。
⑦ 有關《春秋》"官學"與"家言"性質的分别,參見錢穆《孔子與春秋》,載其《兩漢經學今古文平議》,商務印書館,2001年。

如杜預注"西狩於大野"爲"大野在高平鉅野縣東北大澤是也",又注《經》曰"大野在魯西,故言'西狩'",與賈逵"周在西,明夫子道繫周"、服虔"言西者,有意於西,明夫子有立言,立言之位在西方,故著於西也"②的附會微言相比,正如《左傳正義》疏中所駁"此澤實在魯西,舊史因書西耳。仲尼不改舊史,何以得示己意?"杜預在魯史舊文的語境下,以地理方位解之,顯然更爲通達合理。

又杜預《集解》及《春秋釋例》中常見諸如"史闕文,無義例""史之成文,非義例所存"之類,亦是以舊史之例取代漢儒穿鑿褒貶等生造之例。如宣公元年,《經》曰:"三月,遂以夫人婦姜至自齊。"杜預注曰:"稱婦,有姑之辭。不書氏,史闕文。"③此事《左傳》曰:"三月,遂以夫人婦姜至自齊,尊夫人也。"則《左傳》本文并沒有貶責夫人之意,而《左氏》先儒如服虔等却用《公羊》《穀梁》之意,認爲言及夫人僅稱"姜"而不稱"姜氏",是因《春秋》貶宣公在喪娶婦而貶及姜氏,故不稱"氏"以示貶義,正如孔疏所議:"去氏稱姜則不成文義"。杜預認爲此處《經》不言"姜氏"僅僅是舊史的一處脱漏,無關褒貶④。

又如成公八年《經》曰:"秋,七月,天子使召伯來賜公命。"杜預注:"諸侯即位,天子賜以命圭,與之合瑞。八年乃來,緩也。天子、天王,王者之通稱。"⑤此處杜預不用賈逵"諸夏稱天王、夷狄曰天子"之説,認爲"天子""天王"爲"王"之通稱,只是舊史異辭,并無義理上的區别。許慎《五經異義》於"天子有爵不"下言:"《春秋左氏》云:'施於夷狄稱天子,施於諸夏稱天王,施於京師稱王。'知天子非爵稱,同古《周禮》義。"⑥其説同賈逵。許慎師從賈逵,可知"天子""天王"的"夷狄""諸夏"之别爲漢代《左傳》家之師法"創制"之例,而非《左傳》本意。又,徐興無《天子與皇帝》一文援漢代文書制度爲據,認爲於夷狄稱"天子",於諸夏稱"天王"或"皇帝"是漢儒依漢制釋經,是漢代對外強調宇宙權威、對内強調歷史與道德權威的表現,其説背景"乃漢家郡縣制度對内統一和對征撫之效"⑦。則可見"天子""天王"之别夾雜了極強的漢代政治話語,杜預守《傳》意史例而不取此漢儒之曲説。

此外,桓十三《經》曰:"己巳,(公)及齊侯、宋公、衛侯、燕人戰。齊師、宋

---

① 〔唐〕陸德明撰,吴承仕疏證《經典釋文序録疏證》,中華書局,1984年,第125頁。
② 《春秋左傳正義》卷五十九,《十三經注疏》,第2172頁。
③ 疏文引先儒之解甚詳(《春秋左傳正義》卷二十一,《十三經注疏》,第1865頁),文多不具引。
④ 此處杜預稱"史闕文"而非"經闕文",孔疏曰:"此文傳亦無氏,知是本史先闕,故云史闕文而不云經闕文也。史文既闕,仲尼不正之者,以無所褒貶,故因其詳略也。諸經所闕者,或史文先闕,仲尼不改;或仲尼具文在後始闕。"見《春秋左傳正義》卷二十一,《十三經注疏》,第1865頁。
⑤ 《春秋左傳正義》卷二十六,《十三經注疏》,第1904頁。
⑥ 〔清〕皮錫瑞《駁五經異義》卷四,第352頁。
⑦ 徐興無《天子與皇帝》,童嶺編《皇帝·單於·士人:中古中國與周邊世界》,中西書局,2014年,第10頁。

師、衛師、燕師敗績。"杜預注:"或稱人,或稱師,史異辭也。"① 成十六年《經》曰:"曹伯歸自京師。"杜注:"諸侯歸國,或書名,或不書名,或言歸自某,或言自某歸,無傳義例,從告辭。"② 襄二十三《經》曰:"陳殺其大夫慶虎及慶寅。"杜注:"言及,史異辭,無義例。"③ 則可見,雖不能將杜預《春秋》學籠統地概括爲史學,所謂周公"舊典禮經"也并非存在《禮經》一書,但杜預以舊史的視角重新審視《春秋》,守《左傳》之凡例,却在某種程度上革去了漢儒各出己意的穿鑿經説。《春秋》本質上成爲具體可證之史事,而非聖人留下的字字微言的密碼本。

(二) 簡化五行

杜預既不取漢儒以"獲麟"爲漢家受命之符或孔子《春秋》之應的附會之説,則用以證成其説的術數推衍與知識背景亦隨之剥除。較之漢儒,杜預"西狩獲麟"之解最明顯的一點即是不再論麟的五行屬性。

漢儒諸家以五行論"麟"正是其以陰陽五行説經的具體實踐。麟究竟爲木、爲土、爲金并不重要,重要的是漢儒將麟轉化爲五行中的一個象徵,并以此作爲其闡述整個事件意義的起點。然而此叙述上的起點,并非是其邏輯的起點。麟爲木精,實際是在漢爲火德的前提下,爲了應證"獲麟"爲漢家繼周之木德所作的一種設計,而麟爲土、爲金,同樣是爲了説明"獲麟"爲孔子作《春秋》之應所作的安排,即麟的五行屬性,只是漢儒在論述其《春秋》"大義"時進行的術數推論。而漢儒要將此推論轉化爲一個毋庸置疑的公理,則需要建構一個完整的五行知識結構。在此結構中,原本作爲推論的麟的五行屬性,變成了一個確定且無需論證的知識,而本爲其邏輯出發點的"漢家受命之符""孔子作《春秋》之應",則轉化成了順理成章的結論。這種因果顛倒的表述使得五行成爲一種超越人事、歷史的天道運行規律,而與此規律相順的人事行爲則被賦予了神秘的力量。

在此層面上,漢代古學、今學并無本質區別,只是較之公羊家的隨意穿鑿,左傳家更注重推衍的嚴密與技術上的合理。公羊家僅以仁於五常爲木一點,便推斷麟爲木精,雖可與周之木德相比附,但與整體既定的五行、五方、五靈的結構缺少呼應,與麟并列的龍、鳳、龜、虎等并未在五行中找到相應的位置。如此,麟屬木成爲一個孤立的搭配,無法納入五行世界的整體運行,在此前提下,"西狩獲麟"爲漢火受周之木德的解釋,亦略顯牽強。左傳家或設計出一套五靈與五行、五事、五常相配的體系,或運用《管子》《大戴禮》等文獻中固有的"五蟲"與五行的搭配,皆試圖爲"獲麟爲孔子作《春秋》之應"尋求更爲"科學"、可靠的五行解釋,而鄭玄"金以天九爲木八牡"的强爲説解,正表明東漢末期五行、五常、五靈等的配比已相對固定,麟爲金獸而性仁并非隨意比附,而需要術數上的理據。

---

① 《春秋左傳正義》卷七,《十三經注疏》,第 1756 頁。
② 《春秋左傳正義》卷二十八,《十三經注疏》,第 1916 頁。
③ 《春秋左傳正義》卷三十五,《十三經注疏》,第 1975 頁。

杜預分傳附經,剝落漢儒穿鑿附會的五行之説,與王弼注《易》擯落象數,有異曲同工之效,此正爲魏晋經學擯棄漢儒繁瑣的家法章句後呈現的嶄新面貌。劉師培已指出"《周易》者,不言五行者也。孔子亦治《周易》,故儒家以不言五行。凡言五行者,均爲背師"①,《易》十翼中但言陰陽,極少涉及五行,故王弼得以假動静言陰陽,將漢儒作爲宇宙結構的陰陽二氣,轉化爲道的兩種可以相互轉化的顯現,從根本上突破了漢《易》象數推衍的前提。但五行却是《左傳》中固有之觀念,故與王弼另起爐竈、剝落象數的方法不同,杜預清理漢儒五行學説的主要方法在於簡化,即盡可能的回歸傳文大義本身,其解五行之處皆不出《左傳》較爲原始的"五行"觀框架。

首先,對於《左傳》自身涉及五行處,杜預僅守《傳》義,不再發揮漢儒的敷衍之説。襄公二十七年,子罕云:"天生五材,民并用之。"杜預注"五材"爲"金、木、水、火、土。"②昭公十一年,杜預注"且譬之如天,其有五材,而將用之,力盡而斃之"之"五材"曰:"金木水火土,五者爲物用,久則必有斃盡。"③則杜預據傳文本義,以金、木、水、火、土爲民得物用,且可竭盡的五種具體材質,而未推闡爲抽象之五行。

又昭公元年,《左傳》載秦醫和之言:"天有六氣,降生五味,發爲五色,徵爲五聲。淫生六疾。六氣曰陰、陽、風、雨、晦、明也,分爲四時,序爲五節,過則爲災",杜預注曰:"金味辛、木味酸、水味鹹、火味苦、土味甘,皆由陰、陽、風、雨而生。"④"五味"杜預解以《洪範》"水曰潤下,火曰炎上,木曰曲直,金曰從革,土爰稼穡。潤下作鹹,炎上作苦,曲直作酸,從革作辛,稼穡作甘"之説。值得注意的是,正如《正義》疏中所明:"是陰、陽、風、雨、晦、明合雜,共生五味。若先儒以爲雨爲木味,風爲土味,晦爲水味,明爲火味,陽爲金味,而陰氣屬天,不爲五味之主,此杜所不用也。"⑤杜預所謂之五行是六氣所共生,與漢代先儒取六氣與五行比附異趣。昭公二十五年,杜預於"民有好惡、喜怒、哀樂,生於六氣"下注曰"此六者,皆禀陰陽風雨晦明之氣。"其下《正義》所疏更明:

賈逵云:"好生於陽,惡生於陰,喜生於風,怒生於雨,哀生於晦,樂生於明。"謂一氣生於一志,謬矣。杜以元年傳云:"天有六氣,降生五味。"謂六氣共生五味,非一氣生一味。此民之六志,亦六氣共生之,非一氣生一志。故云"此六者,皆禀陰、陽、風、雨、晦、明之氣"。言共禀六氣而生也。⑥

由此可見,無論六氣共生五味、五行還是六氣共生六情,杜預所解已與賈逵等漢儒一氣生一行、一情的一一映射組配的解釋方法有了本質的區别。六氣共生五味,五味爲五行之味,五行爲實用之五材,杜預其實是將五行説重新

---

① 〔清〕劉師培《孔子無改制之事》,《左盦外集》卷五,《儀徵劉申叔遺書》,第4252頁。
② 《春秋左傳正義》卷三十八,《十三經注疏》,第1997頁。
③ 《春秋左傳正義》卷四十五,《十三經注疏》,第2060頁。
④⑤ 《春秋左傳正義》卷四十一,《十三經注疏》,第2025頁。
⑥ 《春秋左傳正義》卷五十一,《十三經注疏》,第2108頁。

置於《左傳》及《尚書》等經典的原始語境之下，擺脫了漢儒建構的五行知識體系，進而突破漢儒以陰陽五行學説爲核心形成的聯想與比附的形而下思維方式。

其次，對於《左傳》不言，而漢儒穿鑿比附五行之處，杜預則多避而不談，不作闡發。如昭公二十九年《左氏》先儒以"五靈配五方"與"修母致子"説大段闡發《傳》"龍，水物也。水官棄矣，故龍不生得"處，杜預注僅謂："棄，廢也。"全然不顧漢儒關注的重點，《正義》疏繁引漢儒舊説後曰："杜氏既無其説，未知與舊同否。此下不注，似與舊説異。"①此處雖未測杜旨，但杜預作《集解》，而於此漢儒著力之處不著一言，至少表明水官是否致龍，或鳳皇、麟、虎之輩究竟由何官而致之類附會五行之説，已不再是杜預所關注的問題。

可見，注重經典内在五行系統的嚴密性與完整性，本是漢儒學官之争，各家爲"應敵"而不斷繁瑣自身的家法章句所造成的客觀結果。然而，越嚴密的推衍却越陷入謬誤，原本只爲闡發"微言大義"而植入五行術數，本末倒置爲一種先驗的思想結構，對經典義理的闡釋轉變爲術數的占算參驗。杜預回歸《左傳》文本自身，簡化對"五行"的闡釋，正突破了漢儒解經所用的繁瑣術數之法，恢復三《傳》解經的義理之道。

（三）神道助教

杜預注解"西狩獲麟"僅爲一歷史事件，完全跳脱出漢儒争辯"瑞""灾"的語境與思維。進而對於《左傳》所載妖祥之事，杜預亦取儒家"神道助教"的態度，不隨意以《春秋》史事附會灾异。如僖十五年九月己卯，晦，雷電擊壞魯大夫展氏之祖父夷伯之廟，《左傳》曰："'震夷伯之廟'，罪之也。於是展氏有隱慝焉。"②《漢書·五行志》載漢儒對此事的灾异之解：

> 釐公十五年"九月己卯晦，震夷伯之廟"。劉向以爲晦，暝也；震，雷也。夷伯，世大夫，正晝雷，其廟獨冥。天戒若曰，勿使大夫世官，將專事暝晦。明年，公子季友卒，果世官，政在季氏。至成公十六年"六月甲午晦"，正晝皆暝，陰爲陽，臣制君也。成公不寤。其冬季氏殺公子偃。季氏萌於釐公，大於成公，此其應也。董仲舒以爲夷伯，季氏之孚也，陪臣不當有廟。震者雷也，晦暝，雷擊其廟，明當絶去僭差之類也。向又以爲此皆所謂夜妖者也。劉歆以爲《春秋》及朔言朔，及晦言晦，人道所不及，則天震之。展氏有隱慝，故天加誅於其祖夷伯之廟以譴告之也。③

此處《公羊傳》《穀梁傳》解"晦"爲"冥"，故董仲舒、劉向皆認爲白天昏暗是臣制君之兆，而雷擊其廟是君將去僭越之臣的象徵，劉向進而又以此爲"夜妖"。劉歆治《左傳》，雖不在追究"晦"字的深文大義，但亦認爲是震夷伯之廟是天降灾异以懲戒展氏。《五行志》將此事視爲《洪範五行傳》所謂"思心之不

---

① 《春秋左傳正義》卷五十三，《十三經注疏》，第 2123 頁。
② 《春秋左傳正義》卷十四，《十三經注疏》，第 1808 頁。
③ 《漢書》卷二十七下《五行志》，第 1445 頁。

睿"而有"脂夜之妖"的例證①,則漢儒諸家解釋的重點皆在人事有缺則天示妖象。而此處杜預注《左傳》曰:

> 隱惡,非法所得;尊貴,罪所不加,是以聖人因天地之變,自然之妖,以感動之。知達之主,則識先聖之情以自厲,中下之主,亦信妖祥以不妄。神道助教,唯此爲深。②

杜預用《左傳》"罪展氏"之意,與劉歆之説相近,但杜預注的重點并不在於解釋"震夷伯之廟"事件本身的預兆,而在説明聖人修《春秋》記載此事的用心。"神道助教"旨在明道而非在明災異。同樣,如僖公十六年"六鷁退飛"之事,《左傳》曰:

> 十六年,春,隕石於宋五,隕星也。六鷁退飛,過宋都,風也。周内史叔興聘於宋,宋襄公問焉,曰:"是何祥也?吉凶焉在?"對曰:"今兹魯多大喪,明年齊有亂,君將得諸侯而不終。"退而告人曰:"君失問。是陰陽之事,非吉凶所生也。吉凶由人。吾不敢逆君故也。"③

此事《漢書·五行志》載劉歆釋《左傳》之意,認爲"六鷁退飛"乃《五行傳》所謂"厥罰恒風"之咎,并將"六鷁"之數視爲宋襄公六年後爲楚所執之應徵④。《正義》疏引服虔注曰:"鷁退風,咎君行所致,非吉凶所從生。襄公不問已行何失,而致此變,但問吉凶焉在。以爲石隕、鷁退,吉凶何從而生。故云'君失問'",⑤則服虔亦視鷁退飛等異象爲人事休咎的應徵。而杜預注則曰:"言石隕、鷁退,陰陽錯逆所爲,非人所生。襄公不知陰陽而問人事,故曰君失問。"正如《正義》曰:"此皆假之陰陽以爲勸戒,神道助教,非實辭也。"⑥是杜預不以自然之異象比附人事,而僅假以助教明理。

可見,"神道助教"爲杜預解《春秋》妖祥之事的基調,此爲典型的《左傳》所謂君子的態度,亦本是漢儒最初以五行災異説釋經的初衷。董仲舒等人以代表天道的五行與象徵人事的五常、五事緊密相連,實際是將皇權置於天道的監督之下,用災異説警戒君主,正是杜預所謂"中下之主,亦信妖祥以不妄。"但隨着五行説漸趨精密、繁雜與現實利益的需要,一些經生反而有意無意地相信了災異之説,并試圖以經典爲例證進行參驗,至於"(宋襄公)後六年爲楚所執,應六鷁之數"時,原本"助教"的五行災異真的變成了上天的神秘意志。宋襄公問吉凶,服虔認爲陰陽錯逆是由人事而致,指責宋襄公不反思自己以往的行爲,而將自然之事視爲未來吉凶的徵兆,其反對的正是以自然現象直接作爲占測吉凶依據的方術之法,是漢儒"信妖祥以不妄"的"神道助教"法自身的撥亂反

---

① 《漢書》卷二十七下《五行志》:"《傳》曰:思心之不睿,是謂不聖,厥咎霿,厥罰恒風,厥極凶短折。時則有脂夜之妖,時則有華孽,時則有牛禍,時則有心腹之痾,時則有黄眚黄祥,時則有金木水火沴土。"(第1441頁)

②③⑤⑥ 《春秋左傳正義》卷十四,《十三經注疏》,第1808頁。

④ 《漢書》卷二十七下《五行志》,第1443頁。

正。而杜預認爲隕石墜落、六鷁退飛等現象是純粹的自然之事,與人事無關,更與吉凶無關,則是從根本上拋棄了漢儒以自然陰陽附會人事的思維,將"助教"之法提升到規諫"知達之主"的高度,所謂"聖人因天地之變,自然之妖,以感動之",杜預明確地將"自然之妖"視爲聖人的設教之辭,非吉凶所生之源,剥落了漢儒"神道"的術數外衣,顯露了"助教"的義理本質。

綜上所述,對於"西狩獲麟",杜預注所關注的重點,已完全不再是漢儒各家爭訟不已的麟的五行屬性,或是災、瑞能否并兼的問題,而是落實到對《經》《傳》本文的釋義。杜預以傳解經,逐漸突破漢代五行學説下架構的知識體系與術數解經的模式,亦糾正了漢儒以五行順逆規範人事的顛倒思維。正如沈玉成先生《春秋左傳學史稿》所指明:"杜預是中國學術史上最早的在'博士''經師'之外的權威經學家"①,杜預不受漢代以來博士授受體系師法、家法的約束,其簡略的注解恰恰剥去了漢儒附加的種種穿鑿之解,得以返歸於《左傳》本初的義理。

四 結語

經學的注疏爲瞭解注疏者及其時代的思想與思維方式提供可貴的材料與視角。"西狩獲麟"的釋義中,三《傳》之解豐富了事件發生、發展、結果的具體細節,其所釋是否爲《春秋》經本義并不重要,重要的是其以叙事或論述方式,將"西狩獲麟"這一單純的客觀史事,轉變爲有象徵意義的可供後人理解、闡發的經文。漢儒則是將經典納入自身以陰陽五行爲基礎的天道觀中,使"西狩獲麟"成爲"漢受周命""孔爲赤制"例證,將對經典的闡釋轉變爲現實的政治話語。杜預承續古學傳統,將《春秋》由漢人建構的孔子新王之法上推至周公的舊典禮經,根本上變革了漢代《春秋》學的話語體系與闡釋方式,而從史策舊例的角度擯棄了漢儒妄作褒貶、隨意取例的生造之説,故其"西狩獲麟"之解得以拋却漢儒穿鑿附會的五行推衍之術,回歸《經》《傳》本身的義理。當然,杜預注在訓詁字句、考據典章等層面存在許多缺陷②,而其以"集解"爲名,對漢儒舊訓廣爲采納而不録注家之名,又致有攘善之譏③。但杜預的《集解》并不因在具體訓釋上的集合衆説,而失去了自身的思想脉絡與旨歸。除却分傳附經與對《左傳》凡例的發明,杜預注的價值更在於其突破了漢代博士經學背景下,漢

---

① 沈玉成、劉寧《春秋左傳學史稿》,江蘇古籍出版社,1992年,第139頁。
② 清儒多指出杜預注在曆法、禮制、訓詁上的疏漏,如錢大昕《左氏傳古注輯存序》:"輔嗣之《易》,元凱之《春秋》,皆疏於訓詁。"(陳文和點校《潛研堂文集》卷二十四,《嘉定錢大昕全集》,江蘇古籍出版社,1999年,第371頁)洪亮吉《春秋左傳詁序》:"余少從師受《春秋左氏傳》,即覺杜元凱於訓詁、地理之學殊疏。及長,博覽漢儒説經諸書,而益覺元凱之注,其望文生義、不臻古訓者,十居五六。"(《春秋左傳詁》,中華書局,1987年,第1頁)
③ 惠棟《左傳補正》、李貽德《春秋左傳賈服注輯述》、丁晏《左傳杜解集正》等輯録舊注,皆指出杜預對賈、服之注的襲用。趙伯雄指出:"(杜注)對舊注大量加以采擇,特別是對字詞的訓詁、名物制度的詮釋"(見趙伯雄《春秋學史》,山東教育出版社,2004年,第281頁)。何晋《〈左傳〉賈、服注與杜注比較研究》亦對賈、服注與杜注的异同進行統計(載《國學研究》第四卷,北京大學出版社,2004年)。

儒所共同固守的政治意識形態及其背後的推衍術數、比附災异的經解方式。

湯用彤先生指出："經術之變,上接今古文學之争,魏晋經學之偉績,首推王弼之《易》、杜預之《左氏》,均出古學。"①從思想史的角度説,杜預《春秋左傳集解》與王弼《周易注》同是魏晋學術新變的典型代表。東漢興起的古學精簡了博士經學繁複的章句師法,但在解釋方法與思維方式上仍然延續了博士經學的舊式。王弼注《易》擯落象數,變革的是對天道法則的看法,杜預注《左傳》不言五行災异,變革的是對人事發展與變遷的認知。天道與人事發展運行規律的依據在於道與歷史本身,而不再是五行的生克,在此意義上,二者從不同的側面,共同展現了漢魏之際學術由重實用術數到重義理闡發的變化軌迹。

(作者單位:南京大學文學院)

---

① 湯用彤《魏晋玄學論稿》,上海古籍出版社,2005年,第69頁。

清周懋琦鈔校本《十三經注疏正誤》考略[*]

王曉靜

《十三經注疏正字》(或名《正誤》)是清人校勘《十三經注疏》文本的代表性成果之一①。該書的最大特點是不以版本對校見長,而以注重使用經注疏内部互見文本、注疏所引子史群書以及熟讀經疏基礎上的理校進行校勘。全書對《十三經注疏》校勘儘管不無疏漏②,但所校多有理可據,甚至某些校勘意見往往與作者没有條件得見的一些宋元善本暗合。故而該書成書以來多爲治經、校經者所重,清代盧文弨、阮元等均將其作爲校勘經書的重要參考。長期以來,該書的通行版本僅有《四庫全書》閣本系統諸本,雖然認定該書作者是浦鏜而非四庫閣本所題之沈廷芳已成學界共識,但迄今學界對其作者、書名甚至某些條目的具體内容仍不無疑問③。遺憾的是,現有材料均係間接材料,徹底解決這些問題長期缺乏較爲直接的證據。"孤本"之下,也無條件判斷四庫本《正字》與浦鏜原本究竟有多大差异,四庫本是否經過沈廷芳或者四庫館臣加工等問題。

筆者自 2014 年起從事浦鏜《十三經注疏正字(正誤)》的整理與研究工作。以參與杜澤遜先生《清人著述總目》的編纂爲契機,獲知甘肅省圖書館藏有清周懋琦"朱校"之浦鏜《十三經注疏正誤》,後親赴甘圖查驗該書,確認該鈔本係有别於《正字》的浦鏜原書的另一系統鈔本,不僅與通行《正字》書名不同、明確

---

* 本文爲教育部人文社會科學研究青年基金項目"清代浦鏜《十三經注疏正誤》整理與研究"(18YJC870019)階段性成果。在寫作過程中承武秀成、杜澤遜諸先生指正,謹此致謝。

① 現存該書有"十三經注疏正字"與"十三經注疏正誤"兩種不同的題名,本文以"《十三經注疏正字(正誤)》"(簡稱《正字(正誤)》)指代浦鏜所撰書這一整體概念,其餘各依書前現有題名,如四庫諸本稱《十三經注疏正字》(簡稱《正字》),甘圖鈔本稱《十三經注疏正誤》(簡稱《正誤》)。

② 浦鏜校勘的疏漏之處,清阮元主持編纂的《十三經注疏校勘記》已多有指摘,近來劉玉才先生亦在阮校的基礎上對浦校的疏漏之處進行了總結(參劉玉才《浦鏜〈十三經注疏正字〉論略》,載台灣大學中文系編印《王叔岷先生百歲冥誕國際學術研討會論文集》,2015 年,第 404—407 頁)。

③ 筆者所見近來涉及此方面内容的論文有胡雙寶《讀儒三記·浦鏜和〈十三經注疏正字〉》(載《儒家典籍與思想研究》第六輯,2014 年)、上揭劉玉才《浦鏜〈十三經注疏正字〉論略》及張學謙《〈孝經注疏校勘記〉編纂考述》(載《經學文獻研究集刊》第十五輯,2016 年)等。

題浦鏜所撰,且在條目、摘句、校勘内容上也與四庫本《正字》存在較多差異。《十三經注疏正誤》是目前所見最爲接近浦鏜原本的鈔本,對於我們了解浦鏜之書的原貌及推測其成書過程、流傳中所遭改易等方面内容均有不可替代的重要價值。

一 《正字(正誤)》的版本流傳及周懋琦舊藏鈔本的性質判斷

《十三經注疏正字(正誤)》在浦鏜生前及身後均未刊刻,長期僅以鈔本的形式流傳。除通行的四庫閣本系統《正字》(該本源自清乾隆中後期纂修《四庫全書》時由沈廷芳之子沈世煒進獻、浙江巡撫采進的沈氏抄本)之外①,綜合清人文集及書目題跋等所載,浦鏜身後至少還存在《正字(正誤)》鈔本五種:

1. 翁方綱鈔本。該本與四庫閣本系統同源自沈氏進呈本,乾隆四十五年(1780)盧文弨曾於翁方綱處得見該本,即《抱經堂文集》中所言"庚子之秋在京師,又見嘉善浦氏鏜所纂《十三經注疏正字》八十一卷於同年大興翁秘校覃溪所。假歸讀之,喜不自禁"之本②。盧文弨撰《群書拾補》《儀禮注疏詳校》時利用的應當就是這個鈔本。該本當爲翁氏自四庫館沈氏進呈本鈔出,鈔成時間略早於四庫諸本③,故盧氏諸書所引有超出四庫本者。翁、盧之後該本下落無考。

2. 阮元藏鈔本,即阮元等撰《十三經注疏校勘記》(下簡稱《校勘記》)時所用本。文選樓刊本《校勘記》書前《凡例》提及"嘉善浦鏜《十三經注疏正字》",但并未明確交代其版本情況;各經注疏校勘記分校者不同,前"引據各本目録"所列書名,或稱《正字》,或稱《正誤》,或未列而正文實際有引④。從凡正文所引皆作"浦校""浦云""浦鏜云"特別是稱"《正誤》"及所引條目内容等情況看,編纂《校勘記》時所用本亦非四庫本。該本於《校勘記》書成之後未見著録。

3. 路慎莊藏鈔本。邵懿辰《四庫簡明目録標注》提及:"路有鈔本。"⑤路即陝西盩厔(今周至)人路慎莊,路氏家有蒲編堂,藏書六萬餘卷,道光年間編爲

---

① 今四庫本《正字》存文淵閣本、文津閣本、文瀾閣本、文溯閣本四種,其中文瀾閣本係民國時據文津閣本補抄。本文討論以文淵閣本爲主。

② 〔清〕盧文弨撰,王文錦點校《抱經堂文集》卷七《〈周易注疏輯正〉題辭(辛丑)》,中華書局,1990年,第85頁。

③ 文淵閣本《正字》書前提要署"乾隆四十五年十二月恭校上",文溯閣本書前提要署"乾隆四十七年四月",文津閣本書前提要署"乾隆四十九年閏三月"。儘管書前提要所署時間不一定與該閣本《正字》全書鈔寫完成的時間完全一致,但大致仍可判斷盧文弨獲見翁氏抄本時早於諸閣本抄成,故翁方綱當從沈氏進呈本直接抄成,非從四庫本轉抄。

④ 計列有"《十三經正字》"(《尚書注疏校勘記》)、"浦鏜《毛詩注疏正誤》十四卷""《周禮注疏正誤》十卷""浦鏜《十三經正字》内《儀禮》二卷""浦鏜校本"(原注:浦鏜《十三經正誤·禮記正誤》十五卷")、"浦鏜《春秋公羊傳注疏正誤》四卷""國朝浦鏜《爾雅注疏正誤》三卷"。《周易》《左傳》《穀梁傳》《論語》《孝經》《孟子》六經注疏校勘記"引據各本目録"未列而正文實際有引。

⑤ 〔清〕邵懿辰撰,邵章續録《增訂四庫簡明目録標注》卷三,上海古籍出版社,1979年,第134頁。

《蒲編堂路氏藏書目》八十卷，每書撰有解題。今北京大學圖書館藏該目鈔本，僅言"十三經注疏正字 抄本 二函十七册 國朝沈廷芳撰"①。路氏身後，家藏之書被其後人散售於吳地②，此抄本不知所蹤。

4. 耿文光藏"原本"。成書於清末光緒年間的耿文光《萬卷精華樓藏書記》卷十著録："《十三經注疏正字》八十一卷，國朝浦鏜撰。原本。"并指出："《簡明目録》題沈廷芳，蓋誤以進書之人爲撰書之人也，今改正。"③如耿文光所記不誤，依通常理解，"原本"或即浦鏜原稿本。不幸耿氏後遭遇家變，所藏之書即身而散，所謂《正字》"原本"的具體情況及其流向亦不可考。

5. 周懋琦鈔校本。該本現藏甘肅省圖書館。民國三十七年（1948）編成的《國立蘭州圖書館特藏書目初編》有著録："《十三經注疏正誤》八十一卷，清浦鏜撰。清鈔本，周懋琦朱校，十六册。"④

儘管目前可知浦鏜之書在其身後曾有過不少鈔本，但遺憾的是，流傳至今的除閣本系統外，僅有甘圖所藏鈔本一種。該本綫裝十六册，共分兩函，每半頁十行，行二十三字，開本略顯窄長。前有署名周懋琦的校跋。每册封面鈐"鴻寶校書記""德福壽安甯署周氏珍藏"二朱文大方印，卷端、卷末有"福海春長之署""鴻寶堂""周懋琦印""子玉""家住三十六峰山色裏""言念君子溫其如玉""名鴻寶字韓侯號子玉"等數印，俱係周懋琦本人之印。此外另鈐"國立蘭州圖書館珍藏""甘肅省圖書館珍藏"二印。從印章來看，此鈔本在周懋琦身後，於二十世紀四十年代後期流入國立蘭州圖書館（甘肅省圖書館前身）⑤。

周懋琦（1836—1896），字韓侯，號子玉（一作子瑜），祖籍安徽績溪，又常自署錢塘人。清末同、光年間曾任福建福寧府知府、台灣府知府、湖北荆宜施兵備道、天津兵備道等職⑥，"著作等身，藏書十萬軸，攜以自隨，公暇枕葄經史，好古敏求"⑦。所著書有《西域釋名》《荆南萃古編》等傳世，又醉心書籍校勘，批校大量典籍，所校諸書今分藏各地⑧，甘圖所藏《十三經注疏正誤》即爲其批校諸書之一種。粗粗翻閱，該鈔本從字體風格看，至少由鈔手三人分別鈔寫而

---

① 〔清〕路慎莊撰《蒲編堂路氏藏書目》，北京大學藏民國燕京大學圖書館鈔本。此爲北京大學杜以恒博士代查。
② 〔清〕葉昌熾《藏書紀事詩》卷六"路慎莊"條載葉昌熾按語："其後人筮仕於淮，乙酉之秋，捆載遺書，到吳求售。"上海古籍出版社，1999年，第664頁。
③ 〔清〕耿文光《萬卷精華樓藏書記》卷十，北京圖書館出版社1997年影印民國《山右叢書初編》本，第471頁。
④ 國立蘭州圖書館編《國立蘭州圖書館編特藏書目初編》，1948年，第22頁。
⑤ 甘肅省圖書館的前身爲成立於1916年的甘肅省公立圖書館，後迭經更名，1947—1949年稱"國立蘭州圖書館"，1953年始改今名"甘肅省圖書館"。另，編纂於1924年的《甘肅省公立圖書館書目初編》尚未收録此書。
⑥ 王海明《周懋琦生平小考》（載《博物苑》第16輯，文物出版社，2011年）對周懋琦生平有簡要介紹。
⑦ 〔清〕劉瀚《荆南萃古編·叙》，載清光緒二十年鴻寶署齋寫刻本《荆南萃古編》書前。
⑧ 周懋琦批校諸書存世者有《吕氏春秋》（復旦大學圖書館藏）、《相臺書塾刊正九經三傳沿革例》（湖南省圖書館藏）、《改正觀象玩占》《水經注》（台灣"國家圖書館"藏）、《易通變》（北京大學圖書館藏）等。

成。又經核對復旦大學圖書館藏周懋琦批校明本《呂氏春秋》、台灣"中央研究院"傅斯年圖書館藏周懋琦稿本《西域釋名》等圖像資料,確定周懋琦之字峻朗遒勁,與鈔本正文字體明顯不合,全書僅在卷七十六天頭處存有兩處墨筆批校(其中一條之上有"琦按"二字),可確定爲周懋琦本人所批,其餘均爲鈔手鈔寫。此外,全書并無朱筆批校,不知《國立蘭州圖書館特藏書目初編》何以云"朱校"。

鈔本前有《十三經注疏正誤目錄》,其中"注疏正誤卷第二十二"後有周懋琦識語"右上帙二十二卷。以上三經均在杭州府復校竣業"一行;"注疏正誤卷第五十八"後、"注疏正誤卷第八十一"後,亦分別有"右中帙三十六卷。以上三經至江南通州、福建省復校竣業""右下帙二十三卷。以上七經由福建福寧府至台灣府復校竣業。自咸豐戊午至同治癸酉卒業,計十六年矣"三條識語。全部《目錄》後亦有周懋琦跋語,云:

> 此書擬訪沈氏廷芳本,再與阮刻《校勘記》本、沈氏炳(宸)〔震〕《九經辯字瀆蒙》本互相參核,詳加按語。海外官書旁午,不知何年方可畢業也。同治癸酉仲,記於福海春長署西鴻寶詁經室。①

上述跋識傳遞的信息是:(1)周懋琦自咸豐八年(1858)開始批校《十三經注疏正誤》,期間歷官多地,携書自隨,至同治十二年(1873)"復校"完成之時,前後批校達十六年之久。(2)結合上文耿文光曾藏《正字》"原本"相關材料來看,咸豐八年耿文光年二十餘,周懋琦即已開始批校《正誤》;而該鈔本在入藏今甘肅圖之前,僅有周氏印章,并無耿氏藏書印記,與耿氏所記書名亦不同,故此鈔本非耿文光所言之"原本"。(3)鈔本《正誤》今分兩函,已經改裝,原分上中下三帙,或其底本乃至浦鐺原書原分三帙。(4)周懋琦本人沒有見過沈廷芳本,可以推知該鈔本與題沈廷芳撰的四庫閣本《正字》非同一系統。

周懋琦自言批校該書十六年,但從該本目前的狀態來看,全書字迹工整,僅有少數雌黄塗抹,天頭僅見其親筆批校兩處,與通常理解校勘十六年後應有的狀態不符②,亦與其他現存經周懋琦批校之書的狀態不合③;此外,值得注意的是,部分校語顯爲後來所添,如上文提及的全書《目錄》中的三條識語及部分卷末校跋,從字迹間距等情況看,係後續所添。據上可知,這個本子并非周懋琦批校的原始底本,而應當是一個批校之後另抄的謄清本,在此謄清本上又有批校。

綜上,根據現有資料,我們的初步判斷是:咸豐年間,周懋琦得到一部浦鐺《正誤》的鈔本,該鈔本與四庫本非一系統,周懋琦在此鈔本上進行了長達十六年的校勘,於同治十二年"復校"完成。之後,周懋琦又在校勘底本的基礎上另

---

① 同治癸酉即同治十二年(1873),時周懋琦任台灣府知府,應是官事紛雜之餘不輟校書,故有此慨。
② 一般來說,經過長時間復校的書籍,應有較多的批校、塗抹痕迹。
③ 復旦大學圖書館藏周懋琦批校明本《呂氏春秋》首頁即有周氏批注多處。

倩人鈔寫一謄清本，其本人又在這個謄清本上繼續進行了部分校勘，流傳至今的即爲此謄清鈔本。該鈔本不但書名、所題作者與四庫本不同，在具體内容上也與《正字》存在諸多差異。

二 甘圖鈔本對於確定《正誤》(《正字》)書名、作者的價值

長期以來，儘管學界所見、可利用的僅有題名"沈廷芳"的四庫系統《正字》，但現今學界在利用《正字》時，將其作者歸之於浦鏜已成共識。學者以"浦校"名之，以"正字"稱之。究其原因，在浦鏜身後，儘管出現了題名沈廷芳的《正字》，但不僅浦鏜之弟浦銑力辯《正字》(正誤)爲浦鏜所撰①，當時學者如盧文弨等亦知該書的作者實係浦鏜而非沈廷芳。盧文弨在所作題跋中多次提及該書的作者是浦鏜②，其批校《浙江采集遺書總録》近年已經影印出版，盧氏於該書"十三經注疏正字"條上手批"嘉善浦鏜纂輯"亦爲明證。上述史料前賢已多有論及，此處不再重複。

對於匡正《正字(正誤)》作者之功最大者，當推阮元《十三經注疏校勘記》及稍後阮刻《十三經注疏》的行世。《十三經注疏校勘記》之作，集中了當時如段玉裁、顧廣圻等一流學者，該書雖對《正字》多有批評，但對其有充分利用，所用本亦非四庫本，諸人知其確係浦鏜所撰，故書前《凡例》與開列的"引據各本目録"明確題有"浦鏜《正字》(《正誤》)"字樣。隨後嘉慶年間南昌府學校刊《十三經注疏》時，《十三經注疏校勘記》被改造、删减附入，隨着清中後期以後阮刻本的流行，《正字》的作者爲浦鏜隨之廣爲治经者所知。

不過，《四庫》所收書與《四庫全書總目提要》均題沈廷芳撰，事實上代表了官方對作者的一種認定，不能不說亦自有其影響。《四庫》與《總目》題"沈廷芳撰"，直接原因是浙江進呈此書時即如此題寫，《浙江采集遺書總録》所附簡單提要亦稱"沈廷芳撰"，《四庫》及《四庫總目》不過因襲而已。值得注意的是，浦鏜身後流傳一種説法，即浦鏜與《四庫》總纂紀昀交往密切。該説見於民國時徐世昌編《晚晴簃詩匯》，《詩匯》録浦鏜詩二首，另附浦鏜小傳，較之先前如《(光緒)重修嘉善縣志》等所載浦鏜生平，多出"旋携所著入都，假館紀文達家，文達爲入粟，作國子生，使應京兆試"云云語句③。後徐世昌等編《清儒學案》，蓋因浦鏜與紀昀有此淵源，故將浦鏜歸入《獻縣學案》，列爲獻縣交游之一④。然如此説屬實，紀昀不容不知《正字》實係浦鏜所做，而今《四庫》及《總目》均題

---

① 浦銑《秋稼吟稿序》《歷代賦話序》均有類似之説。
② 現存盧文弨題跋中提及《正字》作者時説法時有模棱，或稱浦鏜作，或稱沈廷芳作，或稱二人合撰。張學謙《〈孝經注疏校勘記〉編纂考述》指出，《四庫》題沈廷芳名，因是官書，盧文弨不便指摘其誤，故而如此。
③ 徐世昌編《晚晴簃詩匯》卷八七《浦鏜》，中華書局，2018年，第3622頁。
④ 《清儒學案》之浦鏜小傳中記浦、紀交往之事，後注該傳"參《嘉善縣志》、盛百二《柚堂續筆談》、周震榮撰《先友傳》"，盛、周二人俱係清乾隆時人，惜二書今均未見，不知《晚晴簃詩匯》《清儒學案》等所言浦、紀交往事是否出自二人之書。

沈廷芳撰，殊不可解。若非紀昀偶失於檢，則是浦鏜與紀昀交往一事出自後人臆測，實不足據。因此事涉及《四庫》及《總目》對《正字》作者的認定，故特爲拈出，存疑待考。

民國時期，多次有重印《四庫全書》之議，民國十四年(1925)，教育部又擬刊發《四庫全書》①，題名沈廷芳的四庫本《正字》有進一步擴大流傳的可能。或許是浦鏜的同鄉認識到這個"危險"，故與浦鏜同爲嘉善人的蔡文鏞去信當時的教育總長章士釗，就《十三經注疏正字》的作者問題詳加考實，力圖辨明真僞，爲浦鏜正名。其文曰："鄙人徵諸典籍，此書作者實爲嘉善浦鏜，非仁和沈氏。"列有主要證據兩條：其一："鏜與沈廷芳爲執友，歿後廷芳許爲付梓，故廷芳爲鏜作《傳》曰：'《正字》書存余所，故人苦心，會當謀諸剞劂，芳得附名足矣。'"其二："而鏜弟銑作《秋稼吟稿序》，有曰：'《正字》書沈椒園(廷芳字)先生許爲付梓，今已入《四庫全書》，而非兄之名也。'"一爲沈廷芳自言，一爲浦鏜胞弟之言，當可信據。故蔡氏認爲"《正字》書非出諸沈氏手，決無可疑"，并認爲"當時冒竊之事，殆爲財勢所脅"，欲藉刊印《四庫全書》之機，給予更正②。章士釗復函則較爲謹慎，認爲"冒名之事，殆非自發，或者紀曉嵐輩偶爾失慎，誤易之也"③。當時蔡文鏞曾隨信附上《嘉善縣志·浦鏜傳》、浦銑《秋稼吟稿序》及沈廷芳《浦聲之傳》三篇文字作爲證據。這三則材料尤其是沈廷芳爲浦鏜所撰《傳》，事關沈廷芳本人對《正字》作者的認識，然此《傳》先前不見包括浦鏜弟浦銑的任何人提及，不知蔡氏從何得來，今既無存，亦不可考，只能留此存疑。

順帶指出，蔡文鏞之外，民國學者胡玉縉亦曾就《正字》作者問題進行辨正，所用材料亦是沈廷芳《傳》、浦銑《序》，另加阮元《十三經注疏校勘記》之稱引④。章士釗在答復蔡文鏞的信中另曾提及："近胡綏之先生匡正《四庫》著錄之失不少，此事諒亦在意。容得便質之，明其真相。"⑤今觀胡玉縉《四庫全書總目提要補正》所引沈廷芳、浦銑二家文字，與蔡文鏞致章士釗函所言完全一致，行文順序亦同，則胡氏之補正，或依據章士釗的告知，引據材料直接來源於蔡文鏞之信，而實際并未親見沈、浦原文。

藉重刊《四庫全書》而蔡文鏞致函章士釗一事，是近代以來《正字》作者問題第一次接近徹底解決。蔡文鏞的證據最爲直接有力，幾乎可成定案，不過這些證據特別是沈廷芳所撰《浦聲之傳》并未保存下來，不能不說是一種遺憾。

與蔡文鏞信及其提供的材料還應當被認爲是間接證據不同，甘圖鈔本《正誤》的出現，可以說爲徹底解決《正字(正誤)》作者問題提供了最直接、最有力

---

① 參袁同禮撰，國家圖書館編《袁同禮文集·選印〈四庫全書〉平議》，國家圖書館出版社，2010年，第219頁。
② 蔡文鏞致章士釗函初載《甲寅》(周刊)第1卷第29期，1926年1月；後收入《章士釗全集》第六卷，文匯出版社，2000年，第117頁。
③⑤ 章士釗《答蔡文鏞》，《章士釗全集》第六卷，第116頁。
④ 詳胡玉縉撰，王欣夫輯《四庫全書總目提要補正》卷八"《十三經注疏正字》八十一卷"條，上海書店出版社，1998年，第211—212頁。

的證據。鈔本《正誤》每卷次行均署"浙西浦鏜聲之校"①,并無沈廷芳之名,而内容却與《正字》大致相同,足見四庫本《正字》爲浦鏜原作確無可疑。

除有助於確定《正字(正誤)》的作者外,甘圖鈔本的存在,還爲認識該書書名提供了新的材料。先前,學者所知所見,四庫本均題"正字",而《十三經注疏校勘記》稱引或作"正字"或作"正誤",浦鏜之弟浦銑言及該書,亦或稱"正誤"或稱"正字"②。惟《十三經注疏校勘記》稱"正字"均係總稱書名時,正文引及具體條目,則稱"正誤";觀浦銑所稱"正字"時,實際上亦因涉及《四庫》書而言。可見稱"正字",多因《四庫》收該書題"正字"之故。即便耿文光所藏"原本"稱"正字",但該書具體情況不明,亦不能否定當時浦鏜書確實存在稱"正誤"的情況。不過長期以來,學者僅見四庫本《正字》而不見《正誤》,無緣得知《正誤》的具體情況。

今觀此鈔本,全部八十一卷之卷端、卷末所題書名皆作《十三經注疏正誤》,與通行四庫本題"正字"全然不同。"正誤""正字"僅一字之差,題"正字"或許符合傳統學者尊經的態度,但題"正誤"顯然也至少曾是浦鏜原書的一種狀態。如果説之前《十三經注疏校勘記》所引稱、浦銑所言仍係間接證據的話,甘圖《正誤》則提供了浦鏜曾名"正誤"的直接證據。至於"正字""正誤"究竟何爲浦鏜原書的確切書名,在目前條件下,我們可以認爲,浦鏜原書不同時期的不同鈔本,可能題有不同的書名,這種不同,或是浦鏜本人進行過改動,或是沈氏進呈時,將"正誤"改題"正字"。因目前所見《正字》均來源於沈氏進呈本,故據現有材料,或可認爲後者的可能性更大。

三 甘圖鈔本《正誤》與四庫本《正字》之差异

除去書名、所題作者的不同,甘圖鈔本《正誤》與四庫本《正字》在正文亦存在諸多的差异,概括起來,有目録、摘句等形式上的不同,更有條目多寡、分合有别以及校語不同等具體内容上的差异。

(一)《正誤》與《正字》的形式差异

四庫本《正字》卷首依次有《提要》及《十三經注疏正字例言》七條③。甘圖鈔本《正誤》卷首無提要,《例言》之後緊接《十三經注疏正誤目録》(次行亦題"浙西浦鏜聲之校"),該《目録》爲四庫本《正字》所無。《目録》開列各卷所校經書篇章,一卷一行,卷次大字,篇名小字,格式如下:

　　注疏正誤卷第一　　周易序　上經
　　注疏正誤卷第二　　下經
　　注疏正誤卷第三　　繫辭　説卦　序卦

---

① 部分卷"浙"或作"淛",二字同,蓋鈔手不一之故。
② 浦銑《歷代賦話》自序有"先兄聲之先生……時方卒業《十三經正誤》一書"云云之句;《秋稼吟稿序》言"《正字》書沈椒園先生許爲付梓,今已入《四庫全書》,而非兄之名也"云云。
③ 此據文淵閣《四庫全書》本,文津閣本無此《十三經注疏正字例言》。

　　　　　　　雜卦　音義　略例
注疏正誤卷第四　尚書虞書
注疏正誤卷第五　夏書
……

值得注意的是，除了卷首總目録外，《正誤》於各經卷前另有分目録（《孝經》《論語》《孟子》《爾雅》除外），標明此經《正誤》的卷次和篇名，亦爲四庫本《正字》所無。如《尚書注疏正誤》卷前，首行"十三經注疏正誤目録"，次行"浙西浦鏜聲之校"，其後依次爲：

　　尚書注疏正誤目録
　　尚書注疏正誤卷第一　　虞書
　　尚書注疏正誤卷第二　　夏書
　　尚書注疏正誤卷第三　　商書
　　尚書注疏正誤卷第四　周書泰誓至召誥
　　尚書注疏正誤卷第五　周書洛誥至秦誓

有此目録，各卷内容即一目了然。《正誤》分目録末有類似"咸豐八年戊午秋月 錢塘周懋琦鴻寶復校""咸豐玖年己未春月 錢塘周懋琦鴻寶復校"之簡單校跋，準確地記録了周氏批校該經的時間。

　　此外，兩者分卷亦偶有不同。如《正字》卷八校勘《尚書·召誥》的十六條，《正誤》歸第七卷①。再如注字音的反切，《正誤》多作"某某反"（《爾雅注疏》除外），保持着明北監本的反切原貌，而四庫本《正字》皆作"某某切"，或進呈時出於避諱之故而改。

　　特别需要指出的是，《正誤》中絶大部分的"鏜按（案）"，在《正字》中僅作"按（案）"字樣。這種"形式"上的差异不涉及校語具體内容，但會對按語作者歸屬的認定産生重大影響。試舉一例：卷一《周易正義序》"未有象□"，《正字》校曰："'□'，毛本誤'繇'。案：'繇'，古徭由字。占筮之□從卜，直又切。後同者不出。"《正誤》校曰："'□'，毛本誤'繇'。鏜按：'繇'，古徭由字。占筮之□從卜，直又反。後同者不出。"兩相比較，出校之字、校勘意見完全相同。《正誤》作"鏜按"，與卷端題"浙西浦鏜聲之校"相合。而《正字》僅有一"案"字，據其卷端題名，則當被認爲是沈廷芳按語。通檢《正誤》校語，引據他書或他説的，一般直接作"按"云云，表明校勘者態度或判斷的，則作"鏜按（案）"云云，計有一千餘處。四庫本《正字》則無明顯區分，大多徑作"案"云云，但尚留有二十九處"鏜案"云云。這種現象難免讓人生疑：既然《正字》爲沈廷芳著作，按語不作"廷芳案"自然可以，爲何獨有二十餘條出現"鏜案"？若是稱引鏜説，則當加上"鏜"之姓氏。今與甘圖鈔本《正誤》對照，即可了然：見於《正字》的二十餘處"鏜案"，并非《正字》僅此二十餘處引用浦鏜説，而是《正字》删削《正誤》"鏜案"

①　《正字》此處分卷與明萬曆北京國子監刻《尚書注疏》一致。

之"鐺"字未盡所致。從這個細節的删改上,益可證明沈氏進呈之《正字》實係竊據浦鐺之書而成。

（二）《正誤》《正字》在條目分合、摘句方面的差异

首先,《正誤》與《正字》條目分合不一,絕大多數情况是《正字》數條在《正誤》中作一條,亦有極少數條目情况相反。如《毛詩注疏·殷其靁》,《正字》"一章疏:'殷靁'至'天下'○隆隆而雷"條、"雨靁之聲尚殷殷然"兩條,《正誤》作一條,校語亦并爲一處[1]。又如《春秋公羊傳注疏·哀公》,《正字》"桓宫僖宫傳節疏《春秋》之義""但隨其重處""其餘輕處不復見之"三條,《正誤》作一條,校語亦在整條摘句下依次而書。相反情况,如《毛詩注疏·振鷺》,《正誤》"序疏'二王'至'杞宋'○是杞之初封,即爲夏之後矣""後以叛而誅之"兩條,《正字》并作一條。

再者,《正誤》《正字》摘句存在較大差异。一是摘句存在完整與省簡的差別。《正字》摘句大多簡短,基本只摘取出校之字所在的一句,其他則以"云云"二字省略。但《正誤》摘句往往接連上句或下句,不以"云云"替代。相較之下,《正字》簡潔,適合對經疏有一定了解的讀者,而《正誤》雖繁,但便於讀者完整理解所校内容。二是校勘對象相同,因表述方式不同,故兩者摘句不同。如《毛詩注疏·摽有梅》,《正字》:"'禮文王世子曰',六字衍。"《正誤》:"文王十五生武王。上'禮文王世子曰'六字衍,從《記·昏義》疏校。"同樣是對"禮文王世子曰"六字衍文的校勘,《正字》的摘句直接是校勘對象,而《正誤》則摘取能够標示此六字位置所在的句子,再通過校語表達衍文問題,并提供了判斷依據,較《正字》更爲詳盡。

（三）《正誤》《正字》條目有無方面的差异

甘圖鈔本《正誤》與四庫本《正字》在條目多寡方面的差异分兩種情况,即一方面存在《正誤》有而《正字》無的條目,另一方面也存在情况相反的條目。查閲之時限於時間,筆者重點對校了兩本前八卷（《周易注疏正誤》及《尚書注疏正誤》）的校語多寡差异。今以《周易》三卷爲例,列兩者有無差异如下:

編號	卷次	甘圖鈔本《正誤》	四庫本《正字》
1	卷一	"九二曰"節疏:"言防閑邪惡,當自存其誠實也。""當"疑"常"字誤。	無
2	卷二	"汔至"節疏:"雖汲水以至井上。""以"疑"已"字誤。	無
3		"象曰"節疏:"輕而難犯,布嚴凝之命。""輕而"疑。	無
4		爲過矯之行。"矯"誤"厚"。	無

---

[1] 《正字》兩條校語分別是:"下衍'非雨靁也'四字""上脱'隆隆而靁非雨靁也'八字"。《正誤》則作:"'非雨靁也'四字衍。'箋云'下脱'隆隆而靁非雨靁也'八字。"

續表

編號	卷次	甘圖鈔本《正誤》	四庫本《正字》
5		順而立之則吉,逆而忤鱗則凶。"立""忤"字疑。	無
6	卷三	"彖者"節注:"彖總一卦之義也。"盧本無"一"字。	無
7		第六章○疏:"在於慎言語,同心行,動舉措,守謙退。""行"下疑脱一"行"字。	無
8		鮮不及矣。"鮮",《釋文》作"尟"。	無
9		和順於道德而理於義。鏜按:此下盧本有"易所以和天道,順地德,理行義也"一十三字。按此注與疏義不合,而諸本并無,不知盧氏更何所據也。	無
10		無	《晋》,晝也;《明夷》,誅也。案:顧氏炎武云:"孫奕改'誅'爲'昧',不知古人讀'晝'爲'注',正與'誅'爲韵也。"①
11		無	上下,并如字,王肅上音時掌切。案:毛氏云:"'在上'之'上'音尚,'在下'之'下'音户雅切。此指高卑定體而稱上下者是也。若自下而上升于高,則'上'音時掌切。自高而下降于卑,則'下'音遐嫁切。此指升降而稱上下者是也。今王肅音'上'作時掌切,則'下'當音遐嫁切。"
12		《噬嗑》:噬,市利反。"利",通志堂本作"制",後并同。	無
13		《大壯》:于易,謂佼易也。"佼",通志堂本作"狡",誤。	無
14		《未濟》:汔,《説文》云:"水涸也。""汔",《説文》作"汽"。	無
15		惡也,馬、鄭烏洛反,并通。"并",通志堂本作"亞"。疑"并"字是也。	無

對勘所見,《周易》全三卷中見於《正誤》而不見於《正字》者有 13 條,見於

① 顧説見於《答李子德書》,見《亭林文集》卷四,《四部叢刊》影印清康熙刻本。

《正字》而不見於《正誤》者有 2 條。此外,《尚書》全五卷中,僅見於《正誤》者 33 條,僅見於《正字》者 10 條。粗略估計,全書有近千條見於《正誤》而不見於《正字》,而相反情況有約 200 條。

值得注意的是,部分僅見於《正誤》的校勘條目有阮元《十三經注疏校勘記》引用爲之作可靠性"背書",如《春秋公羊傳注疏校勘記》卷一:"臣弑君之辭。"阮校:"浦鏜云殺誤弑。"[1]該條見於《正誤》,而《正字》不見。再如《春秋公羊傳注疏校勘記》卷二:"其喪國實得爲微辭者。"阮校:"浦鏜云喪下脱失。"[2]亦見於《正誤》,《正字》不見。

(四)《正誤》《正字》校語具體内容方面的差異

《正字》與《正誤》校語在具體内容上的差異隨處可見。這種差異大致可分三種情況,一爲實質校勘内容相同而表述存在差異;二爲校語表述、實質内容均不同;三爲《正字》中僅有摘句、校語空白或標"原闕",而《正誤》含完整摘句及浦鏜校語。

1. 實質校勘内容相同而表述存在差異者。如《孝經注疏·天子章》"愛親"節注"廣敬也"疏有"沈宏云",《正字》:"沈宏云。沈宏當袁宏之誤。"《正誤》:"沈宏云:'親至結心爲愛。'沈宏,按陸氏《注解傳述人》,當袁宏之誤。"兩者所校,實際上均表達的是"沈宏"當作"袁宏"之意。《正誤》摘句完整,並有明確的校勘依據。又如對《孟子注疏》的校勘,《正字》《正誤》首條皆係對《孟子音義》的辨僞。《正字》:"案《音義》章下'此章'云云,係《孟子篇叙》,是趙氏述《孟子》七篇所以相次叙之意,今都并入《正義》,且謬誤特多。奈《篇叙》既未得見,無從是正矣。"《正誤》:"又按《音義》,今注文不無脱漏。章下'此章'云云,間有音釋,當亦臺卿舊注,今都并入《正義》,且謬誤特多,無可參考矣。"兩者實質内容亦同。此外,間有兩者表述不同,而《正誤》同於《十三經注疏校勘記》所引者,如卷三十三對《儀禮注疏·士冠禮》"贊者盥于洗西"句的校勘,《正誤》:"'于洗西'三字當衍文。鏜按:疏云:'贊者盥于洗西,無正文。'若經有此三字,便是正文,何云'無'也?當是傳寫者因注'盥于洗西'之文誤衍之耳。然傳誤已久,諸本并同,未敢遽定也。"《正字》:"贊者盥于洗西。'于洗西'三字當衍文。案:疏云'贊者盥于洗西,無正文'。今有者,當是傳寫者因注'盥于洗西'之文誤衍之耳。然傳誤已久,諸本并同,未敢遽定也。"兩者表述微有不同,阮元《儀禮注疏校勘記》卷一引浦鏜云同《正誤》[3]。

2. 校語表述、實質内容均不同者。如《爾雅注疏·爾雅序》"誠九流之津涉"節疏:"然後知秉要執本。"《正字》:"然後知秉要執。'埶','勢'本字,今作'執',誤。"《正誤》作:"然後知秉要執本。'執',《志》作'埶','本'字屬下句。"

---

[1]〔清〕阮元總纂,劉玉才主持點校《十三經注疏校勘記·春秋公羊傳注疏校勘記》卷一,北京大學出版社,2016 年,第 4169 頁。

[2]〔清〕阮元總纂,劉玉才主持點校《十三經注疏校勘記·春秋公羊傳注疏校勘記》卷二,第 4182 頁。

[3]〔清〕阮元總纂,劉玉才主持點校《十三經注疏校勘記·儀禮注疏校勘記》卷一,第 1745 頁。

此處浦鏜斷句有誤,《正字》《正誤》皆同,但《正字》有改"埶"爲"執"的傾向性意見,《正誤》僅指出此字在《漢書·藝文志》中有不同寫法,并無傾向性意見①。又,《爾雅注疏·釋天·歲陽》"載歲"節疏:"《説文》云:'年,穀熟也。從禾,千聲。'"《正字》校曰:"'年',《説文》作'秊','熟'作'孰'。"《正誤》校曰:"'年',當依《説文》作'秊'。'熟',《説文》作'孰'。"後者校語有"當依"二字,帶有明顯的傾向性意見,《正字》無此二字,則爲較爲純粹的異文記錄。

再如《周易注疏·離卦》九三"不鼓缶而歌",《正字》校曰"案:顧氏炎武云:'離古讀爲羅。'毛氏居正云"云云;《正誤》則只引了毛居正説,并無引用顧氏之説。《爾雅注疏》"六畜"二字,《正字》校:"六畜。二字脱。○案:錢氏曾云:'六畜,字本作'嘼',後人借'畜養'字用之,故麋、鹿、虎、豹育于山澤者歸之《釋獸》,馬、牛、羊、狗爲人所養者歸之《釋畜》。若一概以獸例之,訛矣。讀《爾雅》宜熟精其義,勿但以終軍辨鼠爲能事也。'"②《正誤》此條僅有"六畜。二字脱"五字,自"○"以下七十四字皆無。

以上幾例是校語差异較爲明顯者。他如校語稱"某某云"與"某某曰",反切之作"某某反"與"某某切",出校之字位置標"某上""某下",校語行文之先後順序,是否判斷異文是非等方面,《正字》與《正誤》幾乎都存在不同。整體上來看,多數情況下均是《正誤》的表述更爲清晰完整,準確謹嚴。

3.《正字》有的條目摘句下標"原闕",或僅有摘句而無校語,而《正誤》皆內容完整。以《周易注疏》爲例,《正字》摘句下標"原闕"者有6條,僅有摘句、校語空白者有12條,此18條《正誤》皆有校語。如《離卦》"畜牝牛"節疏,《正字》:"是牝之善者。原闕。""原闕"二字,《正誤》作"下當脱'也'字"。《繫辭上》第十二章"子曰書不盡言"至"默而存(成)之"五條,《繫辭下》第一章"因而重之節疏""吉凶節疏""是諸爻之變"等五條,《正字》皆僅有摘句,而《正誤》皆校語明確,可補《正字》之缺。

四 結語:《正字(正誤)》成書及其流傳蠡測

甘圖鈔本《正誤》與四庫本《正字》雖然主體部分相同,但存在上述形式、條目分合、摘句、校語有無乃至校語具體內容等諸多方面的差异。如何認識《正誤》《正字》兩者客觀存在的這些差异?或許可以從《正字(正誤)》本身的成書及流傳過程中得到解答。

蔡文鏞在致章士釗的信中談及:"其(浦鏜)於《十三經注疏正字》,創始於乾隆戊午(三年,1738),提鉛握槧,日不暇給,閱十七寒暑六易稿而成。"③《清儒學案》爲浦鏜所作小傳亦云:"(浦鏜)於文字之异同,參互考訂,前後歷十二

---

① 筆者所查各本《漢書·藝文志》均作"秉要執本","執"無作"埶"者,浦鏜所見當係誤字。
② 錢説出自《讀書敏求記》,見〔清〕錢曾撰,管庭芬、章鈺校證,傅增湘批注《藏園批注讀書敏求記校證》卷一之下"郭璞注《爾雅》三卷"解題,中華書局,2012年,第119頁。
③ 《蔡文鏞致章士釗函》,《章士釗全集》第六卷,第117頁。

年,成《十三經注疏正字》八十一卷。"①其實無論是十二年還是十七年,上述材料均提示,浦鏜校勘《十三經注疏》而成《正字(正誤)》一書有一個歷經十數年、數易其稿的過程。不難想象,在這個過程中,浦鏜可能會對原有校勘記進行刪略,也會不斷補充新的校勘成果,不同時期的《正字(正誤)》必然存在内容上的差異,甚至其書名也有可能經歷改易。此外,該書在浦鏜生前從未刊刻,從書籍史的角度來看,其文本并没有進入穩定流傳的階段。而顯然,不同時期的鈔本不可能均據浦鏜最終定稿抄録,故而他們存在差異是可能而且幾乎是必然的。所以我們今天看到的《正字》《正誤》有别,盧文弨、阮元所引時有不見或不同於現存《正字》《正誤》任何一本者②。

此外,本書作爲校勘記彙編的性質决定了該書經過他人的傳抄、覆校之後,不可避免、或多或少的存在覆校者的有意無意的增删。《正字(正誤)》主體部分浦鏜所作自不待言,但對比甘圖鈔本《正誤》與四庫本《正字》,除大量僅見於《正誤》的校語外,仍可發現有不少僅見於《正字》而不見於《正誤》的校語。這種差異,自然可能是《正誤》《正字》據浦鏜不同時期的原稿抄録而成,故有此别;但也不能排除沈廷芳甚至周懋琦覆校時增删的可能③,所以盧文弨説是書"嘉善浦君所訂,仁和沈萩園先生覆加審定"④似不當輕易完全否定。不過經過周懋琦的覆校的本子仍然題浦鏜撰,而由沈氏進呈的本子則改題沈廷芳撰,故引後人"冒竊"之譏。

沈廷芳卒於乾隆三十七年(1772),晚浦鏜十年,不知生前承諾的"許爲付梓""謀諸剞劂"是否屬實,但實際情况是該書在沈廷芳生前亦未刊刻。沈氏去世當年,清廷徵購遺書,其子將該書進呈,至於竊名之事,出自沈廷芳本人所爲還是其子顯揚先人的私心不能確定,不過必定是沈家人所爲。乾隆四十年,沈廷芳門人汪中爲其作《行狀》,所謂"其《十三經注疏正字》八十一卷,則嘉善浦鏜同校"⑤,其實表達了沈家人堅持該書爲沈廷芳主撰之意。

源自沈氏進呈的四庫本《正字》顯然已經對浦鏜原書進行了較多的改動,甘圖鈔本《正誤》不一定是浦鏜最終的定稿,但它較之《正字》,顯然更加接近浦鏜書稿的原始面貌。它的存在,爲我們認識兩者的差異,進而思考該書的流傳提供了新的材料,創造了更多的可能。

(作者單位:山東大學儒學高等研究院)

---

① 徐世昌等編纂《清儒學案》卷八十《獻縣學案·獻縣交游·浦先生鏜》,中華書局,2008年,第3110頁。

② 《正誤》《正字》與盧文弨、阮元二人所引浦校的對比研究,筆者另有專文探討。

③ 今甘圖鈔本《正誤》僅有周懋琦親筆批校兩處,而周懋琦校該書十餘年,孜孜矻矻,不當僅有如此之少的批校。故我們謹慎判斷,部分批校很可能在謄清抄録之時,已被融入原文之中。

④ 〔清〕盧文弨撰,王文錦點校《抱經堂文集》卷八《十三經注疏正字跋》,中華書局,1990年,第106頁。

⑤ 〔清〕汪中撰,李金松校箋《述學校箋·述學别録·大清誥授通議大夫山東提刑按察使司按察使原品致仕恩加一級沈公行狀》,中華書局,2014年,第839頁。

殷璠初盛唐詩風三變説別解

張固也

一

唐潤州曲阿(今江蘇丹陽)人殷璠,是盛唐詩選名家,曾經編撰《丹陽集》《荆揚挺秀集》《河嶽英靈集》三部詩歌選集。尤其後一書歷代相傳不絶,成爲最著名的唐人選唐詩之一。它不僅保存了開元天寶年間的大量詩篇,成爲盛唐詩風的典型代表;并且通過卷首的序文和集論以及全書選評結合的形式體例,充分地展示了殷璠的審美意識和文學批評理論,對後世的文學創作和文學批評都產生了極大的影響。其序中有一段話對於瞭解初盛唐時期詩風演變非常重要,其言云:

> 自蕭氏以還,尤增矯飾。武德初微波尚在,貞觀(627—649)末標格漸高,景雲(710—712)中頗通遠調,開元十五年(727)後聲律風骨始備矣。實由主上惡華好樸,去僞從真,使海内詞場,翕然尊古,南風周雅,稱闡今日。①

這段話的大意是説,唐朝建立之初,詩壇上還有南朝綺靡詩風的餘波,貞觀末年詩的格調逐漸提高;景雲年間,詩風開始有了"遠調";而開元年間,唐詩才完全成熟起來。這一初盛唐詩風三變之説,是文學史上關於唐詩發展階段的首次系統論述,對後世產生了極其深遠的影響。

宋人《蔡寬夫詩話》云:"唐自景雲以前,詩人猶習齊梁之氣,不除故態,率以纖巧爲工。開元後,格律一變,遂超然越度前古。"②明高棅《唐詩品彙》"歷代名公叙論",列殷璠爲第一人。其"凡例""叙目"云:

---

① 傅璇琮《唐人選唐詩新編》,陝西人民教育出版社,1996年,第107頁。
② 郭紹虞《宋詩話輯佚》,中華書局,1980年,第384頁。

漢魏骨氣雖雄，而菁華不足。晉祖玄虛，宋尚條暢。齊梁以下，但務菁華，殊欠秋實。唯李唐作者，可謂大成。然貞觀尚習故陋，神龍漸變常調，開元、天寶間，神秀聲律，粲然大備，故學者當以是爲楷式。

……

唐氏勃興，文運丕溢，太宗皇帝龍鳳之姿，天文秀發，延覽英賢，首倡斯道，其《幸慶善宮》等作，時已被之管弦，明良滿庭，賡歌贊治。若夫世南屬和，匡君以正，魏徵終篇，約君以禮，醇之忠厚，豈曰文爲。及乎永徽以還，四杰并秀於前，四友齊名於後，劉氏庭芝古調，上官儀新體，雖未遏其微波，亦稍變乎流靡。

……

神龍以還，品格漸高，頗通遠調。前論沈宋比肩，後稱燕許手筆。又如薛少保之《郊陝》篇，張曲江公《感遇》等作，雅正冲澹，體合風騷，駸駸乎盛唐矣。

……

唐興，文章承陳隋之弊，子昂始變雅正……掩王盧之靡韵，抑沈宋之新聲，繼往開來，中流砥柱，上遏貞觀之微波，下决開元之正派。①

蔡寬夫明顯是沿襲殷璠之論，高棅同樣襲用了殷璠的評詩用語及其大意，但論述更加深刻，特別是關於唐高宗、武則天時期詩風演變，以及陳子昂等人的貢獻，爲殷璠所未涉及，有些具體論述往往與殷璠有所不同，似乎是有意作出了修正。

現代學界的唐詩研究極其興盛，其中初唐尚存的南朝綺靡詩風如何演變爲盛唐詩風，可謂經久不息的第一研究熱點，而殷璠的這一論述往往成爲人們的研究起點和詮釋對象。王運熙先生早在1957年就專門撰文指出："這裏説明了盛唐詩歌的成就是聲律與風骨二者兼備，而所以能够具有這樣的成就，乃是經過唐初以來長時期的努力，又經唐玄宗大力提倡質樸之風而後達到的。"②這以後除各種中國或唐代文學史、文學批評史、詩史以外，還出現了大量的研究論文，甚至專門著作③，大都深受王運熙先生的影響。雖然研究得更加深入細緻，具體提法也略有變化，然而有些習以爲常的研究方法和結論，比如從方法上説主要通過具體分析初盛唐詩歌的創作風格來進行研究，從結論來説都像高棅一樣強調武則天時期陳子昂等人的貢獻，公認殷璠所説"主上"

---

① 〔明〕高棅《唐詩品彙》，上海古籍出版社1982年影印明刊本，第11、14、46、47頁。
② 王運熙《釋〈河嶽英靈集序〉論盛唐詩歌》，《復旦學報》（人文科學版）1957年第2期，收入《漢魏六朝唐代文學論叢》，上海古籍出版社，1981年。
③ 論文如葛曉音《論初盛唐詩歌革新的基本特徵》，《中國社會科學》1985年第2期；趙昌平《開元十五年前後——論盛唐詩的形成與分期》，《中國文化》1990年第1期。專著如李珍華、傅璇琮《河嶽英靈集研究》，中華書局，1992年；葛曉音《詩國高潮與盛唐文化》，北京大學出版社，1998年；杜曉勤《初盛唐詩歌的文化闡釋》，東方出版社，1997年；尚定《走向盛唐》，中國社會科學出版社，1994年；聶永華《初唐宮廷詩風流變考論》，中國社會科學出版社，2002年。

指唐玄宗,景雲、開元詩風變化是玄宗提倡質樸之風和某些詩人走上詩壇的結果,初看似乎理所當然,細思仍有值得探討之處。殷璠作爲一個唐代詩選家,是否會像現代學者採用如此精密的研究方法,現代學者的研究結論是否符合殷璠的本意,實在令人深表懷疑。

二

正如研究者所指出:"中國古代的許多詩、詞、散文等選本,不但通過選錄作品表現了編者的去取眼光,而且往往前有序文、中附評語,直接表達編者的文學觀點。因此一些著名的選本,常常成爲文學批評史研究的對象。唐人編選的唐詩選本不少,今尚存十來種,其中殷璠的《河嶽英靈集》佔有相當重要的地位。"①現代人研究唐詩,仍然需要參考殷璠的論述,那麽,在缺乏現代學術研究方法的古代,要進行文學批評,更便捷的途徑當然是借助各種選本的序文和評語,而不可能對所有單篇詩文作出分析。殷璠序中曾經對《文選》以後的詩文選本有所評論:

> 梁昭明太子撰《文選》,後相效著述者十餘家,咸自稱盡善,高聽之士,或未全許。且大同至於天寶,把筆者近千人,除勢要及賄賂者,中間灼然可尚者,五分無二,豈得逢詩輒纂(纘),往往盈帙。蓋身後立節,當無詭隨,其應銓簡(詮揀)不精,玉石相混,致令衆口謗(銷)鑠,爲知音所痛。②

《舊唐書·經籍志》由開元中期毋煚《古今書錄》删略而成,其總集類著錄:

> 《小詞林》五十三卷。《集古今帝王正位文章》九十卷。《文海集》三十六卷,蕭圓撰。《詞苑麗則》二十卷,康明貞撰。《芳林要覽》三百卷,許敬宗撰。《類文》三百七十七卷,庾自直撰。《文館詞林》一千卷,許敬宗撰……《古今詩苑英華集》二十卷,梁昭明太子撰。《續古今詩苑英華》二十卷,釋惠靜撰。《詩林英選》十一卷。《類集》一百一十三卷,虞綽等撰。《詩纘》十二卷,又《詞英》八卷,《六代詩集鈔》四卷,徐陵撰。《古今類序詩苑》三十卷,劉孝孫撰。《麗正文苑》二十卷,許敬宗撰。《古今詩類聚》七十九卷,郭瑜撰。③

除中間賦論等體選本省略不計,前爲詩文合選,後爲詩單體選本,共計十七部。《新唐書·藝文志》補錄的"卜長福《續文選》三十卷,開元十七年上"等五部,已在殷璠序文所説"開元十五年"之後,其前只有"元思敬《詩人秀句》二卷,孫季良《正聲集》三卷,《珠英學士集》五卷"三部④。殷璠所説"相效著述者

---

① 王運熙、顧易生《中國文學批評通史·隋唐五代卷》,上海古籍出版社,1996年,第235頁。
② 傅璇琮《唐人選唐詩新編》,第107頁。另參盧盛江《文鏡秘府論彙校彙考》,中華書局,2006年,第1500—1519頁。
③ 〔後晉〕劉昫《舊唐書》卷四六,中華書局,1975年,第2077、2080頁。按:此下著錄樂府詩選本及徐陵《玉臺新詠》等,當亦不在"十餘家"內,故不引錄分析。
④ 〔宋〕歐陽修、宋祁《新唐書》卷六〇,中華書局,1975年,第1621頁。

十餘家",應該就在這二十部之内。殷璠説它們"咸自稱盡善,高聽之士,或未全許",表面上看起來,似乎他對以前的選本都持批評態度,談不上對其有何繼承。但仔細體味其話外之音,殷璠的批評可能有其主要的針對對象,而并非指所有選本而言。上述二十部梁至唐初選本從内容上看可分四類:

一是大型詩文合選,如庾自直《類文》三百七十七卷,許敬宗《文館詞林》一千卷,《芳林要覽》三百卷,虞綽《類集》一百一十三卷,都是超過百卷甚至上千卷的大書,《集古今帝王正位文章》雖然不到一百卷,但收録對象狹窄,九十卷亦已不少。這類詩文總集目的在於求全,選擇自然不精,甚至根本不加别擇。殷璠"逢詩輒纂,往往盈帙"的批評,應該主要針對這種做法。

二是《小詞林》五十三卷,蕭圓《文海集》三十六卷,《詩林英選》十一卷,徐陵《詩纘》十二卷、《詞英》八卷、《六代詩集鈔》四卷。它們的卷數較少,爲嚴格意義上的選本。由於古代目録學分類没有"選集"概念,一并著録在總集類。但這些選集都是南朝綺靡之風下編撰的,其選録標準和宗旨也必定會受其影響,所收應該主要爲梁陳詩文。它們都主要受到齊梁文學風氣的影響,殷璠"銓簡不精,玉石相混"的批評,應該主要針對這種做法。

三是唐初劉孝孫《古今類序詩苑》三十卷、郭瑜《古今詩類聚》七十九卷,卷數不算太多,但劉孝孫自評"繁蕪"而請慧(惠)净删詩,則郭氏之書同嫌選擇未精,可以想見。許敬宗《麗正文苑》二十卷,參《易·離》彖辭"日月麗乎天,百穀草木麗乎土,重明以麗乎正,乃化成天下",《梁書·元帝紀》"麗正居貞,大橫固祉",應爲帝王詩文集。《珠英學士集》五卷,志中原注"崔融集武后時修《三教珠英》學士李嶠、張説等詩"。元思敬《詩人秀句》二卷,不選全詩,專收秀麗詩句。三書收録範圍專狹,如此卷數,也談不上銓選之精。因此,這五部唐初選本,也應該在殷璠所謂"銓簡不精,玉石相混"之列。

四是排除了以上諸書後,還剩下三部詩文選本:慧净《續古今詩苑英華》二十卷,原本十卷,專選詩歌;康顯貞《詞苑麗則》二十卷,是詩文合集;孫翌(季良)《正聲集》三卷,專選唐詩。而殷璠《河嶽英靈集》選録的時段比《正聲集》更短,分爲上下兩卷。僅從卷數上就可以看出,這四部選本之間,至少在銓選的數量標準上,是比較接近的。因此,前三書肯定不在殷璠所謂"逢詩輒纂,往往盈帙"之列,也未必會被看作"銓簡不精,玉石相混",只不過殷璠在短短的一篇序文中無法做出細緻區别而已。

慧净《續古今詩苑英華》、康顯貞《詞苑麗則》、孫翌《正聲集》三書都早已亡佚,但根據現有材料可以考明,它們分别編撰於貞觀中後期、景雲前後、開元中期,這與殷璠序中以"貞觀末""景雲中""開元十五年"作爲初盛唐詩風演變的三個時間節點,令人驚異地高度吻合,難道只是一個偶然巧合而已嗎?這個問題值得做點進一步深入的分析。

三

殷璠所謂"武德初微波尚在",句式化自梁鍾嶸《詩品·總論》。鍾嶸認爲漢魏以後文風"陵遲衰微",西晋溺於玄風,"爰及江表(指東晋),微波尚傳","建安風力盡矣"①。而殷璠則是説南朝綺靡文風,到了唐初仍有影響。相應地,所謂"貞觀末標格漸高",則應該是超越南朝綺靡文風,提出更高的文學創作標準。但是上引高棅却説:"永徽以還,四傑并秀於前,四友齊名於後,劉氏庭芝古調,上官儀新體,雖未遏其微波,亦稍變乎流靡";到陳子昂才"上遏貞觀之微波,下决開元之正派"。這兩種貌似相互抵觸的説法,正好反映出唐初文學理想與創作實踐的矛盾,都有其合理因素,并非不能相通。

　　唐初君臣總結南北朝以來的亡國教訓,上承儒家的詩教傳統,自然地將文學文風與國家的治亂興衰直接勾聯起來,認爲亡國之君皆好麗辭,對於南朝文風特別是梁陳"宫體詩"大加撻伐。如《隋書·文學傳序》云:"梁自大同之後,雅道淪缺,漸乖典則,爭馳新巧。簡文、湘東,啓其淫放;徐陵、庾信,分路揚鑣。其意淺而繁,其文匿而彩,詞尚輕險,情多哀思,格以延陵之聽,蓋亦亡國之音乎!"又《隋書·經籍志》集部小序云:"梁簡文之在東宫,亦好篇什。冶辭巧制,止乎袵席之間;彫琢蔓藻,思極閨闈之内。後生好事,遞相放習,朝野紛紛,號爲宫體。流宕不已,迄於喪亡。陳氏因之,未能全變。"《北齊書·文苑傳》序云:"江左梁末,彌尚輕險,始自儲宫,刑乎流俗,雜渰灃以成音,故雖悲而不雅。爰逮武平,政乖時蠹,唯藻思之美,雅道猶存,履柔順以成文,蒙大難而能正。原夫兩朝叔世,俱肆淫聲。而齊氏變風,屬諸弦管;梁時變雅,在夫篇什。莫非易俗所致,并爲亡國之音。"《周書·王褒庾信傳》論云:"然則子山之文,發源於宋末,盛行於梁季,其體以淫放爲本,其詞以輕險爲宗,故能誇目侈於紅紫,蕩心逾於鄭衛。昔揚子雲有言:'詩人之賦麗以則,詞人之賦麗以淫。'若以庾氏方之,斯又詞賦之罪人也。"現代學者認爲:"這一時期的詩賦駢文,聲律更加和諧,對偶更加工整。""但唐初史臣所批評的,恐怕主要還不在於這些形式方面,而在於其内容的'止乎袵席之間''思極閨闈之内',即着意描繪女性和男女情事,亦即所謂宫體詩和同類題材的駢文。"②

　　貞觀君臣舉起復雅變正的大旗,指斥南朝墮落詩風,在一定程度上扭轉了人們的審美趣味,那種沉湎女色追求肉慾的宫體詩成爲他們摒棄的對象,從而净化了詩壇。但是貞觀君臣革除綺麗文風收效并不大,葛曉音先生認爲其重要原因是,"他們仍然拘守着儒家以頌美王政爲雅音、而雅音必須典麗的傳統觀念,改革文風的重點在於内容是否符合雅正的標準,而不在於形式的華麗","儒家正統風雅觀所重的'質素''雅正',主要是指内容爲頌美箴規,有益於王政教化,而并不排斥詞采的華麗","因此唐初君臣在文酒之會和宫廷唱和中留下來的'雅音',依然脱不了'麗藻窮雕飾'","可見,用典麗的雅頌之聲去糾正綺麗的'鄭衛之聲',最終仍不免復歸於形式主義"③。這一分析是相當深刻

---

① 〔梁〕鍾嶸撰,陳延傑注《詩品》,人民文學出版社,1980年,第2頁。參萬繩楠《魏晋南北朝史論稿》,安徽教育出版社,1983年,第236頁。
② 王運熙、楊明《隋唐五代文學批評史》,上海古籍出版社,1994年,第57頁。
③ 葛曉音《論初盛唐詩歌革新的基本特徵》,中國社會科學1985年第2期。

的。貞觀君臣通過批判梁陳文風而提出自己的文學理想，這可以説是"標格漸高"；但是他們正面主張的"雅音"，其實是另一種"流靡"，到龍朔以後更發展爲"綺錯婉媚"的"上官體"和富麗諂媚的"頌體詩"。

由此説來，殷璠所謂"標格漸高"，可以是指貞觀君臣特别是史臣們的議論，但梁陳齊周隋五史武德中始修，到貞觀十一年修成進上，這與殷璠所説"貞觀末"不符。況且假如殷璠的後兩變之説是由兩種選本的風格發展而來，那麽這裏也以指某一種選本更爲合適。而根據現有材料推斷，只有慧净《續古今詩苑英華》有此可能。

慧净之書，兩《唐志》著録爲二十卷，劉孝孫序文説是十卷，《大唐新語》卷九記載唐時"復有詩篇十卷，與《英華》相似"，《日本國見在書目録》在十卷本之外，又著録有注本二十卷①。《續高僧傳》記載慧净著書事，列於貞觀十年至十三年之間，又詳引"吴王諮議劉孝孫"序，而劉孝孫貞觀十五年始任吴王諮議。推測慧净很可能始事於貞觀十年至十三年之間，而成書於貞觀十五年後，這就與殷璠所説"貞觀末"比較相符了。其書原本十卷，不久就出現了内容略多的别本，以及分爲二十卷的注本，這本身就説明其書在唐代傳播之廣、影響之大。

慧净選詩宗旨，可以從劉孝孫序文略窺一斑：

> 嘗以法師敷演之暇，商榷翰林。若乃《園柳》《天榆》之篇，《阿閣》《綺窗》之咏，魏王《北上》，陳思《南國》，嗣宗之賦《明月》，彭澤之摘《微雨》，逮乎顔、謝掞藻，任、沈道文，足以理會"八音"，言諧"四始"。咸遞相祖述，鬱爲龜鏡，豈獨光於曩代，而無繼軌者乎？近世文人，才華間出。周武帝振彼雄圖，削平漳滏；隋高祖韞兹英略，戡定江淮。混一車書，大開學校。温、邢譽高於東夏，徐、庾價重於南荆。王司空孤秀一時，沈恭子標奇絶代。凡此英彦，安可闕如？自參墟啓祚，重光景耀，大宏文德，道冠前王，蔿軸之士風趣，林壑之賓雲集。故能抑揚漢徹，孕育曹王。文雅鬱興，於兹爲盛。②

這篇序文介紹慧净《續詩苑英華》選詩的契機，是劉孝孫"固請法師，暫回清鑒，采摭詞什，耘剪繁蕪"。上文提到劉孝孫自己編有《古今類序詩苑》三十卷，這裏似乎是在自謙己書"繁蕪"，所以才請慧净爲之"删詩"，并相互討論過選編宗旨，所以序文大致也可以代表慧净的觀點。其中幾乎涉及整個魏晋文壇著名詩人，如曹丕、曹植、阮籍、陶淵明、顔延之、謝靈運、沈約、任昉、温子升、邢邵、徐陵、庾信、王褒、沈炯等。由序中對諸詩人的評論，如"魏王《北上》，陳思《南國》，嗣宗之賦《明月》，彭澤之摘《微雨》""顔、謝掞藻，任、沈道文"等分析，知慧净之評論和後代詩論家之觀點甚爲相近，故知慧净對魏晋六朝的文學有較爲清晰的瞭解。

值得注意的是，從序文來看，慧净與唐初史家魏徵等的文學觀點基本上一

---

① 參孫猛《日本國見在書目録詳考》，上海古籍出版社，2015年，第2036—2038頁。
② 〔唐〕道宣《續高僧傳》卷三，《大正藏》第五十册，第441頁。

致。慧净對唐前文學的認識,由序中評價"沈恭子"亦可管窺一斑。序文説"沈恭子標奇絶代",可見對其人評價之高。沈恭子即陳人沈烱。《南史》卷六九末史臣論曰:"沈烱才思之美,足以繼踵前良。"可見序文之評價與史論契合。《藝文類聚》卷五五録《陳劉師知〈侍中沈府君集序〉》曰:"陳亢有云:'趨庭學詩,又聞君子。'毛萇亦曰:'登高能賦,可爲大夫。'言其善觀民風,則與圖王政。若沈恭子者,斯乃當世賢焉。"鄭振鐸先生評論説:"沈烱不甚以詩名,然其亂後所作,確實那樣的凄楚沉痛。'猶疑屯虜騎,尚畏值胡兵。空村餘拱木,廢邑有頹城。舊識既已盡,新知皆异名。'(《長安還至方山愴然自傷》)這種情調,和庾信、王褒所作,却只有更悲切……難怪他是那樣的悲歌痛哭着。""沈烱的《歸魂賦》,寫梁末喪亂,身爲北朝所羈留……痛定思痛,情意至爲凄惶。"①傅璇琮、盧燕新兩先生認爲:"沈烱在南朝注重聲色詞藻的文壇中,確實是獨具風格。從這個角度上説,序文對其評價是甚有眼界。因此,在編纂《續詩苑英華》之實踐中,慧净頗具鑒賞力的眼光及其符合時代要求的詩學觀,很可能更爲有效地促使其選詩具有相容性,即不僅注重所選詩篇的聲律詞采,遴選類似徐陵等人之詩,亦注重選録對象的思想内容,如王褒、沈烱等人的詩作。"②

可見,慧净《續古今詩苑英華》確爲貞觀末最著名的詩歌選本,其文學觀念與貞觀史臣基本一致,殷璠所謂"貞觀末標格漸高"有可能正是依據慧净的選詩宗旨來評論貞觀末的詩風。

四

殷璠所謂"景雲中頗通遠調",是三變説中最令人費解的。因爲唐睿宗用景雲年號僅兩年多,在唐詩發展史上實在没有什麽獨特地位。所以上引高棅改爲"神龍以還,品格漸高,頗通遠調"。王運熙先生對此作出解釋,説"是時張説等登用,文章更趨雅正",并引睿宗制"凡政事皆取太子處分",認爲景雲後"政治大事已由玄宗決定","已注意改變學風,序文中特别指出'景雲中頗通遠調',我推測主旨在贊美玄宗政治措施所起的良好影響"③。

關於"遠調",有學者指出來源於劉勰的"調遠"之説④。并認爲"'調'在《河嶽英靈集》中,既與聲調有關,又不拘執於聲調,還指詩的格調,即風格","旨遠、興遠、趣遠,指興趣幽遠,情趣高遠",殷璠的"遠調"概念,"一方面强調風骨,注重情思,由情思高遠進而達到格調高逸,另一方面又補充了自然聲調對'遠調'産生的影響,聲調的流暢和諧也有助於高遠格調的形成。它是對盛唐之音的'聲律風骨始備'到來之前文學特徵的一個概括,融聲律中自然聲調

---

① 鄭振鐸《插圖本中國文學史》,上海人民出版社,2005年,第233、248頁。
② 傅璇琮、盧燕新《〈續詩苑英華〉考論》,《文學遺産》2008年第3期。
③ 王運熙《釋〈河嶽英靈集序〉論盛唐詩歌》,《復旦學報》(人文科學版)1957年第2期。
④ 王彩梅《"調遠"——〈文心雕龍〉中一個用而未釋的範疇概念》,《文心雕龍研究》第八輯,河北大學出版社,2009年。王彩梅、高獻紅《劉勰〈文心雕龍〉"調遠"範疇考論》,《河北大學學報》2008年第2期。

的質素和風骨中情感偏向高遠超逸的那部分情思,融合成一種獨特的文學特徵:格調高遠,聲調流暢"①。盧盛江先生認爲:"這裏反復説的'遠',應該就是司空圖説的'遠而不盡'之遠。所謂旨遠、興遠、趣遠,也就是指詩歌的興致情趣意旨有着深厚深遠以至無窮的韵味,也就是後來司空圖所説的韵外之致、味外之致,'不知所以神而自神',也就是傳王昌齡《詩格》'用勢不如用神'之'用神'。"②羅宗强先生則指出:"詩有遠韵,正是盛唐詩歌的主要標志之一。我們可以把頗通遠調的景雲中,看作盛唐詩歌的開始,而把景雲以前,劃爲初唐。"③

學界對"遠調"的這些詮釋固然不錯,但似乎尚有未達一間,即只注意到空間之"遠",没有注意到時間之"遠"。衆所周知,南朝至初唐文學的主要弊端在於"逐物",即偏重對現實物件的摹寫,意趣卑近。那麽"景雲中頗通遠調",從藝術上固然可以理解爲意趣高遠,從詩體上則爲古體的復興,從韵律上則爲古調的翻新④。如此理解,才能深刻體會出殷璠所謂"頗通遠調"的詩史意義。

如上所述,雖然"貞觀末標格漸高",却未能真正遏止南朝綺靡文風的"微波",原因在於貞觀君臣只是重拾儒家詩教傳統,并不能滿足文學發展的真正需要,完全取代南朝文風。其後王勃、楊炯等批評龍朔年間的綺靡文風,而其文學創作仍多鋪張揚厲的賦頌之體,原因同樣在於他們没有發現從屈原、宋玉到建安文人所一脉相承的風雅精神,反而指責"屈宋導澆源於前,枚馬張淫風於後","賈馬蔚興,已虧於雅頌;曹王杰起,更失於風騷"⑤。葛曉音先生指出:

> 將楚辭、漢賦、建安文學和南朝詩混爲一談,原是從南北朝發展而來的傳統偏見。初唐以前,儘管文藝思想中歧見較多,但無論哪一派都認爲建安以後文學由質轉文的趨向是由於内容逐漸背離儒家歌功頌德的韶夏正聲,轉向表現哀思、佚游等個人情志的結果。太宗、魏徵等雖然對漢魏至梁陳的作家能給予中肯的評價,却僅局限於肯定其藝術成就,也没有認真地從精神上將楚辭與漢賦、建安與齊梁區分開來。⑥

唐人重新提倡建安文學,陳子昂居功至偉。"初唐的陳子昂從歷代文學中提煉出'漢魏風骨'這個精華,不僅提高了漢魏文學的地位,使之與其他時期的文學,特別是其後的六朝文學區别開來,而且使其獨特的審美品質—風骨首次得到强調,對盛唐人進一步深入地認識建安文學有着很大的啓發作用。"⑦但

---

① 王彩梅、孫欣欣《從〈河嶽英靈集〉看殷璠的遠調説》,《名作欣賞》2009年第9期。
② 盧盛江《殷璠"神來""氣來""情來"説新釋》,《文學與文化》第七輯,南開大學出版社,2007年。
③ 羅宗强《唐詩小史》,陝西人民出版社,1987年,第9頁。
④ 《河嶽英靈集》中收録了近四分之三的古體,如王維入選的十五首詩,無一近體律詩。有學者認爲:"殷璠以'好古'爲'追新',認爲古體方面的創作實踐纔是盛唐詩歌的最新穎、最值得關注之處",見蔡丹君《〈河嶽英靈集〉詩體觀念探源》,《文藝理論研究》2010年第4期。元稹《長慶集》卷十二《見人咏韓舍人新律詩因有戲贈》:"喜聞韓古調,兼愛近詩篇。"則以"古調"與近體詩對言。
⑤ 蔣清翊《王子安集注》,上海古籍出版社,1995年,第130、62頁。
⑥ 葛曉音《論初盛唐詩歌革新的基本特徵》,《中國社會科學》1985年第2期。
⑦ 易小平《從風骨到政教——盛唐中唐對建安文學的接受》,《唐都學刊》2004年第5期。

殷璠没有使用"漢魏(或建安)風骨"一詞,又與陳子昂以爲建安風骨到晋宋已失傳的認識不同,而認爲這個優良傳統一直被優秀的作家所繼承和發揚,只是到了齊梁之後才長期受到冷遇,這很可能是因爲他所受到的直接影響乃來自同屬詩文選本序文的如下論述:

  昔之才士,爲文者多矣。或濫觴姬、漢,或發源曹、馬。……自屈、宋已降,揚、班擅場,諧合《風》《騷》之序,鏗鏘《雅》《頌》之曲。長卿詞賦,色麗江波之錦;安仁文藻,彩映河陽之花。子建婉潤,張衡清綺,公幹氣質,景純宏麗。陳琳書記遒健,文舉奏議詳雅。太冲繁博,仲宣響亮。謝永嘉之璀璨,袁東陽之浩蕩。平原綺思,司空嘆其寥廓;吏部英才,隱侯稱其絶世。……然近代詞人,爭趍誕節,殊流并派,异轍同歸。文乖麗則,聽無宫羽。……謝病於新聲,藏拙於古體。……且文之爲體也,必當詞與旨相經,文與聲相會。……屈、宋爲涯島,班、馬爲堤防,粲、植爲陁落,潘、陸爲郊境,搴琅玕於江、鮑之樹,采花蕊於顔、謝之園,何、劉准其衡軸,任、沈程其粉黛,然後爲得也。①

這篇文章學者多以爲是許敬宗《芳林要覽序》,我們認爲,"從文中武后字、避諱字的用法上看,此文的寫作年代爲武后載初元年正月至玄宗先天二年二月(689—713)。粗略言之,應該説是武周、中宗、睿宗時期"。而從序文反映的文學主張來看,更與"頌體詩"代表人物許敬宗迥異其趣,應該是睿宗時康顯貞的《詞苑麗則序》②。

值得注意的是,序文前面贊揚了屈原、宋玉、揚雄、班固、司馬相如、潘岳、曹植、張衡、劉楨、郭璞、陳琳、孔融、左思、王粲、謝靈運、袁宏、陸機、謝朓十八位作家,大多爲晚周至晋代作家,僅謝靈運晚年入宋,謝朓爲宋齊詩人,而没有一位代表南朝文風的齊梁以後作家。這與李白名詩"蓬萊文章建安骨,中間小謝又清發"同樣,"是將二謝作爲南朝僅有的繼承漢魏詩風之作家看待的"。後面又列舉了應該學習的十六位作家,新增了江淹、鮑照、顔延之、何遜、劉孝綽、任昉、沈約等七位南朝劉宋至梁初作家,但只説要"搴琅玕""采花蕊""准其衡軸""程其粉黛",其典範意義比起以周、漢、魏、晋作家爲"涯島""堤防""陁落""郊境"低了許多。"顯然,康顯貞認爲主要應學習晋代以前的古典麗則,也要兼取南朝前期的文學精華,這就是他爲後人確立的詞苑新麗則。"③可見,雖然序文没有明確提出"漢魏風骨"的概念,但實際正是以漢魏爲中心,上承屈、宋,下沿兩晋,這就超越了陳子昂的認識,而更加接近殷璠的論述。

這篇序文批評"近代詞人"説:"謝病於新聲,藏拙於古體。"這换成正面的説法,就是主張"新聲""古體"并重,已經明確認識到近體詩與古體詩體裁和性

---

① 盧盛江《文鏡秘府論彙校彙考》,第 1570、1578、1582 頁。
② 張固也《康顯貞〈詞苑麗則序〉考實》,《學術論壇》2009 年第 3 期。
③ 張固也《康顯貞〈詞苑麗則序〉釋論》,《北京大學中國古文獻研究中心集刊》第九輯,北京大學出版社 2010 年。

質的差異,而又無所編倚,極其難能可貴。殷璠在《河嶽英靈集·集論》中説:"璠今所集,頗異諸家,既閑新聲,復曉古體,文質半了,風騷兩挾,言氣骨則建安爲傳,論宮商則太康不逮。"①更明顯地受到這篇序文的影響,因此,我們認爲殷璠所謂"景雲中頗通遠調",很可能正是對康顯貞《詞苑麗則序》提倡漢魏文學的高度肯定,并以之作爲兼融"新聲""古體"的唐詩新風出現之標志。

五

殷璠所謂"開元十五年後聲律風骨始備矣",在其三變説中最爲關鍵、最受重視。詩風的演變,本來應該是一個緩慢、漸進的過程,殷璠爲何用一個如此明確的年份作爲盛唐詩風最終形成的標志? 這確實是個饒有趣味的問題,於是"開元十五年的意義"成爲唐詩研究中一個"引無數英雄競折腰"命題,很多學者從不同角度進行過探究。

趙昌平先生從"開元十五年前後詩人結構的新轉變""社會狀態的轉變""詩人地位學問風氣與心態的變化""前後詩史兩種走向的交互影響"等多方面進行考察,認爲"至十五年前後,在穩定隆盛而微孕騷動的時代中,在學術化的謹重向文藝化的英特越逸轉化的文化氛圍中,在古律分判、朝野漸近的詩壇趨勢下,經由充滿希望而微寓不安的詩人心態——恰恰機緣湊巧,這時同時涌現了一批天賦極高的詩人——終於迎來了唐詩的高潮"②。尚定先生則"將《河嶽英靈集》所列詩人(其中可考的有二十位)在開元十五年的年齡以及其及進士第年份等綜合起來進行考察",指出:"從當時詩人創作的整體風貌來看,開元十五年前後,唐詩逐漸走向鼎盛時期。唐詩中山水田園和邊塞詩派格局在詩壇的形成亦大致在此前後。"③而吴光興先生則從思考《河嶽英靈集》的地域性、派別性問題"出發,認爲它"實質上是一本'潤州版'的或'王昌齡派'的開天詩選",因而"揭出王昌齡、常建二位進士及第、高歌奏凱之'開元十五年'爲一代文學興盛之標志"④。

這類研究相當深入,對於唐詩研究貢獻巨大。然而所謂"詩窮而後工",殷璠所選往往都是一些仕途不順的詩人,難以想像他會將某幾位詩人及進士第作爲其登上詩壇的標志,并將這一年份作爲整個唐代詩風演變發展的轉捩點。我們認爲,開元十五年發生了另一件唐代詩史上的重要事情,即孫翌《正聲集》的編撰成書,也許更加值得關注。

孫翌見於《舊唐書·儒學傳下》,可惜着墨不多:"孫季良者,河南偃師人也,一名翌。開元中,爲左拾遺、集賢院直學士。撰《正聲詩集》三卷,行於

---

① 傅璇琮《唐人選唐詩新編》,第108頁。
② 趙昌平《開元十五年前後——論盛唐詩的形成與分期》,《中國文化》1990年第1期。
③ 尚定《走向盛唐》,第230—233頁。
④ 吴光興《〈河嶽英靈集〉的地域性、派別性問題——兼及"開元十五年"新解》,《文學評論》2012年第2期。又見《八世紀詩風——探索唐詩義中"沈宋的世紀"》第二章,社會科學文獻出版社,2013年。行於

代。"①已有學者根據一些零星材料做過補充考證②,而尤以吳光興先生對於《正聲集》的研究最爲深入。孫翌開元七年文詞雅麗科制舉及第,十二年已在麗正殿修撰學士、校書郎職上,十五年"麗正"改"集賢"之際,季良爲直學士,參與編撰《初學記》《唐六典》等書。開元十五年春至十八年秋,張九齡任洪州刺史期間,孫翌曾以監察御史身份出使洪州,與張九齡賦詩唱和,今載於《曲江集》卷四。《舊唐書·儒學傳下》附之於其師尹知章之下,紀事如此簡略,壓根没有提及其開元十五年以後任過監察御史的事。由此推測,五代史臣可能没有其他孫翌的生平材料,所以只能依據《正聲集》的題銜記載了孫翌成書時的官職,那麽《正聲集》極有可能編成於開元十五年③。

　　假如這一推斷能够成立,那麽《正聲集》與《河嶽英靈集》的關係,以及殷璠特地拈出"開元十五年"的意義,就很值得重新思考了。《正聲集》是唐代非常流行、廣受推崇的一部唐詩選本。高仲武大曆十四年(779)編《中興間氣集》,其序文對《正聲集》給予高度評價:"暨乎梁昭明載述已往,撰集者數家。權其風流,《正聲》最備。其餘著録,或未至焉。"按照高氏的觀點,自梁蕭統《文選》以來,雖然編文學選集者有數家,但只有《正聲集》最好,其餘都不够好。晚唐顧陶《唐詩類選序》則説:"前賢纂録不少,殊途同歸,《英靈》《間氣》《正聲》《南薰》之類,朗照之下,罕有孑遺。"唐人傳記、墓誌中,經常以詩歌被收入《正聲集》爲榮。它之所以受到如此推崇,當然因爲其選詩範圍限制在高宗至開元年間,是第一部真正意義上的唐詩選本,且書僅三卷,入選詩家約僅三十多人,但也肯定離不開孫翌高妙的選詩宗旨和水準。宋人曾慥《類説》卷五四收録李淑《詩苑類格》,其中引録一段"孫翌曰",陳尚君先生認爲"應即孫翌《正聲集》之序論,頗可見其論詩之旨"④。其言曰:

　　　　漢自韋孟、李陵爲四、五言之首,建安以曹、劉爲絶唱,阮籍《咏懷》,束
　　皙《補亡》,頗得其要。永明文章散錯,但類物色,都乏興寄。晚有詞人,爭
　　立别體,以難解爲幽致,以難字爲新奇,攻乎异端,斯無亦太過?

這段論述分爲三層,第一層舉例論定漢魏晉作者能得詩歌之要點,其比較突出的特點是對四言詩格外重視。李陵之前舉韋孟、阮籍《咏懷》之後舉束皙《補亡》,六件例子之中完全屬於四言詩的例子就占了二件。除了儒家保守的文學立場因素,似乎也表示孫翌對《詩經》"六藝"及四言詩的詩歌藝術的重視。第二層論永明文學的不足,"永明文章散錯,但類物色,都乏興寄",從理論論述上看,指出爲當時近代文學奠定基礎的永明文學注重文辭修飾、描繪物象,却缺

---

①　〔後晋〕劉昫《舊唐書》卷一八九,第 4975 頁。
②　王東峰《唐人選唐詩第一人孫季良生平事迹考》,《河南科技大學學報》(社會科學版)2014 年第 3 期。
③　白朝暉博士曾據《唐會要》"孫季良即以校書郎爲直學士"之語,推測"那麽《正聲集》也應該産生於開元十五年或稍後",言之過簡。見《初盛唐詩體研究》,南京大學博士學位論文,2002 年,第 31 頁。
④　陳尚君《唐人編選詩歌總集叙録考》,《唐代文學叢考》,中國社會科學出版社,1997 年,第 188 頁。

乏興寄。這裏值得注意的是，其與《河嶽英靈集序》"都無興象，但貴輕艷"之說比較接近。第三層批評當時文人的"別體"、二"難"，以之爲"异端"。而《河嶽英靈集序》也有"攻异端"的批評，絶相類似。

吴光興先生認爲，"孫翌的基本立場與比他稍前的同爲批評者的陳子昂、盧藏用的觀點堪稱'同盟'，但是也有獨特的宗旨"，既重視四言詩，又重視樂府詩。并指出其"選劉希夷詩最多，特别耐人玩味"，因爲劉氏"將日趨工巧的詩歌藝術往平易流利的方向發展，也是開元詩風的一大方向。看起來《正聲集》的編撰，多麽像爲王昌齡詩學'導夫先路'的角色"。"《正聲集》的編集與流行，對於開元中期鼎盛一代文風的引導，以及對於王昌齡詩學理論與《河嶽英靈集》等進一步的理論創新的啓發，都值得重視與分析。"①趙立新先生也指出："孫翌《正聲集》更進一步，第一個把唐詩人作爲詩選的主體，他眼界開闊、標舉'興寄'，同時又不廢意境、聲調，并能在一定程度上結合人選詩人的品格，掌握并指引了當代及後來詩學的發展方向，爲唐人選唐詩提供了一個較爲理想的範本。"②

雖然《正聲集》佚文太少，我們難以瞭解孫翌關於聲律、風骨二者的更多、更具體的主張，然而殷璠所謂"開元十五年後聲律風骨始備矣"，包含着對孫翌於此年編成的《正聲集》選詩宗旨的高度肯定，應該是没有問題的。

六

根據上述研究，可以得出本文的基本結論：殷璠《河嶽英靈集序》所述初盛唐詩風演變的三個階段，并非是像現代學者這樣通過全面研究當時的詩人及其作品後提出的，而是更直接地在同類型的詩文選本特别是其序文、評論及其反映出來的選詩宗旨之基礎上，加以總結發揮而來。在殷璠所見《文選》後"十餘家"選本中，多數都是"逢詩輒纂，往往盈帙"，"詮揀不精，玉石相混"，只有貞觀末慧净所編《續古今詩苑英華》十卷，景雲年間康顯貞所編《詞苑麗則》二十卷，開元十五年孫翌所編《正聲集》三卷，選詩宗旨和編撰水準較高，因而也部分反映出初盛唐詩風演變的大致軌迹。殷璠在選編《河嶽英靈集》時，受到了三書許多正面影響，汲取了其中一些詩學理論養份。因此，更直接地説，殷璠所説"標格漸高""頗通遠調""聲律風骨始備"，實際上是分别指三書的選詩宗旨而言。其所謂"主上惡華好樸"云云，則不僅僅指唐玄宗，而包括三書編撰時的唐太宗、睿宗、玄宗在内，甚至其他唐代帝王對質樸之風的提倡。這些粗淺結論與學界通行説法大相徑庭，似乎降低了殷璠之説的詩學理論意義，所以文末有必要再贅言幾句。

學術研究的真諦在於追求真相。通過本文的研究，得以佐證慧净、康顯貞、孫翌三書的編撰時間很可能就是殷璠所説的"貞觀末""景雲中""開元十五

---

① 吴光興《八世紀詩風——探索唐詩義中"沈宋的世紀"》，第82—91頁。
② 趙立新《唐人選唐詩理想範式的確立》，《中國韵文學刊》2001年第1期。

年",并探明三人的選詩宗旨與殷璠所述完全相符,由此可以進一步確立三書在唐代詩文選本中的重要地位,這對於集部文獻研究本身的意義十分明顯。而在弄清了殷璠詩學理論的這三個直接來源後,也可以加深我們對其初盛唐詩風三變説的理解,特别是得以袪除其論述中的一個令人疑惑的問題。

從唐朝建立至"貞觀末"爲三十年,下至"景雲中"有五十多年,再下至"開元十五年"爲十五年。顯然,中間一段時間最久,跨越了唐高宗、武則天、唐中宗時期。而且,這個時期社會變化巨大,文學流派衆多,出現了許許多多的詩人詩作。其中如四杰、沈宋、陳子昂等還頗富革新精神,爲唐初詩壇吹來陣陣清風。但在殷璠詩風三變的論述中,這只是一個長期的過渡。相反,前後兩段時間較短,加在一起還没有中間一段長,却被殷璠賦與成爲初盛唐詩風演變的兩個關鍵階段。這一奇怪的現象,似乎還未見有人作出過合理的解釋。

本文開頭部分已經指出,明人高棅襲用了殷璠的評詩用語及其大意,但似乎是有意對殷璠之説作出了修正,特别是涉及了唐高宗、武則天時期的詩風演變。比如殷璠説"武德初微波尚在",高棅則説"貞觀尚習故陋"。殷璠説"貞觀末標格漸高",高棅則説"神龍漸變常調""神龍以還,品格漸高,頗通遠調"。殷璠明確地説"開元十五年後",高棅則模糊地説"開元、天寶間"。殷璠没提及高宗、則天時期,高棅却大提特提:"四杰并秀於前,四友齊名於後,劉氏庭芝古調,上官儀新體"。現代學者主要通過具體分析初盛唐詩歌的創作風格來進行研究,得出的結論實際上更加接近明代高棅之説。但是,學者們受殷璠之説的影響,同時又往往會强調"貞觀末""景雲中""開元十五年"前後詩風的差異。其實詩風演變是一個緩慢漸進的過程,前後一兩年的詩歌怎麽可能有那麽大的差異。因此,這類分析多少都會有所誇張,且其作爲關鍵標志的,如貞觀史論、李隆基實際掌權、某某詩人及進士第等,其實與詩歌并無太多的直接聯繫。

相反,本文提出殷璠實際上是暗中采用三部詩文選本的成書年代作爲初盛唐詩風演變三個階段的區别標志,這比起某某詩人及進士第等個體性事件來説,與詩風演變的聯繫或許更加密切一些。正如梁昭明太子所編《文選》一樣,一部優秀的詩文選本確實會對文學風氣產生大大小小的影響,甚至成爲文學史上的標志性事件。殷璠據此來論初盛唐詩風演變,是十分正常的。根據這一新的解釋,他不提唐高宗、武則天、唐中宗時期的原因,也可以得到很合理的解釋。康顯貞在唐睿宗景雲年間編撰《詞苑麗則》,大力提倡學習漢魏前後文學,具有積極意義,但他同時帶有全面否定武則天及其前後受武氏影響巨大的高宗、中宗時期文學成就之目的,因而對於梁陳至唐初文人不加區别,一概冠以"近代詞人"而痛加批評,這主要是出於政治原因,并不能準確反映文學發展的真實面貌。而對於殷璠來説,則是由於武則天前後并無值得稱道的詩文選本,於是以《詞苑麗則》成書的景雲年間作爲詩風演變的關鍵節點。至於陳子昂《與東方左史虬修竹篇序》之類單篇詩文,現代研究者極爲重視,當時未必流傳多廣,殷璠在一篇短短的序文中,更不可能拿來細加分析,并作爲詩風演變的標志。

當然,指出殷璠之説分别指三書的選詩宗旨而言,并不能完全否定其對初盛唐詩風演變研究的意義,也不能貶低殷璠的詩學成就。因爲一部優秀的詩文選本,必然適應文學發展的需要,反映當時文學變化的新氣象。一個優秀的詩選家,必定具有極高的詩歌鑒賞能力和詩學理論水準。因此,殷璠能够從"十餘家"選本中發現最優秀的三家,敏鋭地發現其所反映的詩風變化,并加上自己的分析評論,形成系統的以初盛唐詩風三變説爲核心的詩學理論,對後世産生了極其深遠的影響,其在詩學史上的重要地位是永遠不能輕視或抹殺的。

　　　　　　　　　(作者單位:華中師範大學歷史文獻學研究所)

王昶幕府集會文學活動及其幕賓考述

李金松

在乾嘉時期衆多的幕府中，有一個賓僚規模不亞於謝啓昆幕府、朱筠幕府，影響不亞於謝啓昆幕府的重要幕府，那就是王昶幕府。關於王昶幕府，尚小明《學人游幕與清代學術》没有論及，侯冬《乾嘉幕府與詩歌研究》亦不曾予以關注。可以説，學界對王昶幕府幾乎一無所知。因此，對於乾嘉時期這樣的一個重要幕府，實有進行探討之必要。以下即根據有關資料，對王昶幕府進行考述，希望豐富并拓深學界對王昶幕府以及乾嘉時期幕府的認識。

一　王昶生平、著述與幕府開設

王昶(1725—1806)，字德甫，又字琴德，號述庵，又號蘭泉，清江蘇青浦(今屬上海)人。"年十八，應學使試，以第一人入學"①。乾隆十九年(1754)進士，王昶歸班候選，被兩淮鹽運使盧見曾延聘，課其子及孫②。稍後充任内閣中書。在乾隆二十四年(1759)後的數年間，曾充任鄉試或會試同考官。乾隆三十三年(1768)，以道府任，但由於漏泄查辦兩淮鹽引案，奉旨革職，次年被雲貴總督阿桂"帶往雲南軍營效力"③。八年後自雲南返京，先後官通政使司副使、吏部郎中、鴻臚寺卿、都察院左副都御史。乾隆四十五年(1780)，官江西按察使，數月後，丁母憂。乾隆四十八年(1783)三月，官陝西按察使。兩年後，署陝西布政使。乾隆五十一年(1786)冬，遷雲南布政使，不到兩年，便調任江西布政使。半年多後，擢刑部右侍郎。乾隆五十九年(1794)，辭官歸里。暮年歸里後，王昶致力於教育與學術活動，并搜輯陳子龍著作，直到去世。王昶生平著述甚富，所著除《春融堂集》六十八卷、《滇行日記》外，另輯有《金石萃編》一百六十卷、《明詞綜》十二卷、《國朝詞綜》四十八卷、《湖海詩傳》四十六卷、《湖海

---

①　江藩《國朝漢學師承記》，中華書局，1983年，第53頁。
②　《國朝漢學師承記》，第54頁。
③　國史館編，王鍾翰點校《清史列傳》，中華書局，1987年，第2020頁。

文傳》七十五卷等,并纂修《青浦縣志》《太倉州志》《雲南銅政全書》等。

王昶幕府,始於其官江西按察使時,但由於丁内艱而任職較短,因而此時其幕府僚佐難以考證。其幕府僚佐可以考證的,是在其官陝西按察使時。乾隆五十年(1785)春夏之際,吴泰來應畢沅之請,主開封大梁書院,王昶爲之送行,舉行了聯句活動。此次聯句活動除作爲幕主的王昶外,其幕府僚佐全部參與,計有黄之紀、王開沃、汪照、趙魏、程敦、余鵬飛、楊之灝、史善長等①。以後,官雲南布政使、江西布政使,亦均有幕府。暮年里居,王昶編輯《金石萃編》等學術著作,在所居三泖漁莊,亦設有幕府,如彭兆蓀等,曾館於其府第,助其修書。王昶雖然數度開有幕府,但規模都不大,合計其幕府前後僚佐,可考者至少在 29 人以上。

二　幕府集會文學活動

據阮元《誥授光禄大夫刑部右侍郎述庵王公神道碑》所述,王昶"之爲學也,無所不通,早年以詩列吴中七子,名傳海外。初學六朝、初唐,後宗杜、韓、蘇、陸。侍宴賡歌,賜賚稠叠。詞擬姜夔、張炎,古文力追韓、蘇。碑版之文,照於四裔……所至,朋舊文宴,提倡風雅"②。舒位《乾嘉詩壇點將録》將其與錢載相提并論,認爲是"掌管詩壇頭領二員",喻之爲"入雲龍":"盛名之下,一戰而霸。"③由於愛好文學,王昶在公餘之暇,不時地與幕府僚佐舉行集會性的文學活動。根據有關文獻,王昶幕府開展的集會性文學活動主要如下:

1. 端午節宴集

乾隆五十年(1785)端午節,王昶與其幕府中佐僚舉行宴集。其事雖然不見於王昶《春融堂集》中,但史善長《秋樹讀書樓遺集》中有詩紀事。《秋樹讀書樓遺集》卷七有詩《午日宴集奉呈述庵先生二首》,云:

大府招邀席更移,榴花節見好花枝。飲蒲碧借分龍雨,結艾紅抽縛虎絲。壇坫論心忘分淺,鄉關回首得歸遲。蟲沙此日追陳劫,不覺樽前有所思。

羈懷芳序兩闌單,坐接龍門鬢已斑。好士風流歸北海,中年絲竹感東山。得邀月旦知何恨,尚隔雲沙遠未還。簪盍勿疑由大雅,晴薰吹暖上酡顔。④

據前一首,可知此次端午宴集是由王昶主辦的。雖然目前可以考知的與會之人僅王昶、史善長兩人,但此次宴集與會者一定另有王昶幕府中的賓僚,只是不詳具體爲何人。這樣的宴集,照例是有詩的。但此次端午宴集的主人王昶

---

① 王昶《春融堂集》卷十八《集廉讓堂送吴企晋之開封聯句五十二韻》,《續修四庫全書》第 1437 册,上海古籍出版社,1995 年,第 539 頁。
② 阮元《揅經室集》二集卷三,中華書局,1993 年,第 424 頁。
③ 舒位《乾嘉詩壇點將録》,《續修四庫全書》第 1705 册,第 168 頁。
④ 史善長《秋樹讀書樓遺集》卷七,《清代詩文集彙編》第 426 册,第 745 頁。

無詩存於其集中,與會者除史善長有詩存於其集中外,其他諸人所作之詩,由於他們無專集存世,因而是難以考明的。

2. 廉讓堂聯句

此次廉讓堂聯句活動,乃是送別吳泰來前往開封而舉行的。《春融堂集》卷十八《集廉讓堂送吳企晋之開封聯句五十二韵》之詩題,已交代了這次集體性文學活動的緣起。此詩的前一首詩,爲《蘇文忠生日再集終南仙館作》,據該詩題中"再"字,以及"蘇文忠生日",該詩可繫於乾隆四十九年(1784)之冬日。而據《集廉讓堂送吳企晋之開封聯句五十二韵》首兩句"皞帝矩已移,炎宫傘未斂",可知此詩之作當在初秋。《春融堂集》中的詩是以時間爲序編次的,因此,此詩既然次於《蘇文忠生日再集終南仙館作》之後,那麽,結合以上所述,可知其作於乾隆五十年(1785)秋日。參與此次聯句集會文學活動之人員,爲王昶及其幕府人員(詳前所述)。在史善長《秋樹讀書樓遺集》卷七,該詩詩題作《集廉讓堂送吳舍人泰來之開封,用五十炎、五十一忝劇韵聯句》,且繫於乾隆乙巳(1785)。

3. 中秋賞月小集

乾隆五十年(1785)中秋,王昶與史善長、楊之灝、余鵬飛賞月小集。王昶《春融堂集》卷二十八《琴畫樓詞》"四"有《水調歌頭》一詞,調後有小字注:"中秋夜玩月,同史誦芬、楊簣山、余伯扶作。"①史善長是當年春天入就王昶幕府的,次年夏五月離開王昶幕府。因此,史善長在王昶幕府度過的中秋只能是在乾隆五十年(1785)。據此,王昶與幕府中此次賓僚中秋賞月小集,當是乾隆五十年(1785)無疑,故繫年於此。

4. 重陽登高集會

距中秋賞月小集不久,王昶幕府舉行了一次集會文學活動,即重陽節登高小集,與會者有史善長、汪照、王滿夫、金式珏、楊之灝等。王昶《春融堂集》卷二十八《琴畫樓詞》"四"之《龍山會》詞調下有小字注:"和汪少山、家石華、史誦芬、金夔齋、楊簣山諸君九日作。"且其詞中有句"莫勸去登高"②。據此小字注及有關詞句,可知史善長等在是年重陽節有登高雅集,只不過此次雅集不是由王昶主導的,而是由其幕府賓僚私自組織的。王昶讀到史善長等人的重九登高詞作,因而酬和。按:汪照,一字少山。

5. 杏花春雨書齋宴集

關於此次集會文學活動,雖然在王昶的《春融堂集》中沒有留下痕迹,但是,史善長的《秋樹讀書樓遺集》中却有痕迹。《秋樹讀書樓遺集》卷七諸詩繫於乾隆乙巳(1785),中有詩《九月二十八日雪,述庵先生招同王上舍開沃、汪明經照、王茂才瑜、趙茂才魏、余上舍鵬飛宴集杏花春雨書齋,以坡翁"歧陽九月天微雪,已作蕭條歲暮心"分韵,得"歧""已"二韵》③。據此詩題所叙,與會者

---

① 《春融堂集》卷二十八,《續修四庫全書》第 1437 册,第 645 頁。
② 《春融堂集》卷二十八,第 646 頁。
③ 《秋樹讀書樓遺集》卷七,第 748 頁。

除史善長外,有王昶、王開沃、汪照、王瑜、趙魏、余鵬飛,共計七人,集於王昶杏花春雨書齋,分韵作詩。史善長分得"歧""已"二韵,作兩首詩;其他諸人,亦當是各分得二韵,作兩首詩。王昶爲幕主,其他六人,則是王昶的幕賓。在這諸人中,王昶之外,唯有史善長詩名頗著,有集傳世,而其他五人,則無集傳世。

6. 廉讓堂祀東坡生日

乾隆五十年(1785)十二月十九日,王昶招聚同人集廉讓堂祀東坡生日。嚴榮《述庵先生年譜》"五十年乙巳"條末:"十二月十九日,祀蘇文忠公於廉讓堂,陪祀者十餘人,作詩紀之,以公曾任鳳翔通判也。"①王昶《春融堂集》卷十八《蘇文忠公生日招同人集廉讓堂即事四首》之四云:

> 冰雪凝寒候,烟宵陟降時。神來玉局觀,像擬瑞蓮池。詩筆千秋業,廉頑百世師。金梁橋畔會,共望小峨嵋。秋帆中丞曩在西安,每冬致祀。今移節中州,汝州有小峨嵋,公兄弟葬焉,必爲此會,故及之。②

由此詩的小字注,可知王昶祀蘇軾生日於廉讓堂,乃是對畢沅祭祀蘇軾傳統的繼承。據嚴榮年譜所述,此次與會者有十多人,其中大部分應該爲王昶的幕賓。這些人即使不是全部作有詩歌,但至少有大部分會作詩的,可惜除王昶外,其他諸人的詩難以覓見,史善長《秋樹讀書樓遺集》中也沒有關於此次祀蘇軾生日文學集會活動的記載。

7. 送別孫星衍聯句

乾隆五十一年(1786)春,孫星衍自開封來到舊游之地西安,前後居留了一個多月。當他離開西安返回開封之時,王昶率其幕府人員聯句,爲孫星衍送行。史善長《秋樹讀書樓遺集》卷八《送孫明經星衍還大梁,兼呈畢秋帆聯句五十韵》一詩,是目前能找到關於這次聯句集會文學活動的唯一文獻。而此文獻,能呈現其當時聯句的大致情形:

> 折盡旗亭柳,青浦王昶述庵。難消別緒長。伊人還祖道,鎮洋王開沃半芽。獨馬又嵩陽。斷夢懷零雨,嘉定錢坫獻之。前塵話隔霜。經年何契闊,仁和趙魏晋齋。匝月太匆忙。舊好能重展,懷寧余鵬飛伯扶。新知豈暫忘?半生才識面,武進吳堦次升。如君足擅場。談經追服鄭,昶。作賦陋班揚。力障川瀾倒,開沃。窮探竹素藏。有輝皆結綠,坫。無迹不飛黃。聲價傾流輩,魏。逢迎得侍郎。魁材歸相度,鵬飛。捐客許臣狂。幕下原文藪,善長。……③

此次送別孫星衍的聯句集會活動,據史善長《送孫明經星衍還大梁,兼呈畢秋帆聯句五十韵》一詩,可知參與者有王昶、王開沃、錢坫、趙魏、余鵬飛、吳堦、史善長,共計七人。換言之,此聯句詩,爲七人合作完成。

---

① 嚴榮《述庵先生年譜》,王昶《春融堂集》附錄,第349頁。
② 《春融堂集》卷十八,第542—543頁。
③ 《秋樹讀書樓遺集》卷八,第753—754頁。

此次送別孫星衍聯句,是王昶幕府在西安的最後一次文學集會活動。此後,王昶奉命搜捕戕殺知縣孫岳灝的河南伊陽縣民秦國棟等三十餘人,捕獲後解送京師①。是年冬日,王昶奉命出任雲南布政使,并起行前往。

8. 南昌官齋小集

據嚴榮所撰年譜,王昶是在乾隆五十二年(1787)二月十三日到達雲南省城昆明并履職布政使的。王昶自到任至乾隆五十三年(1788)三月初八日奉命調任江西布政使這一年多時間裏,雖然不廢作詩,但多爲紀行之作。可能由於忙於政務,再加上雲南"僻處西陲,士人弇陋,四方知名之士罕有來游者"②,王昶并無同賓僚舉行過雅集,至少其《春融堂集》没有留下記載。而當他到達南昌、履職江西布政使不到兩個月,他就招集幕賓及官江西學政的翁方綱等,在南昌官閣舉行雅集,《春融堂集》卷十九《臘月二十一日招翁學使振三及曹仲梅秉鈞、家若農、金寶函鴻書、施錫藩晋、江子屏藩、汪上章庚、吴照南照、何夢華元錫諸君小集》即是雅集紀事,詩云:

> 官齋鎖印趁閑身,蕙草香中笑語親。淡月微雲風景别,春燈臘酒歲華新。總持儒雅歸名彦,謂學使。嘯傲溪山屬散人。謂仲梅諸君。勝事良辰難并得,擁爐勸酒莫醉頻。③

這次官齋小集舉行於乾隆五十三年(1788)十二月二十一日,與會者有翁方綱、曹秉鈞、王若農、金鴻書、施晋、江藩、汪庚、吴照、何元錫,加上王昶本人,共計十人。翁方綱《瑞州使院有潁濱東軒,予前年摹蘇書爲扁,賦詩寄瘦銅舍人。適瘦銅官監倉,取東坡泗州監倉蕭淵東軒詩題其倉曹廳事,亦曰東軒,作詩二首見寄,久未和也。今日於廣通道中,述庵方伯寓書寄來瘦銅新刻詩集,書中再申屬和語。次韵奉答,兼寄述庵》之二云:"盟言後鄭齋頭寄,息壤三張訊早通。坡老詩如來泗水,豫章集果繼吴風。"詩後有小字注:

> 去年題東軒詩有三張之句,謂瘦銅寄詩及藥房作圖,而古愚來作邑高安也。昔宋牧仲開府江南,輯諸家詩名曰《吴風》。今述庵來南昌,一時三吴名士如江子屏、史赤厓、曹仲楳、王若農、汪上章諸君子,咸聚於此,故戲祝瘦銅或謁選來江西耳。述庵書室曰鄭學齋。④

翁方綱認爲江藩、曹秉鈞等人,是因爲王昶官江西布政使而前來幕游的。可見,這與會諸人中,除王昶爲江西布政使、翁方綱時官江西學政外,其餘諸人均爲王昶幕府中幕賓。次年正月初八日,王昶又招集以上諸人小集,《春融堂集》卷二十《初八日復邀振三及仲梅諸君小集》即是此次集會的紀事,此次集會的與會人員當與上次同。這兩次集會,前後相距不過二十天。阮元稱王昶"所

---

① 《述庵先生年譜》"五十一年丙午"條,王昶《春融堂集》附録,第349頁。
② 《述庵先生年譜》"五十一年丙午"條,王昶《春融堂集》附録,第350頁。
③ 《春融堂集》卷十九,第553頁。
④ 翁方綱《復初齋外集》卷二十,《清代詩文集彙編》第382册,第564頁。

至,朋舊文宴,提倡風雅"(見前引),所言不虛。

9. 承露堂雅集

乾隆五十四年(1789)春,王昶招約幕府中賓僚集於承露堂,即席分韻賦詩。時爲王昶幕府賓僚的史善長詩集《秋樹讀書樓遺集》中《述庵方伯招集承露堂,即席分韻賦詩,得三"肴"三十韻》,即是這次雅集的作品,云:

> 春陰黤黕霏林梢,絲雨灑竹抽霜苞。先生公暇劇幽興,如晦三復聞膠膠。衙齋長日集鴻侶,官厨隨意羞蘭肴。且携一斗足斟酌,不用兼味羅燔炰。座中賓從半新故,獨我燕識歸來巢……①

史善長的這首《述庵方伯招集承露堂,即席分韻賦詩,得三"肴"三十韻》,是對承露堂這次雅集活動的紀事。此次承露堂雅集的與會者,對史善長而言,乃是"座中賓從半新故",有其以前熟識的,也有純粹是新相識;這些與會者,大多應當是前兩次雅集的參與者。據詩中"春陰黤黕霏林梢,絲雨灑竹抽霜苞"兩句,時間應當是二月,正竹笋抽苞之時。除史善長外,施晋也參與了這次雅集,并有詩《王述莕夫子招諸同人集南昌薇省之承露堂,分韻得十一"尤"》,云:"今春甲子雨不修,重陰撲簾寒襲裘。先生愛士慮且周,對雨或恐屬人愁,特命置酒祛煩憂。"②可與上舉史善長詩相印證。而其他諸人詩作則難以考明。

不過,王昶任職江西布政使不足半年,就被調任刑部侍郎,離開南昌;而其幕府中的賓僚也隨之風流雲散了。

王昶最後的幕府是在晚年編書時期。在生命最後的七八年間,王昶年老體衰,而且有一段時期是失明的,他延請當地及鄰近的一些知名之士,館於府第,助他編書,整理自己的平生學術。據《青浦縣志》卷二十二《沈靖傳》載:"沈靖,字安成,鎮洋人,光禄寺卿起元孫。……王昶輯《湖海詩傳》,屬靖讎校,烏焉帝虎,辨析極審。時同客昶蒲褐山房者,有吳江史善長、吳縣徐葵、嘉定錢侗、鎮洋彭兆蓀。史字誦芬,徐字佩雲,兆蓀字甘亭,皆諸生,美詩才,集皆行世。侗,舉人,字升願,號同人。昶輯《金石萃編》,模録漢碑,侗一力爲之。當時諸人皆在賓館,極一時文燕之盛。"③這一時期的王昶幕府除上述諸人外,另有王濤、王文潞、朱文藻、陶梁等。據"極一時文燕之盛"句,這一時期的王昶幕府文學集會活動頗多,但難以詳考。

三 幕府佐僚考

王昶雖然四度開設幕府,但前三度所開,合起來不過四年左右;晚年爲編校書籍而開設的幕府,持續時間也不過五六年。同乾嘉時期的盧見曾、畢沅、曾燠、阮元等人的幕府比較起來,王昶幕府持續的時間無疑是較短的,影響力

---

① 《秋樹讀書樓遺集》卷十,第 781 頁。
② 施晋《一枝軒稿》,南開大學圖書館編《南開大學圖書館藏稀見清人別集叢刊》第 15 册,廣西師範大學出版社,2010 年,第 16 頁。
③ 王祖綬、熊其英、邱式金《青浦縣志》卷二十二,光緒四年刊本。

也不及盧見曾等人的幕府。儘管如此,但王昶幕府仍然是乾嘉時期一個較爲重要的幕府。爲了能對王昶幕府有更深入的認識,我們現在對入就其幕府的佐僚作一一的考述。

1. 史善長

史善長(1750—1754),字誦芬,一字仲文,號赤厓,一作赤霞,清江蘇吳江人。諸生。《(光緒)吳江縣續志》卷二十一有傳。其家累世游幕。乾隆壬寅(1782)三月,史善長之父客死於陝西邠州。半年後,史善長前去奔喪,先後入就甘肅布政使馮光熊與按察使景如柏幕府。乾隆四十九年(1784)十二月十六日,史善長携父櫬自蘭州東歸;次年,道經西安,因所作詩爲時任陝西按察使王昶所賞,而入就王昶幕府,居留約一年多。其《青門雜詩》之十"南金東箭萃洪纖,幕府憐才吐握兼。許我春風從載筆,焦朋語小亦詹詹"末句小字注:"廉使王先生昶謬賞鄙作,遂有幕下之訂。"①其《上翁宫詹書》亦云:"今年三十有五矣……度蕭關,越金城,西抵鄯善之區,北出居延之塞,凡三載而東。志氣惛惛,日即頹廢,廉使王公猶復以爲可教,館之賓舍。"②述入職王昶幕府事。在此後的二十年間,史善長兩度入就王昶幕府:一是王昶官江西布政使時,僅數月;一是王昶乞休里居後,助其編校書籍。史善長詩、詞、賦兼善,所著今存《秋樹讀書樓遺集》十六卷,爲詩與賦合集,有道光十五年(1835)勝溪草堂刻本;《一謙四益閣文鈔》四卷(鈔本,藏國家圖書館)。此外,史善長詞集《翡翠巢詞》不傳於世,但有四首詞載於《國朝詞綜》二集,分別是《蝶戀花·湖外新晴湖外雨》《茶瓶兒·得家書》《洞仙歌·西安送春》《蝶戀花·珠街鎮舟夜有感寄述庵先生滇南》。《吳江續縣志》卷二十一有傳。

2. 楊之灝

楊之灝(生卒年不詳),字簀山,清江蘇婁縣人。諸生。《婁縣續志》卷十七云:"楊之灝,字簀山,諸生。父超曾,没於皋蘭,灝年十八,匍匐至皋蘭,扶櫬歸葬。畢秋帆中丞重其孝且才,招致幕中。得館穀,悉以奉母,并爲弟娶婦。弟没,年已五十,乃娶,生一子。著有詩文集。卒,年六十有四。"③楊之灝本爲畢沅幕客。由於乾隆五十年(1785)畢沅轉任河南巡撫,楊之灝未跟去,因而轉入到王昶幕府,故參與王昶幕府的集會文學活動。

3. 汪照

汪照(生卒年不詳),一作昭,初名景龍,字紖青,一字少山,貢生,清江蘇嘉定(今屬上海)人。《嘉定縣志》卷十九云:"汪照初名景龍,字紖青,一字少山,諸生、貢。負詩名,精考證,嘗佐青浦王侍郎昶分纂《金石萃編》。"④王昶《蒲褐山房詩話》載:"紖青少有詩名,在練川十二子之列。壯年從今大學士王公杰至浙江學幕,予在陝西,相從者三載。通金石,能八分,如《臨潼張子祠堂

---

① 《秋樹讀書樓遺集》卷七,第744頁。
② 史善長《一謙四益閣文鈔》卷三,國家圖書館鈔本。
③ 汪坤厚、程其珏《婁縣續志》卷十七,光緒五年刊本。
④ 程其珏、楊震福《嘉定縣志》卷十九,光緒七年刊本。

記》及《修長武縣學記》,皆其所書。又選《宋詩略》,最爲精當。晚年窮經義,有《齊魯韓三家詩義證》《大戴禮注》,今藏於家,尚未能鏤板以行。"①另有詩集《陶春館吟稿》。

4. 金式珏

金式珏(生卒年不詳),號夔齋,清江蘇青浦(今屬上海)人。諸生。《青浦縣志》卷二十七"藝文·書目"載:"《鳳栖山房集》,金式珏著。字夔齋,諸生。《湖海詩傳》選其詩。"②《湖海詩傳》選金式珏詩兩首,《國朝詞綜》選其詞一首。

5. 王開沃

王開沃(生卒年不詳),字文山,一字子良,清江蘇鎮洋(今太倉)人。諸生。王昶《蒲褐山房詩話》載:"子良疏節闊目,意致翛然,尤工於長短句。寓關中,修《藍田縣志》,能盡山水之勝。既而主醴泉書院,凡十餘載,客死于秦。"③又《鎮洋縣志》卷九云:"王開沃,字文山,遵辰孫,諸生。記問賅博,善詩詞。嘗主關中醴泉書院。"④遺集有《半庵遺稿》,另有《文山詞稿》十卷,今不存。汪學金《婁東詩派》卷二十六收錄其詩11首。此外,《湖海詩傳》卷三十九選其詩五首(其中兩首爲同題組詩),《國朝詞綜》卷四十五收錄其詞11首。

6. 王思濟

王思濟(生卒年不詳),字雨甘,號滿夫,江蘇太倉人。諸生。《鎮洋縣志》卷九云:"王瑜,字庭光,恪孫。諸生……同時諸生王思濟,字雨甘,與瑜善,亦以詩鳴于時。"⑤餘待考。

7. 王瑜

王瑜(生卒年不詳),字庭光,號石華,清江蘇鎮洋(今太倉)人。年輕時同毛上炱、陸元邁等結詩社,與王昭麟、王思濟有城南三王之目。《直隸太倉州志》卷三十六云:"(王)昭麟,字公符,州庠生。工詞章,少與王瑜、王思濟有城南三王之目。"⑥《鎮洋縣志》卷九云:"王瑜,字庭光,恪孫。諸生。少從沈起元、許廷鑅受詩法,尤精小學。阮文達元撫浙時,招至詁經精舍,與武進臧鏞編《經籍纂詁》,文達深契之。"⑦

8. 趙魏

趙魏(1746—1825),字恪用,號晉齋,又號錄森,一作洛生,清浙江仁和(今杭州)人。歲貢生。家藏碑版極多,於荒僻,不辭勞瘁。兼精篆、隸。中年游關中畢沅、王昶幕。趙魏爲乾嘉時期著名金石家。著有《古今法帖匯目》《竹崦庵碑目》《竹崦庵金石錄》等。卒,年八十。阮元《定香亭筆談》卷二:"仁和趙晉齋

---

① 王昶著,周維德校點《蒲褐山房詩話新編》,人民文學出版社,2011年,第107頁。
② 《青浦縣志》卷二十七,光緒四年刊本。
③ 《蒲褐山房詩話新編》,第152—153頁。
④ 王祖畬《鎮洋縣志》卷九,民國八年刻本。
⑤⑦ 《鎮洋縣志》卷九,民國八年刻本。
⑥ 王昶《直隸太倉州志》卷三十六,嘉慶七年刻本。

(魏),博學,精于隸古,尤嗜金石文字,歐趙著録不是過也。"①《兩浙輶軒續録》卷二十九云:"趙魏,字晋齋,號菉森,一號洛生,仁和恩貢。《府志》:魏好學,精篆籀,酷嗜金石文字,阮元許爲歐、趙著録不是過也,尤愛其詩。《古均閣寶刻録》:晋齋博學耆古,尤工篆隸,所藏商周彝器款識、漢唐碑本,爲海内第一。著有《竹崦盦碑目》《華山石刻表》《歷朝類帖考》《小學雜綴》等書。青浦王氏《金石萃編》、儀徵阮氏《積古齋鐘鼎彝器款識》皆其手定。"②《清史列傳》卷七十三亦云:"趙魏,字晋齋,浙江仁和人。歲貢生。博學嗜古,尤工篆隸。考證碑版最精,所藏商周彝器款識、漢唐碑本,爲天下第一。年至篤老,雖衣褐不完,猶堅守不釋。儀征阮元以爲歐、趙著録,不是過也。阮元所作《積古齋鐘鼎彝器款識》及青浦王昶所作《金石萃編》,皆其手定。"③這些文字傳述,頗能呈現趙魏的生平行實與學術興趣以及貢獻。

9. 錢坫

錢坫(1744—1806),字獻之,號小蘭、十蘭,清江蘇嘉定(今屬上海)人。順天副榜。《蘇州府志》卷一百十二小傳云:"錢坫,字獻之,大昕從子。乾隆甲午順天副榜。游西安,入畢沅幕,與洪亮吉、孫星衍討論訓故地理之學。授乾州州判,得疾歸。卜居吴門大井里,卒。坫工小篆,晚年右體偏枯,以左手書之。"④《愛日吟廬書畫别録》卷一云:"錢坫,字獻之,嘉定人,大昕侄。乾隆三十九年甲午副貢,精通經學,篆書得漢人法。嘗夢少温指授,遂成絶詣,孫星衍稱爲本朝第一。著有《詩音表》一卷、《車制考》一卷,《論語後録》二卷,《十經文字通正書》十四卷,《説文斠詮》十四卷,《補史記注》一百二十卷,《新斠注地理志》十六卷,《金石圖説》、詩文集。"⑤錢坫是一位篆書家與考據學家。

10. 吴堦

吴堦(1757—1821),字次升,號禮石,清江蘇陽湖(今常州)人。《光緒武進陽湖縣志》卷二十二載:"吴堦,字次升,乾隆四十九年召試二等,援例以知縣分發山東。山東八卦教匪蔓延直隸、河南南境。嘉慶十八年,三省匪徒約同時謀逆,堦首發其謀,署金鄉縣。之任,即下令禁不得以教匪相告訐。於是賊潛歸,遂獲賊魁崔士俊,繼獲宋大勇、孫戰標等百六十餘人。時定陶、曹縣、直隸長垣、河南滑縣并殺官劫獄,而金鄉賊先受創,遂不敢發。三省逆匪亦以崔士俊既擒,遂巡觀望,以致破滅。事聞,擢桃源同知,遷知曹州府,卒于任。"⑥所著有《禮石山房集》《微雲館詞》《金鄉紀事》等。吴堦同鄉、且曾客於其幕府的陸繼輅作有墓誌銘,云吴氏早年曾"客晋垂二十年"⑦,受知於王昶、朱筠、陸燿

---

① 阮元《定香亭筆談》卷二,《叢書集成初編》本,中華書局,1985年,第56頁。
② 潘衍桐《兩浙輶軒續録》卷二十九,光緒刻本。
③ 《清史列傳》,第5986—5987頁。
④ 李銘皖、馮桂芬《蘇州府志》卷一百十二,光緒九年刻本。
⑤ 葛嗣浵《愛日吟廬書畫別録》卷一,民國二年葛氏刻本。
⑥ 王其淦、吴康壽、湯成烈等《武進陽湖縣志》卷二十二,光緒五年刻本。
⑦ 陸繼輅《崇百藥齋續集》卷四,《續修四庫全書》第1497册,第96頁。

等,所述吳氏行實較縣志爲詳。

11. 余鵬飛

余鵬飛(生卒年不詳),字伯扶,安徽懷寧人。舉人。李斗《揚州畫舫錄》卷三云:"余鵬飛,字伯扶,安慶懷寧人。丙午順天舉人。豪飲能詩,善拳勇擊刺之狀,著《曹州牡丹譜》。"① 王昶《國朝詞綜》卷四十四云:"余鵬飛,字伯扶,懷寧人。乾隆五十一年舉人。有《夢箋書屋詞》一卷。"② 汪啓淑《水曹清暇錄》卷十五對余鵬飛的性格有所描述:"懷寧月邨茂才余鵬飛,青年美才,倜儻不羈。予素器之,頃赴宦秦友人之聘。"③ 綜上所述,余鵬飛所著有《曹州牡丹譜》《夢箋書屋詞》等。

12. 黄之紀

黄之紀(生卒年不詳),字允修,號星岩,清江蘇上元(今南京)人。監生。王昶《湖海詩傳》卷十九云:"黄之紀,字星岩,江寧人。監生。有《編綠堂詩》。《蒲褐山房詩話》:星岩喜爲詩文,讀書多別解。常論石奮,非其奏姊鼓琴;論李廣,非其誘殺降羌及斬霸陵尉,皆有特見。詩與宋范、陸爲近。如'塔聳始知山有寺,鳥喧方覺樹藏巢','灶馬方隨司命至,土牛先傍縣官回','斜竹拂簷風力勁,明流當檻月光重','好花每喜銜杯賞,明月還思滅燭看','身壯喜無經日病,家貧只備隔宵糧',皆佳句也。"④ 袁枚《黄生借書説》之"黄生",即其人。勤於著述。所著除《編綠堂詩鈔》外,另有《古詩刊誤》《編綠堂文鈔》《抑末錄》《河工摘錄》等。王昶《湖海詩傳》《湖海文傳》選錄其詩文多篇。

13. 程敦

程敦(生卒年不詳)號彝齋,清安徽歙縣人。貢生。少時客蘇、杭間,又師事鄭虎文。歸里,又師事汪梧鳳。鄭虎文在《汪明經松溪行狀》中曾敘及程敦,云:"書既成,取夫子謂伯魚語,名曰《詩學女爲》,授子灼及其徒程敦。程敦者,懷唐里人,少常游學於武林、吳門間,負才,有狂名。一日至西溪,見君《西湖紀游》,大折服,遂師君。君居之不疏園,謂灼曰:'成吾志者,程生也,吾爲若得一良友矣!'今《松溪集》中附刻《杜海山事略》一首,即敦作也。"⑤ 程敦曾客陝西巡撫畢沅幕,及陝西按察使王昶幕府。後主臨潼書院。輯有《秦漢瓦當文字》一卷、續一卷等。

14. 王尚珏

王尚珏(生卒年不詳),字若農,清浙江嘉興人。監生。曾與修《潯州府志》。官廣西西林知縣,有循聲。王昶《湖海詩傳》卷四十二云:"字若農,嘉興人。監生。以四庫館議叙,今官西林知縣。《蒲褐山房詩話》:若農尊人元啓,通經術,兼擅古文,而日久叢雜,尚無定本。若農從予南昌,盡發所藏,編次而

---

① 李斗《揚州畫舫錄》,中華書局,1960年,第72頁。
② 王昶《國朝詞綜》卷四十四,嘉慶七年王氏三泖漁莊刻增修本。
③ 汪啓淑《水曹清暇錄》卷十五,《續修四庫全書》第1138冊,第289頁。
④ 王昶《湖海詩傳》卷十九,商務印書館,1958年,第483頁。
⑤ 鄭虎文《吞松閣集》卷十五,《四庫未收書輯刊》第10輯第14冊,北京出版社,2000年,第346頁。

收録之,爲《祇平居士集》若干卷,頗完善。後從書館議叙,發粤西,以才名爲巡撫謝藴山所知,招入廣西志局,薦升今官。所存詩數首,猶是二十年前所作也。"①

15. 曹秉鈞

曹秉鈞(生卒年不詳),字仲謀,一字種楳(或作梅),清浙江嘉興人。貢生。曾官山陰(今紹興)訓導。翁方綱《瑞州使院有潁濱東軒,予前年摹蘇書爲扁,賦詩寄瘦銅舍人。適瘦銅官監倉,取東坡泗州監倉蕭淵東軒詩題其倉曹廳事,亦曰東軒,作詩二首見寄,久未和也。今日於廣通道中,述庵方伯寓書寄來瘦銅新刻詩集,書中再申屬和語。次韵奉答,兼寄述庵》之二小字注中説:"昔宋牧仲開府江南,輯諸家詩名曰《吳風》。今述庵來南昌,一時三吳名士如江子屏、史赤厓、曹仲楳、王若農、汪上章諸君子,咸聚於此。"②王昶官江西布政使時,曹秉鈞曾入就王氏幕府。王昶《湖海詩傳》卷三十八云:"曹秉鈞,字仲梅,嘉興人,貢生。今官山陰教諭。有《藤花老屋詩鈔》。《蒲褐山房詩話》:仲梅栖遲山澤,隱約自甘,而彌見洽聞,搜奇汲古,凡墨經畫品、書史硯箋、金石之録,古器之評,無不溯其津源,辨其真贋。詩材清雋,在錢、郎、韋、柳間。爲人冲和恬雅。在江西主桂溪書院者數年。今雖司教一隅,而漸(浙)江人士莫不奉爲祭酒。"③《兩浙輶軒録補遺》卷八云:"曹秉鈞,字仲謀,一字種楳,嘉興貢生。官山陰訓導。俞寶華曰:種楳丈少受業于諸宮贊錦、齊少宗伯召南,學有淵源。兼工書畫,著有《然雲老人詩鈔》六卷。"④

16. 金鴻書

金鴻書(生卒年不詳),字寶函,清江蘇青浦(今屬上海)人。諸生。《松江府續志》卷二十四云:"金鴻書,字寶函,青浦人。諸生。本姓尹,幼育于金,從其姓。博綜群籍,尤工吟咏。原本風騷,自漢魏迄三唐,靡不窺覽。所作志和音雅,卓然正宗。王昶雅重之,招往江西布政使署,不期年歸。南安知府孫某聘主大庾書院,不往。性狷介,不諧俗,窮老以没。青浦詩學自昶振興後,鴻書實後來之杰。"⑤所著有《清省堂詩稿》等。

17. 施晋

施晋(1756—1818),字進之,一字錫蕃,號雪帆,清江蘇無錫人。諸生。性高曠,好游山水,終生未仕,以游幕爲生,曾主新喻書院講席。後來,參與纂修《嘉慶寧國府志》。《無錫金匱縣志》卷二十二云:"施晋字錫蕃,諸生。性高曠,於世無將迎。工詩,初盡力于六朝諸集,後以老杜爲宗。格調神韵,獨擅一時。凡幕游所至,登山臨水,佳構極多。"⑥據此,可知施晋工詩文,且取法於杜。所

---

① 《湖海詩傳》卷四十二,第1257頁。
② 《復初齋外集》卷二十,第564頁。
③ 《湖海詩傳》卷三十八,第1114頁。
④ 阮元、楊秉初《兩浙輶軒録補遺》卷八,嘉慶刻本。
⑤ 博潤、姚光發《松江府續志》卷二十四,光緒九年刻本。
⑥ 裴大中、倪咸生《無錫金匱縣志》卷二十二,光緒七年刻本。

著有《一枝軒稿》八卷,另有《雪帆詞》,王昶《國朝詞綜》錄其詞三首。

18. 江藩

江藩(1761—1830),字子屏,一作國屏,號鄭堂、炳燭老人等,清江蘇甘泉(今屬揚州)人。監生。江藩早年師從余蕭客與江聲,是惠棟的再傳弟子,"博綜群經,尤深漢詁,旁及九流、二氏之書,無不綜覽"①。後來,幕游江西、京師與嶺南等地。晚年歸邗上,館黃奭家四年。江氏一生,多以幕游謀生。袁枚《隨園詩話·補遺》卷一云:"凡攻經學者,詩多晦澀,獨江鄭堂藩詩能清拔,王蘭泉司寇之高弟子也……《送蘭泉從方伯升司寇入都》云:'民情愛冬日,朝命轉秋官,'抑何工切。"②袁枚在《隨園詩話》中所錄江藩此詩,是江藩在王昶幕府而王昶自江西布政使升任刑部侍郎時的贈別之作,因爲王昶官江西布政使,故而江藩在詩中稱其爲"從方伯"。江藩所著有《國朝漢學師承記》《宋學淵源記》《隸經文》《炳燭室雜文》等。

19. 汪庚

汪庚(生卒年不詳),字上章,安徽全椒人。進士,曾官翰林院編修。王昶《湖海詩傳》卷四十二:"汪庚,字上章,全椒人,嘉慶六年進士,官編修。"③并錄其詩三首,分別是《別蔣璘齋》《題山樓眺月圖》《有感》。餘待考。

20. 吳照

吳照(1755—1811),字照南,號白庵,清江西南城人。貢生。曾官江西大庾教諭。汪中序吳照《聽雨齋詩集》略叙其行實:"白庵生四歲,能作畫及書,九歲學詩,自是未嘗一日去詩不學也……負才名三十年,困諸生籍。既貢入太學,不用。久之,始以校官待次行省……家無儋石,終歲奔走,鬻文於外,當世賢士大夫咸降階申禮。"④王昶《湖海詩傳》卷三十五云:"字照南,南城人。貢生。官大庾教諭。有《聽雨齋集》。《蒲褐山房詩話》:照南才華清綺,跌蕩不羈,少從張觀察銘來松江,過吳門,得詩法于禮堂光禄,一以唐人爲師。及予至江西,照南來執弟子禮,餘人不直挂眼也。通六書,又工畫竹,人以爲金錯刀之比。予江西門人中,有三吳之號,謂雲衣、蘭雪及照南也。"⑤彭蘊璨《歷代畫史匯傳》卷七云:"吳照,字照南,號白庵,南城人。乾隆己酉選拔。司鐸大庾。畫竹得金錯刀法,通六書。喜飲酒,酣後筆墨橫飛,見者驚嘆。詩勁氣直達,指事類情,無復遺蘊,意氣豪宕。愛山水之勝,嘗作《石湖課耕圖》以見志。嘉慶辛未,卒於金閶。有《聽雨樓詩集》。"⑥除《聽雨齋詩集》外,吳照所著尚有文字學著作《説文字原考略》。

21. 何元錫

何元錫(1766—1829),字夢華,又字敬祉,號蝶隱,清浙江錢塘(今杭州)

---

① 《清史列傳》,第5610頁。
② 袁枚著,顧學頡校點《隨園詩話》,人民文學出版社,1998年,第576頁。
③ 《湖海詩傳》卷四十二,第1253頁。
④ 汪中《序》,吳照《聽雨齋詩集》卷首,《清代詩文集彙編》第440册,第1頁。
⑤ 《湖海詩傳》卷三十五,第983頁。
⑥ 彭蘊璨《歷代畫史匯傳》卷七,道光刻本。

人。早年曾幕游於王昶江西布政使幕府(詳前)。後來,幕游阮元山東學政幕府、浙江學政幕府及浙江巡撫幕府等。阮元《定香亭筆談》卷二:"錢塘何夢華(元錫),書記翩翩,久居曲阜,乾隆乙卯,與余同至杭州,僑居西湖。"①《兩浙輶軒續錄》卷二十四云:"何元錫,字夢華,錢塘人,著《秋神閣詩鈔》。《府志》:元錫精於簿錄之學,家多舊書善本,嗜古成癖,精審金石。嘗於曲阜訪求漢碑,搜幽索險,務獲乃已。《石溪舫詩話》:夢華有金石癖。嘗病狂,友人約贈以漢碑,乃服藥而愈。阮中丞延之詁經精舍,校刻諸書。"②

22. 沈靖

沈靖(生卒年不詳),字安成,清江蘇鎮洋(今太倉)人。諸生。著有《藥園詩鈔》。《青浦縣志》卷二十二有《沈靖傳》,云:"沈靖,字安成,鎮洋人,光祿寺卿起元孫。風格秀整,常以名教爲已任……王昶輯《湖海詩傳》,屬靖讎校,烏焉帝虎,辨析極審。"③又《松江府續志》卷二十七:"沈靖字安成,王文潞字介人,皆太倉諸生,寓青浦王昶家。靖爲昶校《湖海詩傳》。"④這些傳記資料,都記載了沈靖入就王昶幕府的行實大概。王昶《春融堂集》卷二十二有《題沈秀才安成靖琢詩圖》⑤。《湖海詩傳》卷四十三錄沈靖詩二首,分別是《游千佛山》《銅陵舟中望九華山》。周郁濱《珠里小志》卷十三亦云:"在賓館,高談雄辨,難解紛紜,(沈)靖沉靜寡默,間發一言,標新理於衆家之表,聞者嘆服。遇後輩,正言誘掖,使人尋味不已。詩高華典麗,雅近錢、劉。居蒲褐山房三載,以病療歸,旋卒。"⑥頗能見沈靖平時之爲人。

23. 徐葵

徐葵(生卒年不詳),字佩雲,清江蘇吳縣(今蘇州)人。諸生。徐葵曾客王昶蒲褐山房,助王昶編校學術著作。著有《淡如近草》。《青浦縣志》卷二十二云:"時同客昶蒲褐山房者,有吳江史善長、吳縣徐葵、嘉定錢侗、鎮洋彭兆蓀。史字誦芬,徐字佩雲,兆蓀字甘亭,皆諸生,美詩才,集皆行世。"⑦王昶《湖海詩傳》卷四十六云:"徐葵,字佩雲,蘇州人。諸生。有《澹如近草》。"⑧

24. 錢侗

錢侗(1778—1815),字同人,一字升願,號趙堂,清江蘇嘉定(今屬上海)人。舉人。著名學者錢大昕之姪。著有《九經補韵考》等。周中孚《鄭堂讀書記》卷十四云:"《九經補韵考》一卷,汗筠齋叢書本,國朝錢侗撰。侗字同人,嘉定人,乾隆庚午舉人。同人得楊氏《九經補韵》影宋鈔本,因檢諸經原文,反復詳定,見聞偶及足與本書相發明者,撰爲考證,分綴各條之下;復取《百川學海》

---

① 《定香亭筆談》,第56頁。
② 《兩浙輶軒續錄》卷二十四,光緒刻本。
③⑦ 《青浦縣志》卷二十二,光緒四年刊本。
④ 《松江府續志》卷二十七,光緒九年刊本。
⑤ 《春融堂集》卷二十二,第592頁。
⑥ 周郁濱《珠里小志》卷十三,嘉慶二十年刻本。
⑧ 《湖海詩傳》卷四十六,第1297頁。

中姚應仁校本、《古今逸史》中吴管刊本,勘其同异,校正訛漏,凡數十處。吴本《尚書》《禮記》兩經内有增多五十字,爲宋本姚本所無,皆不據以羼入,但依其次附著於後。此五十字紕繆百出,其爲後人妄增,無可疑者。或即吴管所加,亦未可定。凡所是正,皆有據依,要歸至善,搜抉靡遺。其於是書,亦可謂盡心矣!"①據周中孚所述,錢侗擅長經學。

25. 彭兆蓀

彭兆蓀(1769—1821),字湘涵,又字甘亭,晚號懺摩居士,清江蘇鎮洋(今太倉)人。諸生。彭兆蓀後半生基本上是以游幕謀生,先後入就王秉韜、陳希哲、王昶、曾燠、胡克家、林則徐幕府等。其在自己詩集《葦航集》卷前小序中云:"淮海遝歸,津梁厭倦,弭楫茂苑,授經三年。繼而流轉沔湖,佐人述撰。生事益落,廓落鮮歡。"②所云"流轉沔湖,佐人述撰",即是叙述自己入就王昶幕府、助王昶整理著作事。關於彭兆蓀,《清史稿·文苑傳》有傳,云:"字湘涵。少有才名,久困無所遇。舉道光元年孝廉方正。胡克家爲江蘇布政使,客其所。時總督以國用不足議加賦,兆蓀爲克家力陳其不可,事得寢。又偕顧廣圻同校元本《通鑒》及《文選》,世稱其精槧。晚依曾燠兩淮鹽運使署。著《小謨觴館集》,燠爲點定之。"③傳述較爲簡略。而《清史列傳》本傳云:"彭兆蓀,字湘涵,江蘇鎮洋人。貢生……少隨父禮官山西。年十五,應順天鄉試,即聲滿名場,然竟十餘年無所遇。禮後由知縣改官潁州府教授,既歿,家貧,累甚……而自鞠幼弟,隻身客游以爲養。諸大吏多資其才,傾身納交……所爲文鴻博沉麗,力追六朝、三唐,見者以爲金玉淵海,卿雲黼黻。尤長於詩,始務琦瑰,晚乃益慕澄淡孤夐,深得古人意。著有《小謨觴館詩集》八卷、《詩續集》二卷、《文集》四卷、《文續集》二卷、《詩餘》二卷。"④

26. 王濤

王濤(生卒年不詳),字定山,清江蘇嘉定(今屬上海)人。《青浦縣志》卷二十二:"王濤,字定山,嘉定人。工書能小詩,又善形家言。王昶丁憂里居,招致之,隨之滇、陝。昶好金石文字,購置二千餘通,編排繕録,惟濤一人任之。"⑤又《松江府續志》卷二十七:"王濤字定山,嘉定人,工書能詩。寓青浦王昶家,隨昶之滇、陝。昶輯《金石萃編》,濤編纂最勤。"關於王濤,《珠里小志》卷十三亦有近似叙述,云其"内行淳篤,不事文飾"⑥,足以見其爲人。

27. 王文潞

王文潞(生卒年不詳),字介人,清江蘇太倉人。諸生。著有《羲亭詩鈔》。

---

① 周中孚《鄭堂讀書記》卷十四,民國《吴興叢書》本。
② 彭兆蓀《小謨觴館詩集》卷七《葦航集》,《續修四庫全書》第1492册,第598頁。
③ 趙爾巽《清史稿》,中華書局,1977年,第13382頁。
④ 《清史列傳》,第6022—6023頁。
⑤ 《青浦縣志》卷二十二,光緒四年刊本。
⑥ 《松江府續志》卷二十七,光緒九年刊本。

王昶《春融堂集》卷二十二有《賞雨茅屋小幀爲王秀才介人文潞題》①,《湖海詩傳》卷四十云:"王文潞,字介人,太倉人。諸生,有《羲亭詩鈔》。《蒲褐山房詩話》:介人,明兵部尚書在晋之後。性聰穎,風度閑雅。予主婁東書院,授以詩法,五七言古詩頗得門徑。詞以姜、張爲宗。年二十餘,得急疾而卒,友朋無不潛惜者。"②并選錄其詩三首,分別是《題友人雲山紀游圖》《畫山水歌贈陳孝廉詩庭、陸孝廉學欽》。

28. 朱文藻

朱文藻(1735—1806),字映溳,號朗齋,清浙江仁和(今杭州)人。諸生。所著有《續禮記集説》《碧溪草堂詩文集》等。阮元《定香亭筆談》卷二云:"仁和朱朗齋(文藻),能詩,留心文獻,好金石,老而貧,居艮山門外清溪前。丁巳、戊午間,助余編録兩浙詩數千家。"③王昶《湖海詩傳》卷三十八云:"朱文藻,字映溳,號朗齋,仁和人。諸生。有《碧溪草堂詩稿》。《蒲褐山房詩話》:朗齋漁獵百家,取材宏富,精六書,自《説文繫傳》《佩觿》《汗簡》及鐘鼎款識博古圖諸書,無不貫串源流,會其旨要……先嘗助予修《西湖志》,後助予撰《金石萃編》,訂正之力最多。其詩在劉夢得、張文昌之間,正如'空山鼓琴,沉思獨往'。"④《兩浙輶軒續録》卷十五亦云:"朱文藻,字暎溳,號朗齋,仁和諸生。著《碧溪草堂詩集》。梁同書《傳略》:朗齋館振綺堂汪氏,任校讎之役。汪氏富藏書,自是所學日益,文名日盛……黃司馬易招游山左,時阮督學元、孫兵備星衍同任一方,篤嗜金石,與之商訂,拓本甚富,成《山左金石志》。又分編《兩浙輶軒録》,分纂《嘉興府志》。王少司寇昶復招君於三泖漁莊,纂輯《金石萃編》《大藏聖教解題》各若干卷。以少寇下世,不及竟。著有《續禮記集説》《碧溪草堂詩文集》《碧溪詩話》《碧溪叢鈔》《東軒隨録》《東城小志》《東皋小志》《青烏考原》《金箔考》苔譜萍譜,并藏於家。其《説文繫傳考異》,已鈔入《四庫全書》中。"⑤

29. 陶梁

陶梁(1772—1857),字寧求,號鳧薌,江蘇長洲(今屬蘇州)人。進士及第,歷官至禮部侍郎。《清史稿》陶梁本傳云:"嘉慶十三年進士,選庶吉士,授編修,纂修《皇清文穎》。……二十一年以知府發直隸,補永平,調正定。道光四年,擢清河道,署按察使……二十八年,遷甘肅按察使……二十九年,遷江西布政使,入覲,授太常寺卿……咸豐二年,擢內閣學士,四年遷禮部侍郎。六年以病,乞罷。七年,卒,年八十六。梁早有文名,曾從侍郎王昶,助其纂述。歷官所至,提倡風雅,賓接才俊,輯《畿輔詩傳》行世。"⑥又《松江府續志》卷二十七云:"陶梁字鳧鄉,長洲人,嘉慶十三年進士,歷官禮部侍郎,詩詞名重海內。爲

---

① 《春融堂集》卷二十二,第 592 頁。
② 《湖海詩傳》卷四十,第 1218 頁。
③ 《定香亭筆談》,第 56 頁。
④ 《湖海詩傳》卷三十八,第 1118 頁。
⑤ 《兩浙輶軒續録》卷十五,光緒刻本。
⑥ 《清史稿》,第 12192—12193 頁。

諸生時，寓青浦王昶家。昶輯《續詞綜》，搜采編排，多其所助。所著有《紅豆樹館集》。"①王昶《湖海詩傳》與《國朝詞綜》選録其詩、詞多首。

上述二十九人，是王昶幕府中賓僚可以確考者。在這二十九人之外，王昶幕府中的賓僚可能還有多人，但這需要對資料更多的發掘。

與乾嘉時期盧見曾、畢沅、朱筠、曾燠、阮元幕府相比，王昶幕府影響不大、聲名不著，因而學界不曾予以關注。王昶幕府之所以影響不大、聲名不著，主要有這些原因：一、缺乏重量級的文人學士。在王昶幕府中，最知名的文人學士爲錢坫、彭兆蓀與江藩，此三人均有著作傳於世；而其他諸人，只有史善長、陶梁等少數人有著作傳於世。二、開設幕府時間短而且是斷斷續續的。王昶始開幕府，應是乾隆四十五年(1780)其官江西按察使時期；但匆匆數月，他因丁憂而離職，因而其這一時期幕府也就解散了，其中的幕府賓僚也難以考證。王昶官陝西按察使，僅三年，這一時期幕府中有一些知名的賓僚，如史善長、錢坫等。乾隆五十一年(1786)秋，王昶官雲南布政使。在雲南兩年，王昶編有《銅政全書》，應該設有幕府，但其中的幕賓難以考明。兩年後，王昶官江西布政使，設有幕府，史善長、江藩、金鴻書等是其賓僚。然而，不到半年，王昶升刑部侍郎，其幕府也就風流雲散了。王昶最後的幕府是晚年里居整理自己平生學術時，在嘉慶五年(1800)前後開設，持續約五年左右，幕府中的賓僚有彭兆蓀、錢侗、趙魏、何元錫等。王昶幕府持續的時間前後合計，不過十餘年。在這十餘年中，王昶幕府可以分爲前後兩個時期：前期是在退休之前，以詩文創作爲主，間或從事學術活動，如編纂有《雲南銅政全書》；後期是王昶退休里居時期，主要是整理編纂自己的學術著作。雖然王昶幕府無論是聲名還是影響都不是很大，但他與幕府中賓僚編纂的學術著作如《雲南銅政全書》《湖海詩傳》《湖海文傳》《國朝詞綜》《金石萃編》等，對研究清代的經濟、文學以及金石學具有極爲重要的參考價值。

(作者單位：河南大學文學院)

---

① 《松江府續志》卷二十七，光緒九年刊本。

消失的碑林:《橋玄廟碑》與東漢鄉里石刻景觀

于 溯

東漢人的塋域碑刻主要包含兩種類型,即墳丘前的墓碑和墓所祠堂前的廟碑①。在東漢著名碑刻作家蔡邕的文集中,可以見到他爲胡廣寫作的碑文4篇、楊賜4篇、橋玄2篇,都分別包含了上述兩種碑類②。蔡集中也有一個比較反常的例子,桓帝時的名臣朱穆,遺言要求不崇墳、不封墓、不墓祭③,他的祠堂因此没有建在墓旁,而是建在了邑中,其子在墓前樹碑,而在廟前鑄鼎,請蔡邕撰寫了碑銘和鼎銘,朱穆因此擁有墓碑和廟鼎的組合。不過,蔡邕鼎銘長達489字,備述朱穆一生行迹④,這完全是碑文的作法,所以《文心雕龍》指爲"朱穆之《鼎》,全成碑文"⑤。鑄鼎和廟祭一樣,都是朱氏的復禮實踐,但蔡邕仍以碑體爲鼎銘,没有貫徹喪家復古之意,更説明祠廟立碑已是常態。在朱穆的祠堂裏,祠廟鼎不過是一種异形的碑。

在劉勰看來,長於碑文的蔡邕把朱穆鼎銘寫成碑體,是"溺所長也"⑥。這樣的推測稍嫌武斷,因爲蔡邕還有三篇鼎銘,都没有采用碑文的寫法。這三篇銘,在蔡集中被稱爲《東鼎銘》《中鼎銘》《西鼎銘》,都是寫給橋玄的。除了鼎銘,蔡邕還爲橋玄寫了《黄鉞銘》、墓碑(《太尉橋公碑》)和廟碑(《故太尉橋公廟碑》),這使得橋玄成了現在已知的擁有紀念性碑銘種類最豐富的漢代人。

在早期的蔡集版本中,《故太尉橋公廟碑》《東鼎銘》《中鼎銘》《西鼎銘》《黄鉞銘》5份文獻是前後接續的⑦。而且它們的内容也相互關聯:《故太尉橋公廟

---

① 東漢人在墓所設祠堂墓祭,可參楊寬《關於古代陵寢制度若干問題的探討》第四部分"'古不墓祭'問題的討論",收氏著《中國古代陵寢制度史研究》,上海人民出版社,2016年,第102—106頁。
② 諸碑見鄧安生箋注《蔡邕集編年箋注》,河北教育出版社,2002年。
③ 見蔡邕《墳前石碑》,《蔡邕集編年箋注》,第92頁。
④ 見蔡邕《鼎銘》,《蔡邕集編年箋注》,第87—88頁。承程少軒教授提示,迄今爲止出土青銅器中銘文最長的是《毛公鼎》,計合文共500字,但像《毛公鼎》這樣銘文體量的器物是非常少見的。
⑤ 《文心雕龍·銘箴》,范文瀾《文心雕龍注》,人民文學出版社,1958年,第194頁。
⑥ 《文心雕龍注》,第194頁。
⑦ 見盧文弨《鍾山札記》卷一"蔡中郎集"條,中華書局,2010年,第31頁。

碑》中説:"文德銘於三鼎,武功勒於鉦鉞。"①而《東鼎銘》《中鼎銘》《西鼎銘》分別收録了橋玄三次拜三公的詔書,也就是所謂文德;《黄鉞銘》記橋玄作爲度遼將軍應對高句麗入叛事,也就是所謂武功②。但是到了明代,張溥編《漢魏六朝百三家集》,采取依類録文的體例,鼎鉞銘和碑文被分别排入銘文和碑文兩個文類中。對這種做法,清代校勘家盧文弨頗不以爲然,他認爲《東鼎銘》《中鼎銘》《西鼎銘》《黄鉞銘》在舊本是"附"在《故太尉橋公廟碑》後的,故此不可割裂③。的確,無論從排序還是内容看,它們都是一組文獻,而且這種關係不僅存在於集本,正如《黄鉞銘》所云:"是用鏤石假象,作兹鉦鉞軍鼓,陳之東階,以昭公文武之勛焉。"④廟碑、三鼎、石鉞以及没有銘文的石鼓,它們作爲實物,在橋玄廟前的空間裏也同樣構成了有意義的組合。

一　訪問橋玄廟

橋玄(110—184)字公祖,梁國睢陽(今河南商丘)人。和很多東漢高級官僚一樣,橋玄一生走了舉孝廉、除郎中、出歷地方、再入朝的上升路徑。他仕宦經歷中有兩個比較特殊的節點,一是桓帝永興元年(153),車師後部王阿羅多入叛,橋玄拜涼州刺史,前往鎮禦⑤;二是桓帝末年鮮卑、南匈奴及高句麗嗣子伯入叛,橋玄拜度遼將軍,假黄鉞,再往靖邊。靈帝建寧三年(170)以後,橋玄連拜司空、司徒、太尉。建寧六年卒,年七十五⑥。

橋玄晚年地位崇高,無疑會擁有高等級墓葬。又由於與曹操的特殊因緣,曹操、曹丕都曾向橋玄廟致祭⑦,橋玄的墓園在曹魏時期也應該受到了較好的保護。但過了兩個多世紀,到酈道元的時代,橋玄廟的建築已經殘破,刻有蔡邕撰銘的石鉞也不知所蹤。《水經注·睢水》詳細描述了橋玄廟此時的狀況:

(睢陽)城北五六里,便得漢太尉橋玄墓,冢東有廟,即曹氏孟德親酹處。……冢列數碑:

(A)一是漢朝群儒,英才哲士,感橋氏德行之美,乃共刊石立碑,以示後世。(B)一碑是故吏司徒博陵崔烈、廷尉河南吴整等,以爲至德在己,揚之由人,苟不皦述,夫何考焉?乃共勒嘉石,昭明芳烈。

(C1)一碑是隴西枹罕北次陌碭守長騭爲、左尉漢陽獂道趙馮孝高,

---

① 《蔡邕集編年箋注》,第315頁。
② 《蔡邕集編年箋注》,第326—331頁。
③ 《鍾山札記》,第31頁。
④ 《蔡邕集編年箋注》,第330頁。
⑤ 蔡邕《太尉橋公碑》,《蔡邕集編年箋注》第365頁。按,此事《後漢書·橋玄傳》未載。
⑥ 蔡邕《黄鉞銘》,《蔡邕集編年箋注》第331頁;《後漢書》卷五一《橋玄傳》,中華書局,1965年,第1695頁。
⑦ 《三國志·魏書·武帝紀》:"(建安)七年春正月,公軍譙……遂至浚儀,治睢陽渠,遣使以太牢祀橋玄。"中華書局,1982年,第22頁。《三國志·魏書·文帝紀》:"(黄初六年)十二月,行自譙過梁,遣使以太牢祀故漢太尉橋玄。"第85頁。

以橋公嘗牧涼州，感三綱之義，慕將順之節，以爲公之勛美，宜宣舊邦，乃樹碑頌，以昭令德。光和七年，主記掾李友字仲僚作碑文；

（C2）碑陰有《右鼎文》，建寧三年拜司空。又有《中鼎文》，建寧四年拜司徒。又有《左鼎文》，光和元年拜太尉。鼎銘文曰：故臣門人，相與述公之行，咨度體則，文德銘于三鼎，武功勒于征鉞，書于碑陰，以昭光懿。又有《鉞文》稱，是用鏤石假象，作茲征鉞軍鼓，陳之于東階，亦以昭公之文武之勛焉。（按，熊會貞謂此段有衍倒，當校正爲："碑陰是故臣門人相與述公之行，咨度體則，文德銘于三鼎，武功勒于征鉞，書于碑陰，以昭光懿。有《右鼎文》，建寧三年拜司空，又有《中鼎文》，建寧四年拜司徒，又有《左鼎文》，光和元年拜太尉。又有《鉞文》稱，是用鏤石假象，作茲征鉞軍鼓，陳之于東階，亦以昭公之文武之勛焉。"可從。）

廟南列二石柱，柱東有二石羊，羊北有二石虎，廟前東北有（按，《注疏》此處理校增"二"字）石駝，駝西北有二石馬，皆高大，亦不甚凋毁。惟廟頽構，粗傳遺墉，石鼓仍存，鉞今不知所在。①

"廟南列二柱，柱東有二石羊，羊北有二石虎，廟前東北有石駝，駝西北有二石馬。"屬於典型的無固定視點、移步換景式的書寫，故行文順序即酈道元的訪問順序，而這條綫路共經過三塊碑，爲討論方便，文中標注爲 ABC（C 碑陽爲 C1，陰爲 C2）。程章燦師已指出，A 撰者不詳，BC 即蔡邕集中的《太尉橋公碑》和《故太尉橋公廟碑》②。既然 ABC 出現的順序是訪問順序，而 B 是墓碑，C 是廟碑，那麽進入視綫的第一塊碑 A，雖然全文不存，也可以判斷是墓碑。

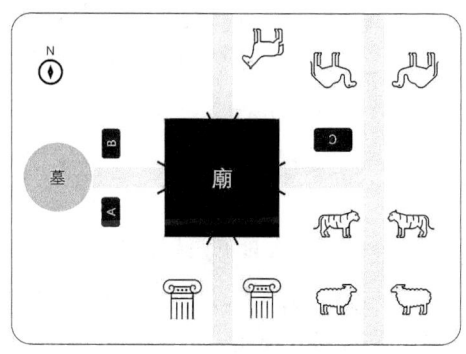

圖1　橋玄墓區示意圖

這樣看來，橋玄只有一塊廟碑即 C。不過，C 與蔡邕《故太尉橋公廟碑》相合的只有 C2 部分，至於 C1 則一字不見於蔡文，而且，《水經注》也明確 C1 的作者是李友，不是蔡邕。從《水經注》的記述還能看出，C1 的主要内容當是橋玄在涼州牧任上鎮撫羌胡的事迹，涼州故吏把這些"勛美"帶到橋玄所安葬的

---

① 楊守敬、熊會貞疏《水經注疏》卷二四，江蘇古籍出版社，1989年，第 2013—2016 頁。
② 程章燦師《禮物：漢代石刻與社會網絡》，《中國學術》第 37 輯，商務印書館，2016年，第 149 頁。

故里睢陽,是所謂宣於"舊邦"。碑文的重點只是橋玄平生的一個片段,從這樣的內容和立碑方身份,也可以推知 C1 不足以獨自承擔廟碑的任務。

真正意義上的廟碑是碑陰 C2,也就是蔡邕的《故太尉橋公廟碑》。此文開篇云"光光列考",後文又云"三孤、故臣、門人,相與述公言行,咨度禮制",可知是立碑人是橋玄之子[1]。玄子沒有自備石材,而是利用了 C1 的碑陰,也可能這塊石材本是橋家的而臨時讓給了不期而至的凉州碑,也可能這種處理與碑文内容有關(詳下)。總之,碑文和它的物質形態在這裏發生了分離:我們可以説橋玄廟有一碑,也可以説有兩碑。

二　倒置的祠廟碑

《故太尉橋公廟碑》是一方在各方面都有些倒置的碑:在物質形態上,它是"碑陰碑",在内容上,它的行文順序是先銘後傳。銘傳之間,夾着這樣一段文字:

> 公諱玄,字公祖。少辟孝廉,辟司徒、大將軍府。爲侍御史。牧一州。典五郡。出將邊營。入掌機密。歷三卿。同三司。享年七十五。光和七年夏五月甲寅,以太中大夫薨于京師。朝廷所以吊贈,如前傳之儀。九月乙酉,葬于某所。三孤、故臣、門人,相與述公言行,咨度禮制:文德銘于三鼎,武功勒于鉦鉞。官簿第次,事之實録,書于碑陰。俾爾昆裔,永有仰于碑陰云。

由於無法接受銘傳的顛倒,一些校勘者乾脆將碑文順序做了調整[2]。而夾在銘、傳之間的文字,尤其是"書于碑陰"這句,又讓一些校勘者誤認爲下文的傳纔是碑陰[3]。換言之,如果把《故太尉橋公廟碑》的内容標注成:

a(銘)
b(公諱玄……永有仰于碑陰云)
c(傳)

則可以避免校勘者費解與誤解的"合理"文序應該是 bca。

錯亂不止於此,《水經注》所録的 C2,比集本的《故太尉橋公廟碑》多了三鼎文和黄鉞文。酈道元肯定不會誤將在鼎、鉞上讀到的銘文記成了廟碑文,因爲他説過,"鉞今不知所在"。

既然如此,《黄鉞銘》就只能是刻在碑上的。換言之,要麽是銘文在器物和廟碑上各刻了一份,要麽就是根本沒有器物,三鼎鉦鉞石鼓并其銘文都是刻在

---

[1] 按《蔡邕集編年箋注》將"三孤"解釋成"周代少師、少傅、少保",不確。後漢有少傅而無少師、少保,三孤應該就是指橋玄三子。橋玄有子羽,見《後漢書》本傳;又有子載,見《水經注·汳水》。《故太尉橋公廟碑》提到橋玄"雖衆子群孫,并在仕次,曾無順媚一言之求",既稱衆子,則不止羽、載,橋玄有三個兒子是可能的。

[2] 見《鍾山札記》,第 31 頁。

[3] 盧文弨即做此解讀,見《鍾山札記》,第 31 頁。《蔡邕集編年箋注》同。

碑上的,類似於畫像石及榜題。如果是後一種情況,那麼酈道元看到的石鼓很可能只是石像群中某個雕刻的殘塊,比如路綫中本該有而少了的那隻石駝。

在三鼎銘中,敘事時間綫最晚的《西鼎銘》末句云:"于時侍從陛階,與聞公之昌言者,莫不惕厲,如履薄冰。既乃碑表百代。"這句話似乎未完,可能後有脱文,但畢竟提到了"碑表百代",似是説該銘刻在碑上。《黄鉞銘》則説:"是用鏤石,作兹鉦鉞軍鼓,陳之東階,以昭公文武之勛焉。"鏤、鏤石,亦常指銘刻言,如:"碑陰題宣城公李孝伯、尚書盧遐等從臣姓名,若新鏤焉。""聽筋龍庭,鏤石燕然。""雖景鍾良史,有功必書;刻板鏤石,宜兼不朽。"①而象、銘兼備的碑刻形態,可參《隸續》收録的《廣漢屬國造橋碑》。洪适云:

> 右《廣漢屬國造橋碑》有二人坐於上,若賓主之容,蓋辛、李二君也。中有一器。其後各有使令者一人。上有題字,已磨滅,所餘"府卿明府"四字。畫像之下,横刻二君官氏,凡二十六字。其下有文十七行,行三十七字。

《廣漢屬國造橋碑》的版面設計比較複雜,除了圖像外,文字還有横刻、豎刻兩種情況。這實際上是因爲碑面版塊較多,故用文字的横豎防止版塊混淆。與此類似,如果加入鼎、鉞圖銘,C2 的内容包括:

圖 2　《隸續》卷五《廣漢屬國造橋碑》②

> a(銘)
> b(公諱玄……永有仰于碑陰云)
> c(傳)
> d(鼎鉞圖銘)

它的版面設計必定也是十分複雜的。尤其此碑不僅兼備圖文,文字和圖像的體量也相當大,甚至有可能會徵用到碑側。總之,abcd 應該是以獨立板塊的形式安排在碑面的。

宋人收集和著録石刻拓本,由於碑陽碑陰分紙拓取,有時會出現忘掉碑陰對應着哪塊碑陽的問題。歐陽修《集古録跋尾》出現了好幾張找不到碑陽的碑陰,如:

> 右漢碑陰題名,不知爲何人碑?余家集録古文既多,或失其所得之自。

又《後漢楊君碑陰題名》:

> 楊氏墓在閿鄉,有碑數片,皆漢世所立。余家《集録》得其四:震及沛

---

① 《水經注·河水》,見《水經注疏》卷三,第 236 頁;《後漢書》卷二三《竇融傳贊》,第 823 頁;王僧孺《豫州墓誌》,《藝文類聚》卷五〇,《宋本藝文類聚》,上海古籍出版社,2013 年,第 1367 頁。

② 《隸續》卷五,第 327 頁。

相、繁陽、高陽令碑，并得碑陰題名，然得時參錯，不知爲何碑之陰也。①

兼具圖、文的石刻，也會發生由於圖文分別拓取而在流傳中弄錯圖文關聯信息的情况。比較著名的例子是《西狹頌》和《五瑞圖》，趙明誠《金石録》誤將前者當作碑陽，後者當作碑陰②，實則這是一面摩崖石刻，《西狹頌》與《五瑞圖》是同一平面上的不同板塊而已。回到 C2，如果拓片製作者分别拓取 4 個板塊的内容，那麽在流傳的過程中，板塊順序同樣很容易被弄錯，進而導致最終進入蔡邕集的《故太尉橋公廟碑》文序錯亂。

三　碑陰的自覺

儘管 C1 和 C2 只是共用一石的兩篇獨立碑文，蔡邕對自己創作的是一篇"碑陰文"仍有明確自覺："書于碑陰。""俾爾昆裔，永有仰于碑陰云。"如果在動筆之前，作者已經知道碑文將被刻在碑陰，這會對創作有什麽影響嗎？或者説，"碑陰"意味着什麽？事實上，C2 可能是現知"碑陰"一詞的最早出處，這是第一份"談論"碑陰的文獻。

碑刻最本質的功能是展示。簡帛和紙張都只能實現一對一的展示，即一人持一卷而已，而碑刻使一對多的展示成爲可能。同時，閲讀簡紙時人的姿態都是俯視的，但高大的碑石帶來了仰觀這種全然不同的閲讀體驗。通過仰觀，石刻給人以强烈的視覺衝擊力和鎮壓感，因此也適合去承載那些需要這種效果加持的文獻，比如太尉橋玄一生的功業。但是，碑陰是參觀者不能第一眼看到的那一面，是有可能被訪問者、抄録者包括後來的拓工忽視掉的一面，它的展示性因此被削弱了。出於展示預期的降低，碑陰往往是没有碑額的③。但是，橋玄廟中的 C2 却是有額的碑陰：蔡集中《故太尉橋公廟碑》的文題就是 C2 的碑額，因爲碑文中并没有任何信息表明這塊碑是祠廟碑，文集編輯者無法製出這樣的題目。碑額，以及"俾爾昆裔，永有仰于碑陰云"，頗像作者的呼告，希望後世前來祭祀的橋氏子孫走到碑的這一面來。

就蔡邕顯然在意的展示性而言，碑陰是有很大缺憾；但相對於獲得優先展示權的核心碑文，被放置在碑陰的内容反而可以更加多樣化。除了最常見的門生故吏題名，漢碑碑陰還可以是碑陽的關聯性文件（如《史晨後碑》）、譜牒（如《孫叔敖碑陰》）或者各種圖像（如《柳敏碑陰》，見圖 3）。在 C2 上有碑文、鼎圖三、鉞圖、鼎銘三、鉞銘，這樣豐富的内容是符合碑陰的多樣化特徵的。

---

① 《集古録跋尾》卷二《後漢碑陰題名一》、卷三《後漢楊君碑陰題名二》，《歐陽修全集》，中華書局，2001 年，第 2100、2127—2128 頁。
② 趙明誠撰，金文明校證《金石録校證》卷一，中華書局，2019 年，第 10 頁。
③ 反之如《祀三公山碑》因"其文正面未竟，轉至背面，無碑陽碑陰之异"，就無妨兩面有額。參葉昌熾《語石》卷三，中華書局，1994 年，第 161 頁。

圖3　《隸續》中柳敏碑陰的六玉圖

圖4　西晉當利里社碑碑陰，仍然體現了漢碑碑陰的多樣化風格

內容的多樣化又使碑陰的排版往往比較靈活。常見的門生故吏題名一般采用分欄方式排版，這是對名簿類簡牘排版方式的直接仿效（圖5.1，圖5.2）。分欄就是一種版面分割，特別像《倉頡廟碑》《曹全碑》碑陰那種比較"靈動"的分欄，更能體現這種分割的意味。如果碑陰除題名外還有其他內容，那麼版面就會再分割，如《北海相景君碑陰》。如果文圖混排，花樣就會更多，如前述《廣漢屬國造橋碑》。總之，面對碑陰，作者和設計者似乎更勇於發揮個性。

 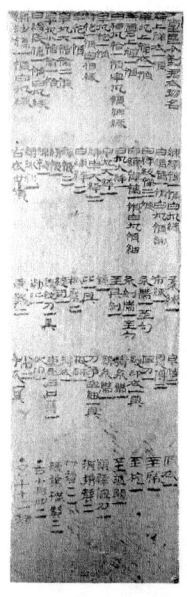 

圖4.1　魯峻碑陰，熹平二年（173）濟寧市博物館藏

圖4.2　左：堂邑令劉君衣物名，青島土山屯西漢墓出土
右：南郡免老簿，荊州紀南鎮松柏1號墓出土

除了排版以外,碑文的具體内容可能也會受到"碑陰意識"的影響。橋玄曾彈劾太中大夫蓋升,結果因爲靈帝包庇,蓋升反而遷升侍中。這是橋玄晚年遭遇的一次重大政治挫折,蓋升拜侍中後,橋玄以托病辭職反抗①。但此事在蔡邕撰寫的《太尉橋玄碑》即B碑碑陽上,被處理得非常不露痕迹:

> 後拜太尉。久病自替。復爲少府太中大夫。

然而同出於蔡邕之手、刻在C2的事件版本就極盡詳備,言語間還明顯帶有情緒:

> 時河間相蓋升,以朝廷在藩國時鄰近舊恩,歷河南太守、太中大夫。在郡受取數億以上,創毒深刻。公表升貪放狼籍,不顧天綱,損辱國家,爲上招怨。當肆市朝,以謝兆民。幸遇贖令,罪除惡在,可免升官,禁錮終身,没入財賂非法之物,以充帑藏,懲戒群下。連表上不納。而升遷爲侍中。公稱病辭,徙拜光禄大夫。復拜太尉,如前遜位。復拜少府,病不就職。

橋、蓋矛盾激化後,蔡邕曾找機會勸靈帝應黜免蓋升、信用橋玄,結果談話被宦官泄露,蔡邕自己也被捲入衝突②。橋玄碑的這個例子説明,即便作者是厲害相關人,他在事件的書寫方式上仍能體現出比較大的彈性,這既與作者對碑刻委托方意志的尊重有關,也與對展示空間、展示對象的考量有關。墓碑體表現出的克制和廟碑表現出的激憤,使它們一個適合放在展示力強的碑陽、一個適合放在只期待"後昆"的碑陰。

爲了抵抗碑陰在展示上的不利,C2雕上了碑額,銘刻了對觀衆——"後昆"的寄語。但是,C2預設的讀者範圍又非常有限,只有橋氏後昆。然而,它又是開放的,并不排斥其他觀衆,所以酈道元也看到了。實際上,看得到看不到,很多時候取决於訪問者對碑刻相關信息的熟悉程度,橋氏後昆自不用説,酈道元的訪碑也往往做了前期功課(參後文《張衡碑》),而普通訪問者或者拓本收藏者,如編寫《天下碑録》的宋人,就只見C1,不知道它的碑陰還有出於蔡邕之手的C2③。在將被銘刻於碑陰的暗示下,作者蔡邕可能既有意識地抵制着碑陰的隱蔽性,又有意識地利用了碑陰的隱蔽性。

四　碑林景觀

東漢人可以兼有墓碑和廟碑,墓碑和廟碑的數量并無一定之規。橋玄擁有AB兩塊墓碑,一是"群儒英才哲士"所立,一是位至司徒、廷尉的故吏所立。如程章燦師指出的,如果把碑視爲立碑人送給墓主人的禮物,則每一塊碑石都

---

① 《後漢書》卷五一《橋玄傳》,第1696頁。
② 《後漢書》卷六〇《蔡邕傳下》,第1999頁。
③ 《隸釋》卷二六引《天下碑録》,第285頁。

代表着墓主人的一層社會關係,多碑則呈現了他的社會關係網絡[1]。衆多故吏集體爲府主立碑是東漢常態,但位至三公四府大將軍的故吏,往往選擇單立一碑,而不參與普通故吏的衆籌,橋玄碑如此,像司徒許詡爲胡廣所立碑,大將軍何進爲楊賜所立碑[2],也都屬於這種情況。總的來説,逝者的現任屬下和故吏,高級故吏和普通故吏,在地方工作和中央工作時的故吏,以及工作圈之外的家人,都有可能因與墓主關係的不同和自身地位的不同而分別樹碑。想擁有多碑的榮耀,豐富的履歷和騰達的下屬是關鍵。

漢人歸葬和聚族葬的習慣,使家族碑刻有可能在一定空間内形成聚集。離橋玄墓不遠處,即是其子橋載的墓碑,再往城東方向,是其父橋仁的祠堂[3]。除橋氏外,《水經注》中還能看到很多類似的東漢家族墓群,如漢扶樂縣城外"悉諸袁舊墓,碑宇傾低,羊虎碎折",這是中古名族陳郡袁氏的一個墓區,雖然時過境遷,建築殘破,尚存有國三老袁良、司徒袁滂、蜀郡太守袁騰、博平令袁光諸碑[4]。東漢弘農楊氏自楊震以下四世三公,《集古録跋尾》謂"楊氏世葬閿鄉,墓側皆有碑",歐陽修得到了其中四碑的拓本[5],據此可以想象閿鄉縣楊氏家族墓園曾經的恢宏景象。一人多碑、累世聚葬,形成了東漢特有的鄉里碑林景觀。

家族碑刻在空間的聚集,也體現在其文本聯繫上。清人郭麐發現,"漢人碑文,其述先世,多不著其名"[6]。像"陳留太守之孫,光禄勳之子也"(《周䚈碑》)這樣只書職官的,最爲常見[7]。立碑意在垂示千古,千古之下,過往行人如何知道陳留太守是誰、光禄勳是誰? 這樣寫,可能就是因爲父祖碑在近側,作者纔覺得不須重複介紹。直到東晉,孫綽《太宰郗鑒碑》徑云:"公蓋黄帝之苗裔,氏族所由,皆紀于祖御史大夫之碑矣。"[8]仍體現出這種家族碑的"互文"傳統。五世紀以後,"祖諱某、父諱某"的寫法始多,如李闡之《顔含碑》,北魏《鄭羲碑》等,隋唐以下更成爲定式,這應該是"世碑"在現實中和觀念中都消失了的結果[9]。

通過門生故吏所立碑,後人能看到逝者的社會地位;通過子孫所立碑,後人能看到逝者的經濟能力。碑是一個人社會地位和經濟能力的實體化展現,

---

[1] 《禮物:漢代石刻與社會網絡》,第146—162頁。
[2] 蔡邕《胡公碑》《文烈侯楊公碑》,《蔡邕集編年箋注》,第160、361頁。
[3] 《水經注・汳水》,《水經注疏》卷二三,第1970—1971頁。
[4] 《水經注・陰溝水》,《水經注疏》卷二三,第1937頁。
[5] 《集古録跋尾》卷三《後漢楊公碑陰題名》,《歐陽修全集》,第2129頁。
[6] 郭麐《金石例補》卷一,《金石全例》第一册,北京圖書館出版社,2008年,第597頁。碑刻不書祖先名諱,劉寶楠《漢石例》總結出多例,見《漢石例》卷二,《金石全例》第二册,第1—21頁。
[7] 《蔡邕集編年箋注》,第23頁。
[8] 《宋本藝文類聚》卷四五,第1248頁。
[9] 《顔含碑》文云:"闡托姻顔氏,頗識舊聞,與君二子髦、約采集言行而著此傳。"又云:"晉江夏李闡字弘模傳,曾孫宋金紫光禄大夫贈特進延之字延年銘,大曆七年歲次壬子夏四月甲寅,十四代孫唐金紫光禄大夫前行撫州刺史上柱國魯郡開國公真卿書,重建于舊甄跌上。"又按髦、約皆顔延之(384—456)子,李闡當是延之婿,東晉末人。見《景定建康志》卷四三,嘉慶七年刊本。

而"碑林"則是家族勢力的實體化展現。一塊塊豐碑巨石既將家族的在地勢力展現給過往士人與官員,也通過碑陰題名將家族在外尤其是在朝勢力展現給鄉里父老和本地官員。漢代地方地方官員有祭祀鄉賢墓的傳統①,因此他們本就是碑刻所預期的主要讀者之一。來上冢的官員,有時還會爲逝者再立新碑,如豫州潁川郡的陳寔墓本有二碑,後來桓典爲豫州刺史,又爲陳寔立了第三碑②。地方官員不僅接收石刻傳達的家族勢力信息,還主動豐富這一信息,并將其再次傳播出去。一個家族的塋域,由此成了一種可以不斷擴容的可視化政治空間。

對於世家而言,這樣的政治空間至爲重要,但要保證它不萎縮,就須刺激碑刻的持續生產。熹平元年重臣胡廣去逝,賜冢塋於原陵③,原陵即光武帝陵,在洛陽城外④,胡廣因此不能歸葬故里南郡華容縣。但蔡邕爲胡廣作 4 碑中,却有一方是置於華容的,《水經注·夏水》云,夏水"東過華容縣南……又徑交阯太守胡寵墓北,漢太傅廣身陪陵,而此墓側有廣碑,故世謂廣冢,非也。其文言是蔡伯喈之辭"⑤。今檢蔡集,《太傅文恭侯胡公碑》云:"四月丁酉,葬於洛陽塋。故吏濟陰池喜感公之義,率慕《黄鳥》之哀,推尋《雅》意,彷徨舊土,休績丕烈,宜宣於此。乃樹石作頌,用揚德音。"⑥舊土云云,與 C1"公之勛美,宜宣舊邦,乃樹碑頌,以昭令德"語近,舊土殆指逝者之故里,而前文又特別説明葬於洛陽,可知這塊碑就是《水經注》提到的華容碑。洛陽有胡廣二墓碑,立碑人分別是司徒許訢和胡廣掾屬王允等,相比較而言,華容碑的立碑人位不甚高,只是胡廣在地方工作時的一位下屬,但碑文也并不以胡廣的地方政績爲重點,而是竭力鋪陳他到中央後的顯赫,且對胡廣哀榮的敘述比洛陽碑更詳盡:

> 天子悼惜,群后同懷。詔五官中郎將任崇奉册,贈以太傅安樂鄉侯印綬。拜室家子一人郎中。賜東園祕器,賜絲帛含斂之備。中謁者董訢吊詞護喪,錢布賵賜,率禮有加。賜諡曰文恭,昭顯行迹。四月丁酉,葬于洛陽塋。⑦

這就很能看出鄉里碑刻希望着重展示什麽。胡廣入葬洛陽,胡廣碑却不能在華容碑林缺席,它是碑林裏的一員大將,其内容和撰寫人,都足以讓往來讀者

---

① 參楊樹達《漢代婚喪禮俗考》,上海古籍出版社,2007 年,第 227、230 頁。地方官員上冢的風俗可能到魏晉還有餘響,如西晉南陽相夏侯湛行縣,"每縣咨其故老,訪其先賢,有兆者表其墓,經墳者揖其魂。"只不過由於禁碑,長吏能訪見的碑刻恐怕仍多是漢碑,而且他們也很難再立新碑。夏侯湛爲張衡新作的碑銘,就只能刻在漢張平子碑的碑側。見《隸釋》卷一九夏侯湛《張平子碑》,第 194 頁。
② 《蔡邕集編年箋注》,第 370、376、389 頁。
③ 《後漢書》卷四四《胡廣傳》,第 1511 頁。
④ 《後漢書》卷二《明帝紀》章懷注引《帝王紀》:"原陵方三百二十步,高六丈,在臨平亭東南,去洛陽十五里。"第 95 頁。
⑤ 《水經注疏》卷三二,第 2706 頁。
⑥ 《蔡邕集編年箋注》,第 154 頁。
⑦ 《蔡邕集編年箋注》,第 154 頁。華容碑的這部分内容,許訢碑只簡單表述成:"天子悼痛贈策,遂賜誄,諡曰文恭,如前傅之儀而有加焉,禮也。"而掾屬碑未及一字。

駐足、仰慕、震撼。

　　曹操以後政府實施禁碑政策，雖然仍有特例樹碑，但累世有碑幾乎已不可能。至於前漢遺存，《水經注》載曹丕建九華臺，"殿基悉是洛中故碑累之"①，可見曹魏官方的態度。漢碑的殘破消亡，當不都是戰亂和自然環境侵蝕所致。

　　儘管碑林景觀難以爲繼，單人多碑的現象到魏晉仍然存在。《水經注》記載，魏車騎將軍黃權有四碑，"其二魏明帝立，二是其子及臣吏所樹者也"②。東晉王羲之有二碑，一爲孫綽製，一爲庾倪製③。但在蕭梁，安成王蕭秀死後，"當世高才游王門者，東海王僧孺、吴郡陸倕、彭城劉孝綽、河東裴子野，各製其文，欲擇用之，而咸稱實録，遂四碑并建"④。既然"欲擇用之"，則多碑到這個時候已非通例了⑤。

　　魏明帝爲黄權立了兩塊碑，這是兩塊內容一樣的碑，還內容不同？如果不同，是什麼內容須要兩塊碑分別表述？據《水經注》記載，在橋玄墓不遠處，還有晉梁王妃王粲陵："并列二碑，碑云：'妃諱粲，字女儀，東萊曲城人也。齊北海府君之孫，司空東武景侯之季女，咸熙元年嬪于司馬氏，泰始二年妃于國，太康五年薨，營陵于新蒙之□，太康九年立碑。'"⑥王粲有二碑，而僅有一份碑文，碑的"一式兩份"確實是存在的。這種特殊的多碑現象，可能也始於東漢，崔瑗的《張衡碑》即是如此⑦。根據《集古録跋尾》《隸釋》的著録，張衡碑"其刻石爲二本，一在南陽（按，今河南南陽），一在向城（按，今河南南陽東北）"⑧。向城縣即漢晉西鄂縣⑨，酈道元到過這個地方，并且見到了張衡碑，《水經注》云：

　　　　（淯水）又徑西鄂縣南，水北有張平子墓。墓之東，側墳有平子碑，文字悉是古文，篆額，是崔瑗之辭。盛弘之、郭仲産并云："夏侯孝若爲郡，薄其文，復刊碑陰爲銘。"然碑陰二銘，乃是崔子玉及陳翕耳，而非孝若，悉是隸字，二首并存，嘗無毁壞。又言墓次有二碑，今惟見一碑。或是余夏景

---

①　《水經注·穀水》，《水經注疏》卷一六，第1391頁。
②　《水經注·淯水》，《水經注疏》卷三一，第2601頁。
③　《太平御覽》卷四七引孔曄《會稽記》："諸暨縣北界有羅山，越時西施、鄭旦所居。所在有方石，是西施曬紗處，今名紵羅山。王羲之墓在山足，有石碑，孫興公爲文，王子敬所書也。"中華書局，1960年，第227頁。又《世說新語·賞譽》："庾公云：'逸少國舉。'故庾倪爲碑文云：'拔萃國舉。'"余嘉錫箋疏《世說新語箋疏》，中華書局，2007年，第548頁。
④　《南史》卷五二《安成康王秀傳》，中華書局，1975年，第1290頁。
⑤　除了蕭秀外，蕭憺也有四碑，但作者情況不明。許志強《南朝陵墓研究》："以往認爲蕭憺墓前保存石獸一對、石碑一對，近年文物部門在石碑以北新發現一處石龜趺，位於神道東側，石龜形制符合南朝龜趺特徵，所處位置和擺放方式與現有神道石刻相吻合。考慮到南朝陵墓神道石刻的對稱性，則蕭憺墓前原來也應有四碑。"南京大學博士學位論文，2020年，第94頁注1。
⑥　《水經注·睢水》，《水經注疏》卷二四，第2011頁。
⑦　此碑録文見《古文苑》卷一九，《四部叢刊》本。
⑧　《集古録跋尾》卷一《後漢張平子墓銘》，《歐陽修全集》，第2090頁。《隸釋》卷一九，第194頁。
⑨　《元和郡縣圖志》卷二一《山南道二·鄧州》："向城縣，本漢西鄂縣地，春秋時向邑。江夏有鄂，故此加'西'。後魏孝文帝於古向城置向城縣，屬淯陽郡。"中華書局，1983年，第534頁。

驛途,疲而莫究矣。①

酈道元因盛弘之、郭仲産之説瞭解到張衡有二碑,但他不知道二碑中有一塊不在此地,乃至懷疑自己是因爲旅途疲勞,在尋訪時漏掉了。酈道元當然也没有找到傳説中夏侯湛的新碑文,根據《隸釋》提供的信息,夏侯文正刻在南陽碑碑側②。夏侯湛當時是南陽相,西晋南陽國治宛(今河南南陽),也即歐陽修時代的南陽縣,則恐怕夏侯湛不僅在張衡的一塊碑上作了新文章,還把它移動到了郡治,導致二石自此分離。夏侯湛的做法也説明,鄉里碑刻景觀的消亡還有這樣一種路徑:碑刻被從塋域移走,作爲觀賞物被重新改造并放置在新的空間,或者説,它從一個政治空間轉移到了一個藝術空間。

王粲陵"并列二碑",則當是對置擺放,與石獸、石柱等同。張衡二碑在没有移走其一前,空間排布方式當也是如此。在蕭梁陵墓中,今南京栖霞區的蕭宏墓和丹陽的蕭順之建陵都是雙碑,其雙碑也都和石柱、石獸一樣,是對置在神道兩側的,那麽南朝對峙神道兩側的雙碑,其淵源也可以説仍在東漢。不過,南朝陵墓雙碑的碑文未必是一式兩份。如陶弘景墓雙碑,一爲蕭繹撰,題"隱居先生陶弘景碑";一爲蕭綸撰,題"貞白先生陶弘景碑"③,當然,它們應該也是對峙而立,遵守着蕭梁陵墓的神道軸對稱美學④。這樣看來,前文所引的《南史》蕭宏墓四碑并建事,其所謂"欲擇用之",不一定是四擇一,而很可能是四擇二。

除了雙碑的組合,在東晋南朝還能看到碑誌組合。如温嶠有碑,孫綽撰文⑤;又有墓誌,2001年出土⑥。陶弘景有二碑如前述;又有誌,蕭綱撰⑦。梁武帝兄蕭敷有碑,又有墓誌,均爲徐勉撰⑧。此外,又有兩誌的組合,梁裴子野葬,"湘東王爲之墓誌銘,陳于藏内。邵陵王又立墓誌,埋于羨道。羨道列誌,自此始焉"⑨。既云自此始,則在裴子野後當還有其例。梁武帝從弟蕭昺,已知有碑一,蕭繹撰文⑩;又有墓誌多達四方,每誌邊長都在1米上下,單誌約可

---

① 《水經注·淯水》,《水經注疏》卷三一,第2598—2599頁。
② 見《隸釋》卷一九,第194頁。
③ 兩文并見《宋本藝文類聚》卷三七,第1016—1017頁。
④ 關於這種對稱性的分析,可參巫鴻《中國古代藝術與建築中的"紀念碑性"》,上海人民出版社,2009年,第327—342頁。
⑤ 《文心雕龍·誄碑》:"及孫綽爲文,志在於碑,温王郗庾,辭多枝雜,桓彝一篇,最爲辨裁矣。"《文心雕龍注》,第214頁。又《晋書》卷五六《孫綽傳》:"綽少以文才垂稱,于時文士,綽爲其冠。温、王、郗、庾諸公之薨,必須綽爲碑文,然後刊石焉。"中華書局,1974年,第1547頁。
⑥ 華國榮、張九文《南京北郊東晋温嶠墓》,《文物》2002年第7期。
⑦ 《宋本藝文類聚》卷三七蕭綱《華陽陶先生墓誌》,第1019頁。
⑧ 《景定建康志》卷三三:"永陽昭王碑,徐勉撰。"《六朝事迹編類》卷一四:"梁永陽昭王墓誌銘,徐勉造,在清風鄉居民井側,今在上元縣。"中華書局,2012年,第183頁。按《蕭敷墓誌》宋拓孤本今藏上海博物館。
⑨ 《南史》卷三三《裴子野傳》,中華書局,1975年,第867頁。
⑩ 《文館詞林》卷四五七,第184頁。

2250字①,也相當於碑的體量了。這樣的碑誌組合,有一點像東漢一人多碑、碑出衆手情況的再現,但墓誌不像碑刻具有持久展示的能力,它更多的地依托文集流傳,文本在流傳過程中,也只與作者緊密聯繫在一起,與逝者和立誌方的關係反而淡化,這與立在墓所,始終圍繞着逝者、服務於逝者的碑刻還是非常不同。總之,作爲政治景觀的塋域碑林止於東漢,東漢以後,即使是蕭秀那樣難得一見的特例,其能四碑并建,勉强成"林",也只是因爲四碑文辭難分高下,"咸稱實録",而不是因爲逝者家屬或立碑方有這樣的訴求。可以想見,行人觀看蕭秀碑,多數人的看點是王僧孺、陸倕、劉孝綽和裴子野,而不是蕭秀,這很類似夏侯湛和崔瑗競秀的那塊張衡碑。傳統的政治空間在蕭秀的塋域已經蜕變成了藝術空間,實際上,這也將是"碑林"未來的走勢。

五　結語

　　漢碑的面貌,似既有規律可循,又相當靈活多變,後人每在漢碑中求"例",正是基於漢碑的這種矛盾性格。本文想指出的是,漢碑的創造性不僅體現在碑陽,還體現在碑陰;不僅體現在單碑製作方式上,還體現在多碑組合方式,尤其是世碑式碑林的空間組合方式上。而進入禁碑時代之後,以上這些創造并未完全消失,儘管魏晋南北朝石刻爲數不多,而且在碑文風格上離漢碑漸遠,它們仍在上述這些方面或留有漢碑的遺意,或更有所嬗變。

　　漢碑的製作并没有嚴格的制度規定,這是它時見創意的根本原因。建安七年(202),曹操軍過睢陽,致祭橋玄。睢陽城外的家族墓石刻群,橋玄碑上的題銘,廟碑碑陰上留下的激憤,碑對於力量和立場的宣示效果,曹操是熟悉的。三年之後,"魏武帝以天下凋弊,下令不得厚葬,又禁立碑"②。天下凋弊只是禁碑的原因之一,甚至不是主要原因③。國家希望對"誰可以展示、展示什麼,誰可以書寫、書寫什麼"不失控,纔是根本意圖。所以曹魏雖然禁碑,毌丘興、黄權等碑却依然得建④,可見這種禁止,只是將立碑變成特供而已。可以説,國家介入石刻生産,直到將碑拉入等級化喪葬制度,這一過程正是從禁碑開始的。

(作者單位:南京大學文學院)

---

　　①　南京博物院《南京堯化門南朝梁墓發掘簡報》,《文物》1981年第12期。
　　②　《宋書·禮志二》,中華書局,1974年,第407頁。
　　③　濱田瑞美《曹操による建安十年立碑の禁令の實相について》已指出,曹操禁碑令的背景是冀州平定,故禁碑并非出於經濟上的考慮,而是爲了防止袁氏門生藉助碑石爲他們自己和死去的袁氏故舊獲取聲望。收吉村怜博士古稀記念会編《東洋美術史論叢》,雄山閣出版,1999年,第93—112頁。
　　④　《水經注·穀水》:"穀水又東,徑魏將作大匠毌丘興墓南,二碑存焉。"《水經注疏》卷一六,第1369頁。黄權碑已見前。

出土六朝磚銘文字校訂十五則

張　今

　　迄今爲止,發掘材料獲得刊布的六朝墓葬多以陶磚砌築,若磚體上施以文字,往往被發掘者視作珍貴材料記録在發掘報告中。此外,墓葬中常有地券出土,其材質也大多爲磚。由於刊布零散,這類材料的釋文錯誤和缺漏長期得不到復查,故本文擇取磚銘十五例,以資料刊布時間爲序,對其中存在的釋文錯漏進行校訂,以期進一步認識磚銘自身性質與歷史信息。

一　孫吴黄甫地券

　　共兩枚,1979年10月—1980年6月分别出土於南京中央門外張王山東北坡的兩座吴墓(M1、M2)。兩枚地券内容相仿,銘文均刻製、填朱,出土於M2者長37.5厘米、寬6.8厘米、厚3.5厘米(圖一:1)①。券文原釋作:

　　　　五鳳元年十月十八日,大男九江黄甫,年八十。今於莫府山後,南邊起冢宅,從/天買地,從地買宅,僱錢三百。東至甲庚,西至乙辛,北至壬癸。若有争/地,當詣天帝,若有争宅,當詣土伯。如天帝律令!②

　　其中,第二行"北至壬癸"後應有"南至丙丁"四字,M1出土地券即在本行右側補刻。簡報認爲M2出土地券漏刻此四字,白彬、胡海帆、湯燕、魯西奇皆從是説③。通過觀察地券實物,可發現"北至壬癸"右側仍殘存"至""丁"二字殘畫(圖一:2),故知此四字并未漏刻,只因磚體消耗而逐漸漫漶,今據以補釋。

---

①　南京市博物館《南京郊縣四座吴墓發掘簡報》,載《文物資料叢刊》(第8輯),文物出版社,1983年,第1—15頁。

②　文字不可識者以"□"表示,一字一"□",因磚體殘端下文缺失以"☒"表示,依據殘畫和文義可補者外加方框。標點依筆者理解添加,地券、磚誌録文以"/"表示銘文换行,下同。

③　張勛燎、白彬《中國道教考古》,綫裝書局,2006年,第822頁;胡海帆、湯燕《中國古代磚刻銘文集》,文物出版社,2008年,下册第117頁;魯西奇《中國古代買地券研究》,廈門大學出版社,2014年,第87、88頁。

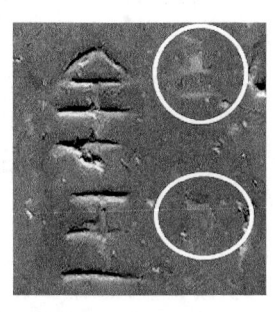

圖一

(1. M2 出土地券拓本;2. M2 出土地券"至""丁"二字殘畫①)

二　新昌蓮花庵嶺南朝墓出土磚銘②

1979 年 11 月出土於浙江新昌縣蓮花庵嶺南朝墓,所用長方形墓磚端面模印銘文(圖二:1),簡報將其釋作"泰豫元年作"和"太□元年作"。按,第二種磚銘第二字應爲"預",據殘畫可識(圖二:2),則"泰豫"簡寫作"太預"僅見此例。泰豫(472)爲宋明帝劉彧年號,是年四月明帝崩。

圖二

(1. 新昌蓮花庵嶺南朝墓出土磚銘拓本;2. "太預"磚銘摹本③)

---

① 筆者 2020 年 4 月攝於六朝博物館,"至""丁"二字以圓圈標出。
② 潘表惠《浙江新昌南朝宋墓》,《文物》1983 年第 10 期,第 93—94 頁。
③ 摹本係筆者自製,下同。

三　金華古方吳墓出土磚銘

　　20世紀80年代出土於浙江金華古方磚瓦廠吳墓(M27、M28)，部分墓磚端面模印銘文(圖三:1)，簡報將其釋作"工甲大吉"，義涵難解①。1985年，廣西鍾山縣西門嶺發掘六朝墓一座，墓室券頂所用楔形磚側模印類似銘文，簡報將其釋作"八田大吉"(圖三:2)，并聯繫古方吳墓材料推測"或許'八田'就爲'工甲'之誤筆"②。其實早在西門嶺六朝墓材料刊布前，何廣鍵便據字形改釋"工甲大吉"爲"六甲大吉"，可從，但辭例內涵仍待申發③。

　　筆者認爲此類磚銘皆與卜墓行爲有關。東漢王充所見《圖宅術》曰："宅有八術，以六甲之名，數而第之，第定名立，宫商殊別。"④所謂"六甲"，即干支配對所成六十甲子日中天干爲"甲"的紀日，很早便被陰陽家吸納進擇日術中，如睡虎地秦墓、孔家坡漢墓出土《日書》均有"六甲相逆利以戰伐"句⑤。(圖三:3)進入中古，道教日益勃興，"六甲"用例也頻繁見諸文獻，如《抱朴子內篇》所述處理仙藥"威喜芝"的方法："從生門上采之，於六甲陰乾之。"⑥此外，"六

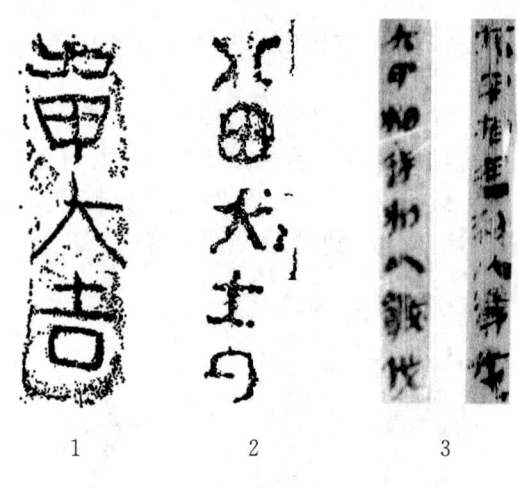

圖三
(1. 古方吳墓出土"六甲大吉"磚銘拓本；
2. 西門嶺六朝墓出土"六甲大吉"磚銘拓本；
3. 睡虎地秦墓、孔家坡漢墓出土《日書》中的"六甲相逆利以戰伐")

---

　　① 金華地區文管會《浙江金華古方六朝墓》，《考古》1984年第9期，第816—825頁。
　　② 鍾山縣文物管理所《廣西鍾山縣西門嶺發現六朝墓》，《考古》1994年第10期，第952—953頁。
　　③ 何廣鍵《對"工甲大吉"的商榷》，《考古》1985年第10期，第884頁。
　　④〔漢〕王充撰，〔清〕劉盼遂集解，黃暉校釋《論衡校釋》卷二五《詰術篇》，中華書局，1990年，第1027頁。
　　⑤ 武漢大學簡帛研究中心、湖北省博物館、湖北省文物考古研究所《秦簡牘合集》(壹)，武漢大學出版社，2014年，第780頁；湖北省文物考古研究所、隨州市考古隊《隨州孔家坡漢墓簡牘》，文物出版社，2006年，第69頁。
　　⑥〔晉〕葛洪撰，王明校釋《抱朴子內篇校釋》卷一一《仙藥》，中華書局，1985年，第199頁。

甲"概念在中古還與其他方術交叉互動,甚至能够被具象表達①。由此觀之,西門嶺六朝墓出土"八田大吉"磚銘也當讀作"六甲大吉",其中"六甲"二字因形近篆書而致誤釋。

四　無錫赤墩里晉墓出土磚銘

1966年出土於無錫赤墩里東晉墓。磚呈楔形,長31.8厘米、寬8—16厘米、厚5.3厘米,砌築於甬道頂部,窄端面模印"江"字,側面有刻劃銘文,簡報釋作"太和五八月四日作小釜"(圖四:1)②。因隨手刻劃,"五"後顯然脱"年"字,而"小釜"當改釋作"小斧",義爲近似斧形的磚體,吳地出土磚銘多見如此自名者(圖四:2、3)。

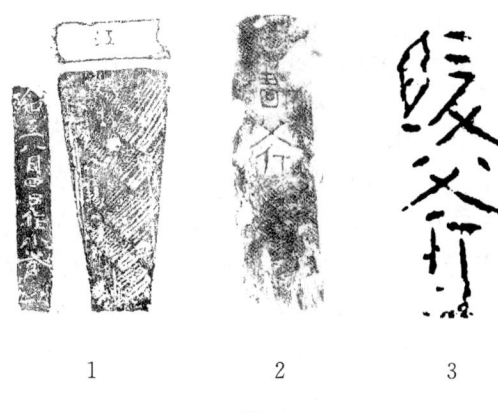

圖四
(1. 無錫赤墩里晉墓出土楔形磚三面拓本;2. 吳縣東晉張鎮墓出土"墙斧"磚銘拓本③;
3. 餘杭小横山M42出土"緩斧"磚銘拓本④)

五　江寧索墅磚瓦廠晉墓出土磚銘

1985年2月出土於南京江寧淳化鄉索墅磚瓦廠西晉墓(85JSM1),磚銘爲一部分墓磚所共有,這些墓磚一側模印重菱紋,其餘一側和兩端面模印文字,連讀則文義可通(圖五)⑤。簡報原釋作"姓朱江乘人居上描大歲庚子晉平吳天下大平","上描"不可解。筆者認爲當釋作"上捕","捕"讀爲"浦"。

---

① 參見趙益《〈漢志·數術略〉考釋證補(下)》,載《古典文獻研究》第八輯,鳳凰出版社,2005年,第127—152頁;高中正《〈梁書〉"兔頭"發微:兼論南北朝時方術與兵學的關係》,《中國史研究》2006年第4期,第61—73頁。
② 無錫市博物館《無錫赤墩里東晉墓》,《考古》1985年第11期,第1006頁。
③ 南京博物院《江蘇吳縣張陵山張氏墓群發掘簡報》,《南方文物》2005年第4期,第14—18頁。
④ 杭州市文物考古研究所、餘杭博物館《餘杭小横山東晉南朝墓》,文物出版社,2013年,第122頁。
⑤ 南京市博物館《南京獅子山、江寧索墅西晉墓》,《考古》1987年第7期,第611—618頁。

圖五　索墅磚瓦廠晉墓出土磚銘三面拓本

"江乘",縣名,秦時屬鄣郡,《史記》卷六《秦始皇本紀》載:"(始皇)還過吴,從江乘渡。"縣内江乘浦爲長江早期重要渡口之一。漢武帝元狩二年(前121)易鄣郡爲丹陽郡,仍轄江乘。東吴時,曾省江乘爲典農都尉,西晉武帝太康元年(280)復立。東晉咸康元年(335),江乘改屬南琅邪僑郡,因其地勢高亢,又靠近大江,利於旱作,故吸引大量北來僑民聚居在此。舊江乘縣轄境大致在今江蘇省句容市北,其治所在今南京市區東北郊棲霞山南麓、九鄉河之東的南京大學仙林校區至仙林湖一帶。此地區北部山崗爲漢墓集中分布區域,而吴、西晉墓葬則集中分布在江乘以西①。南方河流多有被分爲上、中、下浦的例子,如《宋書》卷三五《州郡一》"永康令,赤烏八年分烏傷上浦立",又如舊地名中常見之"上浦橋""下浦橋"。磚銘所見之"上捕(浦)"即爲江乘浦的上游。

六　東晉馮慶地券

1986年出土於鎮江金家灣晉墓(M3),長28.5厘米、寬14.5厘米、厚3.2厘米,磚質鬆軟(圖六:1)②。簡報釋文錯訛較多,白彬、魯西奇有所校補③,今在諸家基礎上改訂釋文如下:

　　　　泰和元年十一月乙丑朔八日壬申,……/治下里司馬馮慶,從天買地,從地買宅,□□西/界下白果村佃龍之坑,雇錢千萬。東極甲乙,/南極丙丁,西極庚辛,北極壬癸,中英戊己。若欲/問地,當問天帝;若欲問宅,當

---

① 陳剛《西漢至六朝時期丹陽郡政區變遷與區域發展》,《中國歷史地理論叢》2008年第2期,第91—101頁;張學鋒、陳剛《吴都建業的都城空間與葬地》,載《魏晉南北朝隋唐史資料》(第36輯),上海古籍出版社,2017年,第1—27頁。
② 林留根《江蘇鎮江東晉紀年墓清理簡報》,《東南文化》1989年第2期,第157頁。
③ 張勛燎、白彬《中國道教考古》,第840—842頁;魯西奇《中國古代買地券研究》,第107頁。

問土伯。任知者/東王公、西王母分券,時入明堂爲主,如律令。

圖六
(1. 馮慶地券拓本;2. "治下里"券文比勘①)

第二行"治"下一字,簡報、白彬、魯西奇皆闕釋,今據殘存筆畫和江寧咸墅村南朝墓出土羅健地券"堂邑郡高山縣都鄉治下里蘭陵太守"(圖六:2)句補釋。

第六行"券"下六字,簡報釋作"時入明堂",魯西奇釋作"時人□堂爲主",以"□堂"爲分券人的姓名。按,"明堂"義爲墓室,習見於磚銘②,可據字形和文義補釋。

七　孫吳宋氏地券

1982年出土於南京郭家山吳墓(82GJSM6)。地券磚質,長26厘米、寬11厘米、厚1.3厘米,刻銘填朱(圖七:1)。③ 今在簡報、白彬、魯西奇三家基礎上改訂釋文如下④:

永安四年太歲在辛巳乙卯之朔十一月十二日乙卯,大女宋/□□□,今於建業東北白石莫府山前□立冢/宅,從天買地,從地買宅,僦錢三百,東至甲乙,/南至丙丁,西至庚辛,北至壬癸,如有争地當/詣天帝,若有争宅當詣丘伯,如律令。

---

① 左爲馮慶地券局部,右爲江寧咸墅村南朝墓出土羅健地券(M1:26)局部,采自王志高、許長生《南京淳化新見南朝羅氏地券考釋》,《文物》2019年第10期,第88—96頁。
② 參見胡斐《古磚文中所見古人對墓葬的稱謂彙考》,載吕金成編《印學研究》(第12輯),文物出版社,2018年,第76—88頁。
③ 南京市博物館《江蘇南京市北郊郭家山東吳紀年墓》,《考古》1998年第8期,第21—26頁。
④ 張勛燎、白彬《中國道教考古》,第826—828頁;魯西奇《中國古代買地券研究》,第90頁。

圖七
(1. 宋氏地券拓本；2. "建康"局部摹本)

第二行"於建業"三字，簡報釋作"□□兼"，魯西奇從之，白彬釋作"□□於"，今據殘畫和文義補釋(圖七:2)。

"永安"爲吳景帝孫休年號(258—264)，四年(261)歲次丁巳，十一月朔日當爲甲辰，但當年十月爲小月，也許是刻製地券的工匠疏於考慮，遂將十一月朔日天干延後一天至"乙"，但地支"卯"又較朔日甲辰提前了一天，可知這名工匠對天干和地支的計算是分離的。此外，"乙卯之朔十一月"這一紀月方式也僅見此例。

八　丁墙村吳墓出土地券

1997年5月出土於南京南郊丁墙村吳墓(97NJDM1)。地券磚質，長28.7厘米、寬14.2厘米、厚3.3厘米，出土時位於墓室北壁中部下(墓向105度)。如簡報所説，地券兩面刻字，但由於磚質較差，大部分券文已經風化，故簡報僅釋"天册元年十二月"數字①。今按，首行中段可見"□巳朔"三字，查朔閏表，天册元年(275)十二月朔癸未，故券首紀年仍待考證。另，首行偏下可補釋"九江阜陵"四字，有助於確認墓主籍貫(圖八)。《晉書·地理志》繫阜陵於"淮南郡"下，淮南郡本爲漢九江郡，三國魏、吳分據，魏改曰淮南，治壽春；吳割歷陽、全椒、阜陵屬廬江郡。② 券文言"九江阜陵"，可知刻製時去孫吳改隸阜陵屬廬江不遠，仍襲漢稱。阜陵縣故城，在今安徽全椒縣東。

---

① 南京市博物館、雨花臺區文化局《南京丁墙村"天册元年"東吳墓》，載《南京文物考古新發現：南京歷史文化新探二》，江蘇人民出版社，2006年，第24—28頁。
② 此據馬與龍《晉書地理志注》的觀點，轉引自孟剛、鄒逸麟《晉書地理志彙釋》，安徽教育出版社，2018年，第581頁。

圖八　丁墻村吴墓出土磚地券拓本與"九江阜陵"局部

九　仙鶴山吴墓出土磚銘

1998年出土於南京東北郊仙鶴山南麓(今南京師範大學仙林校區内)吴墓(M5)。銘文模印於墓壁順磚層磚側(圖九:1),共兩種,簡報釋作"平原廣敞神靈安居"和"吉月貞□卜蓥芒丘"①。

圖九
(1. 仙鶴山M5墓壁文字磚與花紋磚;2. "吉月良辰卜蓥芒丘"磚銘摹本)

據照片所示字形,"貞□"可改釋作"良辰"(圖九:2)。同時期類似辭例較多,如孫吴丁奉地券"良月吉日"②、浙江東陽李宅鎮南朝墓出土"元加四年□月吉旦"③等。

---

① 南京市博物館、南京師範大學文物與博物館學系《南京仙鶴山孫吴、西晋墓》,《文物》2007年第1期,第22—34頁。

② 辭例來自南京幕府山丁奉墓出土磚地券"建衡三年八月十六日良月吉日",參見周保華、周夢媛《南京五佰村孫吴丁奉家族墓發掘收穫》,《中國文物報》2021年1月26日。

③ 趙寧《浙江東陽縣李宅鎮南朝墓》,《考古》1991年第8期,第759—760頁。

十　孫吳繆承地券

2007年8月27日—9月2日出土於南京市江寧區濱江開發區天成路西的吳墓(07NBSM3),緊貼墓室西南角。青灰磚質,長34.2厘米、寬8.3厘米、厚4.4厘米,兩側面模印菱形方格紋,券文豎行刻寫,間以淺綫。對照簡報所記墓磚形制及紋飾,地券應係墓磚對半剖開後改製而成(圖十:1)。張學鋒在簡報基礎上對釋文有所補釋,今參考新見太康七年蔡氏磚誌改訂釋文如下:

建衡元年 十二 月 丁 巳朔五日辛酉,相府吏繆承,今還丹楊業建/南鄉梅沽里卜安冢宅。從地主古糸買地三頃五十畝,直錢三/百五十萬。鄉吏朱恂證知糸賣承買,對共破莂,先立可信,/乃爲手書。①

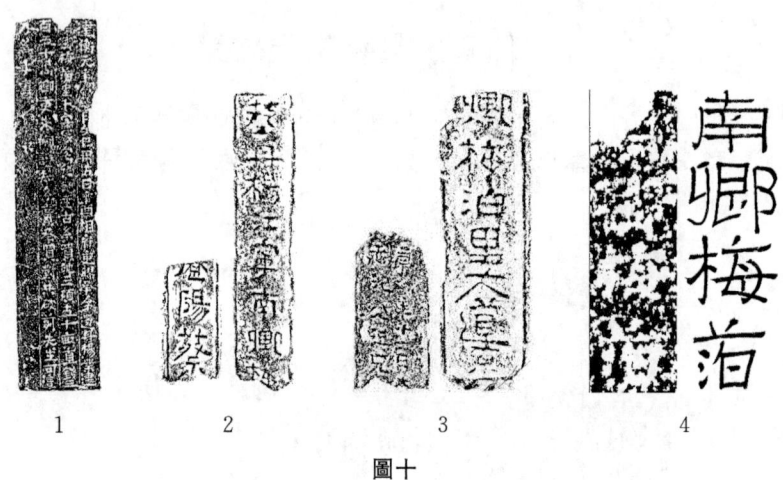

圖十
(1. 繆承地券拓本;2. 蔡氏磚銘拓本一;
3. 蔡氏磚銘拓本二;4."南鄉梅沽"局部及摹本)

2020年4月,南京寧馬高速公路近板橋段道路施工現場出土殘磚十餘塊,清洗後現出文字和圖案。文字磚銘分兩種,其一曰"九江歷陽蔡""葬丹楊江寧南鄉梅泊里大道東""太康七年十二月大子記□□□□兄弟三子□",分別模印於兩端面和一側面;其二曰"太康七年"。殘磚甫一出土便流入古玩市場,後迅速被南京博物院和南京師範大學徵集②。筆者有幸得到拓本兩張,對應第一種磚銘的部分内容(圖十:2、3)③。其中,"南鄉"和"梅泊里"兩個地名釋讀没有疑義,據此反觀繆承地券,"鄉"前一字簡報、張學鋒皆闕釋,"梅"後一字

---

① 南京市江寧區博物館《南京濱江開發區15號路六朝墓清理簡報》,《東南文化》2009年第3期,第36—40頁;張學鋒《南京濱江開發區吳墓出土"建衡元年"買地券補釋》,《東南文化》2010年第1期,第60—61頁。磚券照片及更清晰的拓本載江寧博物館、東晉歷史文化博物館《東山擷芳:江寧博物館暨東晉歷史文化博物館館藏精粹》,文物出版社,2013年,第10頁。
② 伊蓮《最早的"江寧"古磚》,"金陵傳拓學社"微信公衆號,2020年11月3日。
③ 拓本承葉伯瑜先生惠賜,謹表謝忱。

二者皆釋作"府",至此皆可改釋(圖十:4)。

《江蘇省江寧縣地名録》"江寧鄉"下記"梅府"地名由來:"清時,一梅姓官員家宅在此。"①簡報根據所得"梅府"磚銘否認這一説法,但"梅府"磚銘既已被證明是誤釋,簡報的質疑也需進行補充。

券文中的"鄉吏朱佝"應爲真實人物,至遲在東漢早期,朱氏家族便參與到江寧地區的地方行政中。1989年,南京市博物館在江寧湖熟搶救發掘六座漢墓,其中一座爲磚木混合結構墓(89JHM2),墓内出土木牘一件,墨書文曰:

丹楊郡胡孰都鄉安平里公乘故吏朱建以建武廿九年六月不富,以誦書出補鄉小史。到卅年中,入給廷功曹小史學事。永平三年中府爲尉曹□,到其八年,□爲書佐後不富,年罷富長部□。到永元五年正月九日得病乾□裏。②

據牘文可知朱建所任皆刀筆要職,這類人物在湖熟縣基層社會中扮演重要角色。到西晉時期,湖熟以北不遠的索墅還出土"姓朱江乘人居上浦"的磚銘(本文第五條)。綜合這三則材料,可見漢晉之間朱氏家族在江寧地區擁有廣泛而持久的影響力。

十一　餘杭義橋六朝墓出土磚銘

2007年出土於杭州餘杭區餘杭鎮義橋村西側的六朝墓(M55)。銘文模印於一塊墓磚的側面,報告闕讀,據照片可釋爲"升平五年三月"(圖十一)。"升平"爲東晉墓地司馬聃年號(357—362),發掘者據出土青瓷鉢形制將M55定爲東晉時期墓葬,紀年磚銘的補釋可以爲進一步推定墓葬時間提供參考③。

圖十一　"升平五年三月"磚銘及摹本

十二　荀籍磚誌

出土於南京江寧區東山街道上坊街道石馬冲謝家山晉墓。現僅存左上部分,殘長23厘米、殘寬22.3厘米、厚6.1厘米(圖十二)④。墓葬發掘簡報未見刊布,出土環境未知。照片、拓本藉前引《東山擷芳》一書刊布,并附釋文曰:

---

① 江寧縣地名委員會《江蘇省江寧縣地名録》,内部資料,1984年,第126頁。
② 南京市博物館、江寧縣文化局《南京湖熟漢代朱氏家族墓地》,載南京市博物館《南京文物考古新發現:南京歷史文化新探二》,第3—15頁、圖版二:3。
③ 杭州市文物考古所、餘杭區博物館《餘杭義橋漢六朝墓》,文物出版社,2010年,第126頁。
④ 江寧博物館、東晉歷史文化博物館《東山擷芳:江寧博物館暨東晉歷史文化博物館館藏精粹》,第13頁。

祖□□/晋散騎侍郎□/縣西鄉高陽里荀籍□/年歲在乙酉十二月四□/以十一年九月□日□③/□/里青山□

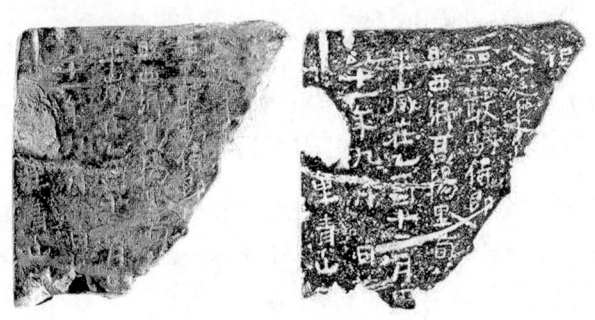

圖十二　荀籍磚誌及拓本

誌主荀籍,父蕤見《晋書》卷七五《荀崧傳》附傳,相關内容如下:

  荀崧字景猷,潁川臨潁人,魏太尉彧之玄孫也。……有二子:蕤、羨。蕤嗣。蕤字令遠,起家秘書郎,稍遷尚書左丞。蕤有儀操風望,雅爲簡文帝所重。時桓温平蜀,朝廷欲以豫章郡封温。蕤言於帝曰:"若温復假王威,北平河洛,修復園陵,將何以加此!"於是乃止。轉散騎常侍、少府,不拜,出補東陽太守。除建威將軍、吴國内史。卒官。子籍嗣位,至散騎常侍、大長秋。

據此,可補釋首行"祖"後一字爲"崧",第二行"蕤"後一字爲"建",并據殘畫和文義補釋第六行"日"後一字爲"塟"。(圖十三)

圖十三　荀籍磚誌拓本"崧""建"及"塟"字局部

誌文所載籍貫當爲荀氏原籍。"西鄉高陽里"可上溯至東漢末年,《後漢書》卷六二《荀淑傳》載:"初,荀氏舊里名西豪,潁陰令勃海苑康以爲昔高陽氏有才子八人,今荀氏亦有八子,故改其里曰高陽里。"張璠《漢紀》亦同此説①。磚誌所載鄉里名稱與史籍相合,但缺失的縣名却值得思考。據漢晋正史,荀淑爲"潁川潁陰人",後荀彧、荀勖皆循此籍貫,但荀崧本傳却云其爲"潁川臨潁

---

① 《三國志》卷一〇《魏書·荀彧傳》裴松之注引,中華書局,1959年,第307頁。

人",對此,勞格、中華書局版《晋書》點校小組早已注意到,但并未給予解釋①。若荀籍磚誌完整,或許能爲解答這一疑問提供幫助。

十三　甘家巷晋墓出土磚銘

2009年12月出土於南京栖霞區甘家巷楊家邊村旁的晋墓(2009NGM1),作爲棺床的鋪地磚存在。文字分别刻在三塊磚上,簡報釋作"晋義熙十一年""十一月廿六日畢"和"任奴伍之",據字形、文義可將後兩種改釋爲"正月廿六日畢"和"任奴作之"(圖十四),三種磚銘可連讀。② 此處的"奴"既可能是人名,也可能指奴客或刑徒,小横山南朝墓(M109)出土"奴朝建紵二百"刻劃磚銘③,可參。

圖十四　甘家巷晋墓出土磚銘拓本

十四　栖霞新堯新城南朝墓出土磚銘

2010年6—7月出土於南京栖霞區新堯新城"中學用地"地塊的南朝墓(2010NQYM1)。磚銘係濕劃而成,簡報釋作"昇明二年七月廿□日作甓□好也"④。對照拓本可將闕釋二字補作"五"和"極"(圖十四:1、2)。"極好也"表示燒磚工匠對磚質的自詡或期望,與獅子沖南朝M1出土磚銘"師李中大通弍年五月廿七日□後足寸作此塼大好可用"⑤類似。

---

①《晋書》卷七五《荀崧傳》校勘記,中華書局,1974年,第1996頁。
② 南京市博物館、南京市栖霞區文化廣播電視局《南京栖霞甘家巷東晋紀年墓》,載《南京文物考古新發現》(第三輯),文物出版社,2014年,第75頁。
③ 杭州市文物考古研究所、餘杭博物館《餘杭小横山東晋南朝墓》,第220頁。
④ 南京市博物館、南京市栖霞區文化局《南京栖霞劉宋昇明二年墓發掘簡報》,《南京文物考古新發現》(第三輯),第126、127頁。
⑤ 南京市考古研究所《南京栖霞獅子沖南朝大墓發掘簡報》,《東南文化》2015年第4期,第33—48頁。

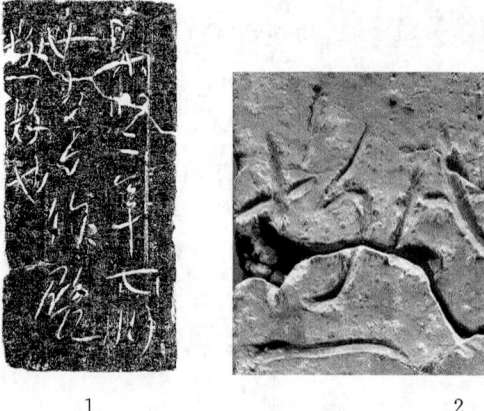

圖十五

（1. 新堯新城南朝墓出土磚銘拓本；2. 磚銘局部所見濕刻痕迹①）

十五　餘姚穴湖吴墓出土磚銘

2017年7—8月出土於餘姚穴湖村吴墓(2017YXM1)。部分長方形磚側面有模印銘文，内容與女性相關(圖十六：1)②。

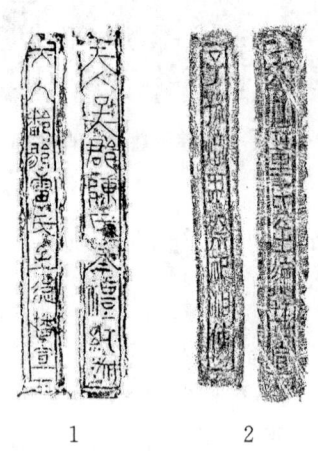

圖十六

（1. 穴湖吴墓出土磚銘拓本；2. 傳穴湖地區出土董氏磚銘拓本）

簡報將其釋作"夫人鄱陽雷氏全德播宣"和"夫人吴郡陳氏奉禮純淑"，據字形可改釋第一種磚銘中的"全"爲"至"。此外，傳穴湖地區出土的"夫人董氏

---

① 筆者2020年4月攝於六朝博物館。
② 寧波市文物考古研究所、餘姚市文物保護管理所《浙江餘姚穴湖孫吴時期虞氏墓發掘簡報》，《文物》2020年第9期，第20—25頁。

全德播宣"磚銘(圖十六:2)亦可如此改訂①。細辨字形,此字中間横畫兩端向上翹起,與其他墓例出土"至"字磚銘寫法類似(圖十七)。又,中古文獻有"至德廣施"(《後漢書》卷四二《光武十王列傳》)、"至德彌闡"(《南齊書》卷六《明帝紀》)等辭例,與"至德播宣"義近。

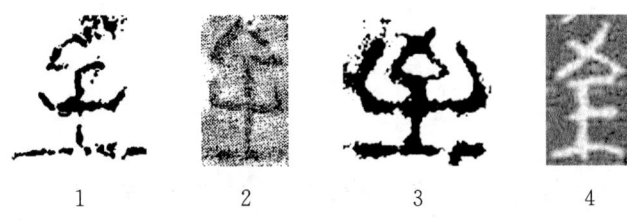

圖十七
(1. 穴湖吴墓出土雷氏磚銘中的"至";2. 傳穴湖地區出土董氏磚銘中的"至";
3. 馬鞍山吴朱然家族墓出土"至"字磚銘②;4. 西晉黄仕地券中的"至"③)

順帶一提,簡報根據墓中陳氏磚銘出土數量極少,推測陳氏在家中地位低於雷氏,是合理的。考慮到雷氏出豫章郡鄱陽縣,爲江州望族,既與會稽虞氏聯姻,地位理應高於吴郡陳氏。此外,磚銘所述"至德播宣"明顯較"奉禮純淑"更爲强勢,也可作正、側之辨的輔證④。

(作者單位:中國社科院考古研究所)

---

① 商略、孫勤忠《有虞故物:會稽餘姚虞氏漢唐出土文獻彙釋》,上海古籍出版社,2016年,第8頁。
② 馬鞍山市文物管理所《安徽省馬鞍山市朱然家族墓發掘簡報》,《東南文化》2006年第6期,第34—40頁。
③ 張淑娟《浙江上虞西晉黄仕買地券考釋》,載浙江省博物館《東方博物》(第62輯),2017年,第74—79頁。
④ 發掘者許超還透露另一種可能性,考慮到墓室較狹窄,不利於三人合葬,故"夫人陳氏"磚銘可能係廢磚利用,陳氏并非此墓喪主之一。

唐代百濟太子扶餘豐女夫妻合葬墓誌考論

王連龍　叢思飛

百濟,其先蓋馬韓之屬國,夫餘之別種,王姓扶餘氏。顯慶五年(660),唐王朝以百濟絶新羅入朝之路及侵占新羅城郭,命左衛大將軍蘇定方統兵滅其國,虜百濟王扶餘義慈等王室貴族至洛陽,置熊津、馬韓、東明等五都督府,各統州縣以治之。百濟滅國後,故太子扶餘豐依靠高句麗、倭國支持,率領殘餘勢力繼續抵抗,經白江口之戰,被唐軍徹底消滅,隻身逃往高句麗。總章元年(668),唐王朝又滅高句麗,扶餘豐被擒,移俘洛陽,流放嶺南,此後事迹不詳。近來,扶餘豐女夫妻合葬墓誌出土於陝西省西安市長安區少陵原,系統地記載了扶餘豐女及婿趙因本家族世系、仕途履宦及婚姻狀況,間涉扶餘豐等百濟移民史實,對於唐代天水趙氏及百濟扶餘氏研究具有重要史料價值。今擬結合傳世文獻及其他出土碑誌材料,對該墓誌略作考論,以期於相關問題研究有所裨益。

爲行文之便,先謄録誌文如下:

大唐故朝散大夫行肅州司馬上柱國 趙府君墓誌銘并序

公諱因本,字因本,天水西縣人也。昔成□□□□□□□□□□□□社稷,雖亡於本朝,衣冠竟傳於後葉,家□□□□□□。五代祖超宗,後魏岐州刺史、尋陽成侯。曾祖㬉,隨尚書右僕射、金城郡公。考□□,雍州司倉、恒州槁城縣令。并忠爲令德,孝實行宗,端揆仰□□□,□□□□以理。公即明府之后子也。生而聰明,長而倜儻,願立功於□□,□□□□□昆。屬先朝命將遼東,仍參預軍事,百戰賈其餘勇,五營藉□□□。天庭特蒙召見,封敭有裕。天子嘉之,詔授丹州雲岩

---

* 本文爲國家社科基金重大招標項目"中國古代石刻文獻著録總目"(19ZDA288)的階段性成果。

縣令，又授黔州彭水縣令。稽胡雜居，戎狄遺黎，示之以誠信，沽之以惠澤。雖在遐方，有政聲矣。尋加朝散大夫，歷□□，行肅州司馬。公頻涖邊郡，每著勛庸，而不伐其勞，優游自適。方謂九齡錫□，□□□蟬。誰言千月不追，俄傷心鵬。粤天壽元年十二月一日遷神於東都□□□，享年六十三。夫人扶餘氏，皇朝帶方王義慈之孫，帶方太子豐之□女也。□扞其順，婺降其華。四德有聞，三星在侯。暉暎閭里，言歸我公。亦既有行，□□琴瑟，邕和浹於群娣，孝敬盡於閨闈。僉曰積善之慶，其後豐矣。而輔仁無驗，早喪所天。哭泣悲哀，惟禮之中。比敬姜之守節，同孟母之擇鄰。聖善之德，於是乎在。有女曰天水郡夫人，主饋於丞相源公。内則母儀，柔明婉嫕，豈唯譽流邦族，抑亦聲聞天朝。故特降渥恩，以夫人所生男尚主。昔仲子手文，始應鵲巢之寵；叔安美質，方錫鳳樓之拜。禽習千古，光揚九族。雖慶自相門，亦夫人誠孝所致。嗟乎！隙駟不停，風枝難靜，願極溫清之養，忽降膏肓之疾。以開元十七年二月卅日傾背於京宣陽里之第，春秋八十三。嗚呼哀哉！我府君往殯汝州，將卅載，飄零他土，久客思鄉。嗣子不天，先時恒化。非夫孝女罔極，如瓊如瑶，孰能返千里之關山，歸九原之宅兆。盛矣哉！即以其年四月廿五日合葬於京兆府萬年縣義善鄉少陵之原，五代祖成侯之塋側，禮也。乃爲銘曰：

　　縣綿遠系，贊虞翊商。愛日流祉，鈞天表祥。七雄更王，三帝爭强。紛綸史策，弈葉重光。乃祖勛華，道光燮理。王父清秀，康沂漢水。煌煌烈考，宣風可紀。肅肅我公，是惟才子。從戎滄海，獻捷紫庭。天威咫尺，敷奏詳明。再牽墨綬，三贊邊城。皇恩已屢，朱綬斯榮。禍起沙洹，殯遷臨汝。拱木荒蘙，多歷年所。伯道無兒，緹縈有女。啓彼城於先域，顧衣衾兮再舉。雙旌對發，兩劍同丘。五陵北望，八水東流。薤露朝落，楊風暮愁。泉門一掩，萬歲千秋。

一　天水趙氏

　　據《新唐書·宰相世系表》所載，趙氏出自嬴姓，周穆王封伯益十三世孫造父於趙城，因以爲氏。及趙氏去周仕晉，至三家分晋而有趙國。後趙國爲秦所滅，趙人立遷兄嘉爲代王，降於秦。秦使嘉子公輔主西戎，號曰趙王，世居隴西天水西縣①。及入中古，趙氏遷居中原，遍布四地，有天水趙氏等數房。本誌所見扶餘豐婿趙因本屬天水趙超宗一系，不見傳世文獻所載，可補史闕。
　　墓誌題首"柱國"後文字泐損，不可識讀，據誌文中出現趙超宗、趙㬢等趙氏子弟，以及唐代墓誌文例，擬補"趙府君墓誌銘并序"諸字。誌文開篇謂趙因

---

① 〔宋〕歐陽修《新唐書》，中華書局，1975年，第2980頁。

本天水西縣人,與上舉《新唐書》所載趙氏"世居隴西天水西縣"相合。至於西縣所在,張守節《史記正義》引《括地志》云:"西縣故城在秦州上邽縣西南九十里,本漢西縣地。"①大體位於今甘肅省天水市秦州區楊家寺一帶。

關於因本世系,墓誌略有追溯:"□□祖超宗,□□□州刺史、尋陽成侯。曾祖煚,隨尚書右僕射、□□□□□□,雍州司倉、□州□城縣令。"此段誌文多有殘缺,需作補正。趙超宗,傳世文獻有載,其夫妻墓誌2002年出土於長安區少陵原,今藏西安碑林博物館②。據《趙超宗墓誌》所載使持節、岐州刺史、河東太守、尋陽伯等職官除授情況,"祖超宗"後可補"後魏岐"三字。又,墓誌接謂"曾祖煚",以趙超宗、趙煚祖孫關係推之,"祖超宗"前二字應爲"五代"。趙煚,《北史》《隋書》附本傳,官至尚書右僕射,爵封金城郡公,故"僕射"後應加"金城郡公"四字。近年新見趙因本同曾祖《趙自慎墓誌》③載同,是其證。至於"雍州司倉"諸職,不見趙煚本傳,又低於尚書右僕射,非爲趙煚所任。根據墓誌叙述因本世系"五世祖""曾祖"順序及體例,"雍州司倉、□州□城縣令"應是因本之父。墓誌接言趙因本爲"明府"之子,"明府"即縣令別稱,可爲佐證。如此,"金城郡公"後,又可補"考"字。至於因本父之名諱,已不可詳知。倉曹司倉參軍事,掌租調、公廨、庖厨、倉庫、市肆之事。以雍州爲上州之故,因本父司倉從七品下。在雍州司倉後,因本父又曾任某縣令。遺憾的是,"州"前字已損,徒留"忄"旁。按,唐州名從"忄"旁有忻州、懷州、慎州、恒州等。以該州下設某"城縣"觀之,從"忄"之字應爲"恒"。恒州,秦東垣縣,漢高改名真定,歷代爲常山郡,周、隋改爲恒州,唐因之。貞觀元年(627),以廉州槀城來屬。從"城"前字殘留筆劃來看,該字與"槀"之异體"藁"相契合。相比雍州司倉,恒州槀城縣令從六品上,亦符合職官品秩升遷。趙因本父所任雍州司倉、恒州槀城縣令皆爲中下級官職,反映出其家世已然不顯。

趙因本,墓誌言爲"明府之□子"。"子"前字下部已殘,似爲"后"字。后子,即長子。上文已言,至因本父時,家道已經衰落,因本以軍功入仕,也在情理之中。至於因何軍功,墓誌并未言明,只謂"先朝命將遼東","從戎滄海,獻捷紫庭"云云。按,墓誌載因本以天壽(授)元年(690)遷神於洛陽,享年六十三歲,是其至少生於貞觀二年(628)年。發生在天授元年之前,與遼東有關,又能獻捷者,當指唐高宗平滅百濟、高句麗之事。時趙因本正值而立之年,得以勇戰立功入仕。墓誌未細言此事,應避夫人百濟王室扶餘氏之諱。

墓誌又載因本以軍功授丹州雲岩縣令,尋授黔州彭水縣令,後加朝散大夫,行肅州司馬。丹州,本丹陽郡,義寧元年(617),隋析延安郡之義川、汾川、咸寧縣置,統四縣,雲岩爲其一,即今陝西省延安市宜川縣雲岩鎮。黔州,隋黔安郡,武德元年(618),改爲黔州,領彭水、都上、石城三縣。彭水縣轄境相當於今重慶市彭水苗族土家族自治縣。肅州,武德二年(619),分隋張掖郡置肅州。

---

① 〔漢〕司馬遷《史記》,中華書局,2013年,第2499頁。
② 趙力光《西安碑林博物館新藏墓誌彙編》,綫裝書局,2007年,第7—8頁。
③ 趙力光《西安碑林博物館新藏墓誌續編》,陝西師範大學出版社,2014年,第176—179頁。

八年(625),置都督府,督肅、瓜、沙三州。貞觀元年(627),罷都督府,以肅州隸隴右道。景雲二年(711),分置河西道,肅州屬之。肅州地在今甘肅省酒泉市東部肅州區。因本所授諸職,雲岩爲中縣,其縣令正七品上。彭水上縣,縣令從六品上。肅州爲下州,其司馬與彭水縣令同品,皆從六品上,但因本加從五品下之朝散大夫,故墓誌謂之行肅州司馬。因本自雲岩南下彭水,頗爲值得關注,後又北上肅州,命運多舛,人生跌宕起伏。關於趙因本死因,墓誌用語模糊,但云"禍起沙洹,殯遷臨汝",推測卒於所任,并事涉隱情。

二 百濟扶餘氏

與其他合葬墓誌有別,本誌在簡述誌主趙因本世系及宦績之後,詳細地記叙了因本妻扶餘氏及子嗣相關情況。特別是墓誌關於"帶方王"扶餘義慈、"帶方太子"扶餘豐、因本妻扶餘氏的記載,爲百濟扶餘豐系扶餘氏研究提供了重要史料。

扶餘義慈,百濟王扶餘璋之元子,貞觀十五年(641)嗣位,唐太宗"遣使册命義慈爲柱國,封帶方郡王、百濟王"[1]。及百濟亡國,義慈及子隆、泰等獻俘於東都洛陽。據《舊唐書·百濟傳》所載,"及至京,(義慈)數日而卒。贈金紫光禄大夫、衛尉卿,特許其舊臣赴哭。送就孫皓、陳叔寶墓側葬之,并爲竪碑"。時百濟已滅,故墓誌謂之"帶方王",而不稱"百濟王"。與之類似,義慈子《扶餘隆墓誌》"父義慈,顯慶年授金紫光禄大夫、衛尉卿"[2],及扶餘隆孫女《禰王妃扶餘氏墓誌》"皇金紫光禄大夫、故衛尉卿、帶方郡王義慈"[3],也是主要記録義慈入唐及卒後贈官。近年來,中外學者一直在努力確定扶餘義慈墓地位置[4],期待有更多新發現。

扶餘豐,義慈王之子,又名扶餘豐璋,墓誌稱之"帶方太子豐",事跡散見於兩《唐書》《資治通鑑》《通鑑紀事本末》《册府元龜》《日本書紀》《三國史記》等傳世文獻。綜而述之:貞觀五年(631)三月,扶餘豐以質子身份出使倭國,後爲天智天皇禮遇,妻以多臣蔣敷之妹。顯慶五年(660),唐王朝滅百濟後,命熊津都督王文度總兵鎮守。尋文度病卒,百濟僧道琛、舊將福信率衆據周留城以叛,遣使往倭國,迎立扶餘豐爲王,掀起復國運動。後福信殺道琛,扶餘豐又誅福信,并遣使往高句麗及倭國請兵以抗唐庭。龍朔三年(663)八月,扶餘豐率倭國援軍及百濟餘衆與唐軍戰於白江口,四戰皆敗,扶餘豐隻身逃亡高句麗。至總章元年(668),唐庭滅高句麗,扶餘豐被擒,移俘東都洛陽,後流放嶺南。按,

---

[1] 〔後晉〕劉昫等《舊唐書》卷一九九上《百濟傳》,中華書局,1975年,第5330頁。
[2] 周紹良《唐代墓誌彙編》,上海古籍出版社,1992年,第702頁。
[3] 陝西省考古研究所《唐嗣虢王李邕墓發掘報告》,科學出版社,2012年,第147—150頁。
[4] 忠南大學校博物館《尋找百濟義慈王墓地調查報告》,韓國國立忠南大學出版,1995年;張劍《百濟王扶餘義慈墓位置考》,《河洛春秋》1996年第4期;陳長安《唐代洛陽的百濟人》,趙振華主編《洛陽出土墓誌研究論文集》,朝華出版社,2002年;拜根興《唐代高麗百濟移民研究:以西安洛陽出土墓誌爲中心》,中國社會科學出版社,2012年。

《唐六典》卷三"尚書户部":"凡嶺南諸州稅米者,上户一石二斗,次户八斗,下户六斗;若夷、獠之户,皆從半輸。輕稅諸州、高句麗、百濟應差征鎮者,并令免課、役。"①證明嶺南確實存在一定數量的百濟移民,扶餘豐等人即在其中。

相比傳世文獻記録,墓誌所載扶餘豐"帶方太子"身份更值得關注。史載,百濟王帶方郡爵號之封始於北齊。武平元年(570),齊後主以百濟王扶餘昌爲使持節、侍中、車騎大將軍,封帶方郡公,百濟王如故。隋代沿封。至武德七年(624),唐高祖封百濟王扶餘璋爲帶方郡王、百濟王。其後,扶餘義慈襲封帶方郡王、百濟王。至百濟滅國後,帶方郡王逐漸替代百濟王,成爲百濟王族扶餘氏專有封爵,側重於政治影響力。儀鳳二年(677)扶餘隆襲封"帶方郡王,令往安輯百濟餘衆"②,及隆孫扶餘敬"則天朝襲封帶方郡王,授衛尉卿"③,即是這種功能的具體體現。就此角度而言,帶方王也可視爲百濟王換代稱謂。

根據墓誌記載,扶餘豐還曾立爲百濟太子。關於扶餘義慈王時期百濟太子廢立情况,學界多有探討④。依史籍所載,《三國史記》等載扶餘隆立太子在前,扶餘孝在後。《大唐平百濟國碑銘》⑤《唐劉仁願紀功碑》⑥及兩《唐書》等只言扶餘隆爲太子。今扶餘豐的加入,使百濟太子之争更加撲朔迷離。與本墓誌相印證,《日本書紀》卷二十四"皇極天皇二年(643)"條也存在扶餘豐曾爲太子的記載:"是歲,百濟太子餘豐,以蜜蜂房四枚放養於三輪山,而終不蕃息。"⑦可以證明,至少在貞觀十七年(643)扶餘豐爲百濟太子身份。但是到了第二年,扶餘隆替代扶餘豐,成爲新太子。囿於史料所限,改立太子事件雖不可詳考,推測與當時東北亞政治形勢發展密切相關。貞觀十五年(641),扶餘義慈嗣王位,隨即得到唐王朝的册封。作爲回報,義慈王在貞觀十八年(644)之前,連續四年向唐庭朝貢,維繫親密關係。在唐王朝之外,義慈王又與高句麗和親,奪取新羅四十餘城,國勢日盛,漸而減弱對倭國依賴,關係轉爲冷淡。

---

① 〔唐〕李林甫等撰,陳仲夫點校《唐六典》,中華書局,2005年,第77頁。
② 〔後晉〕劉昫等《舊唐書》卷五《高宗本紀》,第102頁。
③ 〔後晉〕劉昫等《舊唐書》卷一九九上《百濟傳》,第5334頁。
④ 李基白《百濟王位繼承考》,《歷史學報》第11輯,1959年;金壽泰《百濟義慈王代의太子册封》,《百濟研究》第23輯,1992年;梁起錫《百濟扶餘隆墓誌銘에대한檢討》,《國史館論叢》第62輯,1995年;李道學《〈日本書紀〉의백제의자왕대정변기사의검토》,《韓國古代史研究》第11輯,1997年;青木和夫《最後の百済王》,1972年,《日本古代の政治と人物》,1977年,吉川弘文館;胡口靖夫《百済豊璋王について——いわゆる「人質」生活を中心に》,1979年,《近江朝と渡來人》,1996年,雄山閣。西本昌弘《豊璋と翹岐——大化改新前夜の倭國と百済》,1985年,《ヒストリア》107,1985年,大阪歷史學會;鈴木英夫《大化改新直前の倭國と百済——百済王子翹岐と大佐平智積の來倭をめぐって》,1990年,《古代の倭國と朝鮮諸國》,1996年,青木書店;高寬敏《百済王子豊璋と倭國》,1995年,《古代朝鮮諸國と倭國》,1997年,雄山閣。鈴木靖民《七世紀中葉の百済の政変》,1993年,《日本の古代國家形成と東アア》,2011年,吉川弘文館。拜根興、林澤杰《〈大唐平百濟國碑銘〉關聯問題新探討》,《陝西師範大學學報》(哲學社會科學版)2016年第4期。陳佳《扶餘隆史事考》,2017年東北師範大學碩士學位論文。
⑤ 〔清〕王昶《金石萃編》卷五十三,陝西人民美術出版社,1990年。
⑥ 〔清〕董誥《全唐文》,中華書局,1983年,第10249—10250頁。
⑦ 舍人親王等《日本書紀》,吉川弘文館,1979年,第202頁。

在倭國方面,貞觀十六年(642),齊明天皇即位。貞觀十九年(645),中大兄皇子(天智天皇)發動政變,擁立孝德天皇,開始大化革新,調整朝鮮半島外交政策,積極發展與唐王朝的良好關係。在這種親唐庭,聯高句麗,攻新羅,疏倭國的形勢下,常年質子於倭國的扶餘豐已失去利用價值。義慈王廢除扶餘豐太子之位,更立扶餘隆爲新太子,也是順勢而爲。值得一提的是,扶餘隆得立太子,似乎得唐庭的默許,甚至支持,扶餘隆在百濟滅亡時及入唐後的表現和優待也可以印證這種推測。在此之後,扶餘豐故太子身份再無提起。直到開元十七年(729),扶餘豐孫女,即玄宗朝宰相源乾曜妻天水郡夫人,主持刊刻父母合葬墓誌時,公然書寫扶餘豐太子身份,個中緣由值得玩味。

趙因本妻扶餘氏,墓誌未載名諱,只云"皇朝帶方王義慈之孫,帶方太子豐之□□□"。"之"後三字殘泐,依扶餘隆孫女《虢王妃扶餘氏墓誌》"皇金紫光禄大夫、故衛尉卿、帶方郡王義慈曾孫,皇光禄大夫、故太常卿、襲帶方郡王隆之孫,皇朝請大夫、故渭州刺史德璋之女也"句例,可確定闕字爲"□女也"二字。關於扶餘氏,墓誌不吝文辭,多有溢美,皆因誌文出於其女之故。誌末言扶餘氏以開元十七年(729)二月三十日卒於京宣陽里私第,享年八十三歲,同年四月二十五日與趙因本合葬於京兆府萬年縣義善鄉少陵之原。以卒年、享年及扶餘豐質留倭國三十年計算,扶餘氏貞觀二十一年(647)生於倭國,非多臣蔣敷妹子嗣,另有母親,顯慶五年(660)隨父扶餘豐回到百濟。關於扶餘氏如何來到長安,墓誌沒有明確記載。考慮到龍朔三年(663)八月白江口之戰後,扶餘豐隻身逃亡高句麗。作爲子嗣的扶餘氏,應該在當年被唐軍帶回長安。如果這種推測成立,龍朔三年(663)到達長安時,扶餘氏年僅十六歲。扶餘氏所居宣陽里,即宣陽坊,長安朱雀門東第三街北數第六坊,内有郭元振、楊國忠、高仙芝等宅,爲達官顯貴聚居之地。扶餘氏能宅於宣陽坊,當因其女天水郡夫人之故,後文有述。至於扶餘氏與趙因本合葬之少陵原,位於滻水和潏水之間。宋敏求《長安志》卷十一"萬年縣":"少陵原,在縣南四十里,南接終南,北至滻水,西屈曲六十里入長安縣界,即漢鴻固原也。宣帝許後葬於此,俗號少陵。"少陵原,唐前習稱小陵原。墓誌所謂"五代祖成侯",即趙超宗,上文已言,其墓誌出土於長安區少陵原。同超宗"合窆於山北縣小陵原"的王氏墓誌亦同時地出土,與本誌記載相合。

三　聯姻之義

婚姻關係雖然由個體組成,但又不限於個體之間的簡單結合,還包括個體背後的群體間文化差异、經濟條件,政治地位、社會觀念等因素的認同。所以在社會學、民族學等研究領域,婚姻通常被用作不同群體交流與融合的重要參考指數,進而成爲社會關係研究的切入點。扶餘豐女夫妻合葬墓誌關於扶餘氏與趙氏,趙氏與源氏,源氏與李氏等聯姻的記載,對於探討唐代百濟移民族群融合等問題多有益處。

根據墓誌記載,趙因本娶扶餘豐女扶餘氏爲妻。從族群遷徙角度上來看,趙氏是來自西北天水的小姓家族，扶餘氏爲東北邊地國滅内遷的百濟王室，二者之間原本不存在關聯。但趙氏、扶餘氏却形成了聯姻，其中一個重要原因是隨着百濟滅亡，趙因本與扶餘氏的生活軌迹出現了交集。總章元年（668），扶餘豐獻俘洛陽。依唐律，"謀反及大逆者，皆斬。子年十六以上皆絞，十五以下及母女、妻妾、祖孫、兄弟、姊妹，若部曲、資財、田宅并没官"①。扶餘豐自立爲王，是謀反之罪，按律當斬。扶餘氏作爲子女，一并緣坐没爲官奴。但事實上，扶餘豐并未被處以極刑，而是保留了性命，配流嶺南。同泉男生求情赦免泉男建一樣，扶餘豐的寬宥處罰應該是手足扶餘隆斡旋的結果。在這種情況下，扶餘氏與趙因本聯姻就存在兩種可能。一種可能是賜婚。墓誌記載趙因本隨唐高宗平滅百濟、高句麗戰争，軍功卓著。時年十六歲的扶餘氏，作爲罪隸，賞賜給趙因本，屬於合理推測。當然，還有另外一種可能。趙因本以功績授丹州雲岩縣令後，又擢升爲黔州彭水縣令。巧合的是，唐庭在流放扶餘豐的同時，也將高句麗王子泉男建流放黔州。時黔中道未置，黔州尚屬江南道，領縣及所督羈縻州衆多，是唐庭在江南地區設置的重要行政區劃。加之，黔州地在嶺南道之北，亦爲江南諸道通往京師的交通樞紐。如此，趙因本與扶餘氏在滅國、遷流等一系列活動中有所交集，繼而結緣，終成婚姻。

　　同樣是百濟扶餘氏，較之扶餘隆子嗣婚姻，扶餘豐女與趙因本的聯姻，則相形見絀。史載，襲帶方郡王扶餘隆之孫，渭州刺史扶餘德璋之女扶餘氏，嫁給唐嗣虢王李邕，歷封王妃、太妃②。李邕，是唐高祖李淵之曾孫，虢王鳳之孫，曹州刺史、定襄公之子③。扶餘德璋另一女嫁與宰相吉頊弟吉琚爲妻④。對比宗室子弟李邕，及相弟吉琚，縣姓出身的趙因本自然不在同一個等級之上。當然，不唯扶餘隆，其他百濟移民的聯姻也非富即貴。如熊津州都督府長史難汙之孫，支潯州刺史難武之子難元慶娶妻丹徒縣君甘氏，是唐左玉鈐衛大將軍甘羅之長女⑤。左威衛大將軍、來遠郡開國公祢寔進之孫，左武衛將軍、襲封來遠郡開國公祢素士之子祢仁秀婚娶綏州刺史祁陁之女⑥。此外，也存在百濟移民内部聯姻的情況。如天兵中軍副使、右金吾衛將軍、上柱國、遵化郡開國公勿部珣娶黑齒常之女爲妻，其二女又分别嫁給同樣來自百濟的仲容和祢義。與上舉百濟移民族際聯姻略有區别的是，勿部氏與黑齒氏，勿部氏與

---

① 〔唐〕長孫無忌撰，劉俊文點校《唐律疏議·賊盗律》卷十七"謀反大逆"，中華書局，1983年，第321—322頁。
② 張藴、汪幼軍《唐〈故虢王妃扶余氏墓誌〉考》，《碑林集刊》第13輯，陝西人民出版社，2008年，第95—104頁。
③ 陝西省考古研究所《唐嗣虢王李邕墓發掘報告》，科學出版社，2012年，第418頁。
④ 〔後晉〕劉昫等《舊唐書》卷一一二《李巨傳》，第3346頁。
⑤ 中國文物研究所、河南文物研究所《新中國出土墓誌·河南（壹）》，文物出版社，1994年，第219—220頁。
⑥ 張全民《新出唐百濟移民祢氏家族墓誌考略》，《唐史論叢》第十四輯，三秦出版社，2012年，第52—68頁。

仲氏及祢氏的聯姻,均受職業影響,屬於百濟武將系統的内部聯姻①。比較而言,扶餘豐女婚嫁趙因本,自然是受到罪人身份的影響。但作爲亡國移民,無論是扶餘豐爲了繼續生存的聯姻,還是扶餘隆等意在擴張勢力的通婚,都可視爲通過婚姻改善生存環境的諸多努力。這也在一定程度上反應出,百濟移民族群逐漸融入於華夏民族大家庭之中。

如果説,扶餘氏婚嫁趙因本爲身份所迫。那麽,在其子嗣的婚姻選擇上,扶餘氏則擁有了更多的傾向性。墓誌記載天授元年(690)趙因本卒後,扶餘氏獨自持家近四十年。在此期間,其女嫁與源乾曜爲妻,即墓誌所謂"有女曰天水郡夫人,主饋于丞相源公"。源乾曜,兩《唐書》有傳,相州臨漳人,刑部尚書源直心之子,開元四年(716)拜相,十七年(729)擢太子少傅,封安陽郡公,十九年(731)病逝長安,追贈幽州大都督。乾曜爲官,清慎恪敏,職當機密,雖無所是非,終以功成身退。不惟其女婚配丞相源乾曜,扶餘氏之孫源清亦尚玄宗女真陽公主,墓誌謂之"特降渥恩,以夫人所生男尚主",其事亦見載於《新唐書》《文獻通考》《册府元龜》等。趙、源聯姻,史志無載。不過,源乾曜"父直心,高宗時爲司刑太常伯,坐事配流嶺南而卒"②。源直心、扶餘豐流放地相同,流放時間接近,因同流之誼而聯姻,或爲可能。可以看到,扶餘氏女嫁宰相爲妻,封天水郡夫人,孫尚李唐公主,與玄宗聯姻,家勢日隆。而在同一時期,扶餘隆系則日漸衰落。扶餘隆之孫扶餘敬在則天朝襲封帶方郡王、衛尉卿之後,進入玄宗朝則再無消息。扶餘隆之孫婿李邕,雖然受寵於中宗,但隨着唐隆元年(710)臨淄王李隆基政變成功,韋皇后敗亡,逐漸失勢。後李邕又殺其妻韋氏,深爲物議所鄙,貶沁州刺史,不知州事,削封邑。至於吉頊,聖曆二年(699)拜相,其年十月,以弟作偽官,貶琰川尉,後改安固尉,尋卒所任。比較而言,扶餘隆系及諸姻親,顯自高宗始,盛於則天朝,進入玄宗朝後,勢力逐漸衰微。與其相反,扶餘豐一系,雖然前期式微,但通過聯姻,在玄宗朝開始出現復興。聯想到則天朝扶餘隆孫扶餘敬襲封帶方郡王、衛尉卿,以及開元十二年(724)封禪大典中再次出現伯(百)濟帶方王,反映出百濟太子正統之爭并未隨着百濟滅亡而停止。恰在此時,趙因本墓誌中扶餘豐百濟太子身份舊事重提,其目的何在,不言自明。

(作者單位:王連龍,吉林大學考古學院;叢思飛,吉林藝術學院)

---

① 王連龍《〈大唐勿部將軍功德記〉研究》,《社會科學戰綫》2019 年第 10 期。
② 〔後晋〕劉昫等《舊唐書》卷九十八《源乾曜傳》,第 3070 頁。

《太元真人茅君內傳》解題

〔法〕賀碧來 撰　張　崟　呂鵬志 譯

[譯者按]《太元真人茅君內傳》係上清諸真傳之一,傳主是太元真人司命君茅盈及其仲弟定錄君茅固和季弟保命君茅衷。在東晉中葉降授靈媒楊羲的上清諸真中,三茅君占有舉足輕重的地位。上清經派的大本營茅山即因三茅君而得名。法國傑出漢學家賀碧來(Isabelle Robinet)在其扛鼎巨著《道教史上的上清降授》(La révélation du Shangqing dans l'histoire du taoïsme)第2冊中對140多部上清經做了解題,《太元真人茅君內傳》是六篇上清諸真傳解題中考證尤爲精詳的一篇。該文首先考察《茅君傳》的著錄與引文,藉此考辨傳記內容及其真僞。接著分析《茅君傳》講述三茅君生平的敘事部分,精細考證各本文字異同,概述內容大意。最後簡要論述《茅君傳》附錄的文字內容,包括茅山歷史地理、太極真人九轉還丹經方和明堂玄真法。作者的結論是,現存諸本《茅君傳》中,《茅山志》卷五《三神紀·茅君真胄》最爲完整可靠,復原《茅君傳》應以此爲底本,并增補《太平御覽》678.4b–5b和《茅山志》卷六中的《茅君傳》引文。後兩者部分保存了有關茅山歷史地理的神話傳說,是目前所知最早談論道教"洞天"的文獻。

三茅君者,茅山由其得名也。三人在降示楊羲的過程中扮演了重要角色。長兄爲太元真人,又稱大茅君;因他總統吳越死生之籍,故而在《真誥》中常稱爲"司命"。三茅君中,大茅君名盈,字叔申;仲弟茅固,字季偉,又稱中茅君、定錄君;季弟茅衷,字思和,號保命君。

---

* 譯自Isabelle Robinet, La révélation du Shangqing dans l'histoire du taoïsme, Paris: École Française d'Extrême-Orient, Tome Second, 1984, pp. 389—398. 本文爲國家社會科學基金項目"道教典籍在法國的譯介與傳播研究"(16CZJ019)階段性成果。譯文初稿經吳楊、張晨坤、楊金麗查檢原書訂正訛誤,謹致謝忱。

三茅君的生活年代爲公元前 2 世紀①。

《茅君傳》主要記大茅君之事,并附帶述及中茅君、小茅君二兄弟。傳中有一部分篇幅頗長的非叙述性文字。

本文解題分兩部分進行:一是分析傳中的叙事部分,二是分析與這一部分相關聯的修習方法或附帶内容。

在此之前,我們將考察《茅君傳》的著録與引文,以辨識傳中的文字内容并考其真偽。

一 《茅君傳》之著録與徵引

陶弘景《真誥》注云,李中候②曾撰《茅三君傳》(《真誥》8.2a9),傳内包含"明堂玄真"法(《真誥》9.18b)及"九轉神丹"法(《真誥》5.4a)。關於"九轉神丹"法,可據《太平御覽》678.3a③徵引《登真隱訣》的一條引文得到證實。這條引文還記載李仲甫(即李中候)曾授左慈"七變法"(同"九轉神丹"法),并將此法收録於《茅真人傳》④,後有道士以此法別成一卷。陶弘景《真誥》11.1a 及 13.11a 亦提及《茅君傳》,以説明《真誥》中出自《茅君傳》的段落。

《茅君傳》的引文在唐代文集中并不多見:三條見於《上清道類事相》,一條見於《道典論》。另有兩條見於《華陽陶隱居内傳》(HY 300)1.9a 及 2.14b⑤。

而《太平御覽》及《茅山志》(HY 304)中的引文則篇幅最長,數量最多,亦最具參考價值。

《太平御覽》屢次徵引《茅君傳》的片段,本文無法悉數窮列,但可據之以鑒別殘存傳文,考證其他引文的真偽。其中,本文最常依據的長篇引文見於《太平御覽》669.3b-4a,672.4a-5b⑥,678.3a-5b。

《茅山志》卷六亦多次徵引《茅君傳》,另有一處引文見於《茅山志》卷十九⑦的首頁。

---

① 據《登真隱訣》(《太平御覽》671.1a)記載,公元前 98 年,大茅君時年四十八。由此推測,他當生於公元前 145 年。此説與《茅山志》(HY 304)5.2a"司命君生於漢景帝中元五年丙申歲"相符。中茅君、小茅君擔任官職則在公元前 128—前 68 年之間。[譯者補注]原文作"大茅君時年四十七"(Mao jun avait quarante-sept ans en 98 av. J.-C.),今據《太平御覽》671.1a"……總真王君傳太元真人,即東卿司命茅大君也。以漢武帝天漢三年受之,時年四十八"訂正。

② [譯者補注]原文作"李仲侯",今據明《道藏》本訂正。

③ [譯者補注]原文作"668.3a",今據《四部叢刊》本《太平御覽》訂正。

④ 《神仙傳》中有李仲甫傳,傳文稱其曾學道於王君,善隱形之術。《真誥》陶弘景注稱李仲甫乃左慈之師(《真誥》12.3b),居方諸天(《真誥》9.22a)。

⑤ [譯者補注]原文作"2.14a",今據明《道藏》訂正。

⑥ [譯者補注]原文作"672.4a-5a",今據《四部叢刊》本《太平御覽》訂正。

⑦ [譯者補注]原文作"卷九",今據明《道藏》本及上下文義訂正。

二 《茅君傳》叙事部分

(一) 各種版本考證

《茅君傳》主要有三個版本，分别見於《神仙傳》卷九、《雲笈七籤》104.10b－20a《太元真人東嶽上卿司命真君傳》以及《茅山志》卷五《三神紀·茅君真胄》。

《神仙傳》①本茅君傳并非上清派的作品，其筆法不同。傳文講述茅君的神通，完全屬於見於《列仙傳》和《神仙傳》中半民間、半道教的仙道傳記。

《雲笈七籤》104.10b－20a 收録的《太元真人東嶽上卿司命真君傳》題名李中候②(字安林)撰，此人即是陶弘景所稱"撰《茅三君傳》"者。此傳亦采用了《神仙傳》本茅君傳的主題，并將之置於更爲廣闊的歷史之中。

《茅山志》卷五《三神紀·茅君真胄》則幾乎包含了整篇《雲笈七籤》本茅君傳。該版本篇幅更長(共 18 頁)，并未説明傳文的作者，但卷末有李翼(字仲甫)的生平略歷。

如上所述，《茅山志》卷五幾乎包含了《雲笈七籤》所收的整篇茅君傳。據一條注文所示，《雲笈七籤》本茅君傳的 16b9－19a10 爲《茅山志》卷一(頁 1a－3b)所轉録，内容是封授三茅君位號的策書，於 522 年刻於華陽洞石碑之上。

《茅山志》本茅君傳保存的叙事部分最爲完整可靠。該本茅君傳可能由原本《茅君傳》重寫而成，但并無任何大的改動。將《茅山志》本茅君傳與《茅君傳》的引文進行比對後可知，此傳有删節和增補，傳文出現了某些文體的變化。但總體而言，仍有大量引文見諸此傳——其中某些引文不見於《雲笈七籤》的節略本(如《茅山志》5.8b1－4 見引於《太平御覽》卷六百七十一引《上元寶經》③，5.9a1－2 見引於《太平御覽》672.5a7－8 引《茅盈傳》)。有時則《茅山志》本的傳文反比《雲笈七籤》本稍顯簡短(如《雲笈七籤》本 16b4④ 中的五個字見於《太平御覽》672.5a6 中茅君傳的引文，但不見於《茅山志》本的茅君傳)。

在此，我們列出一表，比對《茅山志》本與《雲笈七籤》本茅君傳的互見文字以及其他文獻中與《茅山志》卷五相合的《茅君傳》引文，以梳理《茅君傳》成書的主要脉絡以及該傳與原本《茅君傳》的關係。我們將在表後概括由此比對得出的結論。

表的左列爲《茅山志》卷五的記載，右列爲其他文獻的記載。

1b1－b6　　　　《雲笈七籤》104.10b⑤
1b6－8　　　　《雲笈七籤》96.12b 及《諸真歌頌》(HY 978)10b5－7

---

① [譯者補注]據賀書參考文獻(Bibliographie)第 452 頁可知，賀氏所參《神仙傳》爲《龍威秘書》本。
② [譯者補注]原文作"李仲侯"，今據明《道藏》本訂正。
③ [譯者補注]原文作"《登真隱訣》"，今據《四部叢刊》本《太平御覽》及上下文義訂正。
④ [譯者補注]原文作"16b9"，今據《道藏》本訂正。
⑤ [譯者補注]原文作"104.10b－11a"，今據明《道藏》本訂正。

1b5①–2a1	《雲笈七籤》104.12a2–9
2a1–2	《雲笈七籤》104.10b8–10②
2a2–4③	《雲笈七籤》104.11a–b(前者相當於後者之概略)
2a4–7	《雲笈七籤》104.11b5–7
2a8–9	《雲笈七籤》104.11b7–8
2b1–2	《雲笈七籤》104.11b9④–12a1
2b2–5	《雲笈七籤》104.12a10–b2
2b5–3a4	《太平御覽》661.4a–b 引《茅君傳》(文字有异)
3a6–10	《雲笈七籤》104.12b7–13a3(前者相當於後者之概略)
3b7–4a2	《太平御覽》672.4b3–8 引《茅盈傳》⑤
3b7–4a2⑥	《雲笈七籤》104.13b7–14a3
4a3⑦	《太平御覽》672.4b10–11⑧ 引《茅盈傳》⑨
4a8–b7⑩	《雲笈七籤》104.14a3–b5⑪
4b8–9	《雲笈七籤》104.14b6–7
4b–5a,6a–b⑫	《神仙傳》講述此情節,文字用語不同
6a2–5	《雲笈七籤》104.14b8–10
6a7–8	《雲笈七籤》104.14b10–15a1(文字有异)
6a10–b6⑬	《雲笈七籤》104.15a2–9⑭(文字有异)
6b7–7a1	《雲笈七籤》104.15b1–5
7a2–6	《雲笈七籤》104.15b6–16a1⑮(文字有异)
7b6–8a1	《雲笈七籤》104.16a2–8
8a1–b1⑯	《雲笈七籤》104.16a8–b4(有删節)
8b1–4	《太平御覽》671.3a1–5⑰ 引《上元寶經》⑱令人想到此段

---

① [譯者補注]原文作"1b6",今據明《道藏》本訂正。
② [譯者補注]原文作"104.10b4–5",今據明《道藏》本訂正。
③ [譯者補注]原文作"2a2–3",今據明《道藏》本訂正。
④ [譯者補注]原文作"104.11b8",今據明《道藏》本訂正。
⑤ [譯者補注]原文作"茅君傳",今據《四部叢刊》本《太平御覽》訂正。
⑥ [譯者補注]原文作"3b7–4a8",今據明《道藏》本訂正。
⑦ [譯者補注]原文作"4a3–4",今據明《道藏》本訂正。
⑧ [譯者補注]原文作"672.4b3–8",今據《四部叢刊》本《太平御覽》訂正。
⑨ [譯者補注]原文作"茅君傳",今據《四部叢刊》本《太平御覽》訂正。
⑩ [譯者補注]原文作"4a8–b8",今據明《道藏》本訂正。
⑪ [譯者補注]原文作"104.14a8–b4",今據明《道藏》本訂正。
⑫ [譯者補注]原文作"6a",今據明《道藏》本訂正。
⑬ [譯者補注]原文作"6a8–b7",今據明《道藏》本訂正。
⑭ [譯者補注]原文作"104.15a2–8",今據明《道藏》本訂正。
⑮ [譯者補注]原文作"104.15b5–16a1",今據明《道藏》本訂正。
⑯ [譯者補注]原文作"8a6–b1",今據明《道藏》本訂正。
⑰ [譯者補注]原文作"671.3a1–3",今據《四部叢刊》本《太平御覽》訂正。
⑱ [譯者補注]原文作"《登真隱訣》",今據《四部叢刊》本《太平御覽》訂正。

8b7-9	《雲笈七籤》104.16b4-6①（文字有异）
8b9-9a1	近似《雲笈七籤》104.16b7-8②；《太平御覽》672.5a6引《茅盈傳》③，《道典論》4.17b引《太元真人茅君内傳》④
9a1-2	《太平御覽》672.5a7-8引《茅盈傳》⑤（不見於《雲笈七籤》卷一百四）
9b7-10a4⑥	《太平御覽》672.5a10-b2⑦引《茅盈傳》⑧
9b8	《上清道類事相》3.10a引《茅君傳》
10a5注文	注文所稱"誥副墨篇"詳見《茅山志》1.1a-3b⑨，與《雲笈七籤》104.16b9-19a⑩相合
10b6-11a9	《混元聖紀》（HY 769）7.12a-b
10b7-11a5	《太平御覽》669.3b-4a引《太元真人茅盈内傳》⑪
11b2-4	《無上秘要》20.15b（文字有异），節録自《道迹經》
11b2-10⑫	《漢武帝内傳》（HY 292）3b-4a⑬
12a1-13b3	《太平御覽》678.3b4-4a10引《茅君傳》
12b5-13a4⑭	《漢武帝内傳》（HY 292）10a-b
12b4-6	《上清道寶經》（HY 1342）3.6b引《茅君内傳》⑮
13a2-3	《上清道寶經》（HY 1342）3.6b引《茅君内傳》⑯
13b7-8	《太平御覽》678.4a10-11⑰引《茅君傳》
14a10-b5	《漢武帝内傳》（HY 292）20a（第二部分祝詞文字有异）
14b8-9	《漢武帝内傳》（HY 292）24b
15a3-b8	《雲笈七籤》104.19a10-20a5⑱（《雲笈七籤》104完）
15b8-16a2	《真誥》11.3a4-7（《真誥》11.1a8-9稱隨後文字載於《茅三君傳》
16b6-8	《太平御覽》678節引《茅君傳》
17a2-3	《太平御覽》678.4b4-5引《茅君傳》（文字有异）
17b5-18a4	《真誥》12.4a4-b4

---

① ［譯者補注］原文作"104.16b9-17a1"，今據明《道藏》本訂正。
② ［譯者補注］原文作"104.16b6"，今據明《道藏》本訂正。
③⑤⑧⑪ ［譯者補注］原文作"茅君傳"，今據《四部叢刊》本《太平御覽》訂正。
④⑮ ［譯者補注］原文作"茅君傳"，今據明《道藏》本訂正。
⑥ ［譯者補注］原文作"9b7-10a3"，今據明《道藏》本訂正。
⑦ ［譯者補注］原文作"672.5a10-b1"，今據《四部叢刊》本《太平御覽》訂正。
⑨ ［譯者補注］原文作"1.1a-3a"，今據明《道藏》本及上下文義訂正。
⑩ ［譯者補注］原文作"104.16b9-17b"，今據明《道藏》本及上下文義訂正。
⑫ ［譯者補注］原文作"11b2-9"，今據明《道藏》本訂正。
⑬ ［譯者補注］原文作"3b"，今據明《道藏》本訂正。
⑭ ［譯者補注］原文作"12b2-13a5"，今據明《道藏》本訂正。
⑯ ［譯者補注］原文作"3.6a"，今據明《道藏》本訂正。
⑰ ［譯者補注］原文作"678.4b10-11"，今據《四部叢刊》本《太平御覽》訂正。
⑱ ［譯者補注］原文作"104.19b1-20a5"，今據明《道藏》本訂正。

由此可見，《茅山志》卷五《三神紀·茅君真冑》直至頁 8b 大致依循《雲笈七籤》卷一百四所載茅君傳的脈絡，後又於頁 15a－b 再度與《雲笈七籤》本相合。《茅山志》卷五頁 8b 至 15a 的文字多與《茅君傳》的引文相合，故而這一部分洵爲《茅君傳》的組成部分，但在《雲笈七籤》卷一百四中被刪除。

《雲笈七籤》本茅君傳戛然止於敘事部分，而《茅山志》本茅君傳在敘事部分之後尚有若干文字簡要描述了茅山及其歷史，其文末的某些文字與《太平御覽》的某些引文和《真誥》的某些片段互見重出。然而，由其他《茅君傳》的引文可知，《茅君傳》原本包含茅山的詳細描寫，但這一部分今已亡佚。《茅山志》卷五的末尾便似乎是這一部分的片段（關於茅山的描寫，將於本文第三部分討論）。

若要將《茅山志》卷五中的茅君傳補充完整，則應加入《茅山志》卷一中 1a 至 3b 的內容。這一部分包含原本屬於《茅君傳》組成部分的策文，它們亦見於《雲笈七籤》104.17a－19a 及《混元聖紀》（HY 769）7.12b－14b①。

（二）《茅君傳》內容分析

三茅君的高祖曾隱遁山林，於公元前 192 年"白日昇天"。祖父在秦始皇帝時曾爲德信侯（將軍）。三茅君爲三兄弟：茅盈，字叔申；茅固，字季偉；茅衷，字思和②。

長兄茅盈自年少時便喜隱逸清修，十八歲即棄家辭親入恒山中，讀《道德經》及《周易傳》。六年後，茅盈夢見太玄玉女告之往拜西城王君學道（王君即《神仙傳》中的王遠）。茅盈遂逕往西城，登嶺陟峻，終見王君。在王君門下修習二十年後，茅盈又與王君共謁西王母。王母授之《玉珮金璫》（見本書 A.26《太上玉珮金璫太極金書上經》解題）以及應當首先修習的"明堂玄真"之道。同時，茅盈又獲"司命"名號，故而《真誥》即以"司命"稱呼茅盈。

在此，有兩處情節亦見於《神仙傳》。

一是茅君的父母斥責茅君棄家游走、不親供養、有失孝道。茅盈辯解，謂道法與世事不可得兼，并稱他乃是爲祈求父母家門平安長壽而修道。其父不信，乃舉杖欲擊打茅君，而杖自斷，仿若弓矢一般飛揚穿壁。

二是茅固、茅衷兄弟赴官之時，鄉里親友送行者甚衆。茅盈意欲驗其神通，彰顯他在仙界的神職地位，於是擇日自設豐盛宴席，以饗衆位賓客。席間，茅盈爲衆多神靈簇擁，并使美酒佳餚神奇自至，賓客無不醉飽。隨後，茅盈辭別宗族子弟，登羽蓋車而去。

固、衷二人聽聞茅盈成仙，遂辭官尋兄，隨其學道。茅盈告知二弟年事過高而不得修習上法，僅能修成地仙。於是茅盈授以二弟服青芽始生③咽氣液

---

① ［譯者補注］原文作"7.12b－14a"，今據明《道藏》本訂正。
② ［譯者補注］原文作"彥英"，今據明《道藏》本訂正。
③ 公元 366 年，許翱可能曾修煉此法［《真誥》18.11b："掾（譯者按：即許翱）……泰和二年四月服青牙"］，而《真誥》陶弘景注則稱許翱從未見過此經（"此青牙始生法，世未見經"），《洞真太上青芽始生經》（HY 1338）即講述此法。參見本書下文第 394 頁註釋 1。

之道并"黄帝四扇散"和"王母回童散"(見下文《太極真人九轉還丹經要訣》)。如此修行十八年後,二弟返老還童,茅盈再教以明堂玄真之道并各賜九轉還丹一劑。此後,二人又獲授紫素之書,終得成仙①。茅固爲定錄君,茅衷爲保命君。

公元前1年,茅盈封神,在一次天厨之宴(即神仙之宴)上,席間聞得玄雲歌,茅盈獲授太極四節隱芝等四種仙草及九錫册文(册文詳見《茅山志》1.1a-3a)。

而固、衷二人因修煉未足,仍需繼續學道。乃從玉女處獲授《三元流珠》(詳見本書 E."早期上清經目")、《丹景道精》《隱地八術》②《太極綠景》③凡四經。隨後,又獲《玉珮金璫》。二人修道終得圓滿,遂留治茅山(茅山由此得名),與其兄長共監吳越之地的群靈。時人感念三茅君庇佑之德,遂爲之立廟,稱白鵠廟。"白鵠"之名,一則爲紀念三茅君各乘白鵠昇天,二則因"白鵠"乃是服食九轉還丹能致的分形變化。

《茅山志》卷五中的茅君傳末尾列舉了三茅君的弟子(這一部分又見於《真誥》12.4a-b),并有李仲甫的生平略歷。此人曾與茅君共事西城王君,於漢靈帝(168—189)時以250歲高齡辭世入西嶽,并以七變神法傳於左慈。

題署李仲甫撰的茅君傳較之《神仙傳》本茅君傳頗有增益,并改變了傳記的性質:後者僅講述茅君之奇迹神通,而前者則勾劃了茅君的入道歷程。這完全屬於上清派諸真傳記的譜系。

三茅君所受之法分爲兩類:一是藥方和丹劑(見下文《太極真人九轉還丹經要訣》),爲下法;二是上清經書,爲上法。其中,明堂玄真之道乃是上法的預修之法,故居於兩類之間。

三 《茅君傳》附帶文字內容

《茅君傳》叙事部分的篇幅僅占一小部分。傳中還包括其他文字內容,可分爲三類:

一是對於茅山的描述和茅山歷史的介紹;

二是藥方,見於《太極真人九轉還丹經要訣》(HY 888);

三是明堂玄真法,主要見於《上清明堂元真經訣》(HY 424)④。

---

① 詳見《茅山志》(HY 304)1.3a-3b。

② 詳見本書 A.16《上清丹景道精隱地八術經》解題。《丹景道精》《隱地八術》兩經的題名均見於《上清丹景道精隱地八術經》(HY 1348)。

③ 《真誥》9.9b3 曾引《太極綠經》關於櫛沐頭髮的咒語。若《太極綠經》即《太極綠景》,則這應當是一種小型儀法。

④ 除此之外,或許還應加上《洞真太上青芽始生經》(HY 1338)。《茅山志》卷五《三神紀·茅君真冑》(5.8a)記載茅君"教二弟服青芽始生咽氣液之道",而此經經名則含"青芽始生"之名。此經效法《太上靈寶五符序》(HY 388)1.11b-14b,講述服食五方雲牙之法。此經僅爲《無上秘要》47.10b 所提及("《洞真青牙始生經丹景道精經還童采華法》凡三卷"),除此以外不見於任何其他文獻。《真誥》18.11b 提"服青牙"法,但陶弘景注稱"此青牙始生法,世未見經"。

(一) 對於茅山的描述和茅山歷史的介紹①

這一部分在《茅君傳》中原本占據較大篇幅,但不再單獨存在,只有殘佚文字。如《太平御覽》卷六百七十八(頁 4b—5b)的茅君傳引文末尾便是其中之一。但最重要的殘篇是見於《茅山志》卷六的《茅君傳》引文及《真誥·稽神樞》:陶弘景偶爾注明了這些殘篇的來源,但并不盡然。將《真誥》與《茅山志》卷六中的《茅君傳》引文進行比對可知,《茅山志》卷六對於《茅君傳》的徵引遠比表面所見更多,這可由本書 C.1《真誥》解題中的"《真誥》與其他文獻互見對照表"得到證實(見 C.1《真誥》解題,頁 341—344)。

茅山位於江蘇,山脉不高,上清派茅山宗以及其他源於茅山的道派由此得名。茅山最初稱句曲山,意爲"蜿蜒之山"。"句曲"之名與此山的山形地貌頗爲相符,亦令人聯想到蜿蜒起伏、各各相通的道教洞天。

無論是《茅君傳》還是《真誥》,在其對於茅山的地理描述和歷史記載中,均雜糅了傳說以及純屬神話或象徵的內容。對此,薛愛華(E. H. Schafer)在他的茅山研究專著②中曾有很好的分析。《茅君傳》所述茅山歷史地理是最早描述和列舉"洞天"的文獻資料。

(二) 《太極真人九轉還丹經要訣》(HY 888)中的藥方

《太極真人九轉還丹經要訣》③由四段文字組成,每段標題均爲茅君所受或所傳的藥方的名稱。這些藥方屬於《茅君傳》的組成部分,《太平御覽》(678.3a④)引《登真隱訣》對此曾有説明:《登真隱訣》言李仲甫"以七變法傳左慈";又言"此經在茅真人傳",并稱其爲"還丹方",後有道士"略出別爲一卷"。事實上,《太平御覽》(942.2b)徵引了《太極真人九轉還丹經要訣》中九轉還丹法的前四行文字,并稱此法出自《茅君內傳》。此外,《太平御覽》812.7a 和 811.7a 又徵引了這一要訣的三行文字(頁 3b6 - 8⑤),亦稱它們出自《茅君內傳》。

司馬虛(Strickmann)曾在《陶弘景的煉丹術》("Alchemy of T'ao Hung-ching",載 *Facets of Taoism*,頁 146—151)中以較長的篇幅分析了九轉還丹法,可以參考。

《太極真人九轉還丹經要訣》的最後一段內容是"茅君五種芝茸方"。此方的前幾行文字(6b6 - 10⑥)被《太平御覽》718.7b 徵引,後者稱其出自《茅君傳》;而其下文(頁 7a - b)則被《太平御覽》986.3b 及《茅山志》19.1a - b 徵引。在此要訣中,這些神芝的名稱與《茅君傳》所言相同(見《茅山志》5.10b - 11a,《太平御覽》669.3b - 4a)。《酉陽雜俎》(2.7b)列舉了這五種神芝,《道迹經》亦

---

① 見本書 C.1《真誥》解題。
② *Mao Shan in T'ang times*(《唐代的茅山》)。
③ 此經與《黃帝九鼎神丹經訣》(HY 884)12.8b - 11b 收錄的"太極真人九轉丹"毫無關係。
④ [譯者補注]原文作"668.3a",今據《四部叢刊》本《太平御覽》訂正。
⑤ [譯者補注]原文作"3b6 - 7",今據明《道藏》本訂正。
⑥ [譯者補注]原文作"6b6 - 9",今據明《道藏》本訂正。

摘録了這一部分(見《無上秘要》78.3a-b及4a)。

要訣的第一種藥方乃是九轉還丹,由礬石、空青、白石英、丹砂、雄黃、雌黃和水銀配製而成。陶弘景(見《太平御覽》671.1a引《登真隱訣》)復原了此方的歷史:太極真人於周朝時傳之長里先生,長里傳之西城王君,王君又傳於弟子茅君。後茅盈仲弟定録君傳之楊羲,如此,此方最終歸入上清系。

其下所述的兩種藥方在《茅君傳》中均有所提及。一是"黄帝四扇散方",由松脂、澤瀉、山术、乾薑、雲母、乾地黃、石上菖蒲、肉桂配製而成。服食九轉還丹之前當先服此方。此方又名"風伯方"。

二是"王母回童散方"(异文:"四童"),由胡麻、天門冬、茯苓、术、乾黃精、桃仁配製而成。

此二方均收録於《雲笈七籤》77.10b-11b。

要訣的末尾則介紹了五種神芝。"芝"通常是仙草,或多或少具有神話色彩①,皆能使服食者晉陞仙階。此五芝中,第一種仿似蛟龍,生鱗葉;第二種叩其枝葉能發金石之音;第三種葉面呈紫燕像;第四種之實仿若皚皚明月。服食這五種神芝當作爲服食九轉還丹的補充。

(三) 明堂玄真法

"明堂玄真法"見於《太上玉珮金璫太極金書上經》(HY 56)(見本書 A.26 解題)末尾。如此布局合乎邏輯,因爲明堂玄真乃是玉珮金璫的預修之法。

此法是《茅君傳》的組成部分。這由《上清明堂元真經訣》(HY 424)(見本書C.5解題)所載"玄真法"的末尾題跋"右茅傳訣"可知。《茅君傳》的多種引文亦可證明《茅君傳》與此法的關係(《太平御覽》678.3a10-b2;《上清明堂元真經訣》1a4-9;《太平御覽》672.4a-b②)。《上清握中訣》(HY 140)(見本書C.3解題)所載的明堂玄真法前亦題名"茅君傳行事訣"。

明堂玄真法有三個版本,分別爲《太上玉珮金璫太極金書上經》(HY 56)本、《上清明堂元真經訣》(HY 424)本、《上清握中訣》(HY 140)本。三種版本各自相异。其中,《上清握中訣》本(HY 140,3.7b-9a)最爲簡短。它以其慣有風格,以不同方式草擬了須奉行的明堂玄真法(見本書C.3解題),但其中的咒語和修煉的內容與其他兩種版本相同③。

《上清明堂元真經訣》本的記載則分爲兩部分。第一部分講述明堂玄真

---

① 在上清經《洞真上清太微帝君步天綱飛地紀金簡玉字上經》(HY 1305)(見本書A.4解題)中可見某些神芝的名稱和介紹。《真誥》13.8a亦介紹了幾種神芝的外形和神效。除上清經系之外,《抱朴子內篇》卷十一及《太清金闕玉華仙書八極神章三皇內秘文》(HY 854)2.7b-8b、3.9b亦介紹了多種芝草。《太上靈寶芝草品》(HY 1395)專門介紹了衆多芝草,并一一配以圖文。

② [譯者補注]原文作"672.3a-b",今據《四部叢刊》本《太平御覽》訂正。

③ 《洞玄靈寶自然九天生神玉章經解》(HY 397)1.41b有引文言及此法:"謹按《上清明堂玄丹真經》:若道士行太上召三一守形之法,服存五年,得與真人相見,九年通靈徹視,坐在立亡,役使六丁,天給玉童玉女各一十二人,乘雲駕龍,游宴玉宮,至於登晨,能事畢矣。"這一引文不見於上舉三個版本中的任何一個,實際上,這段引文乃是使用上清經的慣用術語來稱贊明堂玄真法之神效。

法;第二部分(頁 4b8-5b)採用了《真誥》9.18a-b 所載司命君①口授楊羲的內容——司命君向楊羲傳授了明堂玄真法的省易口訣,并告訴楊羲他曾依此口訣修行,而後方得"大經"。但此訣不見於《茅君傳》②,只有第一部分(頁 1a-4b3)爲"大經","在《茅傳》中"。

《上清明堂元真經訣》本的第一部分與《太上玉珮金璫太極金書上經》(HY 56)(頁 23b9-25b2)所述玄真法的主要内容大體相近。不過,在後文中,在此法的前後各有一引言和總結。這段引言又見於《雲笈七籤》51.16a-b,位於《雲笈七籤》所引《華陽諸洞記》的文字之後。這段《華陽諸洞記》的文字與玉珮金璫有關,又見於《真誥》(14.7a)。如今,已很難分辨《真誥》與《華陽諸洞記》之間是前者借取了後者、還是後者借取了前者,抑或二者均借取了《茅君傳》。

明堂玄真法乃是一種服日月之法,修行之人當存思太玄玉女口吐氣液注入其口。《明堂玄真經》的本經乃是四十字的祝語,餘文皆是對這段祝語的敷衍,其中包括由西城王君演說的注釋及"口訣"(即存思術如何修煉的陳述)——《茅君傳》(《太平御覽》672.4b)、《上清明堂元真經訣》(HY 424)(頁 5b)中明堂玄真法的省易口訣以及《真誥》(9.18b)皆作如此解釋。明堂玄真法的另一重要內容是學道之人存思太玄玉女將精氣注入其口,又存玉女與之神秘結合。正是這位太玄玉女("經"開頭幾個字即令人想到太玄玉女之名)的出現(此即茅君夢中所見并令之往尋西城王君的太玄玉女,見《茅山志》5.2b3-5③ 及《上清明堂元真經訣》4a8),方造就了明堂玄真法的獨特之處:是因爲太玄玉女之密法隱而不顯,所以昔日夏禹所受之法纔不完備。同樣,中茅君定錄君修習的簡易之法亦未包含太玄玉女之密法。

明堂玄真法即《明堂玄真經》之"口訣"已由薛愛華譯出,讀者可參考其譯文④。

四　結論

現存諸本《茅君傳》中,以《茅山志》卷五《三神紀·茅君真冑》最爲完整可靠。但此本《茅君傳》乃由後人重新撰寫,删除了原本隨附的修煉方法以及對於茅山的描述和茅山歷史的介紹。

因此,若要盡最大可能恢復《茅君傳》的原貌,應當在《茅山志》卷五——此

---

① [譯者補注]原文作"定錄君",今據明《道藏》本訂正。
② 《上清明堂元真經訣》(HY 424)頁 5b9 的注文"此訣《真誥》別授,非傳上所載"可證實此說。
③ [譯者補注]原文作"5.2b3",今據明《道藏》本訂正。
④ "The Jade Woman of Greatest Mystery"(《太玄玉女》)。譯文的末句中,不應譯爲"我們"(we)——因爲是大禹而不是"我們"獲授了"無玉女之事"的玄真法。施舟人亦曾精心選錄了明堂玄真法的部分內容進行翻譯,賦予艷情色彩,但根本不符合原文的總體基調,出於動機的需要,施舟人甚至將"命門"譯爲"性器官",這亦有悖於該詞在上清經中的含義(見 *Jeux des nuages et de la pluie*《雲雨》,巴黎:藝術叢書,1969 年,第 36 頁)。

卷僅有《茅君傳》叙事部分——的基礎上補入《太平御覽》678.4b-5b和《茅山志》卷六中的《茅君傳》引文，因爲後兩者部分復原了原本《茅君傳》中關於茅山歷史、地理的描述。《茅君傳》對茅山的描述在道教史上非常重要，因爲這極有可能是現存最早探討洞天的文獻。我們還可撥開神話傳説的外表，從中發現漢代以降可能道士就在茅山頻繁活動的所有迹象。

這亦可從《太極真人九轉還丹經要訣》（HY 888）中所載隨附《茅君傳》的藥方得到證實。這些就是三茅君所受藥方，這些藥方也可能是早於楊羲所受降示的證據。

最後，《茅君傳》還包含一部稱爲《明堂玄真經》的"經"。此經配有降示茅君的"口訣"，茅君對應當遵循的方法做了解釋。《明堂玄真經》今見於茅君所受《太上玉珮金璫太極金書上經》（HY 56）以及《上清明堂元真經訣》（HY 424）。

《茅君傳》全文原本提及可以上溯至公元前2世紀的文化遺産，但或許是爲了融入上清經系而遭到篡改。但無論如何，《茅君傳》都是將上清派與過往歷史和地方傳統相連接的環節。無論是《茅君傳》及其隨附的修煉方法，還是《真誥》中與舊傳統相聯繫的同一人物或經文，它們都完美和諧一致地指示着過去。此外，《茅君傳》題名李仲甫撰，此人在《神仙傳》中爲左慈之師。左慈是茅山的隱士之一，而葛洪則因其從祖葛玄（左慈之弟子）又與左慈産生聯繫。然而，《茅君傳》確實屬於上清派修道傳記的譜系，它吸納了一篇古老的傳記——《神仙傳》本茅君傳，該傳講述了句曲山當地英雄人物茅君及圍繞茅君而形成的傳説故事。

在《茅君傳》中，明顯可見上清派吸納古老修煉方法的方式和手段：三茅君所受的藥方乃是僅能修成地仙的"下法"；修習這些下法之後，方能得到傳授存思上法的"經"書。

（作者單位：法國艾克斯-普羅旺斯大學；
譯者單位：西南交通大學外國語學院、人文學院）

論古靈寶經對般若經中"經臺"的接受與改造

甘沁鑫

古靈寶經研究是近幾十年道教學界的研究熱點,不少前輩學者在這一領域辛勤耕耘,做出了後人難以企及的業績。儘管如此,作爲"天書"的靈寶經在出世前保管於何處?靈寶經在天界的藏經處有何特徵?這些藏經處及相關的崇拜方式是否與佛教有關?是否如敦煌本《靈寶經義疏》(《通門論》)所説元始舊經都藏於玄都玉京山?這些與靈寶經的神聖來源息息相關的重大問題却尚未引起學界足夠重視,至今没有對古靈寶經藏經處的專題研究[1]。

本文嘗試探究古靈寶經中的"經臺"及其源流,并從"經臺"觀念出發對古靈寶經進行新的分組。本文在佛道關係、古靈寶經研究等方面提出了一些新的看法,不揣愚陋,以就教於方家。

一 般若經中的"經臺"

"經臺"即藏經臺,藏經於臺中,并以各種方式對臺進行供養。《漢語大詞典》認爲"經臺"是用於諷誦佛經的平臺,《中國古代名物大典》以"經臺"爲念誦佛經所用的平臺;張春雷《"經臺"辨考》一文指出兩部辭典的錯誤,闡明"'經臺'在隋唐及以前决非諷誦佛經的平臺,而是供養佛經的樓、臺、亭之通稱"[2]。張先生基本用盡了《大正藏》中能檢索出的有關經臺的史料,爲澄清經臺的涵義做出了貢獻。從張先生使用的佛教方面的史料來看,除一條《比丘尼傳》中

---

[1] 提到靈寶經在天界的藏經處時,絕大多數學者都是一筆帶過,不多著墨。僅有少數學者在文章中以少量篇幅討論過這一問題。參見王承文《漢晋道教儀式與古靈寶經研究》,中國社會科學出版社,2017年,第611—616頁。另見林佳惠《陸修静の靈宝経観と〈太上洞玄靈寶天文五符經序〉の分類》,《早稻田大學大學院文學研究科紀要》第60輯第1分册,2014年,第143—152頁。林佳惠《陸修静による靈寶經典の分類》,《東方宗教》2015年,第47—63頁。林佳惠的兩篇文章後收入氏著《六朝江南道教の研究——陸修静の靈宝経観と古靈宝経》,早稻田大學出版部,2019年。這兩篇文章涉及了一些古靈寶經秘藏紫微宫的問題,但與本文從經臺的視角出發做出的一系列探討不同,在某些具體問題上的結論也和本文不同。

[2] 張春雷《"經臺"辨考》,《宗教學研究》2013年第2期,第103—105頁。

的史料之外，其他史料都出自隋唐以後的佛書。由於材料的限制，我們對經臺在東漢六朝佛教中的實際情況仍然所知甚少。至於經臺在佛經中的經典依據，張先生在論文中尚未試圖就這一問題做出回答。

然而，般若經中就出現了經臺。般若經是大乘佛教中最早出現的經典群之一，經臺出現的一大背景是佛經從口頭傳承到以文字記錄的變遷。佛教經典在佛陀逝世後漫長的幾百年間都是口口相傳，沒有以文字記錄下來。一般認爲直到公元前一世紀，上座部的三藏才以文字的形式固定下來①。大乘佛教興起於公元前後，在時間上與上座部三藏書面定型的時間相近。大乘經典沒有經歷口傳時代，從一開始就以文字的形式出現②。爲中國佛教徒所熟知的《龍樹菩薩傳》中龍樹在雪山、龍宮所見的大乘經典也都是以文字書寫的經書③。

般若經中已顯著表現出對以文字書寫的經書的推崇，正是在這一背景下，才出現了保管、供養經書的經臺。

經臺早就出現在東漢支婁迦讖所譯《道行般若經》④(179年譯出)⑤第二十八品。該經一共三十品，第三十品的內容是囑托宣揚此經。因此，第二十八、二十九品中薩陀波倫菩薩到曇無竭菩薩所居犍陀越城向曇無竭菩薩求法的故事可說是整部經的"壓軸戲"。在薩陀波倫菩萨見曇無竭菩薩之前，他進城後先看見了一座藏經的高臺。將《道行般若經》對臺的描寫及《大明度經》《放光般若經》中的相應部分列表對比如下：

表1 《道行般若經》《大明度經》《放光般若經》中所見"經臺"對照表

《道行般若經》	《大明度經》	《放光般若經》
薩陀波倫菩薩及五百女人，共從西城門入。薩陀波倫菩薩入城門裏，遙見高臺，雕文刻鏤，金銀塗錯，五色玄黃，光耀炳然。臺四面四角，皆反羽向陽，懸鈴旗幡，音樂相和。 遙見已，問城中出人：	共從西門入。 問路人曰："彼何等臺？七寶服飾姝好乃爾乎？" 路人曰："賢者不知耶？有闓士，字法來，人中最尊，無不供養作禮者。是闓士用明度故，作是臺。其中有七寶函，以紫磨黃金爲素，	即與長者女，及五百女人圍遶，而前入城門裏。見七寶臺以赤栴檀而校飾之，真珠交露。其臺四角有四寶甖盛摩尼珠晝夜常明，有寶香鑪常燒名香，晝夜常香。當臺中央有七寶塔，又以四色之寶作函，以

---

① "公元前一世紀"依據《島史》，這是南傳的材料。若依據藏傳的材料，各部派的三藏在公元二世紀才用文字記錄下來。大竹晋《大乘非佛説をこえて：大乘佛教は何のためにあるのか》，國書刊行會，第28—29頁。

② 大乘經典沒有經歷口傳時期，大竹晋對此有精彩的論述，參見大竹晋《大乘非佛説をこえて：大乘佛教は何のためにあるのか》，第24—31頁。

③ 《龍樹菩薩傳》及相關爭議參見山野千惠子《〈龍樹菩薩傳記〉の成立問題》，《仙石山佛教學論集》第5號，2010年，第48—65頁。

④ 《道行般若經》及相關爭議參見方廣錩《〈道行般若經〉譯本考釋》，《宗教學研究》2016年第3期，第88—97頁。

⑤ 有關文中出現的各種《般若經》的譯出年代，本文依據渡邊章悟《金剛般若經の研究》，山喜房書林，2009年，第19頁。

续表

《道行般若經》	《大明度經》	《放光般若經》
"是何等臺,交露七寶服飾姝好乃爾?" 　　其人報薩陀波倫菩薩言:"賢者不知耶?是中有菩薩,名曇無竭,諸人中最高尊,無不供養作禮者。是菩薩用般若波羅蜜故,作是臺。其中有七寶之函,以紫磨黄金爲素,書般若波羅蜜在其中,函中有若干百種雜名香。曇無竭菩薩日日供養,持雜華名香,然燈懸幢幡,華蓋雜寶,若干百種音樂,持用供養般若波羅蜜。餘菩薩供養般若波羅蜜,亦復如是。忉利天人晝夜各各三,持文陀羅華、摩訶文陀羅華,供養般若波羅蜜如是。" 　　薩陀波倫菩薩及五百女人,聞是大歡欣,踊躍無極,俱往至般若波羅蜜臺所,持雜華雜香散般若波羅蜜上,持金縷織成雜衣,中有持衣散上者,中有持衣作織者,中有持衣搭壁者,中有持衣布地者。①	書明度著函中,有若干百種名香。法來闓士日日供養,持雜花名香,然燈懸幡,花蓋雜寶,正音道樂,盡禮供養。餘闓士亦然。忉利天人晝夜各三,持天名花供養明度。" 　　普慈闓士及諸女聞之大喜,俱以雜香金縷織成雜衣,有散上作幡搭壁敷地者。②	紫磨金薄爲素,書般若波羅蜜作經在其函中,又以七寶爲織成幡互相参校,其色上妙隨風繽紛。薩陀波倫及五百女人,見是七寶交露之臺,見釋提桓因與諸天子,持天曼陀羅花及天雜色栴檀名香,擣以爲末,其細如塵,於虛空中供養散其臺上,又鼓天樂而供養之。 　　爾時,薩陀波倫遥問釋提桓因:"汝何爲供養,以花散是臺爲?" 　　於是,釋提桓因報薩陀波倫言:"卿善男子!爲不知耶。是般若波羅蜜者生諸菩薩,一切菩薩當於是學,當成諸波羅蜜功德,具足諸佛法,逮薩云若。以是故,我等而供養之。" 　　薩陀波倫聞是倍喜。復問釋提桓因言:"般若波羅蜜爲在何所?" 　　釋提桓因報言:"在臺中央七寶函中,法上菩薩以七寶印印之,汝等及我不得妄見。" 　　爾時,薩陀波倫、長者女及五百女人,各各取諸名花、名香、栴檀、雜寶、琉璃、摩尼,供養般若波羅蜜已。③

　　文中并未出現"經臺"一詞,但它確實描述了一座藏經的臺及對臺的供養方式,這就是"經臺"的經典依據。吴支謙譯《大明度經》(225年譯出)是《道行般若經》的同本異譯,二者對經臺的描繪基本一致。相比於前兩部經,西晉無羅叉譯《放光般若經》(291年譯出)删除了些内容,但又多添加了些内容。《道行般

――――――――

① 《道行般若經》,《大正藏》第8册,第473頁上、中。其中,"函中有若干百種雜名香"中的"函"字,底本作"匣",據宫内藏本改。"中有持衣搭壁者"中的"搭",底本作"榻",據元本、明本改。"中有持衣布地者"中的"地",底本作"施",據明本改。

② 《大明度經》,《大正藏》第8册第505頁上、中。"有散上作幡搭壁敷地者"中的"搭",底本作"氀",據元本、明本改。

③ 《放光般若經》,《大正藏》第8册,第144頁中、下。

若經》《大明度經》與後來鳩摩羅什(344—413,或 350—409)所譯《小品般若波羅蜜經》(408 年譯出)同屬小品系統,《放光般若經》與後來鳩摩羅什所譯《摩訶般若波羅蜜經》(404 年譯出)同屬大品系統。

表 1 的内容十分豐富,爲與古靈寶經中的經臺相對照,在這裏集中闡述以下兩點:

第一,安放經書的方式:藏經書於經臺内部。般若經中的經臺建於城中,規模宏大,《道行般若經》稱入城門即"遥見高臺"。經臺由七寶建造,《放光般若經》直接以"七寶臺"來稱呼經臺。除《放光般若經》之外,《道行般若經》和《大明度經》都記載由"諸人中最高尊,無不供養作禮"的曇無竭菩薩建造了經臺,而且日日供養。這一情節的設計當是爲了表達對以文字書寫的經書的推崇。值得注意的是臺上没有建築物,經書被安放在臺的内部。《道行般若經》和《大明度經》中的經書被安放在臺中的七寶函裏,而《放光般若經》中的經書被安放在臺中七寶塔里的七寶函之中。正因爲以文字寫成的般若經被安放在臺内部,從外面看不見,《放光般若經》中薩陀波倫菩薩才問釋提桓因:"般若波羅蜜爲在何所?"

第二,供養經臺的方式:天上或地上的信衆以花、香、燈、幡、音樂舞蹈等供養經臺。供養經臺的本質是供養臺中的經書。《道行般若經》第三品中反復强調了供養經卷所獲功德之多。例如:

> 佛言:"……拘翼! 善男子、善女人,怛薩阿竭般泥洹後,取舍利起七寶塔供養,盡形壽自歸作禮承事,持天華、天擣香、天澤香、天雜香、天繒、天蓋、天幡。如是,於拘翼意云何? 善男子、善女人作是供養,其福寧多不?"
>
> 釋提桓因言:"甚多,甚多! 天中天!"
>
> 佛言:"不如是善男子、善女人,書般若波羅蜜,持經卷,自歸作禮承事供養,名華、擣香、澤香、雜香、繒綵、華蓋、旗幡,得福多也。"①

引文表明連如來涅槃後取舍利起七寶塔供養,也不如書寫般若經供養經卷所獲功德多。文中還提到了供養方式,即以花、香、繒綵、華蓋、旗幡來供養經卷。《大明度經》中對經書的供養方式和《道行般若經》一致②。相比於前兩部般若經,《放光般若經》中對經卷的供養方式增加了伎樂③。

對經書的供養和對經臺的供養,二者既有聯係也有區别。將表 1 中所見對經臺的供養方式列表對比如下:

---

① 《道行般若經》,《大正藏》第 8 册,第 432 頁中。
② 《大明度經》,《大正藏》第 8 册,第 484 頁上。"若有書持經卷,承事供養天寶名華、栴檀珍琦香、繒蓋幡。"
③ 《放光般若經》,《大正藏》第 8 册,第 46 頁上。"若有善男子、善女人書般若波羅蜜已,持經卷,供養名花、擣香澤香雜香、繒綵花蓋、幢幡伎樂,作是供養。"

表 2　《道行般若經》《大明度經》和《放光般若經》中對經臺的供養方式對照表

	《道行般若經》	《大明度經》	《放光般若經》
地上的曇無竭菩薩	以花、香、燈、幡、華蓋、雜寶、音樂供養	以花、香、燈、幡、華蓋、雜寶、音樂供養	未記載
地上的薩陀波倫菩薩及五百女人	以花、香、金鏤所織雜衣供養	以雜香金縷織成雜衣供養	以花、香、栴檀、雜寶、琉璃、摩尼供養
天上的飛天	忉利天人以花供養	忉利天人以花供養	釋提桓因與諸天子以花、香、天樂供養

　　從表中可以看出不同的供養主體用不同的方式來供養經臺，特別是天上的飛天也參與了供養。與三部般若經供養經書的方式相比，對經臺的供養少了繒綵，多出現了燈、雜衣。以香來供養又可細分爲兩種方式：一是燒香，如表1中《放光般若經》載"有寶香鑪常燒名香，晝夜常香"；二是散香，如表1中《放光般若經》中載"釋提桓因與諸天子，持天曼陀羅花及天雜色栴檀名香，擣以爲末，其細如塵，於虛空中供養散其臺上"。此外，《放光般若經》中供養經書的方式有"伎樂"，該經中供養經臺的方式中出現了"天樂"，因爲飛天奏樂時常常伴隨着舞蹈，這裏的"天樂"的含義可能和"伎樂"一樣，不僅包括音樂，也包含舞蹈。表1中《放光般若經》"又鼓天樂而供養之"相對應的部分，鳩摩羅什在《摩訶般若波羅蜜經》中譯作"鼓天伎樂於虛空中娛樂此臺"，①這亦可作爲旁證。換言之，《放光般若經》中供養經臺的方式可以理解爲也包含舞蹈。

　　相比於前兩部般若經，《放光般若經》還增加了對經書的保護措施，"法上菩薩以七寶印印之，汝等及我不得妄見。"爲何不得輕易妄見？這似乎與般若經中鼓勵持經卷"使"他人書寫、學習、閱讀的經文相矛盾。據《大智度論》，"七寶印"是用來"守護經文，不令魔及魔民改更錯亂"②。出於敬重經書的原因，才不使人輕易妄見。無論如何，這種秘不示人的態度却與道教對經書的態度暗合。

　　《道行般若經》的漢譯爲般若經傳入中國之始，此後般若經多次被譯出。由於和道家學説、玄學的契合，般若經在中國極爲流行，以至到東晉時期形成"六家七宗"的繁榮局面。在鳩摩羅什入關之前，在中國影響較大的般若經即是《道行般若經》《大明度經》《放光般若經》這三部般若經③。三者之中又以《道行般若經》和《放光般若經》的影響力爲大，但亦不可低估《大明度經》的影響，呂澂甚至主張王弼(226—249)曾受《大明度經》的影響④。

---

　　① 《摩訶般若波羅蜜經》，《大正藏》第8册，第420頁下。
　　② 《大智度論》，《大正藏》第25册，第744頁上。
　　③ 此外還有《光讚經》，但此經發揮影響較晚，大約在道安之後。參見陳志遠《〈般若經〉早期傳播史實辨證》，《隋唐遼宋金元史論叢》第八輯，2018年，第110—112頁。
　　④ 呂澂《中國佛學源流略講》，中華書局，1979年，第32—34頁。

另一方面，《大明度經》譯者支謙和《放光般若經》譯者無羅叉的譯經與古靈寶經的關係也逐漸被學者闡明。柏夷（Stephen R. Bokenkamp）、神塚淑子等先後指出支謙譯經對古靈寶經的影響，劉屹稱"支謙譯經影響論"已經是無需多做證明的一種客觀事實①。柏夷也曾指出古靈寶經改寫過無羅叉的譯文②。

三部般若經在鳩摩羅什入關之前極爲流行，而且已有學者指出其中兩部般若經譯者的譯經與古靈寶經的關係，在這樣的前提下，如果我們發現般若經中的經臺與古靈寶經的某些聯繫，這或許不是一件十分令人驚异的事。

二　中國傳統建築中的"臺"

在探討古靈寶經中的經臺之前，有必要對中國傳統建築中的"臺"做一些簡單的考察。對中國古建築中的"臺"的研究，在中國建築史領域已經有充分的學術積纍。爲避免混淆，先對"臺"和"臺基"做一番區分，劉致平寫道：

> 臺基很低，是房屋的基座，而臺則是很高的，且不一定是房屋的基座，可能是一組房屋的基座，也可能是專爲眺望游覽用的高大的平臺，也可以作爲傳烽舉火的臺等等，它是一獨立的建築物而非房屋的附屬物。它在早年（漢魏以前）規模之大對於國家經濟是個很不小的負擔，所以臺不是臺基，兩者根本不能相比擬。③

這一區分的關鍵點在於臺基是房屋的附屬物，而臺是一類獨立的建築。所謂房屋的附屬物是指臺基和柱、墻、屋頂等等一起組成了房屋，它是房屋的一部分。而臺有很多種類，臺可以只是一個平臺，其上没有房屋；臺也可以作爲房屋的基座，但此時建在臺之上的房屋也有臺基，换言之，臺上建的房屋也有自己的臺基。

對於臺的不同種類，李允鉌有一更清晰的論述：

> 關於"臺"，其實它是有不同含義的。其一就是它作爲建築物的一個基座，簡單地說就是將房屋建築在一座人工堆積起來的小山上。其二就是利用堆土的辦法來增加建築物的層數，或者說作爲一種結構和構造的手段，由此來組成高大和壯麗的建築物。……其三就是將建於臺上或利用臺面構成的整個建築群總稱爲"臺"。最後就是"臺"本身單獨成爲一種建築形式，《爾雅》的"四方而高曰臺"可能就是指這一類近乎"壇"性質的臺。④

---

① 參見劉屹對相關研究史的綜述及他自己的一些評論。劉屹《六朝道教古靈寶經的歷史學研究》，上海古籍出版社，2018年，第505—509頁。
② （美）柏夷著，孫齊等譯《道教研究論集》，中西書局，2015年，第11頁。
③ 劉致平《中國建築類型及結構》，中國建築工業出版社，2000年，第92頁。
④ 李允鉌《華夏意匠：中國古典建築設計原理分析》，天津大學出版社，2005年，第69—70頁。

爲更方便地展開討論，我們將李先生所説的四種臺進一步歸類爲三種。第一，"屋下之臺"。屋下之臺對應於李先生的第一、第二種含義，它們的共同點是臺上有房屋，但將臺和臺上的房屋分離開來，單稱房屋之下的臺爲"臺"。第二，"高臺建築"。高臺建築對應於李先生的第三種含義，這是將高臺和臺上的建築（一般爲房屋）合稱爲臺。高臺建築一詞是建築史學界常用的術語①。這時的臺是將高臺上的建築及其下之臺合稱作"臺"。第三，"高大平臺"。高大平臺對應於李先生的第四種含義。這種臺的特點是臺之上沒有房屋。這時的"臺"是一處平臺，或曰露臺。簡言之，文言文中作爲一種建築的"臺"含義豐富，要在具體的語境中去判斷一句話中的臺是指屋下之臺、高臺建築或是高大平臺。

這樣的分類雖以中國歷史上實際出現過的臺爲基礎，但人間之"臺"無疑是天界之"臺"出現的背景。李允鉌將"臺"視爲中國建築向高空發展的代表②。在某種意義上，道教可以説將中國建築向高空發展的傾向推到了極緻，道書中出現了各種各樣的臺，居住在本來就很高的天界之中的神仙們也常居住在天界中的高臺之上。

臺有各式各樣的用途。劉致平列出了臺的五種用途：眺望、避水患、防急變、示威力、藏珍物③。與本文的主題相關，我們最關注的是臺的貯藏作用以及與此相關的以藏書著稱的"臺"。顧頡剛論述了臺的貯藏作用，他列舉了史料中出現的貯藏之臺，如《逸周書》中商紂時的鹿臺，《韓詩外傳》中晉平公時的"藏寶之臺"等等；清武億《群經義證》云："臺爲府庫之屬，古以藏泉布"，顧先生受此影響，將鹿臺和"藏寶之臺"的臺都解釋爲府庫④。我們贊同顧先生的觀點，臺的確有貯藏的作用，相當於府庫，用以貯存錢幣、珠玉重寶。

那麽，有貯藏作用的臺是前文述及的三種臺中的哪一種臺呢？張爽認爲："夏桀囚湯於夏臺，既爲監獄，當然不可能是個光秃秃的土臺子。……鹿臺作爲紂的財物倉庫，也絕非土堆平臺可知。"⑤也即，張先生主張這樣的臺上面應有建築物。

我們同意張先生的看法。有貯藏作用的臺都是三種臺中的高臺建築，發揮貯藏作用的部分是建在臺上的建築物，而不是將物品貯藏於臺的內部。理由很簡單，雖然後來出現了木構的臺，但中國古代的臺一般都是積土爲臺。這可從衆多注疏、字書中得到證明。《故訓匯纂》"臺"字條⑥集中羅列了這一類解釋，如《書》孔安國傳載："土高曰臺"；《廣韵》載："土高四方曰臺"；《吕氏春

---

① 有學者主張應將高臺建築正名爲"高壇建築"，參見張爽《"臺"辨》，《杭州大學學報》第24卷第3期，1994年，第116頁。
② 李允鉌《華夏意匠：中國古典建築設計原理分析》，第69—70頁。
③ 劉致平《中國建築類型及結構》，第92頁。
④ 《臺》，《顧頡剛全集：顧頡剛讀書筆記》卷十六，中華書局，2011年，第373頁。
⑤ 張爽《"臺"辨》，第117頁。
⑥ 宗福邦等主編《故訓匯纂》，商務印書館，2003年，第1885頁。

秋》高誘注載:"積土四方而高曰臺";《淮南子》高誘注載:"積土高丈曰臺";《爾雅》郭璞注載:"臺,積土四方"等等,諸如此類。郭璞(276—324)的活動年代跨越兩晉,這足以説明在古靈寶經出現的東晉末期之前,臺都是積土而成。積土而成的臺意味着臺的内部不能發揮貯藏作用,發揮貯藏作用的部分只能是臺上的建築物。

第一節述及般若經中的經臺藏經書於臺的内部,如果以中國傳統建築中的三種臺來看,可知佛教式的經臺不屬於三種臺中的任一種。如果從經臺上没有其他建築物來看,經臺和第三種"高大平臺"類似,但經臺内部又能藏經;如果從能發揮貯藏作用來看,經臺似乎是第二種"高臺建築",但經臺又非藏經書於臺上的建築物。

中國古代也有貯藏書籍的"臺",其中最著名的莫過於蘭臺。然而,蘭臺的"臺"應是"官署"之意,如"御史臺"中的"臺"。即便蘭臺的臺不是"官署"之意,梁繼紅也指出蘭臺有石室來保存重要文獻典籍①。如《牟子理惑論》載:"寫佛經四十二章。藏在蘭臺石室第十四間。"②這個有關《四十二章經》的傳説不必執以爲實,但它足以證明蘭臺藏經是藏在石室中。總之,即便蘭臺的"臺"不是官署之意,在蘭臺藏書也是保管在臺上的建築物中,而不是臺的内部。

三　早期上清經中的藏經處

道經并不必然藏於天界。如《抱朴子内篇》稱諸名山五嶽都有《三皇内文》《五嶽真形圖》,只是它們被藏於石室幽隱之地③。藏經於名山的傳統一直延續到後世,在古靈寶經中也有所體現。

將道經藏於天界當與天書觀的不斷深化有關,道教的天書觀典型地體現在早期上清經和古靈寶經中。中外學者對早期上清經和古靈寶經中的天書觀表現出極大興趣,做出了充分的研究④。

王皓月根據《真誥》指出上清經藏於西宫,并主張之所以東晉中期之後出現"上清經"這個稱呼,是因爲這些經典被認爲保存於上清天西宫⑤。然而,從上清經經文本身的記載來看,上清經的藏經處相當多元,并非只有一處。

至於早期上清經中是否出現了如般若經中經臺一樣地藏經於臺中的觀

---

① 梁繼紅《石室金匱與敬天法祖(上)——中國傳統檔案管理模式系列研究》,《檔案學通訊》2017年第2期,第97頁。
② 《弘明集》,《大正藏》第52册,第5頁上。
③ 王明《抱朴子内篇校釋》,中華書局,1985年,第336頁。
④ 參見王承文《敦煌古靈寶經與晉唐道教》,中華書局,2002年,第740—789頁;吕鵬志《早期靈寶經的天書觀》,載郭武主編《道教教義與現代社會國際學術研討會論文集》,上海古籍出版社,2003年,第571—597頁;謝世維《聖典與傳譯:六朝道教經典中的"翻譯"》,《中國文哲研究集刊》第31期,2007年,第185—233頁,及氏著《天界之文:魏晉南北朝靈寶經典研究》,台灣商務印書館,2010年。
⑤ 王皓月《東晉、南朝時期道經的出世及相關問題》,《中國本土宗教研究》第一輯,2018年,第191—192頁。

念？經查證，不管是斷代於東晉還是寬泛地斷於東晉南朝①的早期上清經中都沒有出現藏經於臺中的觀念。

早期上清經數量很大，限於篇幅，在此無法一一詳談。下文僅就與古靈寶經相關的六合紫房、大有宮做一些說明。首先來看藏經於六合紫房的例子。文謂：

《洞真太一帝君太丹隱書洞真玄經》（東晉南朝）

《太一帝君太丹隱書洞真玄經》，如是寶經，<u>藏之太上六合紫房之內</u>。②《洞真太上紫度炎光神元變經》（東晉南朝）

太微天帝君以紫蘭結其篇目，金簡書其正文，仍記爲《紫度炎光神玄變經》，……<u>衛在太上六合紫房之內</u>。③

從中可知這兩部經都藏於六合紫房之內。雖然這兩部經的年代都被斷於東晉南朝，不能判斷其是否在古靈寶經之先，但從這兩部經都被藏於六合紫房之內來看，可以認爲藏經於六合紫房是早期上清經中的一個傳統。

再來看藏經於大有宮的例子，文謂：

《上清三元玉檢三元布經》（東晉）

《高上三元布經》，……<u>藏於九天之上大有之宮金臺玉室九曲丹房</u>。④

《洞真太上素靈洞元大有妙經》（東晉南朝）

玄都上品第一篇曰：《大洞真經》《雌一寶經》《太上素靈大有妙經》，三奇之章，高上玉皇寶篇，<u>祕在九天之上大有之宮太玄靈臺玉房之中</u>。⑤

《高上太霄琅書瓊文帝章經》（東晉南朝）

太霄琅書……<u>祕於九天之上大有之宮</u>，西華玉女、金晨玉童各三千人，侍衛典香。⑥

《上清金真玉光八景飛經》（東晉南朝）

九天丈人受太空靈都金真玉光於元始天王，名之《八景飛經》，……<u>祕於九天之上大有之宮金輝紫殿玉寶瓊房</u>。⑦

可知藏經於大有宮也是早期上清經的一個傳統，從東晉開始即是如此。大有宮僅僅是宮殿（單體建築），還是如地上皇帝所住的宮城（宮殿區）？梁思成認爲："漢代之稱'宮'者，人都指由多數之殿乃至其他臺榭閣廊簇擁而成之集體

---

① 有關本文涉及的早期上清經的斷代，本文依據 Kristofer Schipper and Franciscus Verellen edited: *The Taoist Canon: A Historical Companion to the Daozang*. The University of Chicago Press, 2004. 該書將本文提到的一些上清經斷爲"六朝"，考慮到上清經產生於東晉之後，更准確地説"六朝"應爲"東晉南朝"。
② 《洞真太一帝君太丹隱書洞真玄經》，三家本《道藏》第 33 册，第 529 頁上。
③ 《洞真太上紫度炎光神元變經》，三家本《道藏》第 33 册，第 553 頁下。
④ 《上清三元玉檢三元布經》，三家本《道藏》第 6 册，第 211 頁上。
⑤ 《洞真太上素靈洞元大有妙經》，三家本《道藏》第 33 册，第 416 頁上。
⑥ 《高上太霄琅書瓊文帝章經》，三家本《道藏》第 1 册，第 887 頁中。
⑦ 《上清金真玉光八景飛經》，三家本《道藏》第 34 册，54 頁上。

而言。"①漢以後"宫"的情况也同樣如此,劉致平甚至稱:"今覽北京故宫即可上溯漢、唐,僅内部布置不無增减及异同。"②因此,雖然不排除一些特殊情形,我們認爲一般情形下天界的宫正如人間的宫,是一座宫城。

至於具體藏在大有宫的何處,不同的經被藏在不同的地點。《高上太霄琅書瓊文帝章經》僅稱該經被祕於大有宫,《上清金真玉光八景飛經》則詳細地記載該經被祕於大有宫金輝紫殿玉寶瓊房。值得注意的是引文中第一、第二種經的藏經處,《上清三元玉檢三元布經》稱該經藏於九天之上大有之宫金臺玉室九曲丹房,《洞真太上素靈洞元大有妙經》稱"三奇"被祕在九天之上大有之宫太玄靈臺玉房之中。

總之,上清經一般被保存在宫中或房中,没有出現過藏於臺中的例子。早期上清經中與藏經有關的臺都是中國傳統建築三種臺中的"屋下之臺",而經書是被藏在臺上的房中,如太玄靈臺玉房、金臺玉室九曲丹房,由臺上的建築物發揮貯藏作用。

需要特别説明的是與上清派有關的《漢武帝内傳》中的記載。《漢武帝内傳》講到三天太上道君"畫形祕於玄臺"③,《五嶽真形序論》中對應的部分則作"盡形祕於玄臺"④。其中的"形"當指《五嶽真形圖》。這裏的"祕於玄臺"是否是藏於臺的内部?《漢武帝内傳》和《五嶽真形序論》還寫到漢武帝獲得《五嶽真形圖》等經典後,將它們"安著梧梁臺上"⑤。據此,似乎"祕於玄臺"也指安放在臺上,而非藏經於臺内。退一步講,即使"祕於玄臺"意味着藏於臺内,實際上也不影響本文的結論。董舒心、李劍鋒指出:"《五嶽真形序論》中有部分内容與今本《漢武帝内傳》《海内十洲記》文本重合,前人皆以爲《五嶽真形序論》是節略《漢武帝内傳》和《十洲記》而成,但事實恰恰相反,《五嶽真形序論》的前兩部分是《漢武帝内傳》和《十洲記》的祖本。《五嶽真形序論》應爲東晋葛巢甫爲神化《五嶽真形圖》所作,上清派道士對《五嶽真形序論》做了全面襲用和改造,爲的是借用《五嶽真形序論》的傳經神話證成本派的神聖經典和傳授譜系。"⑥這一結論顯示了《五嶽真形序論》和古靈寶經相連接的可能性。再退一步講,即便早期上清經中出現了藏經於臺内的觀念,我們也應考慮其與佛教般若經的聯繫。

---

① 梁思成《梁思成全集(第4卷)》,中國建築工業出版社,2001年,第27頁。
② 劉致平《中國建築類型及結構》,第35頁。
③ 《漢武帝内傳》,三家本《道藏》第5册,第51頁下。
④ 《五嶽真形序論》,三家本《道藏》第32册,第630頁上。
⑤ 《漢武帝内傳》,三家本《道藏》第5册,第56頁中;《五嶽真形序論》,三家本《道藏》第32册,第630頁下。
⑥ 董舒心、李劍鋒《〈五嶽真形序論〉與〈漢武帝内傳〉〈海内十洲記〉之成書》,《齊魯學刊》2018年第4期,第112—118頁。

四 古靈寶經對般若經中"經臺"的接受與改造

經臺作爲一種建築見於道書①,但其記載簡略,我們對道教史中經臺的具體情況仍缺乏足夠瞭解。古靈寶經不使用"經臺"一詞,在談到藏經書的某個臺時總是直接出現臺的具體名字。儘管如此,考慮到古靈寶經中經臺的歷史源流和經臺確實存在於道教史中的歷史事實,本文仍將古靈寶經中藏經書的臺稱爲"經臺"。

古靈寶經指敦煌本《靈寶經義疏》(《通門論》)所見陸修静(406—477)編訂的"靈寶經目"中著録的靈寶經。這一節將古靈寶經看作一個整體,以此爲前提來探討古靈寶經對般若經中經臺的接受和改造,至於對古靈寶經中出現的各種不同的經臺的具體分析,則在下一節中處理。

將古靈寶經中與經臺有關的代表性文字徵引如下。30種古靈寶經的順序按"靈寶經目"的順序排列,元始舊經中的引文以 A 開頭,仙公新經中的引文以 B 開頭。經的標題視具體情況,或依道藏本、或依敦煌本、或依"靈寶經目"中的名字,且在括號中列出標題的簡稱。

《元始五老赤書玉篇真文天書經》(《真文天書經》)

A1:五老玉篇,皆空洞自然之書,祕於九天靈都紫微宫七寶玄臺,侍衛五帝神官,依玄科,四萬劫一出。②

《太上洞玄靈寶赤書玉訣妙經》(《赤書玉訣妙經》)

A2:元始五炁常以鷄鳴上會靈寶玉京玄都上宫。③

《太上洞玄靈寶空洞靈章經》(《空洞靈章經》)

A3:諸天欲拔苦,勤禮七寶臺。……旋遶七寶臺,蹋空振羽衣。④

《洞玄靈寶玉京山步虛經》(《玉京山步虛經》)

A4.1:玄都玉京山在三清之上,無色無塵。上有玉京金闕七寶玄臺、紫微上宫,中有三寶神經。山之八方自然生七寶之樹,一方各生一株,八株彌滿八方,覆蓋諸天,包羅三界,爲無上大羅天太上無極虛皇天尊之治也。其山林宫室皆列諸天聖衆名籍。諸大聖帝王、高仙真人無鞅數衆,一月三朝其上,燒自然旃檀反生靈香,飛仙散花,旋遶七寶玄臺三周匝,誦咏空洞歌章。是時諸天奏樂,百千萬妓,雲璈朗徹,真妃齊唱而激節,仙童凜

---

① 如《要修科儀戒律鈔》所引《太真科》載"齋堂之前,經臺之上,皆懸金鐘玉磬,"(三家本《道藏》第6册,第958頁上),又如《上清道類事相》所引《太真科》載"治舍之左前經臺之上,皆懸金鐘玉磬。"(三家本《道藏》第24册,第889頁中)從中可知,依《太真科》,經臺位於齋堂之前,治舍之左。

② 《元始五老赤書玉篇真文天書經》,三家本《道藏》第1册,第774頁中。

③ 《太上洞玄靈寶赤書玉訣妙經》,三家本《道藏》第6册,第194頁中。

④ 《太上洞玄靈寶空洞靈章經》,《中華道藏》第3册,第67頁中。

顏而清歌,玉女徐進而跰躚,放窈窕而流舞翩翩,詭詭而容裔也。……大劫之周,陽九百六之運,水火之災,亦皆消化玉清上道。三洞真經、神真寶文、金書玉字、鳳篆龍編,并還無上大羅天中玉京之中七寶玄臺,災所不及,劫歷再開,混沌重判,傳授真聖,下化人間。①

A4.2:《一切道經音義妙門由起》所引《玉京山步虛經》

《太玄都玉京山經》云:"太上曰:'夫玄都玉京山冠八方諸羅天,列世比地之極上中央矣。山有七寶城,城有七寶宮,宮有七寶玄臺也。……'"②

《洞玄靈寶自然九天生神章經》(《自然九天生神章經》)

A5:《九天生神章》,乃三洞飛玄之炁,三合成音,結成靈文,混合百神,隱韻内名,生炁結形,自然之章。……三寶尊重,九天至真,祕之大有九重金格紫陽玉臺。自非天地一開,其文不出。③

《太上無極大道自然真一五稱符上經》(《真一五稱符上經》)

A6:此乃太上寶之於紫微臺,眾真藏之於名山洞室,一曰祕於勞山之陰。④

《太上靈寶諸天内音自然玉字》(《諸天内音自然玉字》)

A7.1:虛明堂曜天中,有自然之書八字,文曰雲上九都飛生自騫。……雲上者,飛天神人内諱也。開龍漢之劫,啓赤明之運,敷自然之書,立天地之根。三象既分,而有九層之臺,處乎玉京之山,煥乎玄都之上。飛天常散百和之香,流五雲之華以灌飛天真人。臺上有太真玉郎,一日三回十絶之旛。回旛一周,則諸天上朝,繞臺三匝,誦咏洞章。⑤

A7.2:何童天中第一、第二二字題金華上宫,主人生死圖録功過之根。其次第三、第四二字題玉京七寶玄臺,主萬仙朝禮之儀。⑥

A7.3:堂曜天中第一至第四四字書玉京九層之臺,主飛天真人朝禮之典。⑦

A7.4:生死皆得上昇玉京之臺,逍遥玄都紫微宫中。⑧

《太上洞玄靈寶智慧罪根上品大戒經》(《智慧罪根上品大戒經》)

A8:今故說是經……吾過去後,其文當還大羅之上七寶玄臺、紫微宫

---

① 《洞玄靈寶玉京山步虛經》,三家本《道藏》第34册,第625頁中、下。
② 《一切道經音義妙門由起》,三家本《道藏》第24册,第726頁下。
③ 《洞玄靈寶自然九天生神章經》,三家本《道藏》第5册,第844頁上。
④ 吕鵬志《敦煌寫本P. 2440〈靈寶真一五稱經〉校補解題》,收入鄭煒明執行主編《饒學與華學:第二屆饒宗頤與華學暨香港大學饒宗頤學術館成立十周年慶典國際學術研討會論文集》,上海辭書出版社,2016年,第415頁。
⑤ 《太上靈寶諸天内音自然玉字》,三家本《道藏》第2册,第552頁中、下。
⑥ 《太上靈寶諸天内音自然玉字》,三家本《道藏》第2册,第537頁中。
⑦ 《太上靈寶諸天内音自然玉字》,三家本《道藏》第2册,第540頁上。
⑧ 《太上靈寶諸天内音自然玉字》,三家本《道藏》第2册,第541頁上。

中。如明真玄科,四萬劫當行下世,教度天人。①

《太上洞真智慧上品大誡》(《智慧上品大誡》)
A9:皆得道真,超陵三界,逍遥上清大羅之天玉京玄臺、七寶林中。②

《太上洞玄靈寶金籙簡文三元威儀自然真經》(《金籙簡文》)
A10:次歸命一切天尊……至心歸命玉京玄臺紫微天尊③

《洞玄靈寶長夜之府九幽玉匱明真科》(《九幽玉匱明真科》)
A11:三洞大法師小兆臣某上啓虚無自然元始天尊、無極大道太上道君……玄都玉京金闕七寶玄臺紫微上宮靈寶至真明皇道君。④

《太上洞玄靈寶智慧定志通微經》(《智慧定志通微經》)
A12:爾時靈寶天尊静處玄都元陽七寶紫微宮。⑤

《太上洞玄靈寶真文度人本行妙經》(《真文度人本行妙經》)
A13:缺(詳下一節)

《太上洞玄靈寶真一勸誡法輪妙經》(《真一勸誡法輪妙經》)
A14:太上高玄太極三官法師玄一真人説《太上洞玄靈寶真一勸誡法輪妙經》,舊文藏於太上六合玄臺。典經皆龍華玉女、金晨玉童,散華燒香,侍衛靈文,依科四萬劫一傳,太上有命,使付太極左仙公也。⑥

《太上洞玄靈寶元始無量度人上品妙經》(《元始無量度人上品妙經》)
A15:鬱羅蕭臺,玉山上京。⑦

《太上諸天靈書度命妙經》(《諸天靈書度命妙經》)
A16:三洞神經、神真虎文、金書玉字、靈寶真經,并出元始,處於二十八天無色之上。大劫周時,其文并還無上大羅中玉京之山七寶玄臺,災所不及。⑧

《太上洞玄靈寶滅度五鍊生尸妙經》(《滅度五鍊生尸妙經》)
A17:是時,三十二天帝君即坐,各命飛天神人披紫陽玉臺,開明真

---

① 《太上洞玄靈寶智慧罪根上品大戒經》,三家本《道藏》第6册,第894頁下至第895頁上。
② 《太上洞真智慧上品大誡》,三家本《道藏》第3册,第395頁下。
③ 吕鵬志《靈寶齋之發端——靈寶三籙簡文輯考》(待刊)。
④ 《洞玄靈寶長夜之府九幽玉匱明真科》,三家本《道藏》第34册,第388頁上。
⑤ 《太上洞玄靈寶智慧定志通微經》,三家本《道藏》第5册,第888頁上。
⑥ 《太上洞玄靈寶真一勸誡法輪妙經》,三家本《道藏》第6册,第170頁下。
⑦ 《太上洞玄靈寶元始無量度人上品妙經》,《中華道藏》第3册,第327頁上。
⑧ 《太上諸天靈書度命妙經》,三家本《道藏》第1册,第804頁中。

玉匱。①

《太上洞玄靈寶三元品戒功德輕重經》(《三元品戒功德輕重經》)
A18：上元一品天官，元氣始凝，三光開明，結青黃白之氣，置上元三官。其第一宫名太玄都元陽七寶紫微宫。②

《洞玄靈寶二十四生圖經》(《二十四生圖經》)
A19：傳度洞玄金書紫字玉文丹章自然靈圖……大運之中，當收文還上大羅七寶玄臺、紫微宫中。③

《太上靈寶五符序》(《五符序》)
B1.1：太上本名爲靈寶五符天文，藏於玄臺之中，堅石之磧，隱於苗山之岫，萬年一出，以示不朽。其一通書以南和丹繒，隱齋於蒙籠之丘，訖，封以金英之函，印以玄都之章，命川澤水神以付震水洞室之君，須三千之會，當傳與水師傅伯長。其石磧之文，乃待大劫一至而宣之耳。④
B1.2 真書浩大，祕藏玄臺。是以不敢輕執竊佩，以虧真科。⑤

《上清太極隱注玉經寶訣》(《隱注玉經寶訣》)
B2：無

《太上洞玄靈寶真文要解上經》(《真文要解上經》)
B3.1：太上靈寶治玄都玉京山七寶玄臺，十方至真自然妙行真人、飛仙大聖衆皆浮空燒香散華，旋行一日三周，手把十絶華幡，口誦洞章。……天地所以長存不傾者，元始命五老上真以靈寶真文封於五嶽之洞，以安神鎮靈，制命河源，致洪泉不涌，大灾不行。⑥
B3.2：《太上元始靈寶五篇真文》，舊藏太上玄臺、七寶上宫。天書宛奥，不可尋詳，文彩焕曜，洞映上清。五老侍衛，上帝朝真。玉女執巾，金童揚烟。燔百和合香，流薰紫庭。吐日精以却穢，散月華以拂塵。神燈朗照，炳燭合明。金風八發，慶雲四陳。鸞鳳悲鳴，嘯歌邕邕。飛龍毒獸，備衛玉闕。萬帝稽首，旋行上宫，飛空步虚，嘯咏洞章。贊九天之靈奥，欣三天之寶明。寔玄文之妙重，功德巍巍乎太空。⑦

《太上靈寶威儀洞玄真一自然經訣》(《真一自然經訣》)

---
① 《太上洞玄靈寶滅度五鍊生尸妙經》，三家本《道藏》第6册，第260頁上。
② 《太上洞玄靈寶三元品戒功德輕重經》，三家本《道藏》第6册，第873頁上。
③ 《洞玄靈寶二十四生圖經》，三家本《道藏》第34册，第343頁中。
④ 《太上靈寶五符序》，三家本《道藏》第6册，第316頁下至317頁上。
⑤ 《太上靈寶五符序》，三家本《道藏》第6册，第337頁下。
⑥ 《太上洞玄靈寶真文要解上經》，三家本《道藏》第5册，第903頁中。
⑦ 《太上洞玄靈寶真文要解上經》，三家本《道藏》第5册，第903頁中、下。

B4：太上大道君，出是靈寶經。……［自然無爲道，學之得高仙。大乎洞虛徑，安］坐朝諸天。［上寶紫微臺，下藏諸名山。焕爛龍鳳文，］戢曜在無間。……逍遥戲玄臺，宫殿羅無形。……太上治紫臺，衆真誦洞經。捻香稽首禮，旋行繞宫城。……侍衛太上臺，逍遥紫［微宫］。①

《太極真人敷靈寶齋戒威儀諸經要訣》（《敷靈寶齋戒威儀諸經要訣》）
B5：所以旋繞香者，上法玄根無上玉洞之天，大羅天上太上大道君所治七寶自然之臺，無上諸真人持齋誦咏，旋繞太上七寶之臺，今法之焉。又三洞弟子諸修齋法，皆當燒香歌誦，以上象真人大聖衆，繞太上道君臺時也。②

《太上洞玄靈寶智慧本願大戒上品經》
B6：無

《太極左仙公請問經上》（S.1351）
B7：無

《太上洞玄靈寶本行宿緣經》（即《太極左仙公請問經下》）
B8：無

《太上洞玄靈寶本行因緣經》
B9：無

《太極左仙公神仙本起内傳》（佚）
B10：無（詳下一節）

《太極左仙公起居注》（佚）
B11：無（詳下一節）

　　從古靈寶經中經臺具體所藏的經書來看，有的藏的是靈寶天文，有的藏的是該經，有的則是三洞神經。本文主要關注經臺以及圍繞經臺的相關觀念，爲避免旁生枝節，對所藏的天文、三洞神經具體指什麽等問題不多做分析。它們皆由文字寫成，從這個意義上本文常統稱爲"經書"（或"經"）。此外，本文主要關注經書未出世之前的藏經處，經書出世之後的藏經處則十分多元，在此不論。

　　從引文可以看出，古靈寶經接受了般若經中的"經臺"，下面從安放經書方式和供養經書方式這兩個方面予以論證。
　　第一，對安放經書方式的接受。

---

① 《太上靈寶威儀洞玄真一自然經訣》，《中華道藏》第4册，第98頁下至99頁中。［ ］方括號中文字，係《中華道藏》據陸修静《太上靈寶授度儀》引文補。
② 《太極真人敷靈寶齋戒威儀諸經要訣》，三家本《道藏》第9册，第868頁下至第869頁上。

除没有出现"在經臺中藏經"觀念的古靈寶經之外,引文中涉及經臺的部分,無一例外,都是藏經書於經臺内部。出現經臺,而且藏經書於其内部,這在道教史上是前所未有之事。早期上清經中没有藏經書於臺内部的觀念,中國傳統建築中的三種臺也不能涵蓋佛教式經臺這種建築形態。因此,古靈寶經中的經臺不見於中國傳統建築,也不見於古靈寶經之前的其他道經,它是受佛教,特别是般若經影響而產生的新事物。以下列四種情形爲例。

其一,山洞内玄臺中藏經。《五符序》B1.1 稱"太上本名爲靈寶五符天文,藏於玄臺之中,堅石之碩,隱於苗山之岫,萬年一出,以示不朽。"這裏明確指出靈寶五符天文藏於苗山山洞内的玄臺之中。

其二,紫陽玉臺藏經。《自然九天生神章經》A5 中説該經被"祕之大有九重金格紫陽玉臺"。據《洞玄靈寶自然九天生神章經注》,"九重猶言什襲也,格乃書架之類。"①換言之,《自然九天生神章經》被藏在大有宮内九重金格上的紫陽玉臺之中。《滅度五鍊生尸妙經》A17 中載:"各命飛天神人披紫陽玉臺,開明真玉匱。""披"即打開之意。打開紫陽玉臺意味着經書是藏在紫陽玉臺内,更準確地説是藏在紫陽玉臺内的明真玉匱之中。

其三,六合玄臺藏經。《真一勸誡法輪妙經》A14 中説該經"舊文藏於太上六合玄臺",可知《真一勸誡法輪妙經》藏於六合玄臺。《真一勸誡法輪妙經》中還提到該經藏於六合紫房之内,②又説該經祕於紫微宮中,③因此,更確切地説是《真一勸誡法輪妙經》藏於紫微宮六合紫房六合玄臺之中。

其四,七寶玄臺藏經。前已指出《放光般若經》在描述經臺時稱經臺爲"七寶臺",七寶玄臺僅從名字來看即可看出佛教的影響。《真文天書經》A1 稱該經"祕於九天靈都紫微宮七寶玄臺",可知藏經處是紫微宮七寶玄臺。又據《玉京山步虚經》A4.2"玄都玉京山……山有七寶城,城有七寶宮,宫有七寶玄臺也,"可知藏經處更確切地説是玄都玉京山(七寶城)紫微宮七寶玄臺。

除此之外,我們還可找到將經書"封之於"七寶玄臺的表述。"封之於"見於《洞玄靈寶齋説光燭戒罰燈祝願儀》(《祝願儀》)所引用的古靈寶經。將相關文字及其在《靈寶自然齋儀》(敦煌文書 S.6841)和《真文要解上經》中對應的部分列表對比如下:

---

① 《洞玄靈寶自然九天生神章經注》,三家本《道藏》第 6 册,第 468 頁中。
② "藏之六合紫房之内",《太上洞玄靈寶真一勸誡法輪妙經》,三家本《道藏》第 6 册,第 172 頁上。
③ "其文秘於太上紫微宮中",《太上玄一真人説妙通轉神入定經》,三家本《道藏》第 6 册,第 175 頁上。《太上洞玄靈寶真一勸誡法輪妙經》在《正統道藏》分作四種經書,《太上玄一真人説妙通轉神入定經》爲其中一種。

表 3 　《祝願儀》《靈寶自然齋儀》《真文要解上經》相關部分對照表

《祝願儀》	《靈寶自然齋儀》	《真文要解上經》B3.2
經言：夫齋法之大者……太上所重，衆真所尊，皆鑄金爲字，刻書玉篇，封之於無上大羅天玄都玉京山紫微上宫七寶玄臺。此臺則是太上所治也。 　　（五老侍衛，萬帝朝真。玉女執巾，金童揚烟。焚百和合香，流熏紫庭。吐日精以却穢，散月華以拂塵。神燈朗照，炳燭合明。金風八散，慶雲四陳。飛龍毒獸，備衛玉闕。十方至真，三千大千已得道大聖衆及自然妙行真人，皆一日三時旋繞上宫，稽首行禮，飛虚浮空，散花燒香，手把十絶，嘯咏洞章。贊九天之靈奥，尊玄文之妙重也。） 　　……可不慎哉。①	經言：夫齋法之大者……太上所重，衆真所尊，皆鑄金爲字，刻書玉篇，封之於無上大羅天玄都玉京山紫微上宫七寶玄臺。此臺則是太上之所治也。 　　（五老侍衛，萬帝朝禮。真人散花，玉女執巾，金童揚烟。焚百和合香，流熏紫庭。吐日精以却穢，散月華以拂塵。神燈朗照，焕燭合明。金風八散，慶雲四陳。飛龍毒獸，備衛玉闕。十方至真，三千已得道大聖衆及自然妙行真人，皆一日三時旋繞上宫，稽首行禮，飛虚浮空，散施燒香，手把十絶，嘯咏洞章。贊九天之靈奥，尊靈文之妙重也。） 　　……可不慎哉。②	太上元始靈寶五篇真文，舊藏太上玄臺、七寶上宫。天書宛奥，不可尋詳，文彩焕曜，洞映上清。 　　（五老侍衛，上帝朝真。玉女執巾，金童揚烟。燔百和合香，流薰紫庭。吐日精以却穢，散月華以拂塵。神燈朗照，炳燭合明。金風八發，慶雲四陳。鸞鳳悲鳴，嘯歌邕邕，飛龍毒獸，備衛玉闕。萬帝稽首，旋行上宫，飛空步虚，嘯咏洞章。贊九天之靈奥，欣三天之寶明。寔玄文之妙重，功德巍巍乎太空。）

　　《祝願儀》明確提到將經書"封之於無上大羅天玄都玉京山紫微上宫七寶玄臺"，但這段話（自"經言：夫齋法之大者"至"可不慎哉"）出自何處却有争議。王承文認爲這段文字屬於《金籙簡文》原有的部分，③吕鵬志疑這段文字均係摘引《敷靈寶齋戒威儀諸經要訣》。④　我們經過研究認爲，這段文字既不全出自《金籙簡文》，也不全出自《敷靈寶齋戒威儀諸經要訣》。如表 3 中括號内的文字所示，《祝願儀》《靈寶自然齋儀》《真文要解上經》中加下劃綫的部分完全一致，而僅在涉及衆仙真的部分有一些差異。可以據此認爲《祝願儀》中括號内的文字引自《真文要解上經》而有所改動。然而，《祝願儀》和《真文要解上經》是在不同的上下文中出現了括號内的文字，除括號内的文字之外，這段話（自"經言：夫齋法之大者"至"可不慎哉"）的其他部分無法和《真文要解上經》相對應。儘管如此，《祝願儀》中的"經言"表明這段話都來自古靈寶經，"封之於無上大羅天玄都玉京山紫微上宫七寶玄臺"的部分當是屬於古靈寶經。

　　紫微宫和七寶玄臺的關係是七寶玄臺在紫微宫中，而不是紫微宫在七寶玄臺之上。至於紫微宫中的七寶玄臺是在室内還是室外，古靈寶經中從没提到七寶玄臺是在某殿或某房之中，因此可以認爲七寶玄臺在室外，這與般若經

---

① 《洞玄靈寶齋説光燭戒罰燈祝願儀》，三家本《道藏》第 9 册，第 824 頁中。
② 引自王承文録文。王承文《敦煌古靈寶經與晋唐道教》，第 593—594 頁。
③ 王承文《漢晋道教儀式與古靈寶經研究》，第 468 頁。
④ 吕鵬志《中古道教史探幽——古靈寶經及相關問題考辨》（待刊）。

中的經臺一致。明白了紫微宮和七寶玄臺的關係,在此對一些經文的句讀多做些説明。《玉京山步虚經》A4.1載"玄都玉京山在三清之上,無色無塵。上有玉京金闕七寶玄臺、紫微上宫,中有三寶神經,"此處的"玉京金闕七寶玄臺"和"紫微上宫"必須斷開,不能連在一起理解爲七寶玄臺上有紫微上宫。又如《智慧罪根上品大戒經》A8載"其文當還大羅之上七寶玄臺、紫微宫中,"此處的"七寶玄臺"和"紫微宫"也必須斷開,理由同上。這種情況還見於《二十四生圖經》A19和《真文要解上經》B3.2等處。

第二,對供養經臺方式的接受。

般若經中天上或地上的信衆以花、香、燈、幡、音樂舞蹈等供養經臺。古靈寶經中出現經臺時,視各經的具體情況,并不必然出現相應的崇拜經臺的方式。然而,在一些出現崇拜經臺方式的古靈寶經中,我們可以清晰地辨認出來自般若經的影響。

表4 古靈寶經中崇拜經臺的方式

	與般若經相似的崇拜經臺的方式
《玉京山步虚經》A4.1	燒自然旃檀反生靈香;散花;奏樂;流舞翩翩
《諸天内音自然玉字》A7.1	散百和之香;流五雲之華;一日三回十絶之旛
《真一勸誡法輪妙經》A14	散華;燒香
《真文要解上經》B3.1	燒香;散華;手把十絶華幡
《真文要解上經》B3.2	焚百和合香;神燈朗照;嘯歌邕邕

如表4中所示,古靈寶經對經臺的崇拜方式和般若經對經臺的供養方式有許多相似之處。《玉京山步虚經》A4.1中以燒香、散花、音樂、舞蹈供養;《諸天内音自然玉字》A7.1中以散香、散花、幡供養;《真一勸誡法輪妙經》A14中以散華、燒香供養;《真文要解上經》B3.1中以燒香、散花、幡供養;《真文要解上經》B3.2中以焚香、燈、音樂供養。這都表明古靈寶經選擇性地吸收了般若經中供養經臺的方式。

就供養主體而言,古靈寶經保留了般若經中供養經臺時出現的有佛教特色的飛天。如《玉京山步虚經》A4.1中的"飛仙散花,諸天奏樂",《諸天内音自然玉字》A7.1中"飛天常散百和之香,流五雲之華",《真文要解上經》B3.1中的"十方至真自然妙行真人、飛仙大聖衆皆浮空燒香散華"等等。飛天是佛教對天界衆生的別稱,這裏的"飛仙""飛天""飛仙大聖衆"明顯是對般若經中供養經臺的忉利天人、釋提桓因與諸天子的模仿。

值得注意的是《諸天内音自然玉字》還留下了模仿般若經的痕迹。《真文要解上經》B3.2中出現了"焚百和合香",而《諸天内音自然玉字》A7.1却載:"飛天常散百和之香"。"飛天常散百和之香"這一記載表明飛天以散香來供養經臺。散香和散花在印度并不專屬佛教,但確以佛教爲媒介傳入中國。飛天從空中散香、散花,以佛教的立場來看這是理所當然之事,《放光般若經》中也載釋提桓因與諸天子於虛空中將香和花散在臺上。然而，與古靈寶經中常出現的散花相比，古靈寶經中很少見到散香。散香被改造爲了無論在印度或中國都很常見的燒香，甚至連飛天也在空中燒香，如《真文要解上經》B3.1 載"十方至真自然妙行真人、飛仙大聖衆皆浮空燒香散華"。唯有《諸天内音自然玉字》A7.1 中仍有"飛天常散百和之香"的記載，這爲我們留下了古靈寶經模仿佛教的痕迹，彌足珍貴！

古靈寶經接受了般若經中和經臺有關的安放經書的方式，選擇性地接受了般若經中供養經臺的方式。當然，這種接受是一種選擇性接受，接受的同時也在進行著改造。佛教與道教對經書的看法有差異，這導致了般若經中經臺和古靈寶經中經臺的一些不同，如大劫周時，經書回到七寶玄臺，般若經中即無此觀念。在這裏不討論由經書性質的不同所帶來的差異，主要關注經臺本身及圍繞經臺的崇拜方式方面的差異。下面從三方面簡要論述古靈寶經對般若經中經臺的改造，并各舉一例爲證。

第一，佛教元素的道教化。例如前述般若經中供養經臺的忉利天人、釋提桓因與諸天子，它們在古靈寶經中變作了"飛仙""飛仙大聖衆"。

第二，增加道教元素。最典型的例子是《諸天内音自然玉字》中認爲七寶玄臺是九層之臺。《諸天内音自然玉字》A7.1 中在解釋虛明堂曜天中自然之書八字中的頭兩字"雲上"時提到了"九層之臺"，并叙述了九層之臺的位置以及圍繞九層之臺的崇拜方式。《諸天内音自然玉字》A7.2 中稱玉京七寶玄臺主萬仙朝禮之儀，A7.3 中稱玉京九層之臺主飛天真人朝禮之典，由此可知《諸天内音自然玉字》中的九層之臺就是七寶玄臺。般若經中沒有提到經臺的層數，或可以説般若經中的經臺是一個不分層的臺。《道德經》載"九層之臺，起於纍土"①，可見九層之臺的觀念明顯受《道德經》的影響。古靈寶經中唯有《諸天内音自然玉字》將七寶玄臺稱作九層之臺。從對後世的影響來看，後世似乎普遍認爲七寶玄臺有九層（或九級）。如唐薛幽栖注釋《元始無量度人上品妙經》中的"鬱羅蕭臺"時説到"映鬱大羅之上，蕭然九層之臺"②，又如《上清道類事相》所引《本相經》也認爲七寶玄臺"上下九級"③。

第三，增加佛教元素。最典型的例子是繞臺三匝。般若經中并沒有出現繞臺三匝的細節，而古靈寶經中多次出現繞臺三匝。如《玉京山步虛經》A4.1 中的"旋繞七寶玄臺三周匝"，《諸天内音自然玉字》A7.1 中的"繞臺三匝"。佛陀在世時，繞佛即已常見。繞佛的匝數不一定是三匝，可以只是一匝，也可以是更多匝。在大乘經典中繞佛也很常見，三部般若經中都多次出現了繞佛三匝的情節。由此，我們認爲繞臺三匝可能由繞佛三匝改造而來。

---

① "九層之臺"中的"九層"，河上公本、王弼本作"九層"，竹簡本、帛書本、傅奕本作"九成"。"成""層"義同。參見廖名春《郭店楚簡老子校釋》，清華大學出版社，2003年，第269—270頁。
② 《元始無量度人上品妙經四注》，三家本《道藏》第2册，第202頁下。
③ 《上清道類事相》，三家本《道藏》第24册，第882頁下。

五　從"經臺"觀念出發對古靈寶經分組的新嘗試

在對古靈寶經進行新的分組之前，有必要重温一遍"靈寶經目"中的分組及其標準。將"靈寶經目"中對元始舊經、仙公新經這兩組經的描述徵引如下：

……右《元始舊經紫微金格目》三十六卷……十部妙經三十六卷，皆尅金爲字，書於玉簡之上，題其篇目於紫微宫南軒，太玄都玉京山亦具記其文。諸天大聖衆依格齋月日上詣玉京，燒香旋行誦經，禮天文也。

……右十一卷，葛仙公所受教戒訣要及説行業新經。①

"元始舊經"是古靈寶經研究中的重要術語，很多學者都討論過"元始舊經"的含義②。我們贊同從多種視角來探討"元始舊經"的豐富内涵，這樣的探討無疑深化了我們對"元始舊經"的認識。本文嘗試聚焦於"靈寶經目"中對元始舊經的描述。可謂"字字珠璣"的"靈寶經目"居然花這麽多篇幅特意提及元始舊經在天界的狀態：尅金爲字，書元始舊經於玉簡之上，題其篇目於紫微宫南軒，太玄都玉京山亦具記其文，諸天大聖衆依法式上詣玉京，禮天文③。從中可見元始舊經藏經處的重要性。因此，我們認爲"舊"有一層含義是"舊藏"之意，"元始舊經"即被元始天尊舊藏於玄都玉京山的經典。元始舊經在出世之前被藏於玄都玉京山，依據元始舊經首經《真文天書經》，更確切地説是被藏於玄都玉京山紫微宫七寶玄臺。

是不是真如"靈寶經目"所説，元始舊經"太玄都玉京山亦具記其文"，都被藏於七寶玄臺呢？從元始舊經的經文來看，"靈寶經目"的説法無法得到核實，因爲并不是每一部元始舊經都在經文中提到該經的保管之處。然而，僅從在經文裏提到了該經藏經處的元始舊經來看，"靈寶經目"的説法也有不實之處。如《真一勸誡法輪妙經》稱該經藏在紫微宫六合紫房六合玄臺，《自然九天生神章經》稱該經藏在大有宫紫陽玉臺。

"靈寶經目"以藏經處爲標準來區分元始舊經和仙公新經。雖然元始舊經并不都藏於玄都玉京山，"靈寶經目"的分組并不徹底，但這啓發了我們繼續沿着"靈寶經目"的思路，以"經臺"觀念爲標準來對古靈寶經進行新的分組。雖然不是所有的古靈寶經都在經文中涉及到該經的藏經處，有的是藏靈寶天文處，有的是藏三洞神經處，但大部分古靈寶經中都藴含了藏經書於何處的觀念，也即對於藏經處或對於"經臺"的觀念。

般若經中的經臺在犍陀越城中，古靈寶經中經臺的位置則十分多元，既有

---

① 《靈寶經義疏》，《中華道藏》第5册，第510頁中、下。
② 近些年有王皓月《再論〈靈寶經〉之中"元始舊經"的含義》，《世界宗教研究》2014年第2期；林佳惠《靈寶經における新經·舊經の概念の形成》，《論叢アジアの文化と思想》第23輯，2014年。王承文《漢晋道教儀式與古靈寶經研究》，第503—561頁。
③ 王承文指出這一描述源於《諸天靈書度命妙經》，參見王承文《漢晋道教儀式與古靈寶經研究》，第605頁。

在地上的,也有在天界的,在天界的經臺還分多個種類。《太極左仙公神仙本起內傳》和《太極左仙公起居注》已經佚失,這兩部經典中是否出現在臺中藏經的觀念不得而知。《太上洞玄靈寶智慧本願大戒上品經》《上清太極隱注玉經寶訣》《太極左仙公請問經上》《太上洞玄靈寶本行宿緣經》《太上洞玄靈寶本行因緣經》這五種經完全沒有出現與在臺內藏經有直接或間接關係的文句。除這七種經外,從"經臺"觀念出發我們嘗試著將其餘 23 種古靈寶經分爲以下五組:

表 5 從"經臺"觀念出發對古靈寶經的分組

組別	特徵	經名
第一組	山洞內玄臺中藏經	《太上靈寶五符序》
第二組	上寶紫微臺,下藏諸名山	《太上無極大道自然真一五稱符上經》 《太上靈寶威儀洞玄真一自然經訣》
第三組	七寶玄臺藏經	《元始五老赤書玉篇真文天書經》 《太上洞玄靈寶赤書玉訣妙經》 《太上洞玄靈寶空洞靈章經》 《洞玄靈寶玉京山步虛經》 《太上靈寶諸天內音自然玉字》 《太上洞玄靈寶智慧罪根上品大戒經》 《太上洞真智慧上品大誡》 《太上洞玄靈寶金籙簡文三元威儀自然真經》 《洞玄靈寶長夜之府九幽玉匱明真科》 《太上洞玄靈寶智慧定志通微經》 《太上洞玄靈寶真文度人本行妙經》 《太上洞玄靈寶元始無量度人上品妙經》 《太上諸天靈書度命妙經》 《太上洞玄靈寶三元品戒功德輕重經》 《洞玄靈寶二十四生圖經》 《太上洞玄靈寶真文要解上經》 《太極真人敷靈寶齋戒威儀諸經要訣》
第四組	六合玄臺藏經	《太上洞玄靈寶真一勸誡法輪妙經》
第五組	紫陽玉臺藏經	《洞玄靈寶自然九天生神章經》 《太上洞玄靈寶滅度五鍊生尸經》

接下來對每一組古靈寶經做一些簡要説明。

第一組經只有《五符序》這一種。葛洪時代尚未見大禹得受"靈寶五符"的故事,到《五符序》的階段才得以確立大禹得受"靈寶五符"的神話背景①。《五符序》B1.1 即出現在和大禹有關的段落中,引文中提到大禹將靈寶五符天文藏於苗山山洞的玄臺之中,要等大劫到來再出世;大禹還將另一通靈寶五符天文隱於蒙籠之丘,之後又命川澤水神將它傳給震水洞室之君,等三千之會再傳

---

① 劉屹《六朝道教古靈寶經的歷史學研究》,第 367 頁。

給水師傅伯長。第二通靈寶五符天文的保管、傳承方式并無特别之處,最值得注意的是第一通靈寶天文,它被藏在玄臺之中。《五符序》中靠後的部分在叙述"醮祝之儀"時也提到"真書浩大,祕藏玄臺"(《五符序》B1.2)。《五符序》中"玄臺"的"玄"字可能只是黑色之意,因爲玄臺在苗山的山洞中,不可能被訓爲"天"。此外,"靈寶經目"載夏禹將《五符序》"藏勞盛山陰"①。《五符序》中提及夫差在勞山獲得靈寶天文②,勞盛山即勞山,"靈寶經目"中的記載或源於此。但從《五符序》B1.1來看,大禹將靈寶五符天文藏於苗山山洞和蒙籠之丘,没有提到勞山。

　　第二組經包括《真一五稱符上經》《真一自然經訣》這兩種經。第二組經的特點是"上寶紫微臺,下藏諸名山",藏經於名山的同時,也藏經於天上的紫微臺。

　　《真一五稱符上經》A6稱"此乃太上寶之於紫微臺,衆真藏之於名山洞室,一曰祕於勞山之陰。"可知《真一五稱符上經》聲稱上寶紫微臺,下藏名山洞室。這裏還記載了"一曰祕於勞山之陰",可見當時藏經書於勞山的觀念似乎還很流行。

　　《真一自然經訣》B4中載"太上大道君,出是靈寶經。……上寶紫微臺,下藏諸名山。……逍遥戲玄臺,宫殿羅無形。……太上治紫臺,衆真誦洞經。……侍衛太上臺,逍遥紫微宫。"這屬於所謂"五真人頌"的部分。③從"上寶紫微臺,下藏諸名山"可知《真一自然經訣》既藏經於紫微臺,又藏經於諸名山。從"太上治紫臺"來看,"紫微臺"又被稱作"紫臺"。從"侍衛太上臺,逍遥紫微宫"來看,這裏的太上臺指紫微臺,而紫微臺似乎是在紫微宫中。從"逍遥戲玄臺"來看,此時已將紫微臺稱作"玄臺"。《五符序》中已經出現了"玄臺",但那時的"玄"是黑色之意。而"玄"字既有"黑色"之意,也可被訓爲"天"。"玄"被訓爲"天"可見於《老子河上公注》,亦可見於《楚辭》王逸注、《淮南子》高誘注,非常普遍。④《真一自然經訣》中的紫微臺位於天界,所以稱之爲"玄臺",即天上的臺。

　　第三組經包含17種經。這組經的特點是唯有七寶玄臺才能藏經。

　　第三組經可分爲三種情形。一是直接出現了七寶玄臺(或七寶臺、玄臺、玉京之臺、玉京玄臺、鬱羅蕭臺、七寶之臺等等),屬於這種情形的有《真文天書經》A1,《空洞靈章經》A3,《玉京山步虛經》A4.1、A4.2,《諸天内音自然玉字》A7,《智慧罪根上品大戒經》A8,《智慧上品大誡》A9,《金籙簡文》A10,《九幽玉匱明真科》A11,《元始無量度人上品妙經》A15,《諸天靈書度命妙經》A16,《洞玄靈寶二十四生圖經》A19,《真文要解上經》B3.1、B3.2,《敷靈寶齋戒威

---

① 《靈寶經義疏》,《中華道藏》第5册,第510頁下。
② "夫差獲之於勞山",《太上靈寶五符序》,三家本《道藏》第6册,第318頁中。
③ 參見謝世維《傳授與融合:太極五真人頌研究》,《中國文哲研究集刊》第三十四期,2009年,第249—285頁。
④ 宗福邦等主編《故訓匯纂》,第1437頁。

儀諸經要訣》B5。二是出現了與七寶玄臺相關聯的事項，如《赤書玉訣妙經》A2 中的"玉京玄都上宫"，《智慧定志通微經》A12 和《三元品戒功德輕重經》A18 中的"元陽七寶紫微宫"，我們認爲屬於這種情形的經典也認可七寶玄臺藏經的觀念，只是由於各經有各自的側重點才没有直接出現"七寶玄臺"等字眼。三是没有出現與七寶玄臺有關的詞句。屬於這種情形的是《真文度人本行妙經》。但該經現僅存敦煌本殘卷，找不到與七寶玄臺有關的詞句尚可理解。該經提到"靈寶赤書白帝真文""靈寶赤書白帝真文"，我們由此推測該經認可《真文天書經》中有關七寶玄臺的説法。

在此有必要對藏經於名山和經書安鎮五嶽的功用做一區分，這一問題之所以重要是因爲它關係到第二組和第三組經在觀念上的區别。第三組經中的《真文天書經》和《真文要解上經》都提到了經書安鎮五嶽，①徵引如下：

《真文天書經》：《元始自然赤書玉篇真文》，開明之後，各付一文安鎮五嶽。舊本封於玄都紫微宫，衆真侍衛，置立玄科，有俯仰之儀。②

《真文要解上經》：元始命五老上真以靈寶真文封於五嶽之洞，以安神鎮靈，制命河源，致洪泉不涌，大灾不行。……《太上元始靈寶五篇真文》，舊藏太上玄臺、七寶上宫。③

兩經都既提及以真文安鎮五嶽，又講到真文舊藏七寶上宫太上玄臺、或舊本封於玄都紫微宫。七寶上宫即紫微宫，太上玄臺即七寶玄臺。從"舊藏""舊本"可知只有天界的紫微宫七寶玄臺才是藏經之處，安鎮五嶽只是真文的神聖功能之一。安鎮五嶽時才被封於五嶽之洞，而真文則被舊藏於天界。

第三組經和第二組的另一處差異是，與第二組中的紫微臺相比，第三組經中正式出現了"七寶玄臺"的名字，而且，七寶玄臺位於大羅天玄都玉京山上。

第四組經只有《真一勸誡法輪妙經》這一種。前一節中已論述過《真一勸誡法輪妙經》主張該經藏於紫微宫六合紫房六合玄臺。

第五組經包括《自然九天生神章經》和《滅度五鍊生尸經》兩種經。前一節中也已論述過這兩種經的藏經處是大有宫紫陽玉臺。

藏經於六合紫房和大有宫雖是上清經的傳統，但藏經於六合紫房六合玄臺或大有宫紫陽玉臺之中則是古靈寶經新出現的内容。"六合玄臺藏經"和"紫陽玉臺藏經"觀念的存在表明了古靈寶經内部的多元性。

這五組經中，第三組包含 17 種經，數量最多。對後世影響最大的也是第三組經中藴含的七寶玄臺藏經的觀念。

---

① 有關靈寶真文和五嶽的關係，參見王承文《再論"元始舊經"和"新經"出世先後問題——兼評劉屹博士〈六朝道教古靈寶經的歷史學研究〉》，《中山大學學報（社會科學版）》2020 年第 2 期，第 79—80 頁。
② 《元始五老赤書玉篇真文天書經》，三家本《道藏》第 1 册，第 799 頁上。
③ 《太上洞玄靈寶真文要解上經》，三家本《道藏》第 5 册，第 903 頁中。

六　後世道教對"七寶玄臺"的不同理解

在古靈寶經之後，七寶玄臺藏經的觀念影響到了後世道教，影響力擴大的同時，也出現了對七寶玄臺的不同理解。

"七寶玄臺藏經"觀念對後世道教的影響非常典型地體現在《道門經法相承次序》中。此書載有唐高宗問道於潘師正之事，可能爲唐代上清派道士編撰①。其中提到：

> 尋道家經誥，起自三元，從本降迹，成於五德，以三就五，乃成八會。其八會之字，妙氣所成，八角垂芒，凝空雲篆。太真按筆，玉妃拂筵，黃金爲書，白玉爲簡。祕於諸天之上，藏於七寶玄臺。有道即現，無道即隱。蓋是自然天書，非關蒼頡所作。②

可知上清派道士已將七寶玄臺視爲全部道家經誥的藏經處。這段引文也見於《雲笈七籤》"道教所起"部分③。由此可一窺"七寶玄臺藏經"觀念的影響力。

然而，一些材料也顯示了後世對"七寶玄臺藏經"觀念的不同理解。如北周甄鸞《笑道論》所引《南極真人問事品》中載：

> 靈寶真文三十六卷，在玉京山玄臺玉室，真文大字滿中。天地淪沒，萬成萬壞，真文獨明。④

《南極真人問事品》爲一道書，在提及靈寶真文的藏經處時，却按照藏經於室內的觀念來理解七寶玄臺，認爲靈寶真文是藏於玉京山七寶玄臺上的玉室之中。七寶玄臺的"臺"不再是佛教式的經臺，而被視爲中國傳統建築三種臺中的"屋下之臺"。

另一方面，七寶玄臺藏經的功能被逐漸遺忘，而漸漸聚焦於七寶玄臺本身。這主要體現在對《元始無量度人上品妙經》中"鬱羅蕭臺"的理解上。"鬱羅蕭臺"這一稱呼在古靈寶經中僅出現在《元始無量度人上品妙經》，"鬱羅蕭"是形容"臺"的，"臺"即七寶玄臺。宋以後"鬱羅蕭臺"的稱呼比七寶玄臺更常用。

南宋道士青元真人著《元始無量度人上品妙經注》在解釋《元始無量度人上品妙經》中的"鬱羅蕭臺，玉山上京"時寫道：

> 中有玉京之山，周回八萬里，下與昆侖對立。山有鬱羅蕭臺，臺有七寶城，城有玉清殿，天尊居其中。⑤

---

① 《道門經法相承次序》，《中華道藏》第 5 册第 580 頁上。另參見 Kristofer Schipper and Franciscus Verellen edited: *The Taoist Canon: A Historical Companion to the Daozang*. p. 454.
② 《道門經法相承次序》，三家本《道藏》第 24 册，第 783 頁下。
③ 《雲笈七籤》，三家本《道藏》第 22 册，第 12 頁中。
④ 《廣弘明集》，《大正藏》第 52 册，第 147 頁下。
⑤ 《元始無量度人上品妙經注》，三家本《道藏》第 2 册，第 265 頁上。

青元真人將"臺"理解爲中國傳統建築中的"屋下之臺",認爲玉京山上有鬱羅蕭臺,鬱羅蕭臺上建有七寶城。七寶玄臺只是"屋下之臺",不再具有藏經的功能。在解釋"獨步玉京"時,青元真人寫道:"玉京者,玉京山,在大羅天之上,有金樓玉殿,真文祕篆,遍在其間,以此經爲獨步。"① 可知青元真人認爲靈寶天文藏於玉京山上的金樓玉殿中,而不再與鬱羅蕭臺相關聯。

從實際建造的鬱羅蕭臺中也可發現後世對鬱羅蕭臺的不同理解。張丹丹指出陸游曾記載北宋政和年間"寺爲神霄宮,道士乃去塔上相輪而屋之,謂之鬱羅蕭臺",并據此推測"至少在北宋晚期,鬱羅蕭臺的實體樣式應該與佛塔非常接近,只是用傳統建築中的屋頂結構區別於佛塔塔頂的相輪"②。古靈寶經中的鬱羅蕭臺是佛教式的經臺,臺之上沒有建築物。而北宋末鬱羅蕭臺的建造方式則是"道士乃去塔上相輪而屋之",也即在塔基上建屋。如果將塔基看作是高臺,這種塔形的鬱羅蕭臺則相當於中國傳統建築中三種臺中的"高臺建築"。

張丹丹又指出"雖然根據目前有限的傳世品,無法確切知道寶臺主題是在什麼時候開始被道教法衣裝飾所使用,但其核心的塔形建築,則極有可能源於北宋徽宗時期神霄運動所塑造的鬱羅蕭臺的具體樣式,是大羅天玉清境中鬱羅蕭臺的表現。"③ 作爲塔形建築的鬱羅蕭臺被道教法衣裝飾所使用,仍然活躍在當今的宗教生活中,然而鬱羅蕭臺的形象却早已離古靈寶經遠去了。

七　結語

在古靈寶經造作之前,《道行般若經》《大明度經》《放光般若經》中早已出現了"經臺"。般若經中經臺的特點是藏經書於經臺内部,天上、地上的信衆以花、香、燈、幡、音樂舞蹈等供養經臺。中國傳統建築中存在"屋下之臺""高臺建築""高大平臺"三種臺。有貯藏作用的臺都屬於三種臺中的高臺建築,由建在臺上的建築物發揮貯藏功能,而非貯藏於臺内。從中國傳統建築中的三種臺來看,佛教式經臺不屬於其中任一種。早期上清經中也沒有出現藏經於臺中的觀念,上清經一般被保存在天界的宮中或房中。

古靈寶經接受并改造了般若經中"經臺"。從"接受"的角度來看,第一,古靈寶經接受了般若經安放經書方式,藏經書於臺的内部,第二,古靈寶經選擇性地吸收了般若經中供養經臺的方式,保留了般若經中供養經臺時出現的有佛教特色的飛天,還留下了模仿般若經的痕跡。從"改造"的角度來看,第一,將佛教元素道教化,如古靈寶經將般若經中出現的飛天道教化。第二,增加道教元素,如古靈寶經受《道德經》影響,認爲七寶玄臺爲九層之臺。第三,增加

---

① 《元始無量度人上品妙經注》,三家本《道藏》第 2 册,第 258 頁上。
② 張丹丹《天上取樣人間織——傳世道教法衣研究》,香港中文大學博士學位論文,2016 年,第 171—172 頁。
③ 張丹丹《天上取樣人間織——傳世道教法衣研究》,第 176 頁。

佛教元素，如古靈寳經改造"繞佛三匝"爲"繞臺三匝"。

除兩種已佚失、五種不含"經臺"觀念的古靈寳經之外，從"經臺"觀念出發可將其餘23種古靈寳經分爲五組，每一組的特徵分別是在山洞内玄臺中藏經，"上寳紫微臺，下藏諸名山"，七寳玄臺藏經，六合玄臺藏經，紫陽玉臺藏經。其中主張"七寳玄臺藏經"的古靈寳經有17種，數量最多，對後世的影響也最大。

在古靈寳經之後，七寳玄臺藏經的觀念影響到了後世道教。但後世道教也出現了對七寳玄臺的不同理解，按中國傳統建築的觀念來理解七寳玄臺，不再將七寳玄臺看作佛教式的經臺。

(作者單位：西南交通大學人文學院)

《三洞群仙録》考述

李 静

《三洞群仙録》二十卷,南宋紹興間陳葆光編纂。是書乃采集從盤古到北宋一千餘名得道者的傳奇故事,每個故事用四字麗語概括,兩個故事合爲一則。人物的排列并無時代的先後。全書内容從盤古開天闢地[①]開始,而書中明確出現的最後記事年代爲北宋徽宗崇寧(1102—1106),記南康軍進士彭天寵得道士贈金銀鑰匙返家事[②]。因此,與五代時王松年所編《仙苑編珠》一樣,《三洞群仙録》亦可以視作一部特殊體例的仙道傳記通史。由於是書之編纂以引述爲主,因而可以看作宋前古文獻的淵藪,書中保存了不少已佚道書的片段。筆者曾對這部作品進行全面整理,而本文將對這部《蒙求》體仙傳集的作者與成書、内容與價值、引書與體例等,逐一進行考辨與評述。

一 陳葆光的生平和《三洞群仙録》的成書

《三洞群仙録》原書署名爲"正一道士陳葆光撰集"。有關作者陳葆光,資料寥寥。就目前所見,單獨的小傳只見於宋史能之咸淳(1265—1274)《毗陵志》卷二五《仙釋·晋陵》:"陳葆光,受業天慶觀,夢真武舉白璧授之,遂善符篆,治病輒愈。撰《神仙蒙求》三卷。晚住茅峰,主章醮,天燈嘗示現云。"[③]另外有零星信息見於《三洞群仙録》之序跋。

《三洞群仙録》書前之序,乃林季仲(1088—?)[④]作於宋紹興甲戌(紹興二

[①] 見《三洞群仙録》開篇卷一第一條"盤古物祖"條引《述異記》《三五曆紀》《真書》,《道藏》第32册,第235頁中。

[②] 見《三洞群仙録》卷一六"天寵金鑰"條引《閩中雜記》,《道藏》第32册,第338頁下至第339頁上。

[③] 〔宋〕史能之《(咸淳)重修毗陵志》卷二五,《續修四庫全書》第699册,上海古籍出版社,1995年,第229頁上。陳葆光傳亦見於乾隆《武進縣志》,然應是沿襲咸淳《毗陵志》而來。見故宫博物院編《(乾隆)武進縣志》卷一〇《人物志·方外》,《故宫珍本叢刊》第90册,海南出版社,2001年,第367頁下。

[④] 據〔宋〕徐光溥《自號録》:"竹軒:林季仲,懿成。"《叢書集成初編》本,商務印書館,1937年,第14頁)

十四年,1154)。林季仲,字懿成,號竹軒,生於宋元祐三年(1088)①。林乃永嘉人,光緒《永嘉縣志》名臣志有傳②。宋宣和三年(1121)何涣榜上舍出身,紹興五年(1135)爲祠部員外郎,撰有《竹軒雜著》十五卷(現存六卷),累遷太常少卿③。紹興八年(1138)御史常同劾之,罷爲直龍圖閣,主管洪州玉隆觀。後起復,爲左朝奉郎,知婺州,尋改處州。然又以直秘閣奉祠,遂不再赴,以至於終④。據考,其卒年當在紹興二十七年(1157)至三十一年(1161)間⑤。《三洞群仙録》序文之撰,當在其晚年奉祠期間。

關於陳葆光的作書之意,林季仲序文末云:"……江陰静應庵道士陳葆光,憤末學之夫怠於勤修,果於自棄,生存行尸,死爲下鬼,乃網羅九流百氏之書,下逮稗官俚語之説,凡載神仙事者,裒爲此書,以曉後學,使知夫列仙修真之勤,濟物之功,奉天之嚴,得法之艱,如此之勤苦勞勩,卒能有成,丕顯其光,與天爲徒也。昔司馬子微著《坐忘樞》,陳碧虚作《混元鑒》,以啓後人,皆旨趣深遠,初學蒙叟無自而入。今陳君集仙之行事,揚高真之偉烈,以明示向道者,使開卷洞然,知神仙之可學,歷世聖賢之迹,萃於目前,如視諸掌。激之勸之,使憤悱奮發,踴躍精進,以祈度世,如置尊通衢,人人可以酌取自飫,則其導迷翊教,濟物利人,豈淺淺者。"⑥

在序文中,林季仲道出陳葆光著此書的目的在於將神仙事"裒爲此書,以曉後學","使知夫列仙修真之勤,濟物之功,奉天之嚴,得法之艱,如此之勤苦勞勩,卒能有成"。并將該書與司馬承禎⑦的《坐忘樞翼》、陳景元(號碧虚子)

---

① 林季仲生年考證,參尹波《林季仲小考》,《四川大學學報》1998年第3期,第64頁;潘猛補《林季仲生年考辨》,《文獻》2005年第1期,第191頁。
② 見〔清〕張寶琳修、王棻、孫詒讓等纂《(光緒)永嘉縣志》卷一四《人物志·名臣志》,《續修四庫全書》第708册,第315頁上至第316頁上。
③ 見陳騤《南宋館閣録》卷七"秘書郎·紹興以後二十七人"條著録(《叢書集成續編》第53册,新文豐出版公司,1989年,第615頁下)及陳振孫《直齋書録解題》卷一八(商務印書館,1939年,第503頁)。
④ 參〔清〕陸心源《宋史翼》卷十《林季仲傳》,中華書局,1991年,第108頁。
⑤ 參尹波《林季仲小考》,《四川大學學報》1998年第3期,第76頁。
⑥ 《三洞群仙録》序,《道藏》第32册,第234頁下。
⑦ 《道藏》中存有《坐忘論》,後附《坐忘樞翼》,題司馬承禎爲作者。然該論及樞翼是否爲司馬承禎作,學界頗有疑問,現已基本確信并非司馬之作。持此觀點的學者如朱越利、中嶋隆藏、鄭燦山、蘇德樸(Stephen Eskildsen)、賈晋華等。參朱越利《〈坐忘論〉作者考》,《炎黃文化研究》第7期(2000年9月,道教學術資訊網站 http://www.ctcwri.idv.tw./godiing.htm),後收入氏著《道教考信集》(齊魯書社,2014年),第48—61頁;〔日〕中嶋隆藏(Nakajima Ryuzo)《〈道樞〉卷二所收「坐忘篇上·中·下」小考》,《集刊東洋學》第100期(2008),中國文史哲研究會,第116—133頁;鄭燦山《唐代道教三篇〈坐忘論〉考證》,중국과 중 국학,2015 (24):243-261; Stephen Eskildsen, Serenity and The Reaffirmation of Physical Transformation: The *Zuowanglun* 坐忘論 (*Sitting and Forgetting*), in *Daoism, Meditation, and the Wonders of Serenity: From the Latter Han Dynasty* (25-220) *to the Tang Dynasty* (618-907), Albany, New York: State University of New York Press, 2015., 211-230; Jia Jinhua, Study on the two Daoist treatises of 'Sitting in Oblivion', *Studies in Chinese Religions*, Volume 2, 2016, 265-280。

的《混元鑒》①比較，指出陳氏之書的獨特價值就在於"明示向道者，使開卷洞然，知神仙之可學，歷世聖賢之迹，萃於目前，如視諸掌"。這主要是因爲陳葆光采取了《蒙求》式的編珠體，所選仙傳，均經過剪裁編輯，務使簡要，容易"入門"，并且將歷代成仙故事，萃於一書，比較簡便，因此"導迷翊教，濟物利人，豈淺淺者"。

最後林季仲并作出了陳葆光亦將成仙之預言，云："陳君神氣虛静，德性粹和。佩三洞之靈文，神飛碧落；窺九清之秘笈，名籍丹臺。他日繼列仙而授位，載雲氣而上浮，五帝校籍，三官策勳，所以酬著書之勤，而警夫偷墮之士，使知有補於世者，天必有以報也。"②

按林季仲此番對陳葆光將爲神仙之揄揚，是在序文前段用大篇篇幅探討了"神仙可學"還是"禀之自然"之後。雖未明言，但林季仲顯然更接受"神仙可學"論。而且他稱陳葆光之昇仙，是對他"著書之勤"的酬報，因爲"有補於世者，天必有以報也"。然而成書於宋末元初的《歷世真仙體道通鑒》，并未有陳葆光的名字。這一點不同於北宋哲宗朝撰寫《高道傳》的賈善翔，在《仙鑒》中有賈善翔傳。然而，《仙鑒》之所以能收有賈善翔傳，首先便是因爲有文獻可徵。在宋王象之《輿地紀勝》中便有賈善翔的小傳，置於"蓬山十二仙"條下，是爲十二仙之一③。《輿地紀勝》的記錄，或者還有更早的來源，但是有來自鄉人的推動是肯定的④。但陳葆光顯然并没有得到這樣的待遇。

另外，《三洞群仙録》又存有一篇跋文，爲宋孫覿（1081—1169）撰，題曰"跋陳道士群仙蒙求"，却未録於《三洞群仙録》，僅存於作跋者孫覿之《鴻慶居士集》。相比之下，孫覿跋文則是主要稱贊了陳葆光的博學。跋文云："今世道士能讀醮儀一卷，中字歌、步虛詞二三章，便有供醮祭，衣食足了一生矣，然猶有不能者。常州天慶觀道士陳君葆光，好古嗜學，蓋超然出於其徒數千百輩中者。讀通藏道儒書，與夫傳記小説，靡不記覽。著書二十卷，號三洞群仙録。貫穿古今，屬辭比事，以類相從，雖老師宿學者不如；偶儷精切，協比聲律，悉成韵語，雖章句之儒有不逮。余讀其書而异之。夫道家者流，清净無爲者也，飽食終日，無所用心，或彈琴圍棋，以自娱；或煉丹藥，以玩物之變；或治符籙，以訶百鬼、療疾病，固賢於其徒矣。如葆光者，博及群書，上自千載之前，遠至六合之外，條分彙聚，配合奇偶，相比成文，自爲一家，此余所謂超然出於其徒數百千輩者也。"⑤

關於陳葆光的身份籍貫，林季仲在序文之末題曰："紹興甲戌中元日同里

---

① 陳景元撰有《道德真經藏室纂微》，乃注釋《道德經》之作，《混元鑒》則不詳，疑指謝守灝所編《混元勝紀》。
② 《三洞群仙録》序，《道藏》第 32 册，第 234 頁下至第 235 頁上。
③ 〔宋〕王象之《輿地紀勝》卷一八八，文海出版社，1962 年，第 902 頁。
④ 參拙文《高道傳輯考》，《道教研究學報》第 9 期，第 48—50 頁。
⑤ 〔宋〕孫覿《鴻慶居士集》卷三二，《叢書集成續編》第 127 册，第 267 頁下。

竹軒書。"按林季仲爲永嘉人①,而他自稱爲葆光"同里",則葆光當亦爲永嘉人。而相比之下,在跋文中孫覿(晉陵人)只稱葆光爲"常州天慶觀道士陳君葆光"。或由此判斷,陳葆光只是在常州和江陰一帶活動,但却并非常州人。

關於陳葆光的生平經歷,除了咸淳《毗陵志》稱陳葆光"受業天慶觀"外,晉陵人孫覿所撰〈跋陳道士群仙蒙求〉亦云陳葆光爲"常州天慶觀道士"。但《三洞群仙録》書前序文中提及他是"江陰靜應庵道士"。孫覿和史能之均未提及他與靜應庵的關係。到底陳葆光是先住江陰靜應庵,還是常州天慶觀,似未可定。孫覿是晉陵人(晉陵爲常州府治),史能之雖非常州人,但其撰述《毗陵志》的時候是在常州知府任上(咸淳四年,1268),因此他們具有"常州立場",他們的表述要顯示陳葆光與常州的關係,而不能或不願涉及其他(如陳葆光與江陰靜應庵的關係)。若林季仲爲陳之同鄉,他的指認或應不會有誤,但是很可能靜應庵是很小的一個庵堂,而且除此以外并未見有任何記載。

不過,陳葆光與常州天慶觀的關係亦是不容忽視的。陳葆光在其書中徵引了大量與道士、仙傳有關的書籍,他需要良好的圖書資源。而咸淳《毗陵志》記載,此觀在南宋紹定年間(1228—1233)修建了藏殿。《毗陵志》卷二五《觀寺・宫觀・州》"天慶觀"條:"紹定間新建藏殿,層檐傑棟,爲吳中道宫之冠。"②既然修建藏樓,可見這裏貯存有《道藏》。所以這裏的道書資料應該是非常豐富的,從而可以使得陳葆光方便利用。

陳葆光的另一重要經歷是晚年留住茅山。這一點見於《毗陵志》中的小傳。但具體何時轉往茅山,則時間不詳。而孫覿跋文仍稱陳葆光爲常州天慶觀道士,可知在孫覿撰跋文的時候陳應仍未離開常州。孫覿跋文題下有"己卯"二字,當作於紹興己卯(二十九年,1159),即《三洞群仙録》成書五年後③。從常州天慶觀轉到茅山,這一經歷與同時代的傅霄(?—1159年)相同④。二人當相識,或爲師承關係也未可知。

關於陳葆光的特別異事,《毗陵志》稱他在天慶觀的時候"夢真武舉白璧授之,遂善符篆,治病輒愈",可見他善於治病。另外《毗陵志》又稱他在茅山的時候主持章醮,曾天燈示現,又知他也是上章和醮儀等儀式專家。天慶觀有真武像,這一點亦有記載。《毗陵志》卷二五"天慶觀"條載,"天聖五年重修。六年

---

① 林季仲,見《(光緒)永嘉縣志》卷十一《選舉志・進士》(《續修四庫全書》第708册,第245頁上),而不見於《平陽縣志》選舉志,而且光緒《永嘉縣志》卷二一《古迹志・名勝》有"林季仲宅"條(《續修四庫全書》,第708册,第486頁上)。尹波謂林爲"浙江平陽人",當不確。參尹波《林季仲小考》,第64頁。

② 《(咸淳)重修毗陵志》卷二五,第231頁下。

③ 《三洞群仙録》前序作於紹興二十四年,即1154年,詳後。

④ 〔元〕劉大彬編,〔明〕江永年補,王崗點校《茅山志》卷九載,"傅霄,字子昂,晉陵人。博古明經,善書,尤精隸古。由儒入道,隸居常州天慶觀。高宗召主太一宫祠。乞還茅山,賜號'明真通微先生',領山門都道正,住持玉晨觀。建雷平院,往來山中四十年。……重編《隱居集》,修茅山舊記。著作惜多無傳。紹興二十九年己卯正月立春日化。"(上海古籍出版社,2016年,第261—262頁)《道藏》存《華陽陶隱居集》二卷,題昭臺弟子傅霄編。

上遣内璫賜真武象一,仙衞道器稱是。"①這裏的真武像是天聖六年(1028)御賜的。

另外,陳葆光還是一位博學道士。孫覿在跋文中主要強調了這一點。"今世道士能讀醮儀一卷,中字歌、步虛詞二三章,便有供醮祭,衣食足了一生矣,然猶有不能者。常州天慶觀道士陳君葆光,好古嗜學,蓋超然出於其徒數千百輩中者。讀通藏道儒書,與夫傳記小說,靡不記覽。"②這一方面使他能夠完成二十卷的編珠體仙傳通史《三洞群仙錄》,而且或許這也是他能轉往茅山的原因。

《三洞群仙錄》序文作於宋紹興二十四年(1154),書亦當成於此年。檢《三洞群仙錄》書中明確出現的最後記事年代爲北宋徽宗崇寧(1102—1106),見卷一六"天寵金鑰"條引《閒中雜記》,記南康軍進士彭天寵得道士贈金銀鑰匙返家事③。另外,《三洞群仙錄》中有引幾部南渡後才成書的書籍,如《皇朝類苑》《墨客揮犀》《冷齋夜話》《郴江集》《古今詩話》等。而值得一提的是本書卷一二"袁玘銅棺"條引《袁府君祠堂記》④,該祠又名漢袁府君廟,位於宜興,該記作者爲宋單子發,咸淳《毗陵志》明確記載該記撰於南宋紹興八年(1138)⑤。綜合上述引書和徵引内容看,《三洞群仙錄》成於1154年是可信的。

在《三洞群仙錄》成書前的三年,即紹興二十一年(1151),曾慥《集仙傳》成書。《集仙傳》雖已佚,但其作者自序和目錄仍保存於《說郛》,根據目錄可知是書包括了唐五代16人、宋代127人(另有19人無名氏)得道者的小傳⑥。在紹興年間,幾乎同時,兩部不同體式的仙傳得以撰成,也是一件罕事。

二 《三洞群仙錄》的卷數和版本

二十卷應當就是原書卷數。首先,《道藏》中的《三洞群仙錄》爲二十卷,而附有林季仲的跋文。而且,在《三洞群仙錄》成書後五年,即紹興二十九年(1159),孫覿所作《跋陳道士群仙蒙求》提到"常州天慶觀道士陳君葆光……讀道藏,通儒書,與夫儒記傳小說,靡不記覽。著書二十卷,號三洞群仙錄,貫穿古今,屬辭比事,以類相從。"⑦足可證明完書即爲二十卷。

不過,在紹興二十四年《三洞群仙錄》成書之前,似乎曾有過一個三卷本,名"神仙蒙求"。

宋史能之咸淳(1265—1274)《毗陵志》卷二五陳葆光小傳云:"陳葆光,受

---

① 《(咸淳)重修毗陵志》卷二五,第231頁下。
②⑦ 〔宋〕孫覿《鴻慶居士集》卷三二,第267頁下。
③ 〔宋〕陳葆光《三洞群仙錄》卷一六,《道藏》第32册,第338頁下至第339頁上。
④ 〔宋〕陳葆光《三洞群仙錄》卷一二,《道藏》第32册,第316頁中至下。
⑤ 《(咸淳)重修毗陵志》卷二九載:"漢袁府君廟記,紹興八年(1138)邑人單子發撰。"(第258頁下)
⑥ 曾慥在《集仙傳》目錄中稱"予作《集仙傳》,凡一百四十有四人,不知姓名者十有六人",數目與目錄顯示有出入。見〔明〕陶宗儀編,張宗祥校《說郛》卷四三,中國書店,1986年,第三十頁上。

業天慶觀，……撰神仙蒙求三卷。晚住茅峰，主章醮，天燈嘗示現云。"① 這裏明確記載，在陳葆光晚年去往茅山之前，撰有《神仙蒙求》三卷。然而，這部三卷本的"神仙蒙求"，除了咸淳《毗陵志》之外，也并無其他著錄。因此無法確知它是否是今二十卷本《三洞群仙錄》的初稿。紹興二十九年（1159），在林季仲爲《三洞群仙錄》作序五年後，孫覿爲該書作之跋文，在題目中稱該書爲"群仙蒙求"，但在正文中依然稱之爲"三洞群仙錄"②。

因此，目前没有任何證據證明陳葆光另撰有一部三卷本的《三洞群仙錄》（或《群仙蒙求》《神仙蒙求》），也無法確證《毗陵志》所謂的三卷本"神仙蒙求"，其實是全書完成前的草稿。第一，這個三卷的《神仙蒙求》，亦未見有傳本。第二，"神仙蒙求""群仙蒙求"，其實也都只是《三洞群仙錄》的不同名稱。如孫覿將二十卷《三洞群仙錄》稱"群仙蒙求"，當因《三洞群仙錄》采用了近乎《蒙求》的體例。如宋周應合所撰《歷代名醫蒙求》，亦以"蒙求"爲題。故但凡用《蒙求》體例者，均可稱爲某某"蒙求"。

《三洞群仙錄》的刻本現存兩個版本，一爲《正統道藏》本（正一部筵字號、設字號，第992—995册），一爲《道藏輯要》本。然《道藏輯要》亦爲翻刻《道藏》本而來。經核對，除極少數不同的字，《道藏輯要》本基本同於《道藏》本。

除了刻本以外，不同書目還著錄了幾種抄本。《四庫全書總目》和《鐵琴銅劍樓藏書目錄》各著錄一種二十卷的抄本，《天一閣書目》著錄一種十卷的抄本，《文選樓藏書記》則著錄一種三卷的抄本。

《四庫全書總目》所著錄"三洞群仙錄二十卷"，爲浙江吳玉墀家藏本，未見。又，清瞿鏞《鐵琴銅劍樓藏書目錄》卷一八曾著錄一個二十卷的舊抄本，謂"三洞群仙錄二十卷，舊鈔本。……書中真字減筆，當從宋刻傳錄。後附成化辛丑彭華寶極觀記。"③北京國家圖書館藏一"清抄本"，有恬欲齋印，後附有《寶極觀記》，當即此也，然謂爲清抄本，似不確也。

北京國家圖書館藏《三洞群仙錄》抄本，書前扉頁印有"三洞群仙錄舊抄捌本"字樣，下有"恬欲齋藏"四字。"恬欲齋"是"鐵琴銅劍樓"之舊名，并且在序文和每卷開頭都有鐵琴銅劍樓藏書印。另外，該抄本除前有林季仲序（同《道藏》本）外，後有彭華成化年間撰《寶極觀記》一篇，符合於《鐵琴銅劍樓藏書目》對《三洞群仙錄》二十卷舊抄本的描述，可見北圖藏該抄本即瞿鏞《鐵琴銅劍樓藏書目錄》中所載舊抄本。然最後云"中真字減筆，當從宋刻傳錄"，不能遽定。而抄本既有成化辛丑（成化十七年，1481）彭華《寶極觀記》，可見最大可能當抄於成化年間，不詳爲何國圖稱爲清抄本。另外，書前封面印有"乾隆三十八年月兩淮鹽政李質穎送到三洞群仙錄一部，計書捌本"，可見爲四庫采進書，但查檢《四庫全書總目》，其撰寫提要所據爲吳玉潔家藏本，或許本抄本未得錄用。

---

① 《(咸淳)重修毗陵志》卷二五，第229頁上。
② 〔宋〕孫覿《鴻慶居士集》卷三二，第267頁下。
③ 〔清〕瞿鏞編纂，瞿果行標點，瞿鳳起覆校《鐵琴銅劍樓藏書目錄》卷一八，上海古籍出版社，2000年，第477頁。

又清范邦甸《天一閣書目》還著録一個十卷的抄本:"三洞群仙録十卷,藍絲闌鈔本,宋陳葆光撰。"①《文選樓藏書記》則著録一種三卷的抄本,見卷五:"三洞群仙録三卷,宋陳葆光著,抄本。是書采輯歷代神仙事迹。"②這兩種本子筆者均未見。

筆者近年對《三洞群仙録》做整理,以《正統道藏》本爲底本,用《道藏輯要》本、鐵琴銅劍樓藏舊抄本(現藏北京國家圖書館)参校。最多使用的的方法是他校,即廣泛運用他書引文進行校證,并盡量對每一條找出可供核對的原書或引文。經核對可以發現,《三洞群仙録》在引用的時候,常常會做一些删略甚至是改動。

三 《三洞群仙録》的體例和引書

如上文所述,《三洞群仙録》將一千多人之小傳彙爲一書。其材料的采擇,在時間上系從遠古直到成書前,故可以一部仙道傳記通史觀。

《三洞群仙録》共二十卷,每卷篇幅基本等同,大部分每卷爲28條(每條包括一對四字韵語,各對應一個小傳)。只有四卷例外,即卷四有24條,卷一五、卷一九有17條,而卷二〇爲22條。該書采用《蒙求》的體例,以四字韵語排列成對,合爲一條,這樣每一條下均包括兩小條,各述一事。顯然本書受到王松年《仙苑編珠》的影響。但《仙苑編珠》僅三卷,本書却卷帙增廣到二十卷之多,而且全書體例更爲統一,每小條所附故事也篇幅大致均等。

《三洞群仙録》引書達183種之多,删除重複,也有176種。所謂重複者,如《前漢列傳》《漢隱逸傳》,實則均指班固《漢書》;《後漢逸史》《後漢隱逸傳》《西漢逸史》,實則均指南朝宋范曄撰《後漢書》,另外《鄭洪傳(注引會稽記)》,也是《後漢書》的一篇;《晋逸史》《晋隱逸傳》《晋隱逸》,等實則均指《晋書·隱逸傳》,而《方術傳》引文,經查也是出自《晋書》;另外,《唐隱逸傳》《唐逸史》,實則均爲後晋劉昫撰《舊唐書·隱逸傳》。

《三洞群仙録》中引用條數達10條以上者,有17種書。依照被引條數多少,從高到低分別爲:

序號	引書	引用條數
1	神仙傳	84
2	高道傳	83
3	仙傳拾遺	68
4	真誥	66

---

① 〔清〕范邦甸等撰,江曦、李婧點校,杜澤遜審定《天一閣書目》卷三之二,上海古籍出版社,2010年,第321頁。

② 〔清〕阮元撰,王爱亭、趙嫄點校《文選樓藏書記》卷五,上海古籍出版社,2009年,第407頁。

續表

序號	引書	引用條數
5	太平廣記	48
6	列仙傳	40
7	丹臺新録	33
8	王氏神仙傳	28
9	續仙傳	24
10	抱朴子	19
11	拾遺記	19
12	郡閣雅談	16
13	西山記	15
14	墉城集仙録	15
15	晋逸史	14
16	括异志	13
17	本傳	13

　　從引書的年代分布看，編者非常重視近代的仙道傳記。在183種書目之中，成於唐五代的書目有59種，成於宋代的書有74種（包括成書於唐宋間不能明確歸屬的4種）；另外，成於漢之前的書目有12種，三國兩晋南北朝的書目爲34種，不能明確年代的書目有4種。故唐宋間的書目總數爲133種，占到總數的百分之七十二强(72.7%)，而宋代的書目則占到全部書目的百分之四十强(40.4%)。特别值得一提的是，雖然本書成於紹興二十四(1154)年，距離南渡(1127年)僅27年，而可確定爲南渡以後才成書的書目居然有七種之多。如江少虞撰《皇朝類苑》、惠洪撰《冷齋夜話》、彭乘撰《墨客揮犀》、丁逢編《郴江集》，另還有不詳撰人的《古今詩話》，很可能是祝穆編的《武夷山記》，也當出在南宋。除此之外，還有單子發撰《袁府君祠堂記》，撰於南宋紹興八年(1138)，當爲本書所引最晚一部書。

　　對近代的書目之重視，也反映到引文較多的書目上。上述引10條以上的17種書目之中，有11部都是唐宋間的書。如成於唐代的有1部，唐房玄齡等撰《晋書》（引作《晋逸史》《晋隱逸傳》《晋隱逸》）；成於五代的有4部，南唐沈汾撰《續仙傳》，前蜀杜光庭撰《仙傳拾遺》《王氏神仙傳》《墉城集仙録》；成於宋代的有5部，宋李昉撰《太平廣記》、宋夏有章撰《丹臺新録》、宋賈善翔撰《高道傳》、宋潘若冲撰《郡閣雅談》、宋張師正撰《括异志》，成於唐宋間的有1部，不明撰人的《西山記》等。

四 《三洞群仙錄》的文獻價值

　　《三洞群仙錄》的引書達一百八十餘種，其中更有超過三分一的書籍已然散佚。無論在文獻保存方面，還是在提供唐宋道教史料、道士傳記資料方面，《三洞群仙錄》都是一部值得重視的作品。

（一）《三洞群仙錄》在唐宋仙道傳記方面輯佚和文獻保存的價值

　　據以上情況，首先值得強調的便是《三洞群仙錄》對於文獻輯佚的意義。例如在唐宋間的仙傳和道傳的保存上，北宋賈善翔撰《高道傳》、五代杜光庭編《仙傳拾遺》和《王氏神仙傳》等書，皆因《三洞群仙錄》而得以保存大部分或部分原貌。

　　《高道傳》作爲少見的一部以道傳命名的高道傳記，惜已佚失，而該書主要賴《三洞群仙錄》得以保存。在《高道傳》的輯佚方面，最早有嚴一萍先生輯四卷，編入其《道教研究資料》中，而這一輯佚工作，主要賴《三洞群仙錄》引文得知傳主名單，并與《仙鑒》對照。即此已得八十餘傳。另外《道門通教必用集》卷一也列有十六條，也非常珍貴，但數量上顯然不能與《三洞群仙錄》相比。《仙鑒》固然錄全文，遺憾的是未注出處，所以幸賴《三洞群仙錄》注明出處，才能得知有哪些傳主出《高道傳》，才能由此而據《仙鑒》輯錄。由此而可以看到陳葆光對北宋賈善翔的《高道傳》的大量引用（達83條之多），從而起到了保存的效果。①

　　與上述情況類似的是《仙傳拾遺》。《中興書目》云原書四百二十九事，而今僅存一百二十八事。本書則引達六十八條之多，占到存文的一半。這68條中，有18條是《三洞群仙錄》和《廣記》都有徵引（《群仙錄》較略），有1條是除《群仙錄》外，另有《續事始》和《事物紀原》所徵引，而其他的49條，是只有《群仙錄》徵引，占現存的128條的近百分之四十。以上所述68條，尚不包括本書以《太平廣記》的名義徵引，而出自《仙傳拾遺》的引文。故有此可知《群仙錄》對《仙傳拾遺》部分保存的意義。

　　杜光庭《王氏神仙傳》，本55人（據《郡齋讀書志》著錄），今存39人，而《群仙錄》引33條，合共29人。由此可知《王氏神仙傳》主要賴本書（及《類說》）得以保存。

　　除此以外，還有一部宋初道書《丹臺新錄》，較少人注意，也幸賴《群仙錄》而保存部分面貌。《丹臺新錄》作者爲北宋道士夏有章（號青霞子），目前筆者所見該佚書，亦主要因《三洞群仙錄》和宋李昉（925—996）撰《歷代宮殿名》二書的徵引而保存了部分內容。②

（二）《三洞群仙錄》在唐前仙道傳記方面輯佚和文獻保存的價值

　　在唐前道傳和仙傳的保存上，《群仙錄》也值得注意。筆者特別留意到的

---

① 有關《高道傳》的文獻考證及輯佚工作總結，參拙文《高道傳輯考》，《道教研究學報：宗教、歷史與社會》第九輯（2009），第41—75頁。

② 有關《丹臺新錄》一書的文獻考證及輯佚，筆者將另撰文。

是葛洪的《神仙傳》和《抱朴子》。本書引《神仙傳》84條,《抱朴子》19條。若考慮到葛洪這兩部書的現存本亡佚實多,本書的引文不能不說是一筆豐厚的資源。不過這當中還有一些複雜的情況。比如,全書引《神仙傳》84條(其中卷三"茅君鷄子"條曰出《神仙録》),但只有46條能在現存《神仙傳》中找到相對應的文字。而另外的38條之中,有7條見於《列仙傳》,5條見於《續仙傳》,有2條出《野人閑話》,2條出《神仙感遇傳》,1條出《仙傳拾遺》,1條出《王氏神仙傳》,另外《續玄怪録》《幽明録》《蘇君傳》《集异記》各1條;除此之外,另有5條所記顯然是唐宋間人,及有11條不明出處,但均顯然不是出自葛洪《神仙傳》(如記載唐五代道士事迹等)。固然不能排除的一個情況是現存的《神仙傳》實際已非全帙,所以無法找到所有能與《三洞群仙録》的引文對應的內容。但是也有可能是《三洞群仙録》在引用時對葛洪的《神仙傳》和其他"神仙傳"未加嚴格區分。

這一現象也存在於對《抱朴子》的引用中。《群仙録》全書引《抱朴子》19條,其中只有5條(卷五"趙明燃屋"、卷一〇"曼卿流霞"、卷一三"張蒼吮乳"、卷一六"梁須徹視"、卷一七"蔡誕鋤芝")見於今存《抱朴子内篇》,其他的14條中,有1條(卷四"琴高控鯉")不明出處(琴高出《列仙傳》,然未有本書引文内容),而其餘13條則均見於《神仙傳》。同樣,固然有《抱朴子》現存本僅爲原本十之六七,從而不能遽定原本中沒有這些引文這樣一種情況,但是更有可能是《三洞群仙録》的編者在編撰的時候,未對出自同一作者的《抱朴子》和《神仙傳》嚴格加以區分。

在這種情況下,可以發現葛洪《神仙傳》的輯佚還有一些空間。比如在《三洞群仙録》題出《抱朴子》的條目中,其實有不少出於《神仙傳》。另外,經過比對,《三洞群仙録》引《神仙傳》(也確實出自葛洪《神仙傳》)和明引《抱朴子》、實引《神仙傳》的内容,大多符合《漢魏叢書》本《神仙傳》和《廣記》引《神仙傳》。這一點也符合於學界對《廣記》引文、《漢魏叢書》本《神仙傳》基本是宋本的認識。不過迄今爲止尚未有一部完整的主要依據宋本而整理的《神仙傳》。

除上文所述本書引《神仙傳》《抱朴子》,多有實不符名的情況外,又如《列仙傳》,全書共引46條,然其中有17條乃出自他書,計有:《神仙傳》4條(卷一"景純無成"條記郭璞事、卷九"馬明救病"記馬明生事、卷一七"玉女投壺"條、卷一八"方平蟬蛻"記王方平事)、《漢武洞冥記》2條(卷四"黃安坐黿"、卷七"黃安舌耕")、《真誥》1條(卷五"郗鑒司直"記郗鑒事)、《續仙傳》1條(卷七"許尋偃月"記許碏事)、《神仙感遇傳》1條(卷一〇"静之黿鶴"記蕭静之事)、《仙傳拾遺》3條(卷一一"白雲仙籙"條記劉白雲、"月支獻獸"條記月支使者事,卷一六"仙官馬周"條記馬周事)、《集仙録》1條(卷一二"真多朝元"條記李真多事)等,另有4條不明出處,分別爲卷一一"淳于典柄"條記淳于事,卷一二"王向分影"條記王向事、卷一"子房萬户"條記張良事、卷一六"張碩羽岐"條記張碩事。

除此以外,書中還有出處的倒置,例如卷一八"丘公鶴迹""方平蟬蛻"兩條,分别云出《神仙傳》和《列仙傳》①,却恰恰是顛倒的,應當是浮丘公出《列仙傳》,王方平出《神仙傳》。

除上述《列仙傳》《神仙傳》等存在的問題外,還有一些複雜多樣的情況。如書中引"本傳"十三條,實際上則見於不同出處。故筆者認爲,所謂的"本傳"原非一書。如所引"本傳"十三條中,出正史者有四條,卷一"昭微隱逸"條出《北史》,卷四"廖扶北郭"條出《後漢書》,卷一四"龜蒙散人"出《新唐書》,卷一七"鄧郁觀鳥"出《南史》;出類書者有兩條,卷七"淮陽一老"出《白氏六帖事類集》和《錦綉萬花谷》,卷一七"穆王八駿"出《太平廣記》;出單傳者有四條,卷一八"賢安紫椋"出《魏華存傳》,卷二"天師三境""道君授劍""玉女獻環"三條,均出《張道陵傳》;出筆記者一條,卷六"洞源鳴鐘"出《江淮异人錄》;出方志者一條,卷一四"道源推步"條見淳熙《新安志》,另外卷三"稚川金闕""公遠碧落"條則不明出處。

(三)《三洞群仙錄》對其他文獻輯佚和保存的價值

上面所介紹的情況,是《三洞群仙錄》引用十條以上者。但引用條數不多的,也有不少具較大輯佚價值。據粗略統計,《三洞群仙錄》所引已佚之書有80種左右。有一些佚書,如《修真秘訣》《真境錄》《小仙傳》《郴州記》《玉仙傳》等,雖在本書僅得一條,然因他書亦所引無多,故亦屬彌足珍貴。

除此之外,《三洞群仙錄》對已整理的古籍也有個别的校正意義。略舉兩例:

一如《三洞群仙錄》卷一四"王母瑶池"條引《穆天子傳》,提及穆天子見西王母,"獻錦組百純,白組三百純"②。洪頤煊根據諸本校定《穆天子傳》,作"獻錦組百純,□組三百純"③。其中"白"字闕。故可據《三洞群仙錄》校補之。

又如南朝陳馬樞撰《道學傳》,本爲一部重要的早期道士傳記專書,可惜已佚。陳國符將佚文搜羅殆盡,輯爲《道學傳輯佚》,附於道藏源流考。然筆者發現《三洞群仙錄》中仍有部份條目,未輯入《輯佚》中。如卷一"黄帝道宗"一條下,有引自《道學傳》的關於黄帝的一條文字:"《道學傳》:黄帝,少典之子,姓公孫,號常〔一〕鴻氏,一號歸藏氏。又有縉雲之瑞,亦號縉雲氏(赤多白少曰縉)。又有土德之瑞,故號曰黄帝。弱而能言,聖而預知。好道希妙,故爲道家之宗也。"④而這一條不見於陳先生的《輯佚》中,故可以補之。

(作者單位:澳門城市大學人文社會科學學院)

---

① 〔宋〕陳葆光《三洞群仙錄》卷一八,《道藏》第 32 册,第 352 頁上。
② 〔宋〕陳葆光《三洞群仙錄》卷一四,《道藏》第 32 册,第 330 頁中。
③ 〔晋〕郭璞注,洪頤煊校《穆天子傳》卷三,台灣中華書局,1978 年,第 1 頁上。
④ 〔宋〕陳葆光《三洞群仙錄》卷一,《道藏》第 32 册,第 235 頁中至下。

《古今書最》發微

張宗友

《古今書最》(以下或簡稱"《書最》"),南朝梁處士阮孝緒(479—536。字士宗,陳留尉氏人)所撰,係其《七録序録》之重要組成部分①。關於《書最》,學界頗有論及,不乏深入之研討。余嘉錫先生撰《目録學發微》,注意到《書最》"只計卷數,無稱篇者"②之事實;姚名達先生論古代目録之分類,對《書最》曾予引及,用以探討"五分法之偶現"等問題③。余、姚二氏,僅以《書最》爲申論依據,尚未對《書最》本身之相關問題,展開深入討論。進入新世紀以來,《書最》開始引起學人之重視與研究。張固也先生有《〈七録序〉探微二則》,就《書最》所載諸目存亡之數之所出、所載《晉中經簿》著録佛經卷數之實際等問題,展開討論④。薛紅、唐明元合撰《〈七録序〉所附〈古今書最〉探微》專文(以下簡稱"《探微》"),對"古今書最"之含義及其撰述目的、著録範圍、圖書存佚及計量單位、

---

* 本文爲國家社會科學基金項目"朱彝尊論學詩研究"(17BZW118)、江蘇省社科基金項目"江蘇目録學史"(19WMB014)階段性成果,貴陽孔學堂入駐研修成果。

① 阮孝緒《七録》十二卷(《隋書·經籍志》《舊唐書·經籍志》《新唐書·藝文志》著録皆同),其書久亡,所遺僅零散片斷,惟釋道宣《廣弘明集》内保留之部分資料,較爲完整。此一部分資料,因前題"《七録序》",學界或籠統以此題稱之,其實不盡準確。繹其實際,乃有五個部分:(甲)《七録序》,(乙)《古今書最》,(丙)《七録目録》,(丁)阮孝緒個人著述目録,(戊)阮孝緒小傳。前三個部分,姚振宗既用《七録叙目》一稱加以涵括,又將此稱與《古今書最》并舉(詳氏著《隋書經籍志考證·序録》,王承略、劉心明主編《二十五史經籍藝文志考補萃編》第十五卷,清華大學出版社,2014年,第3—9頁)。實則此三個部分先後目,係《七録》之本書目録部分。本文仿陸德明《經典釋文序録》成例,稱爲《七録序録》。《七録》凡十二卷,《七録序録》即其第一卷。

《廣弘明集》常見傳本有宋思溪藏本(國家圖書館出版社,2018年)、《四部叢刊》影印明汪道昆刻本(以下簡稱"明刻本")、清文淵閣《四庫全書》本及清儒臧鏞堂抄本等。本文使用宋思溪藏本(《古今書最》部分見第110—113頁)。

② 余嘉錫《目録學發微》卷二,巴蜀書社,1991年,第30頁。

③ 姚名達《中國目録學史·分類篇》,上海古籍出版社,2002年,第60頁、66頁。

④ 張固也《〈七録序〉探微二則》,載氏著《古典目録學研究》,華中師範大學出版社,2014年,第56—65頁(據文末自注,該文原載《古籍整理研究學刊》2008年第1期)。

佛經著錄與歸類等問題，頗有探討與發明①。針對薛、唐二氏之《探微》，張固也復撰《關於〈古今書最〉的幾個問題》②專文，對《古今書最》之內容起訖、設置目的、收錄範圍、圖書存佚之反映、著錄"帙""卷"之意義及其對佛經之歸類與收錄等問題，加以研究，創見迭出，頗能新人耳目。

應當指出，學界關於《古今書最》之既有研究成果，堪稱豐碩，但通過覆按、考索，結合中古時期目錄學、學術史之研究現狀，可知其中仍有誤識之處及未發之覆，有待更進一步之探析。值得深入探研之問題有：(甲)作為一種具有專名之單篇文獻，《書最》之文獻性質如何？(乙)《書最》體現阮孝緒何種撰述旨趣？易言之，阮孝緒為何撰寫《書最》？(丙)《書最》共著錄多少種書目？各目何以能為阮氏所選取？亦即，阮氏《書最》選目之標準是什麼？(丁)《書最》現存文本，是否可靠？能否準確反映所收諸目之編撰及著錄之實際？(戊)在目錄學史中，《書最》具有何種價值？等等。以上五個層面之問題，既有研究或未涉及，或雖能涉及，而所論有限，未能盡探其蘊，因此仍有深入討論之必要與空間。事實上，除《漢書‧藝文志》(以下或簡稱《漢志》)之外，《書最》所記諸目全部亡佚，因此《書最》文本成為探討所記諸目面貌的直接文獻，《書最》因此成為中古時期最重要的學術文獻之一。準確繹讀《書最》，不僅有助於梳理南朝梁以前古典文獻之傳承脉絡，也有助於研究阮孝緒其人之學術思想，有助於研究南朝士林之學術生態。以下試加考論。

一 《古今書最》之文獻性質與撰述旨趣

作為《七錄序錄》的重要組成部分，《古今書最》自為起訖，有其獨立性(當然也與《七錄序》密切相關)。那麼，《書最》之文獻性質如何？體現出阮孝緒何種撰述旨趣？本節擬對此加以探討。

(一)《古今書最》之文獻性質

《古今書最》文字不長(白文僅五百六十一字)，為討論方便，茲移錄如次③：

古今書最
(1)《七略》。書三十八種，六百三家，一萬三千二百一十九卷。
五百七十二家亡。三十一家存。
(2)《漢書‧藝文志》。書三十八種，五百九十六家，一萬三千三百六十九卷。

---

① 薛紅、唐明元《〈七錄序〉所附〈古今書最〉探微》，載《圖書館理論與實踐》2013年第4期，第68—71頁。
② 張固也《古典目錄學研究》，第66—74頁(按：據文末自注，該文係與熊燭輝合撰，原載《長春師大學報》2014年第3期)。
③ 說明：甲、文本以宋思溪藏本為底本。明刻本不同者，用"宗友按"加以說明，置於方括號"[ ]"內。乙、原文之附注文本，特置於小括號"( )"內，以明起訖。丙、各條序次為筆者所加。

五百五十二家亡。四十四家存。

二十八家在。[宗友按：明刻本無"二十八家在"五字。]

（3）袁山松《後漢·藝文志》。書。

八十七家亡。[宗友按：明刻本無"袁山松"三字，且"書"後有"若干卷"三字。]

（4）《晉中經簿》。四部書一千八百八十五部，二萬九百三十五卷。其中十六卷佛經，書簿少二卷，不詳所載多少。

一千一百一十九部亡。七百六十六部存。

（5）《晉元帝書目》。四部三百五帙，三千一十四卷。

（6）《晉義熙四年秘閣四部目錄》。

（7）《宋元嘉八年秘閣四部目錄》。一千五百六十四帙，一萬四千五百八十二卷。（五十五帙、四百三十八卷佛經）。[宗友按："六十四帙"，明刻本作"六十有四帙"。]

（8）《宋元徽元年秘閣四部書目錄》。二千二十帙，一萬五千七十四卷。

（9）《齊永明元年秘閣四部目錄》。五千新足。合二千三百三十二帙，一萬八千一十卷。

（10）《梁天監四年文德正御四部及術數書目錄》。合二千九百六十八帙，二萬三千一百六卷。（秘書丞殷鈞撰。秘閣四部書少於文德書，故不錄其數也。）[宗友按：末兩句，明刻本作"秘閣四部書少於文德，故書不錄其數也"。其中"故書"二字係倒文。]

（11）新集《七錄》內外篇。圖書凡五十五部，六千二百八十八種，八千五百四十七帙，四萬四千五百二十六卷。（六千七十八種，八千二百八十四帙，四萬三千六百二十四卷，經書；二百三種，二百六十三帙，八百七十九卷，圖符。）

內篇五錄：四十六部，三千四百五十三種，五千四百九十三帙，三萬七千九百八十三卷。（三千三百一十八種、五千三百六帙、三萬七千一百八卷，經書；一百三十五種、一百八十七帙、七百七十五卷，圖也。）

外篇二錄：九部，二千八百三十五種，三千五十四帙，六千五百三十八卷。（二千七百五十九種、二千九百七十八帙、六千四百三十四卷，經書；七十六種、七十八帙、一百卷，符圖。）[宗友按："二千九百七十八帙"之"二千"，明刻本作"五千"。]

知《書最》所記，凡十一條。

關於《古今書最》之文獻性質，有學者從題名中"書最"一詞之含義出發，指出"'古今書最'不是書目之名，而是指古今圖書的總會，即圖書總財產賬"[①]。

---

① 傅榮賢《淺論阮孝緒〈七錄序〉的目錄學思想及其影響》，載《圖書館理論與實踐》2011年第5期，第56頁。

此一見解,僅注意到《書最》對諸目著錄、現存之數的記載,而對《書最》之性質有根本性誤判。從上揭內容可以看出,《書最》對《七略》以降之重要書目加以著錄,至阮氏本人所撰《七錄》止,共有十一條記載。每條記載,書名是其當然之核心;書名之外,纔是種類及其著錄之數。毫無疑問,《書最》本身就是一部書目——此其最根本之文獻屬性。當然,《書最》并非普通之藏書目錄,而是有其獨特性。從著錄內容上看,除書名外,主要記錄各目一級分類之數及其著錄圖書之總數,因此屬於特種目錄之範疇,係目錄之目錄(書目之書目)①;《書最》與《七錄·記傳錄·簿錄部》,是可考的最早的兩部書目之書目,堪稱"雙璧"。另從撰者身份上看,該目出於作爲處士的阮孝緒個人之手,因此屬於私撰目錄。除《漢志》外,《書最》所記諸目後均亡佚,但阮孝緒均得以親見,因而對於諸目著錄之數如數家珍,并能據當時之存世圖書加以覆按,兼志其存亡之數。因此,《書最》又是阮氏之知見書目。

自漢至梁,官修及私撰書目遠不止《書最》所錄之十一條(《七錄·記傳錄·簿錄部》即載有三十六種),選取上述諸目加以著錄,阮孝緒必有其特殊之考量。事實上,《書最》之撰述旨趣,正同《七錄》之旨趣緊密相關。

(二)《古今書最》之撰述旨趣

《古今書最》之撰述旨趣何在?易言之,阮孝緒爲何要編撰《古今書最》?②要回答此一問題,須從《書最》著錄內容上進行考察。如果細繹《書最》文本,即知該目雖以書目爲著錄對象,但又不僅僅止於鈔錄書名而已;阮氏於各項書名之後,具錄其一級部類之數、著錄圖書之種(家)數、帙數、卷數等;部分記載之後,復有當時存亡數字之統計,所含信息極爲簡要,值得深入解讀。試將《書最》內容,表列如次:

表1 《古今書最》統計表

序次	書目	著錄面貌			現狀統計
		分類	種數	卷帙	
(1)	七略	六略,38種	603家	13219卷	572家亡,31家存
(2)	漢書·藝文志	六略,38種	596家	13369卷	552家亡,44家存
(3)	後漢·藝文志	六略	——	——[明刻本作"若干卷"]	——
(4)	晉中經簿	四部	1885部	20935卷	1119部存,766部存

---

① 按:關於古代目錄之類型,學界分類角度很多。程千帆、徐有富先生按著錄內容之不同,將目錄分爲綜合目錄、學科目錄、特種目錄三大類,較爲通達簡明(詳《校讎廣義·目錄編》)。
② 張固也指出,《古今書最》的直接目的有二,一是吸取王儉《七志》的成功經驗,粗略反映圖書發展歷史和存亡狀況;二是注釋説明序文;"《古今書最》的最終目的是更直觀地反映出當朝藏書和文化之盛"(《關於〈古今書最〉的幾個問題》,載《古典目錄學研究》,第69頁)。其説指出了部分事實,而對阮孝緒"窮究流略,探盡秘奧"的宏偉抱負,有所忽視。

續表

序次	書目	著錄面貌			現狀統計
		分類	種數	卷帙	
(5)	晉元帝書目	四部	——	305帙 3014卷	——
(6)	晉義熙四年秘閣四部目錄	四部	——	——	——
(7)	宋元嘉八年秘閣四部目錄	四部	——	1564帙 14582卷(55帙 438卷佛經)	——
(8)	宋元徽元年秘閣四部書目錄	四部	——	2020帙 15074卷	——
(9)	齊永明元年秘閣四部目錄	四部	——	(五千新足) 合2332帙 18010卷	——
(10)	梁天監四年文德正御四部及術數書目錄	五部	——	合2968帙 23106卷	——
(11)	新集七錄	七錄,55部	6288種	8547帙 44526卷	同左(經書:6078種,8284帙,43624卷;圖符:203種,263帙,879卷)
		內篇五錄,46部	3453種	5493帙 37983卷	同左(經書:3318種,5306帙,37108卷;圖:135種,187帙,775卷)
		外篇二錄,9部	2835種	3054帙 6538卷	同左(經書:2759種,2978帙,6434卷;符圖:76種,78帙,100卷)

注:(1)"書目"一欄,省去書名號,以求簡潔。(2)表中缺項,用"——"表示。

阮孝緒爲何在《古今書最》中詳細著錄各家書目分類之數及著錄圖書之種類、卷帙并現存之面貌?此必同其撰述宗旨密切相關。阮氏於《七錄序》中,備陳典籍之產生、孔子刪書及歷代收書、校書之事實,復自述云:

> 孝緒少愛墳籍,長而弗倦,卧病閑居,傍無塵雜。晨光纔啓,緗囊已散,宵漏既分,緑帙方掩。猶不能窮究流略,探盡秘奥。每披錄內省,多有缺然。其遺文隱記,頗好搜集。凡自宋、齊已來,王公搢紳之館,苟能蓄聚墳籍,必思致其名簿。凡在所遇,若見若聞,校之官目,多所遺漏。遂總集

衆家,更爲新録。其方内經史,至於術伎,合爲五録,謂之内篇;方外佛道,各爲一録,謂之外篇。凡爲録有七,故名《七録》。

細繹其文,知阮孝緒實以"窮究流略,探盡秘奥"爲職志,具有明辨目録學術源流、探析文獻傳承内在規律的弘通的學術追求;而"總集衆家,更爲新録",則是實現上述學術追求的具體取徑。鑒於"披録内省,多有缺然"之現狀,阮氏長期搜集文獻,包括"遺文隱記"與私藏書目("王公搢紳"之"名簿"),均在采擷之列。阮氏對《七略》以降重要書目之著録情況逐一加以統計,并同當時官私藏書實際加以覆按,記其存佚,以見古今學術之興衰絶續。《古今書最》,正是阮氏此一志意與努力之學術結晶。因此,作爲《七録序録》的有機組成部分,《古今書最》意在梳理歷代重要書目之圖書著録及其流存面貌,從而將其"窮究流略,探盡秘奥"的宏偉抱負落到實處,以提供翔實可據的文獻支撑。此即阮氏撰寫《古今書最》之旨趣所在。無獨有偶,《七録序録》的第三部分——《七録目録》,亦詳載各録之部數、種數、帙數與卷數,同《古今書最》一脉相承,正可作爲阮孝緒貫徹其撰述旨趣之另一例證。

由《古今書最》之現存文本可知,其中惟《七略》《漢書·藝文志》《後漢書·藝文志》《晋中經簿》四種之下,附記有存亡之家(部)數,其他書目則無。此一事實,該如何解讀?張固也先生結合《七録序》"(王儉《七志》)其外又條《七略》及漢《藝文志》、《中經簿》所闕之書,并方外之經佛經、道經各爲一録"之記述,斷定此目存亡之數,乃是阮孝緒"轉引王儉的統計數字。阮孝緒在編撰《七録》時,并未作過書籍存亡的調查工作"①;"阮孝緒實際并未親自做過圖書存亡的統計,則前四條統計應該都是照抄王儉《七志》而來"②。其説頗具啓發性,因爲《古今書最》之創設,的確受到王儉編制闕書目録的影響。惟《七録序》明言"凡在所遇,若見若聞,校之官目,多所遺漏",知阮孝緒根據當時官私簿録,校核歷代目録所載圖書之存亡,乃是應有之義。上表中"卷帙"一列,除第(6)條(《晋義熙四年秘閣四部目録》)外,各條之卷數、帙數均有翔實記録,可知此列各目均有詳細統計,惟文本後來在傳抄中佚失而已。事實上,《古今書最》是阮孝緒的知見書目,對各目著録面貌與現狀,必能瞭然。因此,表中"種數"一列,阮孝緒必有翔實統計,惟第(5)至第(10)各條之種數,傳抄遺失而已(第(10)條是梁代書目,阮孝緒絶無因不能目睹而不加著録之理)。由此返視"分類"一列,現存但有一級分類(略、部、録)之數,二級分類并不全。度阮氏撰寫《書最》之時,二級分類必予著録,眉目清晰。

二 《古今書最》著録考論

根據上揭《統計表》,知《古今書最》現存文本,頗有佚失,已非阮孝緒編撰之全貌。那麽,《書最》所收,共有多少種書目?所收諸目之實際面貌,應當如

---

① 張固也《〈七録序〉探微二則》,載《古典目録學研究》,第63頁。
② 張固也《〈古今書最〉的幾個問題》,載《古典目録學研究》,第71頁。

何？《書最》現存文字，是否可靠？有無訛誤？能否準確反映諸目之實際？探討此類問題，有助於正確認識《書最》之面貌與功用，故不揣淺陋，試予討論。討論之基礎，本於以下兩點認識：

（甲）根據《七錄目錄》，知《記傳錄》之簿錄部，著錄有書目"三十六種，六十二袠，三百三十八卷"。《書最》所記諸目，顯然是其中經阮孝緒挑選之代表性書目，除《七錄》外，必然都在簿錄部著錄之列。

（乙）《書最》既然以梳理歷代重要書目著錄圖書的流存現狀爲職志，那麼，阮孝緒一定親見諸目，并且對其著錄面貌及現狀，必有較爲詳細之考察與記錄。

以下試對現存《書最》記述諸目之文本，加以分析。

（一）《七略》

《七略》（題劉歆撰）及其前承《別錄》（題劉向撰），係劉向、歆父子領校群書時所撰就者，是中國古典目錄學的奠基之作。《漢書·藝文志》（以下簡稱《漢志》）即以《七略》爲其前承。沒有《七略》，便沒有《漢志》；沒有《漢志》，考察中國上古至秦漢之文獻面貌與學術源流的難度，便大大增加。《七略》之重要性，不言而喻。《古今書最》首載《七略》，文曰："書三十八種，六百三家，一萬三千二百一十九卷。""五百七十二家亡，三十一家存。"著錄之數及當時存亡之數，極爲分明，知《書最》此條文本尚全，所載統計數字亦頗爲可信（見下《漢志》部分之申論）。《別錄》《七略》至唐猶存，以阮孝緒之博學及其"蓄聚墳籍"之能力，必能親見其書、親驗其數，故《書最》所記之數字，必然可信①。

如上所論，《別錄》實爲《七略》之前承。那麼，阮孝緒爲何獨取《七略》作爲統計對象，而不取《別錄》？考班固《漢志序》云："每一書已，向輒條其篇目，撮其指意，錄而奏之。會向卒，哀帝復使向子侍中奉車都尉歆卒父業。歆於是總群書而奏其《七略》。"阮孝緒《七錄序》云："昔劉向校書，輒爲一錄，論其指歸，辨其訛謬，隨竟奏上，皆載在本書。時又別集衆錄，謂之《別錄》，即今之《別錄》是也。子歆撮其指要，著爲《七略》。"故相較於《別錄》，《七略》堪稱是劉向、歆父子奉詔校書的總結性成果，具有中央藏書總目的官撰性質（最後完成於劉歆之手）；其內容簡要而全面（《隋書·經籍志》著錄《別錄》二十卷，《七略》七卷），在考察西漢一代藏書情況時，更具代表性；且卷袠較少（七卷。《別錄》二十卷）便於查檢，因此爲阮孝緒所選用。

---

① 李零《從簡帛古書看古書的經典化》："漢代的時候，我們能知道的古書，大部分都著錄在《漢書·藝文志》當中。《漢書·藝文志》裏有多少書，大家要有一個概念。這個數字是，它大約有 600 多種，13000 多卷。這個統計，只是大概。劉歆是一個數字（603 種，13217 卷），班固又是一個數字（677 種，12994 卷）。……實際上，古人沒有留下這麼多書，現在留下來的書，先秦兩漢，連東漢都加上，也不過 115 種，只有原來的 1/6 還不到。"（載氏著《簡帛古書與學術源流》[修訂本]，生活·讀書·新知三聯書店，2008 年，第 470—471 頁）執此返觀《書最》現存文本，則《七略》當時所存"三十一家"僅占"六百三家"的二十分之一，與李零的判斷相去甚遠。頗疑"三十一家"前脱一"百"字（下文《漢書·藝文志》之"四十四家"前似亦脱一"百"字）。當然，今存文本之差誤，并不影響《書最》當時統計之準確性。

(二)《漢書·藝文志》

《漢書·藝文志》(簡稱《漢志》)由班固所撰,開中國古代史志目錄之先河;又因爲《別錄》《七略》後來亡佚,相關圖書幸賴《漢志》之著錄方能得窺一斑,所以該目實爲探討先秦及西漢學術之津梁,學術價值極要。《古今書最》次錄該目,文曰:"書三十八種,五百九十六家,一萬三千三百六十九卷。""五百五十二家亡,四十四家存。"考《漢志》卷末總計云:"大凡書,六略,三十八種,五百九十六家,萬三千二百六十九卷。"自注云:"入三家,五十篇,省兵十家。"①知《古今書最》中"一萬三千三百六十九卷"之"三百",其實當作"二百"。班固總計在前,阮孝緒統計在後,且《漢書》傳承不墜,故此處字誤,當出於後人傳抄之失。

根據前揭表1(《〈古今書最〉統計表》),知《漢志》同《七略》均分六略、三十八種,而在著錄家數、卷數上,《漢書·藝文志》則少了七家,多了五十卷。班固曾自陳其《藝文略》實據《七略》而來(《漢志序》末云:"今刪其要,以備篇籍"),兩部書目分類全同、著錄基本相同,正可印證。至於兩部書目在著錄數字上存在之差異,則是因爲班固在撰寫《藝文志》時,對《七略》有所損益。班固一"入"("入三家,五十篇")一"省"("省兵十家"),《漢志》正好比《七略》少七家,多五十篇②。由此返觀,前揭阮孝緒對《七略》著錄之數的統計,極爲可信。

值得注意的是,《隋書·經籍志》(以下或簡稱《隋志》)總序云:"(劉歆)遂總括群篇,撮其指要,著爲《七略》……大凡三萬三千九十卷。"③《隋志》雖以《七錄》爲重要前承,此處統計數字,則顯然有誤("三萬"當作"一萬","三千"後脫去"二百")。馬端臨《文獻通考·經籍考》、王應麟《玉海·藝文·書目》、胡應麟《經籍會通》等重要文獻,均承襲此誤,未能明辨。

(三)《後漢書·藝文志》

《後漢書·藝文志》,《古今書最》記曰:"袁山松《後漢藝文志》。書。""八十七家亡。"其中"袁山松"三字,明刻本等無;"書"字之後,明刻本有"若干卷"三字。細考《書最》其他各條著錄之例,均不錄撰人,故"袁山松"三字,或係後人增益。又阮孝緒必親見其書而錄其卷數,思溪藏本顯然脫漏,而汪道昆本之"若干"二字,亦係後人補入。《後漢書》撰者有數家,今通行本係范曄所撰者,但無《藝文志》。阮孝緒羅列歷代校書事實,云:"校書郎班固、傅毅,并典秘籍。固乃因《七略》之辭,爲《漢書·藝文志》。其後有著述者,袁山松亦錄在其書。"(《七錄序》)《隋志》著錄《後漢書》一百卷,"晉秘書監袁山松撰"。《書最》所計《後漢書·藝文志》,即袁山松所撰者(袁氏或作袁崧,《晉書》有傳)。袁氏此志之分類,阮孝緒《七錄序》未予討論,因此,其分類當一仍《漢志》之舊,分六略、三十八種。阮孝緒所記存亡之數,也僅剩"八十七家亡"一句。不難推知,袁氏

---

① 〔漢〕班固《漢書》卷三十,中華書局,1962年,第1781頁。

② 按:後世學者如姚振宗(《漢書藝文志條理》)、當今學者如李零(《蘭臺萬卷》)等,對《漢志》實存之數均有統計,同《古今書最》均有出入。李零認爲"疑抄寫有誤,累計難免齟齬不合"(載氏著《蘭臺萬卷》,生活·讀書·新知三聯書店,2013年修訂版,第222頁)。

③ 〔唐〕魏徵等《隋書》卷三二,中華書局,1973年,第905—906頁。

此志所著録之家數(圖書種數)、卷數,以及圖書現存之數,其文字均在傳鈔中散佚。

(四)《晉中經簿》

《晉中經簿》,《隋書·經籍志》、《舊唐書·經籍志》(以下或簡稱《舊唐志》)、《新唐書·藝文志》(以下或簡稱《新唐志》)俱予著録,均作十四卷。《古今書最》記云:"四部書一千八百八十五部,二萬九百三十五卷。其中十六卷佛經,書簿少二卷,不詳所載多少。""一千一百一十九部亡,七百六十六部存。"其中對圖書著録之數的描述,已由《七略》以降之"種",改稱爲"部"。

按:《晉中經簿》,別稱《中經新簿》,荀勖所撰(以下或簡稱作"荀《簿》")。阮孝緒《七録序》云:"魏秘書郎鄭默,删定舊文,時之論者,謂爲朱紫有別。晉領秘書監荀勖,因魏《中經》,更著《新簿》。雖分爲十有餘卷,而總以四部別之。"在中國目録學史上,《晉中經簿》以開創四分法而著稱。《書最》此條文字較全。"其中十六卷佛經,書簿少二卷,不詳所載多少"等記載①,是阮孝緒統計時所寫,知其時《中經新簿》在傳抄中已有缺損(此句係對統計數字之補充,似應當作爲附注文字,宜用小字書寫、刊刻)。佛經十六卷,即包含在"二萬九百三十五卷"之内;但阮孝緒所見《晉中經簿》,已少二卷("書簿少二卷"),而此二卷内即著録有佛經,所以不詳此十六卷佛經之具體書名、部數。余嘉錫先生推測,佛經當著録於《晉中經簿》之乙部"近世子家"内②,那麽,"少二卷"之"書簿",所缺者當包含近世子家(或其部分)在内。

又按:《隋志總序》云:"秘書監荀勖,又因《中經》,更著《新簿》,分爲四部,總括群書。……大凡四部,合二萬九千九百四十五卷。"③其數較《書最》所計多九千零一十卷。近有學者推測,此數"是唐初加上失而復得的兩卷書簿所載而得到的統計結果"④。鑒於《隋志》之記載頗有訛誤之事實(如上揭對《七略》著録之數之誤記),那麽,此處也有屬於誤記之可能,《書最》文字可信度更高。

(五)《晉元帝書目》

《晉元帝書目》(李充撰),在中國目録學史上,以奠定四部分類之次序(即甲經、乙史、丙子、丁集之次序)而著稱。《隋志》《舊唐志》《新唐志》俱未著録此目,知此目至遲佚於唐初;後世欲了解此目,全賴阮孝緒《七録序録》之記載。《古今書最》記曰:"四部三百五帙,三千一十四卷。"又《七録序》云:"晉領秘書監荀勖,因魏《中經》,更著《新簿》。雖分爲十有餘卷,而總以四部別之。惠懷之亂,其書略盡。江左草創,十不一存。後雖鳩集,淆亂已甚。及著作佐郎李

---

① 關於此數句,學界有不同之解讀。張固也先生結合當時翻譯之佛經介入士大夫生活之程度,將"十六卷"解讀爲《晉中經簿》著録佛經之卷數,識見頗爲精到。參氏撰《〈七録序〉探微二則》一文之討論(見《古典目録學研究》,第57—58頁)。
② 余嘉錫《目録學發微》卷四,巴蜀書社,1991年,第147頁。
③ 《隋書》卷三十二,第906頁。按:《舊唐志·後序》云:"至晉總括群書,裁二萬七千九百四十五卷。"([後晉]劉昫等《舊唐書》卷四十七,中華書局,1975年,第2081頁)其數當本諸《隋志》,知"七千"當作"九千"。
④ 張固也《也談〈中經新簿〉四部之小類問題》,載《古典目録學研究》,第14頁。

充始加刪正,因荀勖舊簿四部之法,而換其乙丙之書,沒略衆篇之名,總以甲乙爲次。自時厥後,世相祖述。"而《隋志總序》云:"惠、懷之亂,京華蕩覆,渠閣文籍,靡有孑遺。東晉之初,漸更鳩聚。著作郎李充以勖舊簿校之,其見存者,但有三千一十四卷。充遂總沒衆篇之名,但以甲乙爲次。自爾因循,無所變革。"①細繹上述文字可知,《隋志》總序所記,實以《書最》及《七錄序》爲據;其"見存""三千一十四卷"之數,即襲用阮孝緒之統計。至於《晉元帝書目》著錄圖書之部數、存亡之數,前表中無,當由於傳鈔中之遺失。又,前揭《七略》至《晉中經簿》,俱言"書"若干種(部),故此條内"四部"之後,當有"書某某部"。

按:綜合上述文字,還能得出以下認知:

甲、李充據荀《簿》查點圖書,所得僅三千零一十四卷,較荀《簿》所載(阮氏清點出二萬九千零三十五卷,但非全部),僅占百分之十點三八。易言之,西晉圖書,經亂喪失近百分之九十。惠、懷之亂所致文獻之淪没,極爲嚴重,堪稱浩劫。

乙、阮孝緒據舊目加以清點,近效王儉,遠承李充。如果由此進一步上溯,那麼,荀勖"因魏《中經》,更著《新簿》",班固依劉歆《七略》"今刪其要,以備篇籍",足證杰出之目錄學家,均重視歷代文獻與著錄現狀之梳理與清點。

丙、《隋志》"充遂總沒衆篇之名,但以甲乙爲次","總沒"二字,殊不可解,今人曲爲其説,未得其實。其本源乃《七錄序》"沒略衆篇之名,總以甲乙爲次"。"沒略"者,略去、省略之意。"衆篇之名",乃各書之篇名,係本書目錄之一部分(即篇目)。由此反證,荀《簿》原有解題,實有本書篇目,仍然遵循劉向、歆父子之撰寫書錄之成規。

丁、李充有創例。"自時厥後,世相祖述"(《七錄序》),"自爾因循,無所變革"(《隋志》總序),何謂也?通常以李充"因荀勖舊簿四部之法,而換其乙丙之書"(《七錄序》),即奠定後世文獻分類中經、史、子、集四大分野之格局。實際上,其重心更在"總沒衆篇之名,但以甲乙爲次",即不再著錄各書之篇目,而僅按荀《簿》二級類目之序次,著錄群書。篇目爲本書目錄之有機組成(本書目錄即書錄,由篇目、叙錄構成),而《晉元帝書目》叙錄亦無,僅列書名而已。官修獨立之綜合目錄,其例自此爲之一變。(《漢志》係史志目錄,受體例限制,故省去書錄。)

(六)《晉義熙四年秘閣四部目錄》

《晉義熙四年秘閣四部目錄》,據前揭《古今書最》文本,僅有其名,而無其他文字。但按阮孝緒之著述旨趣與體例,知阮氏對此目不可能没有記述,惟相關文本(如"四部書"及著錄部數、帙數、卷數、當時存亡之數等),在後世傳鈔中遺失而已②。

《晉義熙四年秘閣四部目錄》雖著錄於《古今書最》,而《七錄序》及《隋志總

---

① 《隋書》卷三十二,第906頁。
② 有學者認爲阮孝緒未見此目(詳唐明元《魏晉南北朝目錄學研究》,巴蜀書社,2009年,第103頁),蓋對阮氏著述宗旨與體例之認識,尚不夠全面。

序》内,均未叙及。檢《隋志》簿録篇,有《晋義熙以來新集目録》三卷①;《舊唐志》有《義熙以來雜集目録》三卷,注:"丘深之撰。"②《新唐志》則有"丘深之《晋義熙已來新集目録》三卷"③,與《隋志》同。三家史志所載,實爲一書,即《晋義熙以來新集目録》三卷(《舊唐志》誤"新"爲"雜")。其作者"丘深之",實即"丘淵之",《宋書》有傳(附《顧琛傳》後)。避"淵"爲"深",蓋出唐人諱改④。

那麽,《晋義熙四年秘閣四部目録》同《晋義熙以來新集目録》有何關係?余嘉錫先生認爲:"案:《七録》與《隋志》所載皆即一書。丁國鈞《補晋書藝文志》采《七録》《隋志》,分爲二書,非也。(黃逢元《補志》,只著録《義熙四年秘閣四部目録》,不引《隋志》考其异同,亦非。)"⑤但余氏此説未確。首先,從内容上看,二目即各有側重。《晋義熙四年秘閣四部目録》係國家藏書目録,屬於官修之綜合目録;《晋義熙以來新集目録》則僅收集部書,屬於私撰之學科目録(文學目録)。其次,撰者不同。《晋義熙以來新集目録》撰者爲丘淵之,而《晋義熙四年秘閣四部目録》之撰者,姚名達先生認爲可能是徐廣⑥。考《晋書》本傳云:"徐廣,字野民,東莞姑幕人……孝武世,除秘書郎,典校秘書省。增置省職,轉員外散騎侍郎,仍領校書。……義熙初,奉詔撰車服儀注,除鎮軍諮議,領記室,封樂成侯,轉員外散騎常侍,領著作。……遷驍騎將軍,領徐州大中正,轉正員常侍、大司農,仍領著作如故。十二年,勒成《晋紀》,凡四十六年,表上之。因乞解史任,不許。遷秘書監。"⑦從徐氏之居官與職掌上看,姚名達先生所論極是。此外,從阮孝緒著述旨趣上看,如欲反映東晋一代國家圖書面貌,那麽,基於晚修之官修目録較早修者更能反映一代藏書之實際,則選擇東晋末期義熙四年(408 年。晋安帝時)編成的國家藏書目録,無疑是極爲正確之舉(東晋亡於公元 420 年)。

(七)《宋元嘉八年秘閣四部目録》

《宋元嘉八年秘閣四部目録》,《古今書最》記曰:"一千五百六十有四帙,一萬四千五百八十二卷。(五十五帙、四百三十八卷佛經。)"根據上揭阮氏著録通例,此條中當有"四部書"及"某某部"之文字,後來散佚不存。阮氏統計之當時存亡之數,一并散佚。

此部官修書目,《隋志》之簿録篇及《舊唐志》《新唐志》之目録類,均未著録,可能唐初已佚。現存文本内關於佛經帙數、卷數之注明,應係阮氏自注,而非出於《廣弘明集》之撰者釋道宣之手。前揭荀勗《中經新簿》已著録佛經,可能在乙部近世子家之内;此目亦著録佛經,當循例著録於丙部(自李充《晋元帝

---

① 《隋書》卷三十三,第 991 頁。
② 〔後晋〕劉煦等撰《舊唐書》卷四十六,第 2011 頁。
③ 〔宋〕歐陽修、宋祁等《新唐書》卷五十八,中華書局,1975 年,第 1498 頁。
④ 説詳余嘉錫《目録學發微》卷三,第 91 頁。又,吴光興《荀勗〈文章叙録〉、諸家"文章志"考》一文亦有指出(載《周勛初先生八十壽辰紀念文集》,中華書局,2008 年,第 194 頁)。
⑤ 余嘉錫《目録學發微》卷三,第 90—91 頁。
⑥ 説詳姚名達《中國目録學史·校讎篇》(上海古籍出版社,2002 年,第 146—147 頁)。
⑦ 《晋書》卷八十二,中華書局,1974 年,第 2158 頁。

書目》起,子書退居丙部,而史書進居乙部)。《七錄序》云:"宋秘書監謝靈運、丞王儉,齊秘書丞王亮、監謝朓等,并有新進,更撰目錄。"此係總括之語,但未明言謝靈運、王儉所撰何目。《隋志總序》云:"宋元嘉八年,秘書監謝靈運造《四部目錄》,大凡六萬四千五百八十二卷。"①(按:其中"六萬"之"六",顯係"一"之誤。《隋志總序》著錄不謹,此又一例。)據此,余嘉錫先生將此目撰者斷爲謝氏:"有宋一代,累撰目錄。其在文帝元嘉八年,則有謝靈運之書。"②"元嘉"係南朝宋文帝劉義隆(廟號太祖)年號(424—453),元嘉八年即431年。考《宋書·謝靈運傳》:"謝靈運,陳郡陽夏人也。……博覽群書,文章之美,江左莫逮。……高祖版爲太尉參軍,入爲秘書丞,坐事免。""太祖登祚,誅徐羨之等,徵爲秘書監,再召不起,上使光祿大夫范泰與靈運書敦獎之,乃出就職。使整理秘閣書,補足遺闕。""靈運以疾東歸,而游娛宴集,以夜續晝,復爲御史中丞傅隆所奏,坐以免官。是歲,元嘉五年。""太祖詔於廣州行棄市刑……時元嘉十年,年四十九。"③知謝氏歷任秘書丞、秘書監,整理秘閣圖書。但謝氏元嘉五年(428)即去官,後被殺於元嘉十年(433),而此部《秘閣四部目錄》成於元嘉八年(431),已是謝氏去官三年之後。因此,此目雖經謝氏經營,但最後并不成於謝氏之手。

(八)《宋元徽元年秘閣四部書目錄》

《宋元徽元年秘閣四部書目錄》,《古今書最》記曰:"二千二十帙,一萬五千七十四卷。"顯然,"四部書""某某部"等文字及當時存亡之數,均在傳抄中散佚。

此目係南朝宋之官簿。元徽(473—477),宋後廢帝劉昱年號。《七錄序》云:"宋秘書監謝靈運、丞王儉,齊秘書丞王亮、監謝朓等,并有新進,更撰目錄。"此係總括之語,但未言王儉所撰何目。而《隋志總序》云:"元徽元年,秘書丞王儉又造《目錄》,大凡一萬五千七百四卷。"④又《舊唐志·後序》云:"其後王儉復造書目,凡五千七十四卷。"⑤明其撰者爲時任秘書丞王儉。《隋志·簿錄篇》有《宋元徽元年四部書目錄》四卷,《舊唐志·目錄類》有《元徽元年書目》四卷,《新唐志·目錄類》有《宋元徽元年四部書目錄》,均題王儉(452—489)撰。《隋志總序》所記"一萬五千七百四卷",同《書最》所記"一萬五千七十四卷"有異;質以《舊唐志》所記,當以《書最》爲是(《舊唐志》所記,脫去"一萬"二字;《隋志》又誤,以"七十"爲"七百")。

王儉編撰《宋元徽元年秘閣四部書目錄》,職責所係,理宜固然。不過,王儉并不滿意荀勖創立、李充改易之四部分類法,另外撰寫有目錄學名著《七志》。著錄圖書相同而分類格局不同,尤見王儉之抱負非凡。

---

① 《隋書》卷三十二,第906頁。按:《舊唐志·後序》云:"至宋謝靈運造《四部書目錄》,凡四千五百八十二卷。"(〔後晉〕劉昫等《舊唐書》卷四十七,第2081頁)其説當本諸《隋志》,而脫去"六萬"字樣。
② 説詳余嘉錫《目錄學發微》卷三,第91頁。
③ 〔梁〕沈約《宋書》卷六十七,中華書局,1974年,第1743、1772、1774、1777頁。
④ 《隋書》卷三十二,第906頁。
⑤ 〔後晉〕劉昫等《舊唐書》卷四十七,第2081頁。按:此處卷數,當脫去"一萬"二字。

(九)《齊永明元年秘閣四部目録》

《齊永明元年秘閣四部目録》,《古今書最》記曰:"五千新足。合二千三百三十二帙,一萬八千一十卷。"

永明(483—493)係齊世祖蕭賾年號。此目《隋志》《舊唐志》《新唐志》俱未載。《七録序》云:"宋秘書監謝靈運、丞王儉,齊秘書丞王亮、監謝朏等,并有新進,更撰目録。"未言王亮、謝朏等所撰何目。而《隋志總序》云:"齊永明中,秘書丞王亮、監謝朏,又造《四部書目》,大凡一萬八千一十卷。"①《舊唐志·後序》亦云:"南齊王亮、謝朏《四部書目》,凡一萬八千一十卷。"②蓋本諸《隋志》。此《四部書目》,當即《書最》所載之《齊永明元年秘閣四部目録》,其撰者爲秘書丞王亮、秘書監謝朏,有二千三百三十二帙,一萬八千一十卷。

《書最》所云"五千新足",如何理解? 時賢指出,"五千新足"應爲"五千新增"之義;"但究竟新增的是什麽,確實頗爲費解。筆者推測,很可能該目是在《宋元徽元年秘閣四部書目録》的基礎上,新收録了其目所無的圖書,又重新整理并繕寫了其目已收録的部分卷册,兩者合計共有五千卷"③。分析頗有見地。筆者認爲,王亮、謝朏在整理圖書之時,對新出者有所增入,對亡佚者有所補入,對殘損者有所補益,此類新整理之圖書,凡五千卷,故曰"五千新足"。

(十)《梁天監四年文德正御四部及術數書目録》

《梁天監四年文德正御四部及術數書目録》,《古今書最》記云:"合二千九百六十八帙,二萬三千一百六卷。"附注云:"秘書丞殷鈞撰《秘閣四部書》,少於文德,故書不録其數也。"

關於梁代書目,《隋志·簿録篇》著録有三種:"《梁天監六年四部書目録》四卷(殷鈞撰)","《梁東宮四部目録》四卷(劉遵撰)","《梁文德殿四部目録》四卷(劉孝標撰)"④。《舊唐志》著録一種:"《梁天監四年書目》四卷(丘賓卿撰)。"⑤《新唐志》亦著録三種:"阮孝緒《七録》十二卷","丘賓卿《梁天監四年書目》四卷","劉遵《梁東宮四部書目》四卷"⑥。

以上三志所記諸目,同《書最》此條,并不能遽斷其對應關係。考《七録序》云:"齊末兵火,延及秘閣,有梁之初,缺亡甚衆。爰命秘書監任昉,躬加部集。又於文德殿内,别藏衆書,使學士劉孝標等重加校進。乃分數術之文,更爲一部,使奉朝請祖暅撰其名録。其尚書閣内别藏經史雜書,華林園又集釋氏經論。自江左篇章之盛,未有踰於當今者也。"又《隋志總序》云:"齊末兵火,延燒秘閣,經籍遺散。梁初,秘書監任昉,躬加部集,又於文德殿内列藏衆書,華林園中總集釋典,大凡二萬三千一百六卷,而釋氏不豫焉。梁有秘書監任昉、殷

---

① 《隋書》卷三十二,第 907 頁。
② [後晋]劉昫等《舊唐書》卷四十七,第 2081—2082 頁。
③ 薛紅、唐明元《〈七録序〉所附〈古今書最〉探微》,第 70—71 頁。
④ 《隋書》卷三十三,第 991 頁。
⑤ [後晋]劉昫等《舊唐書》卷四十六,第 2011 頁。
⑥ [宋]歐陽修、宋祁等《新唐書》卷五十八,第 1498 頁。

鈞四部目錄,又《文德殿目錄》。其術數之書,更爲一部,使奉朝請祖暅撰其名。故梁有《五部目錄》。"①

據《七錄序》《隋志總序》之記載,知梁代藏書有以下數處:秘閣、文德殿、尚書閣、華林園。官撰書目有:

甲、天監四年(505),丘賓卿《梁天監四年書目》四卷。此係秘閣藏書目錄,秘書監任昉曾"躬加部集"者。《舊唐志》《新唐志》均著錄。《隋志》未載,而總序中提及任昉"四部目錄",較爲隱晦。

乙、天監四年,劉孝標、祖暅等《梁天監四年文德正御四部及術數書目錄》。此目其實是兩部書目:劉孝標《梁天監四年文德正御四部目錄》(或省稱《梁文德殿四部目錄》),四卷;祖暅《梁天監四年文德殿術數書目錄》,應爲一卷。因係文德殿藏書目錄,合而觀之,四部(甲、乙、丙、丁)加上術數一類,則有五部,故合稱《五部目錄》。阮孝緒將其合爲一稱,乃是出於便於統計之考慮。如果只是一部書目,其名中不必用"及"字,而直稱《梁天監四年文德殿五部目錄》即可;《隋志》也不會僅著錄"《梁文德殿四部目錄》四卷(劉孝標撰)"。

丙、天監六年,殷鈞《秘閣四部書目錄》四卷。此係秘閣藏書之目錄。當承丘氏書目而增成之(據《隋志》及阮孝緒於本條下之注文)。

此外,尚書閣內別藏經史雜書,華林園中所收釋氏經論,是否撰有書目,文獻無徵。

上述考察,其結果略如下表所示:

表2 梁代官書藏地及官目表

藏地	整理者	書目名稱	卷數	成目時間	著錄總數	文獻依據
秘閣	任昉、丘賓卿	梁天監四年書目	四卷	天監四年	——	七錄序、隋志總序、兩唐志
	殷鈞	梁天監六年四部書目錄	四卷	天監六年	——	隋志(總序、簿錄篇)
文德殿	劉孝標	文德殿正御四部目錄	四卷	天監四年	同下合計23106卷	七錄序、古今書最、隋志總序
	祖暅	文德殿術數書目錄	一卷	天監四年	同上合計23106卷	七錄序、古今書最、隋志總序
尚書閣	——	——	——	——	——	七錄序
華林園	——	——	——	——	——	七錄序、隋志總序
東宮	劉遵	梁東宮四部目錄	四卷	——	——	隋志、新唐志

注:(1)各文獻專名,均省書名號,以求簡潔。(2)表中缺項,用"——"表示。

---

① 《隋書》卷三十二,第907頁。

綜上所考，知《古今書最》所載"《梁天監四年文德正御四部及術數書目錄》"一條，實際上包括兩種書目：即《梁天監四年文德正御四部目錄》(或《梁文德殿四部目錄》)四卷(劉孝標撰)，《梁天監四年文德殿術數書目錄》一卷(祖暅撰)。二者圖書藏地有异、撰者有异，因此，"《梁天監四年文德正御四部及術數書目錄》"并不是一部單獨的書目，而是一個包含兩種密切相關的書目的共名。學者對此未加辨別，則所論即難以周洽①。

那麼，梁代中央圖書，藏地不止一處，官修書目不止一種，阮孝緒爲何選擇兩種文德殿藏書目錄，作爲考察梁初藏書情況的憑介？度其實際，原因大致有以下數端：

其一，文德殿藏書較富。同《齊永明元年秘閣四部目錄》相比，時間上剛過去二十餘年，圖書便增加了六百三十六帙、四千九十六卷。阮孝緒亦自陳"秘書丞殷鈞撰《秘閣四部書》，少於文德書，故不撰其數也"(《七錄序》)。

其二，文德殿藏書最具代表性。《梁天監四年文德正御四部目錄》"正御"二字，表明文德殿收藏的都是正本。顏之推《觀我生賦》自注，中稱"乃詔比校，部分爲正御、副御、重雜三本"②。"正御"同"副御"、"重雜"并提，蓋指同一種書諸複本中之"正本"。《隋大業正御書目錄》題中之"正御"，含義并同。

其三，文德殿藏書，校讎、整理較精。劉孝標、祖暅俱當時知名學者，校讎、整理、編目水平，俱臻上乘。阮孝緒選擇兩種文德殿書目作爲代表，良有以也。

(十一)《七錄》

《七錄》是阮孝緒個人撰就之書目，是其代表作之一。《古今書最》記云："新集《七錄》內外篇，圖書凡五十五部，六千二百八十八種，八千五百四十七帙，四萬四千五百二十六卷(六千七十八種，八千二百八十四帙，四萬三千六百二十四卷，經書；二百三種，二百六十三帙，八百七十九卷，圖符。)""內篇五錄，四十六部，三千四百五十三種，五千四百九十三帙，三萬七千九百八十三卷。(三千三百一十八種，五千三百六帙，三萬七千一百八卷，經書；一百三十五種，一百八十七帙，七百七十五卷，圖也。)""外篇二錄，九部，二千八百三十五種，三千五十四帙，六千五百三十八卷。(二千七百五十九種，五千九百七十八帙，六千四百三十四卷，經書；七十六種、七十八帙、一百卷，符圖。)"

關於上述《七錄》一條，是否屬於《古今書最》，學界曾有討論。有學者認爲，"關於《七錄》各類著錄圖書數量的文字應是道宣輯之於《七錄》正文各類之末尾，而非輯於《古今書最》"③，也就是説，自此條以下，均非阮氏自著，而是出

---

① 如王重民先生認爲："在《古今書最》內，他(引按：指阮孝緒)列舉了十種古代目錄。"(載氏著《中國目錄學論叢》，中華書局，1984年，第75頁)薛紅、唐明元《探微》指出，"《古今書最》實際上只包括了《七錄》'簿錄類'已著錄36種目錄中的9種官修目錄，以及其未著錄的2種史志目錄"；"(《古今書最》)祇收錄自《七略》至阮孝緒時所有的綜合性官目及史志目錄，不著錄私家目錄，包括王儉《七志》等綜合性目錄以及專科目錄，如佛經目錄、道經目錄、文學專科目錄等。"(第69頁)
② [唐]李百藥《北齊書》卷四十五，中華書局，1975年，第622頁。
③ 薛紅、唐明元《〈七錄序〉所附〈古今書最〉探微》，第68頁。

於釋道宣之手。對此,張固也先生指出:"(《七録序》)其中'古今書最'《七録》目録'兩個小標題爲阮氏自題,介於其間的'新集《七録》内外篇圖書……内篇五録……外篇二録……'三條二百餘字,當然應該屬於《古今書最》。所謂'古今書最'之'今',正是指《七録》本身而言的。"[①]

阮孝緒《七録》,《隋志》《舊唐志》《新唐志》均有著録。將該録置於《古今書最》,應出自阮孝緒本人之手。既然《書最》之撰述旨趣即在於條列歷代典籍著録之數、存亡面貌,爲阮氏"窮究流略,探盡秘奥"之宏偉建構而張目,那麼,阮氏自撰之《七録》,總當時書目著録之大成,自當在備陳之列。不唯如此,本條所記之統計數字,包括附注數字,均應出於阮氏之手。理據如下:

其一,數字有出入。試見下表:

表3 《古今書最》所載《七録》著録表

七録	種數	帙數	卷數
《書最》正文	6288	8547	44526
《書最》附注	6281(6078+203)	8547(8284+263)	44503(43624+879)
内篇正文	3453	5493	37983
内篇附注 (經書+圖符)	3453(3318+135)	5493(5306+187)	37883(37108+775)
外篇正文	2835	3054	6538
外篇附注 (經書+圖符)	2835(2759+76)	6056(5978+78)	6534(6434+100)
内外篇正文合計	6288(3453+2835)	8547(5493+3054)	44521(37983+6538)
内外篇附注合計	6288(3453+2835)	11549(5493+6056)	44417(37883+6534)

由表3可知,《書最》現存文本中正文數字與附注數字,并未一一合契,而是常有出入。如種數,有6288(正文)、6281(附注)之差異,誤差爲7;卷數,有44626(正文)、44417(附注)之差異,誤差爲9。差別最大的是帙數,8547(正文)同11549(附注)誤差竟達3002! 筆者推測,外篇附注中"五千九百七十八帙"之"五千",實際當作"二千"。如此,則附注實有3056帙,差別不致太大(僅爲2)。

所幸阮孝緒在《七録目録》中,對各録之種數、帙數、卷數,亦有說明。略如下表:

表4 《七録目録》統計表

《七録》各録	種數	帙數	卷數
《經典録》	591	710	4710
《記傳録》	1020	2248	14888

---

① 張固也《〈古今書最〉的幾個問題》,《古典目録學研究》,第68頁。

續表

《七録》各録	種數	帙數	卷數
《子兵録》	290	553	3894
《文集録》	1042	1375	10755
《術伎録》	505	606	3736
《佛法録》	2410	2595	5400
《仙道録》	425	459	1138
合計	6283	8546	44521

將此表所統計之數字，同表3("《古今書最》所載《七録》著録表")相較，可知其中微有差異：

表5 《七録》著録數字比較表

來源	種數	帙數	卷數
《書最》正文	6288	8547	44526
《書最》附注	6288	8549	44417
《七録目録》	6283	8546	44521

可見，無論是種數，還是帙數，實際相差并不大。卷數，惟《書最》附注之數字相差較大。由此可以推斷，《古今書最》中《七録》條内相關數字(包括附注數字)，均應出自阮孝緒本人之手(至於微异，當因傳鈔所致)。

其二，經書、圖符有分别。本條著録中，經書、圖符("圖""符圖"，或脱文，或倒文，均應以"圖符"爲正)對舉，則所謂"經書"，當指無圖之書。兩大圖書種類之分别，惟撰者本人能細分并統計之，後人(如釋道宣等)決不能細勘其書而作出如此精確之統計。

由以上兩點，可知《古今書最》中《七録》一條，必出於阮孝緒本人之手。《書最》著録，自劉歆《七略》開其端，阮孝緒自撰之《七録》殿其尾，古今貫通，正體現出阮氏通考歷代典籍存廢、洞徹學術源流的撰述旨趣與宏偉抱負。

三　結論

通過上述析論，可以得出如下認識：

(一)作爲《七録序録》的有機組成部分，《古今書最》對《七録序》起補充、發明之作用。如果説《七録序》是阮孝緒的理論表達，那麽《書最》以及《七録目録》就是阮氏的具體實踐。因此，《書最》的撰述旨趣，就在於梳理古今圖書之著録及流存面貌，服務於阮孝緒"窮究流略，探盡秘奥"之宏偉追求。

(二)《古今書最》以書目爲著録對象，詳記各目之分類、著録種數、卷數，附記其現存之數。作爲具有專名的相對獨立之文獻，《書最》首先是一種書目，在類型上屬於特種目録中"書目之書目"(即《校讎廣義》所謂"目録之目録")。

此其最根本之文獻屬性。在中國目錄學史上，《書最》同《七錄·記傳錄·簿錄部》是可考的最早的書目之書目之"雙璧"，同時又是特殊的知見書目[①]。

（三）《古今書最》所載，凡十一條内容，實際上共著錄書目十二種。此十二種書目，可分爲綜合性目録、學科目録（專科目録）兩大類。甲、綜合性目録凡十一種，其中屬於中央（國家）藏書目録者八種：(1)《七略》（劉歆撰），(2)《晉中經簿》（荀勖撰），(3)《晉元帝書目》（李充撰），(4)《晉義熙四年祕閣四部目録》（徐廣撰），(5)《宋元嘉八年祕閣四部目録》（謝靈運等撰），(6)《宋元徽元年祕閣四部書目録》（王儉撰），(7)《齊永明元年祕閣四部目録》（王亮、謝朓撰），(8)《梁天監四年文德正御四部目録》（劉孝標撰）；屬於史志目録者兩種：(9)《漢書·藝文志》（班固撰），(10)《後漢書·藝文志》（袁崧撰）；屬於私撰目録者一種：(11)《七録》（阮孝緒撰）。乙、專科目録僅有一種：(12)《梁天監四年術數書目録》（祖暅撰）。

（四）《古今書最》著録之諸目，均是各個時代最有代表性之書目，因此爲阮孝緒所選中，用以通考歷代典籍之流傳、存亡面貌。由於各種原因（諸如天災、戰亂、傳鈔之失等），《書最》之文本不可避免地產生訛誤與缺失。部分面貌，尚可據《書最》著述通例進行擬測或得以恢復。儘管不全，《書最》現存文本仍然彌足珍貴，應引起學人高度重視。

總之，作爲《七録序録》的重要組成部分，《古今書最》係阮氏私撰之特殊知見書目，是中國目録史上可考的兩種最早的書目之書目之一；通過對歷代典籍之流傳、存亡面貌之考察與統計，爲《七録序》之理論建構而張目，是阮孝緒"窮究流略，探盡祕奥"之宏偉抱負的手段與體現。因此，《書最》以其簡明切要之著録，不僅有助於了解著録諸目之歷史面貌，有助於探討《七録》紀傳録内簿録部之著録内容，而且也有助於深化對阮孝緒學術思想之全面研究，是研究中古時期目録學、學術史極爲珍貴的學術文獻之一。

（作者單位：南京大學文學院、古典文獻研究所）

[①] 唐明元認爲，"阮孝緒《古今書最》係對自西漢至梁所有官修目録及史志目録的通録"（《魏晉南北朝目録學研究》，巴蜀書社，2009 年，第 53 頁）。這一見解，顯然忽視了《古今書最》著録諸目係阮氏挑選的代表性書目之事實。通録歷代書目的任務，是由《七録·紀傳録·簿録部》完成的。

《七録》總集、雜文二分及其集部文體學價值*

翟新明

引　言

　　一般説來，總集包括兩種形態，即目録學形態和文章學與編輯學形態①。在現存文獻中，古典目録學中的總集類名首先出自南朝梁阮孝緒《七録》，其名稱確定也由此開始，并通過《隋書·經籍志》(以下簡稱《隋志》)的"中轉"而被後世目録學著作所廣泛接受。從"詩賦"(《漢志·詩賦略》)經"文翰"(《七志·文翰志》)向"文集"(《七録·文集録》)的轉變，并不單純是從單一文體向多種文體文章結集形式的轉變，更可見出目録學者在時代背景下對於部類的重新設定。以《漢志·詩賦略》所收文獻爲例，雖可以《隋志》以後的别集、總集觀念進行大概劃分②，但在《七録》中仍當屬於雜文部而非别集部、總集部。此是《七録》與《隋志》總集觀念的不同，也是先唐與唐代總集觀念的不同，同時也是不同書籍形態影響到書目中文獻著録的表現。從《七録》總集部、雜文部到《隋志》總集類，也并不僅僅是部類名稱的改變，其具體的文獻著録、部類的著録標

---

　　* 本文爲湖南大學 2021 年哲學社會科學青年學術提升計劃立項項目"六朝隋唐總集觀念演進與編纂互動研究"、湖南大學中央高校基本科研業務費資助項目"明前書目之總集著録研究"階段性成果。
　　① 詳見拙文《從詩賦到文集：先唐書目中的集部演變》，《書目季刊》第 52 卷第 3 期，台灣學生書局，2018 年，第 23 頁。
　　② 如章學誠《校讎通義》稱："三種之賦，人自爲篇，後世別集之體也。雜賦一種，不列專名，而類叙爲篇，後世總集之體也。"(葉瑛校注《文史通義校注》，中華書局，1985 年，第 1065 頁)程千帆先生已駁之稱："雖或已具別集、總集之形，(以今觀之，固不得謂前三種者別集但可謂詩賦一略纂録之法，已隱有別集、總集之雛形。)然亦必非劉、班所著意如章氏之説耳。"(《〈漢志·詩賦略〉首三種分類遺意説》，《閑堂文藪》，《程千帆全集》第七卷，河北教育出版社，2000 年，第 217 頁)

準亦因之而變①。

歷來研究,已注意到《隋志》合并《七録》總集部、雜文部爲總集類這一現象,但重心仍集中於考察《隋志》總集類觀念,而因《七録》久佚,多未能注意到從《七録》角度去解讀其總集部、雜文部的二分及著録標準與其價值,也由此導致對《隋志》總集觀念的認識不能深入而多陷入誤區。如凌頌榮認爲:"'總集'概念於初期其實并不明確,在《隋志》面世以後更是模糊。直至唐代,'總集'概念才開始獲得一個較清晰的定位,內涵變得明確而具獨立於其他小類的價值。""觀乎《隋志》,當時的'總集類'頗爲混雜,分類系統并不明確,顯示時人對這個概念的認識始終有限,許多細節都無法理清。"②此一錯誤論斷,即是未能注意到《七録》對於楚辭、別集、總集、雜文四部的分類與著録標準,及《隋志》對其并合而導致著録標準的含混不清。簡言之,對《隋志》總集類著録標準的考察應同時注意到《七録》總集部、雜文部的二分,《七録》總集、雜文觀念不明,對《隋志》總集觀念的考察也就不能明確。因之,考察《七録》總集部與雜文部究竟著録何種文獻,表現出何種著録標準,也應引起重視。雖然《七録》已亡佚,但仍可根據《隋志》來推原其基本的文獻著録與觀念。下文即以《七録》爲中心,通過《隋志》對《七録》總集部、雜文部文獻的"推原",從其具體的文獻著録出發,考察《七録》總集部、雜文部文獻著録與著録標準③,并進一步探討其所涉及的文體學相關問題。

一 "梁有"與《七録》總集部文獻著録"推原"

根據阮孝緒《七録序》的記載,《七録·文集録》下分楚辭、別集、總集、雜文

---

① 從《七録》總集部演變至《隋志》總集類,除名稱、文獻著録變化之外,作爲觀念直接展現的部類小序亦是值得關注的對象。張宗友《〈七録〉小序考》通過對張守節《史記正義》被刊落文本之考索,考得《七録·經典録》之尚書部、詩部、禮部、春秋部等四部小序完篇,進而推論:"足證《隋志》小序,正以《漢志》《七録》爲骨,而加以增益、改寫及補充而成,文字因此較爲豐碩。""由《七録》四部之有小序,不僅可以推知《經典録》其餘各部(《易部》《樂部》《論語部》《小學部》《孝經部》《讖緯部》)均有小序,《經典録》亦當有小序;其餘各録(《記傳録》《子兵録》《文集録》《佛法録》《仙道録》)及其各部,也各具小序。"(《歷史文獻研究》總第46輯,廣陵書社,2021年,第175—176頁)此一考察,精微可信。可知《七録》總集部原有小序,且其文本被《隋志》總集類吸收,但其原貌如何,因文獻無徵,固已無從查考矣。

② 凌頌榮《"總集"概念演變研究——以西晉至南宋爲中心的考察》,香港中文大學2016年中國語言及文學課程哲學碩士論文,第12、46頁。

③ 需要説明的是,在現當代目録學研究中,"著録"一般指向書目中文獻著録的體例,如書名、作者、注釋等項目的有無及其具體實踐規則,也就是所謂的"著録項目"。但考察文獻,"著録"一詞始見於《東觀漢記》載牟長"諸生著録,前後萬人"(〔漢〕劉珍等撰,吳樹平校注《東觀漢記校注》卷十八,中華書局,2008年,第830頁),唐李賢注"著録"爲"著於籍録"(〔南朝宋〕范曄撰,〔唐〕李賢等注《後漢書》卷七九上,中華書局,1965年,第2553頁),指向的是將姓名登記在簿册之上。在古典目録學中,著録首先指向的是文獻登記,也就是書目中收録有何書,又收録幾何。如《新唐書·藝文志》序稱"而藏書之盛莫盛於開元,其著録者五萬三千九百一十五卷",各部類之下稱"著録""不著録",《郡齋讀書志》以下徑稱某書目著録與否、某書目著録文獻幾何,均是指稱收録,也就是"著於録"。就本文所稱"著録"一詞而言,所要考察的是書目中某一部類著録了何種文獻,同一文獻在不同書目中又被著録在何種部類中,以及由此具體的文獻著録所揭示的部類觀念,亦是指初始的收録義而言,與今人一般所稱的"著録項目"不同。爲免引起歧義,特加説明。

四部①。《七錄》久佚,清代以來陸續有輯本,但多數僅抄錄《廣弘明集》所載《七錄序》之序文、《古今書最》與《七錄》目等,或附錄阮孝緒傳記,如劉喜海味經書屋抄本、王仁俊輯《玉函山房輯佚書續編》本均是如此;臧庸輯本略據《經典釋文叙錄》等進行考證,附於各部之下,另有《附考》,亦不過是將阮孝緒相關傳記資料加以匯錄②。在此之外,只有中國國家圖書館藏吴丙湘式古訓齋抄本《七錄》輯錄有各部之下的具體文獻③。徐乃昌《積學齋藏書記》著錄此書稱:"亡友吴次瀟先生丙湘手鈔本,首有自序。是書久佚,序及總目見《廣弘明集》,而以《隋志》梁有者注於下。分合去取,不甚確也。"④此本今已殘缺,僅輯錄至别集部《沙門釋智藏集》五卷,未見及輯錄總集、雜文二部文獻。不過,據徐乃昌提要,知是吴丙湘自《隋志》"梁有"之書輯錄。今人所輯具有系統性、完整性的輯本有兩種,一是任莉莉 2005 年提交河南師範大學的碩士學位論文《阮孝緒〈七錄〉輯證》,修訂後由上海古籍出版社於 2011 年出版,改題爲《七錄輯證》;一是殷炳艷 2009 年提交吉林大學的碩士學位論文《〈七錄〉研究及其重輯》。

　　任、殷二氏對《七錄》的重輯,均主要依據《隋志》《經典釋文叙錄》等文獻,尤其是據《隋志》所著錄的"梁有"之書,如任莉莉稱:"本書定某書爲《七錄》所收,主要依靠《隋志》注中的'梁有'二字。""凡得之於《隋志》'梁有'者,即徑予收入,不復注明出處。"⑤殷炳艷亦稱:"從《隋志》中輯出全部'梁有'之書和正文著錄者輯出時代相符之書,分别標明爲'梁有''隋',仍按原來的次序排列。"⑥對於"梁有"之書據信不疑。有關於"梁有"之書是否即《七錄》所著錄者,丁延峰延續姚振宗觀點持否定態度:"《隋志》著錄的'舊錄',尤其是'梁有',不僅僅是《七錄》,而是包含了編者所能見到的梁代所有書目。"⑦張固也、殷炳艷則力辨"梁有"即指《七錄》所著錄⑧。總體來説,儘管《隋志》所著錄的文獻并不僅來自《七錄》,但其與《七錄》的承續關係早已爲學界所認可,"梁有"

---

①〔南朝梁〕阮孝緒《七錄序》,〔唐〕釋道宣編《廣弘明集》卷三,《國學基本典籍叢刊》影印國家圖書館藏宋紹興二年(1132)王永從刻安吉州思溪法寶資福寺大藏本,國家圖書館出版社,2018 年,第 118—119 頁。

② 劉喜海味經書屋抄本據國家圖書館藏(善本書號:02769),王仁俊輯《玉函山房輯佚書續編》本據《續修四庫全書》第 1206 册影印上海圖書館藏稿本,臧庸輯本據《續修四庫全書》第 919 册影印國家圖書館藏清抄本。有關《七錄》見存各版本,可參見任莉莉《七錄輯證》附錄三《前人有關〈七錄〉的輯本》,上海古籍出版社,2011 年;吴沂澐《四部分類的奠基與開創——現存阮孝緒〈七錄〉版本及流傳考》,《第五屆全國中文學科博士生學術論壇論文集》,中山大學中文系,2016 年 9 月,第 1—4 頁。

③ 对式古訓齋寫本《七錄》作者、時代的相關考證,參見拙文《國家圖書館古籍著錄訂誤一則——兼及〈室名别號索引〉失收二例》,《古籍保護研究》第六輯,大象出版社,2020 年,第 139—140 頁。

④ 徐乃昌撰,柳向春、南江濤整理《積學齋藏書記》,上海古籍出版社,2014 年,第 93 頁。

⑤ 任莉莉《七錄輯證·前言》,第 7,9 頁。

⑥ 殷炳艷《〈七錄〉研究及其重輯》,吉林大學 2009 年碩士學位論文,第 26 頁。

⑦ 丁延峰《〈隋書·經籍志〉之"梁有"考釋》,《中國文化研究》2005 年秋之卷,第 139 頁。

⑧ 殷炳艷《〈七錄〉研究及其重輯》第二章;殷炳艷、張固也《〈隋書·經籍志〉之"梁有"新考》,《古典文獻研究》第十三輯,鳳凰出版社,2010 年(該文又收入張固也《古典目錄學研究》,華中師範大學出版社,2014 年)。

之書的著錄是可以據信的。因此,從《隋志》"推原"《七録》文獻著録是可行的。

除了"梁有"之書的著録外,從《隋志》推原《七録》文獻著録的另一條重要綫索即在於《隋志》部類設定對《七録》的因襲。《隋志》集部設楚辭、别集、總集三類,與《七録·文集録》相較,删去了雜文部。據姚振宗《隋書經籍志考證》,《隋志》總集類"實在著録一百四十七部,附著梁有亡書二百三十四部,内略去四十五部,實附著一百八十九部,通計三百三十六部"①,阮孝緒《七録序》所載的總集部、雜文部著録文獻數量分别爲十六種、二百七十三種,通計二百八十九種,與《隋志》總集類著録僅相差四十七部,若去除《隋志》著録的梁代以後文獻,則相差更少。事實上,《隋志》集部總集類正是合并了《七録》中的總集部與雜文部而成,同時又基本保留了《七録》原有的文獻著録序次。故姚振宗《隋書經籍志考證》將《隋志》總集類著録的文獻分爲十九類,認爲《隋志》將《七録》總集部、雜文部"合爲總集一類,蓋自第二類賦集以下皆雜文之屬也"②,實已注意到《隋志》總集類合并《七録》總集部、雜文部而内部仍保留二部區别這一現象。姚氏將其所分的《隋志》總集之屬稱爲"總集文章及評論之屬"③,計三十四部,相當於《七録》總集部概念下的文獻著録;雜文之屬則依據文體不同類分爲十八類,相當於《七録》雜文部概念下的文獻著録。姚氏所稱《隋志》合并《七録》總集部與雜文部爲總集類是可據信的,其著録標準也有所承續。質言之,《隋志》總集類所收文獻,只有前三十四部的"總集文章及評論之屬"是《七録》觀念下的總集部,其後著録的文獻均屬於《七録》觀念下的雜文部④。

阮孝緒《七録》總集部收書十六部。姚振宗《隋書經籍志考證》統計《隋志》"總集文章及評論之屬凡廿三部,附梁有十一部"⑤;今查《隋志》此類實際著録二十四部,附"梁有"之書十四部,删除重複四部,通計三十四部,與姚氏統計總數相合,則此三十四部文獻實即符合《七録》總集部觀念者。其中"梁有"之書十四部,爲摯虞《文章流别集》六十卷、《集苑》六十卷、劉義慶《集林》二百卷、丘遲《集鈔》四十卷、《零集》三十六卷、李充《翰林論》五十四卷、《吳朝士文集》十三卷、《漢書文府》三卷、謝沈《文章志録雜文》八卷、《名士雜文》八卷、殷淳《婦人集》三十卷、《婦人集》十一卷、任昉《文章始》一卷、張防《四代文章記》一卷。任莉莉《七録輯證》所輯總集部文獻,即全録此十四部⑥。殷炳艷所輯則爲二十一部,删去《名士雜文》,復增入謝混《文章流别本》十二卷、孔甯《續文章流别》三卷、沈約《集鈔》十卷、孔逭《文苑》一百卷、昭明太子《文選》三十卷、《巾箱集》七卷、《婦人集》二十卷、劉勰《文心雕龍》十卷等八部,較《七録》之十六部尚

---

① 〔清〕姚振宗《隋書經籍志考證》卷四十,《二十五史補編》第四册,中華書局影印開明書店版,1955年,第5901頁。
② 〔清〕姚振宗《隋書經籍志考證》卷四十,第5901—5902頁。
③⑤ 〔清〕姚振宗《隋書經籍志考證》卷四十,第5877頁。
④ 侯素芳亦指出總集與總集類之區别(《〈隋志〉總集觀念》,《圖書情報工作》2009年第7期),但其所論《隋志》總集類觀念爲本文所不能贊同。以下所稱《隋志》總集與本文所稱先唐總集觀念亦并不得等同。
⑥ 任莉莉《七録輯證》,第302—304頁。

多五部①。

　　值得注意的是，《隋志》於《文章流別集》四十一卷下注"梁六十卷，《志》二卷，《論》二卷"，復著録《文章流別志論》二卷。揆諸《隋志》注《目》《録》體例②，所謂"《志》二卷，《論》二卷"，應當是對"梁六十卷"的注釋，指《志》與《論》在此六十卷之外，是梁有《文章流別集》六十卷、《志》二卷、《論》二卷。按《晉書》摯虞本傳稱："虞撰《文章志》四卷，……又撰古文章，類聚區分爲三十卷，名曰《流別集》，各爲之論。"③是晉代之《文章流別集》爲三十卷，而《論》附在各卷之下，梁代所有則析爲六十卷，又將《論》析出爲二卷，與《志》并附在《文章流別集》之後。《隋志》其後所著録的《文章流別志論》二卷，姚振宗《隋書經籍志考證》稱"似即《七録》之《志》二卷、《論》二卷合并爲帙"④，亦以《志》二卷、《論》二卷爲《七録》著録之書；又以《文章流別志論》爲《志》《論》之合并，然卷帙實未相合。按《隋志》所録《文章流別集》《志》《論》之卷數，與《晉書》摯虞本傳所載不同，但要言之，所謂《志》二卷、《論》二卷，其實是附麗於《文章流別集》者，是在六十卷之外别有四卷之書。也就是説，《七録》總集部實著録有《文章流別集》六十卷，附録《志》二卷、《論》二卷，而算作一種進行計算，計一種六十四卷。

　　任莉莉對《七録》總集部文獻的輯録全據《隋志》"梁有"之書，殷炳艷則删去《名士雜文》，未知何據。對於《隋志》未注"梁有"之書，任莉莉與殷炳艷取捨不一，前者全未著録，後者則增輯八種，主要應是考慮到《七録》的成書時間及由此確定的著録時間下限。阮孝緒《七録序》稱梁武帝普通四年(523)"始述此書"⑤，知爲撰作之始年；張固也、殷炳艷提出《七録》至大同二年(536)阮孝緒去世前始完成⑥。除《隋志》所著録的十四部"梁有"之書外，《隋志》總集類多體總集部分所著録者尚有摯虞《文章流別志論》二卷、謝混《文章流別本》十二卷、《集林鈔》十一卷、沈約《集鈔》十卷、《集略》二十卷、《撰遺》六卷、孔逭《文苑》一百卷、《文苑鈔》三十卷、昭明太子《文選》三十卷、《巾箱集》七卷、《婦人集》二十卷、《婦人集鈔》二卷、劉勰《文心雕龍》十卷等；而孔甯《續文章流別》三卷、蕭圓肅《文海》五十卷、《雜文》十六卷爲北朝人之作⑦，或非阮孝緒所能見

---

　　① 殷炳艷《〈七録〉研究及其重輯》，第90—91頁。按：殷炳艷以總集、雜文二部文獻合輯爲一類，未在内部劃分部類加以區分，實誤，本文據其所輯録之次第及内部理路而加以區别。
　　② 《隋志》注《目》《録》有兩種體例，一爲注"并《目録》""并《録》"，表明所注原書卷數是包含了《目録》與《録》在内的；二是僅注《目》《録》及其卷數，此類注釋不稱"并"，而復注明《目》《録》卷數，則是指在所注原書卷數之外，尚有《目》《録》若干卷。相關考證還可參見李大明《〈隋志〉"并目録"考證》，《四川師範大學學報》(社會科學版)1998年第4期。
　　③ 〔唐〕房玄齡等撰《晉書》卷五一《摯虞傳》，中華書局，1974年，第1427頁。
　　④ 〔清〕姚振宗《隋書經籍志考證》卷四十，第5873頁。
　　⑤ 〔南朝梁〕阮孝緒《七録序》，〔唐〕釋道宣編《廣弘明集》卷三，第109頁。
　　⑥ 張固也、殷炳艷《阮孝緒〈七録〉成書年代考》，《吉林師範大學學報》(人文社會科學版)2010年第6期。(該文又收入張固也《古典目録學研究》)
　　⑦ 姚振宗考證《續文章流別》爲北齊顏之推等撰，而缺録孔甯之名；《文海》，兩《唐志》均著録爲蕭圓撰，實即北周蕭圓肅；《雜文》注"爲婦人作"，姚振宗考證或爲崔光上北魏靈太后者，見《隋書經籍志考證》卷四十，第5873、5875—5876頁。

及;《詞林》五十八卷或爲魏澹入隋後所集,蕭該《文選音》三卷、姚察《文章始》一卷均作於阮孝緒卒後,亦非阮孝緒所能見及。

阮孝緒《七錄序》記載《文集錄》楚辭部著錄五種、二十七卷,別集部著錄七百六十八種、六千四百九十七卷,總集部著錄十六種、六百四十九卷,雜文部著錄二百七十三種、三千五百八十七卷,《文集錄》總計一千四十二種、一萬七百五十五卷,合并四部之數,實爲一千六十二種、一萬七百六十卷,則"四十二"應爲"六十二"之訛,而總卷數多五卷,阮氏的記載是相對可信的。以上從《隋志》"梁有"之書中輯出的十四部文獻共計五百二十九卷,較之《七錄》所記載的十六部、六百四十九卷,尚闕二部、一百二十卷。在可能著錄的十三部著作中,惟孔逭《文苑》一百卷與《婦人集》二十卷或《集略》二十卷相加之數,正與所闕者相合。《隋志》於《婦人集》下注稱"梁有《婦人集》三十卷",表明此二十卷本的《婦人集》并非《七錄》所著錄,則《七錄》總集部所著錄者應爲《文苑》一百卷與《集略》二十卷。

如此,經由《隋志》著錄的"梁有"之書與《七錄》總集部卷數推原,《七錄》總集部十六部文獻已可基本確定。① 今據《隋志》著錄次序,將《七錄》總集部著錄之書列於下:

摯虞《文章流別集》六十卷(附《志》《論》各二卷)

(謝混)《集苑》六十卷

劉義慶《集林》二百卷

丘遲《集鈔》四十卷

《集略》二十卷

---

① 由卷數推原,承南京大學古典文獻研究所武秀成教授指出,特此致謝。張莉、郝敬《〈七錄〉著錄小說考》亦曾采取卷帙對應方式推考《七錄》小說部著錄文獻(《古籍研究》總第 64 卷,鳳凰出版社,2016 年,第 50 頁)。但《七錄》總集部著錄文獻之推原,更爲複雜。實際上,除去前述明確標示的十四部"梁有"之書,《撰遺》六卷或也應當爲《七錄》總集部所著錄者。《隋志》於《撰遺》下注"梁又有《零集》三十六卷",其稱"又"者,與《吳朝士文集》下注"又有《漢書文府》三卷"體例相同,不同點在於前者未注《撰遺》在梁代的卷數,當是梁代此書卷數相同,故不出注,然梁時實有此書,故下稱"又"。這一結論建立在《隋志》對與《七錄》著錄完全相同的文獻不再出注的推測基礎上,但包括"梁有""梁又有"在內的《隋志》注釋體例,還有待於進一步深入考察。若將《撰遺》算入,已有十五部五百三十五卷,僅缺一部一百一十四卷,然實無可對應者。更進一步,前述僅從部數、卷數推原,如將帙數計入,則更爲複雜。揆諸阮孝緒《七錄序》所附其個人著述之帙、卷數,知以十卷爲一帙,不足十卷者另爲一帙,可參見辛德勇《由梁元帝著述書目看兩晋南北朝時期的四部分類體系——兼論卷軸時代卷與帙的關係》(《文史》第四十九輯,中華書局,1999 年,第 61 頁)。辛氏認爲此爲卷軸時代普遍應用的書籍盛放方式,已爲張固也所駁(《論卷軸時代的圖書合帙方法》,《古典目錄學研究》,第 239—245 頁),而本文僅及《七錄》,故辛氏所歸納的卷帙對應仍適用。從《隋志》"梁有"之書中所輯出的十四部文獻共計五十八帙、五百二十九卷,較之《七錄》六十四帙、六百四十九卷,缺二部、六帙、一百二十卷,則全無可對應者。但此類推論,其部、帙、卷數始終無法完全對應,此因《七錄序》中所及之數自身已然無法對應,其各部之帙、卷數,若以"十卷爲一帙,不足十卷者另爲一帙"來計算,則帙數乘十之數應大於卷數,但惟總集部則相反,知《七錄序》自身已有錯誤,或實際上并不完全使用前述規則,故從帙數推原,不如卷數之可信。不過,正如下文所稱,《隋志》著錄的三十四部文獻,除蕭該《文選音》外,完全符合《七錄》總集部標準,即使無法完美地推原《七錄》總集部十六部文獻,也無妨於對《七錄》總集觀念的考察。但此情況不得不加以說明,故列此存疑,容待後續對《隋志》"梁有"注例的深入研究和對《七錄》具體文獻的推原。

《零集》三十六卷
　　李充《翰林論》五十四卷
　　孔逭《文苑》一百卷
　　《吴朝士文集》十三卷
　　《漢書文府》三卷
　　謝沈《文章志録雜文》八卷
　　《名士雜文》八卷
　　殷淳《婦人集》三十卷
　　《婦人集》十一卷
　　任昉《文章始》一卷
　　張防《四代文章記》一卷

需要説明的是，前述阮孝緒所可能見及而未被著録的文獻，如《文章流別本》與《文章流別集》相關，《集鈔》《文選》與《集苑》《集林》等相類，《文章流別志論》《文心雕龍》與《翰林論》性質相近，實際上并未超出《七録》原有的著録標準。也就是説，在推原《七録》總集部著録文獻原貌之外，《隋志》所著録的其他相關文獻，也符合《七録》總集部的著録標準，這也是得以從《隋志》"推原"《七録》文獻著録并展開討論的基礎。

二　多體、選本與評論：《七録》總集部的選評界定

"總集"之義，《文選》張衡《東京賦》"總集瑞命"薛綜注稱："總，會也；集，聚也。"①以"總集"爲"會聚"義，自是時人觀點，與古典目録學中的總集觀念猶有不同。古典目録學中的總集固有會聚之義，但絶不僅限於此，而是另有其標準。今將前由《隋志》所推原的《七録》總集部著録的十六部文獻重新編次如下：

　　（1）摯虞《文章流別集》六十卷（附《志》《論》各二卷）；
　　（2）（謝混）《集苑》六十卷，劉義慶《集林》二百卷，丘遲《集鈔》四十卷；《集略》二十卷、《零集》三十六卷；
　　（3）孔逭《文苑》一百卷，《吴朝士文集》十三卷，《漢書文府》三卷，謝沈《文章志録雜文》八卷，《名士雜文》八卷；
　　（4）殷淳《婦人集》三十卷，《婦人集》十一卷；
　　（5）任昉《文章始》一卷，張防《四代文章記》一卷；
　　（6）李充《翰林論》五十四卷。

與《隋志》總集類著録的不同在於，此次重排將李充《翰林論》摘出別爲一類，而其他次序仍同。將此書摘出，在於此書所具有的評論屬性。事實上，以上十六部文獻，又確可分爲二類。《隋志》總集類小序稱"今次其前後，并解釋評論，總

―――――――
① 〔南朝梁〕蕭統編，〔唐〕李善注《文選》卷三，上海古籍出版社，1986年，第126頁。

於此篇"①,即姚振宗《隋書經籍志考證》所稱"總集文章及評論之屬"②,是包括文章總集與評論二種。《隋志》所謂的"解釋評論",又包括對總集文獻的音義注解即解釋與文章評論兩種,前者如蕭該《文選音》,後者如李充《翰林論》、劉勰《文心雕龍》。蕭該《文選音》作於阮孝緒亡後,爲阮氏所未得見,故《七録》總集部僅包括評論而未及解釋之作③。

除《文章始》《四代文章記》④《翰林論》屬於評論之作外,其他的十三部文獻又可分爲以"文""集"爲名者二類。以"文"爲名者,可以分爲以"文章"與"文"爲名二類,前者包括《文章流别集》,後者包括《文苑》《吴朝士文集》⑤《漢書文府》《名士雜文》四種,《文章志録雜文》則兼具"文章"與"文"之名。以"集"爲名者,可以"集"字所在位置分爲二類,前者如《集苑》《集林》《集鈔》《集略》,"集"字在前;後者如《文章流别集》《吴朝士文集》《零集》《婦人集》,"集"字在後。"集"字所在的位置并不能使二者得到有效的區分,也并無書籍性質的區别。對前者而言,"集"字可以爲動詞,表現出結集的過程,也可以視爲名詞,其書名可以解讀爲"集之苑""集之林""集之鈔""集之略";對後者而言,"集"字爲名詞,表現出結集的結果與完成形態。事實上,無論其位置在前或後,詞性爲動詞或名詞,"集"字都表現出了文章結集的形態。

從《隋志》著録順序來看,有著明顯的區分"文"與"集"的意識。如果忽略《翰林論》的雜入,則其文獻是按照以"文章""集(前)""文""集(後)""文章"爲名的順序進行排列,既有按時代順序編排的特點,也表現出了"文""集"命名的

---

① 〔唐〕魏徵等撰《隋書》卷三五《經籍》四,中華書局,1973年,第1090頁。
② 〔清〕姚振宗《隋書經籍志考證》卷四十,第5877頁。
③ 事實上,如果阮孝緒能够得見此類選本的音義著作,亦有可能加以著録。此可由《七録》楚辭部文獻著録反推。《七録》楚辭部著録五種五帙二十七卷,《隋志》楚辭類著録十一部四十卷,注梁有宋何偃删王逸注《楚辭》十一卷,差四種十六卷;由剩餘文獻卷數,可推知後漢校書郎王逸注《楚辭》十二卷(并《目録》)當在其中,則差三種四卷;仍由卷數推原,則劉杳《離騷草木疏》二卷必在其中;所剩者二種二卷,則或爲楊穆《楚辭九悼》一卷加《楚辭音》一卷,或爲二種《楚辭音》各一卷,是《楚辭音》必在《七録》楚辭部中。知《七録》楚辭部收録楚辭音義之作,則阮孝緒若得見選本音義,亦當收入總集部中。然以阮孝緒實未嘗見及,故僅注出。(此點承華中師範大學歷史文獻研究所張固也教授指出,特此致謝。)李大明《〈隋志·楚辭〉書目考證》亦嘗推考《七録》楚辭部文獻,爲王逸注十二卷、郭璞注三卷、何偃删十一卷、徐邈《音》一卷、諸葛氏《音》一卷,凡五部二十八卷(見《楚辭文獻學史論考》,巴蜀書社,1997年,第123頁)。此説與《七録序》所載不合,本文不從。又,以上所推共計五種七帙二十七卷,較《七録序》所載多出二帙,然五種五帙,則每種卷數必在十卷以内,不容有十一卷何偃删本(此本已爲二帙,則剩餘四種僅三帙,於理難通),知《七録序》必有錯訛,"五帙"或爲"七帙"之訛,列此存疑待考。
④ 張防《四代文章記》之性質,因文獻無徵,不能得出明確結論。朱迎平《六朝文學專科目録輯考》認爲:"據書名似也應是文學目録,而非總集。"(《古籍整理研究學刊》1993年第2期,第20頁)按先唐之"文章志"類著作中有顔愷之《晉章記》,對於文章家、文學作品各有評論,"實際上并非文人别集叙録合集,而是'以人爲綱'的文章家傳記合集。"(拙文《從詩賦到文集:先唐書目中的集部演變》,第38頁)張防《四代文章記》或與此相同,而兼有評論性質。《隋志》將姚察《文章始》置於《文心雕龍》之後,應也考慮到這類著作的評論性質,故本文仍將《文章始》《四代文章記》視同評論著作。
⑤ 《吴朝士文集》,《通志·藝文略》作"吴朝士文士集",《隋志》另載梁有《吴朝文》二十四卷,則作"吴/朝士/文集""吴朝/文士/集"義均可通,本文仍從《隋志》。

時代特徵,這與不同時期文集、類書的編纂關係密切①。當然,《七録》總集部文獻的輯出主要還是來自《隋志》總集類小注中的"梁有"之書,由《隋志》推原的《七録》文獻的具體排列順序很可能并非《七録》原有的著録順序,但仍可從中略窺《七録》可能存在的文獻著録與排序規則。

總而言之,在《七録》總集部著録的總集文獻中,出現了"文"與"集"兩個關鍵字。文與文章指向的是文章這一體裁,集則表明其選本形式與結集形態。而《文章流别集》《吴朝士文集》則兼具"文""集"二字,表明"文"與"集"的結合。由此也就可以推出《七録》總集部著録文獻的標準,即在於文章與集(選本)。事實上,如孔逭《文苑》、蕭統《文選》中的"苑""選",與"集"義相類,都指向文章選本這一根本屬性②。

進而言之,文章選本亦有界限,具體指向選録多人多體文章,并具有文體類分的編纂特點。《七録》以及《隋志》中的此類著作,除蕭統《文選》今尚存全帙外,其他各選本均已亡佚,但從佚文輯録及相關文獻記載中仍可略窺一斑。首先,此類文章選本所收録的文章并非單人而是多人所作。以《文選》爲例,據汪師韓統計,除《古樂府》《古詩十九首》等作者闕名外,《文選》共收録周至南朝梁有姓名的作者一百二十九人③。《玉海》引《中興館閣書目》稱孔逭《文苑》"集漢以後諸儒文章"④,也揭示出其匯録多人文章的特點。此是總集之首要特徵,所謂"總",首先就在於對多人文章的匯總,這也是總集區别於專門收録個人文章的别集的最主要特點:别集雖亦可能收録作者多種文體的文章,但所收僅限於單個作者⑤。"别"與"總"之界限,首先即表現在是匯録個人還是多人文章。姚振宗《漢書藝文志拾補》稱"又集部通例,總集以選家爲主,别集以作者爲斷"⑥,即已注意到二者的區分。

其次,此類文章選本所收録的文章分屬多種文體,且表現出文體類分的特點。摯虞《文章流别集》被認爲是總集之祖,《隋志》總集類小序稱:"晋代摯虞,苦覽者之勞倦,於是采摘孔翠,芟剪繁蕪,自詩賦下,各爲條貫,合而編之,謂爲《流别》。是後文集總鈔,作者繼軌,屬辭之士,以爲覃奧,而取則焉。"⑦以後世

---

① 可參見(日)清水凱夫著,韓基國譯《〈文選〉編輯的周圍》,俞紹初、許逸民主編《中外學者文選學論集》,中華書局,1998年;(日)岡村繁著,陸曉光譯《文選之研究》,《岡村繁全集》第二卷,上海古籍出版社,2002年,第59—67頁。

② 王運熙《總集與選本》指出"大抵前期的總集大都是選本"(《古典文學知識》2004年第5期,第75頁),此説適用於宋前,本文亦采用選本這一説法。相關討論,復可參見拙文《篇、體與文章選本:以〈文選〉序〉爲中心的先唐總集編纂考察》,《揚州文化研究論叢》第二十二輯,廣陵書社,2019年,第89頁。

③ 〔清〕汪師韓《文選理學權輿》卷一《撰人》,《續修四庫全書》第1581册影印遼寧省圖書館藏清嘉慶四年(1799)刻《讀畫齋叢書》甲集本;又見駱鴻凱《文選學·撰人第五》,中華書局,2015年。汪、駱二氏均以《古樂府》《古詩十九首》之闕名列入,計一百三十人,本文則以其闕名而不納入。

④ (合璧本)《玉海》卷五四,中文出版社,1977年,第1065頁。

⑤ 别集中亦有可能附録他人作品,但此附庸并不能改變别集性質,見下文相關討論。

⑥ 〔清〕姚振宗《漢書藝文志拾補》卷三,《二十五史補編》第二册,第1497頁。

⑦ 〔唐〕魏徵等撰《隋書》卷三五《經籍》四,第1089—1090頁。

總集始於此。《四庫全書總目》亦稱:"故體例所成,以摯虞《流別》爲始。"①《晋書》摯虞本傳稱其"又撰古文章,類聚區分爲三十卷,名曰《流別集》"②,《隋志》稱"自詩賦下,各爲條貫"③。"流別"之義在於源流推溯與文體分類,所謂"類聚區分""各爲條貫",即是依據文體而分類。《文章流別集》雖已亡佚,但據其《論》中佚文所及,仍涉文體十三類,爲詩、賦、頌、七、箴、銘、誄、哀辭、祝辭、哀册、圖讖、碑、《漢》述,其詩、賦二類之下當仍有小類細分④。從顏師古《匡謬正俗》所稱"摯虞撰《流別集》,全取孟堅書序爲一卷,謂'《漢》述'"⑤來看,其文體類分的意識尤其明確,鄧國光據此稱"此明證摯虞《文章流別集》以一卷收録一體",并據《隋志》著録之四十一卷與漢、晋文類和《藝文類聚》著録之文體,推其實際區分四十一種文體⑥。雖屬推測,或近事實。要言之,《文章流別集》區分文體是可以確定的⑦。孔逭所著《文苑》,據《玉海》引《中興館閣書目》稱"孔逭集漢以後諸儒文章,今存十九卷。賦、頌、騷、銘、誄、吊、典、書、表、論,凡十屬"⑧,此本爲唐人鈔本,可證明孔逭對文體類分有著明確意識。今存蕭統《文選》則分文體爲三十九類⑨。由此三部代表性的選本可知,《七録》所收總集部文獻,是包括了多種文體且表現出文體類分特點的選本,這也是《七録》總集部與雜文部之根本區別所在:後者所著録的選本均是對某一類文體的選録,與總集部的多種文體選録有著明顯的區別。總集部的"文"兼具衆體,書名中的"文"已是衆體的概稱;雜文部的"文"則確指某一文體,并在書名之中得以凸顯文體,二者有著根本區別。

　　更進一步,對於多種文體的評論著作也可收入總集部。《七録》總集部著録了李充《翰林論》、任昉《文章始》、張防《四代文章記》,《隋志》中屬於同一性質的文獻還有摯虞《文章流別志論》與劉勰《文心雕龍》,這些都屬於對多種文體與文章的評論著作。事實上,作爲總集之祖的摯虞《文章流別集》已是文章選本與評論的結合,鄧國光稱摯虞"始而述篇章,進而論文體,終而綜論文章,從具體而通向普遍義理"⑩,《晋書》摯虞本傳稱"各爲之論,辭理愜當,爲世所

---

① 〔清〕永瑢等撰《四庫全書總目》卷一八六,中華書局,1965年,第1685頁。
② 〔唐〕房玄齡等撰《晋書》卷五一《摯虞傳》,第1427頁。
③ 〔唐〕魏徵等撰《隋書》卷三五《經籍》四,第1089頁。
④ 參見鄧國光《文章體統:中國文體學的正變與流別》,上海古籍出版社,2013年,第142頁。
⑤ 〔唐〕顏師古《匡謬正俗》卷五,《叢書集成初編》影印《小學匯函》本,商務印書館,1936年,第42頁。
⑥ 鄧國光《文章體統:中國文體學的正變與流別》,第143、226—227頁。
⑦ 智曉静、胡旭《〈隋志〉總集三例發覆》引章學誠語及曹丕將徐幹、陳琳、應瑒、劉楨等遺文"都爲一集"例,認爲"《文章流別集》是實實在在的一部大型總集,但這部總集是由一部部别集組成的"(《古籍研究》總第63卷,鳳凰出版社,2016年,第44頁),是視其爲合集,然論據薄弱,且完全忽視了"流別"的文體特徵,爲本文所不能贊同。
⑧ (合璧本)《玉海》卷五四,第1065頁。
⑨ 參考傅剛《〈文選〉三十九類説考辯》,《〈文選〉版本研究》,北京大學出版社,2000年。
⑩ 鄧國光《文章體統:中國文體學的正變與流別》,第167頁。

重"①。其論原附《文章流別集》，後來別本單行，稱爲《文章流別論》，實則是將其中評論的部分與選文割裂開來，由此產生文章選本與評論的分離。《玉海》引《中興館閣書目》稱李充《翰林論》"凡二十八篇，論爲文體要"②，從其佚文猶可見所論詩、賦、書、贊、表、駁、論、議奏、盟檄、誡誥諸體，及對具體作品的評價③。郭紹虞推測《翰林論》當有文章選本："大抵其爲總集者原名《翰林》，其評論者則稱《翰林論》，亦猶《文章流別論》之於《文章流別集》，而後人混而稱之耳。"④《文心雕龍·序志》稱"論文敘筆，則囿別區分，原始以表末，釋名以章義，選文以定篇，敷理以舉統"⑤，其第六至二十五篇即分論各類文體，文體評論之中并對具體文章進行評論。許云和據此稱："《文心雕龍》上篇固然是論體裁之別，但却是建立在'選文以定篇'的基礎上的，即通過選定典範之作來討論體裁之別。這就明確了一點，詩文評著作雖是自立文字、不錄作品，但它并不是離開文學文本放言空談，仍然還是要聯繫作品實際，經歷'選文以定篇'這一過程的。……由於詩文評著作必須要經歷'選文以定篇'這一過程，這就和詩文總集'選而集之'的方式有了共同之處。區別只在於，詩文評的'選文以定篇'是舉篇撮句，詩文選集則須過錄全文。南北朝人們之所以將二者相提并論，視爲同一性質的著作，除了其批評形態相同而外，其批評方式的類似也不能不説是一個重要的因素。"⑥許氏所論已切中《文心雕龍》具有選本的特點。從這一意義上來講，《文心雕龍》兼具選文與批評的作用，恐其編纂之初，亦如《文章流別集》與《翰林論》，先有選文之總集，而未能流傳。是則《翰林論》與《文心雕龍》實際上或也兼具文章選本的性質。倘以摯虞《文章流別集》作爲總集的標準，則其所分化出的多體文章選本與多體文章評論二類均當屬於總集。至於任昉《文章始》之類論述各文體之起源者，雖未能備列選文，亦兼具選文目錄之功能；另一方面，"推源溯流"是古代重要的文學批評方法⑦，《文章始》採取這種推原文體本初的形式，也就與鍾嶸《詩評》一般具有了評論特質。

　　與多體文章選本相同，此類評論之作也是針對於多種文體或多個作家。《翰林論》二十八篇針對書、贊、表等文體與具體作品，《文心雕龍》所論文體、作者更多，任昉《文章始》更論列八十五類文體之緣起⑧。此是因總集部著錄標準之設定，文章評論既由選本分離，實際上也與多體文章選本相呼應，故如鍾

---

① 〔唐〕房玄齡等撰《晉書》卷五一《摯虞傳》，第 1427 頁。
② （合璧本）《玉海》卷六二，第 1231 頁。
③ 參見許文雨撰、楊焄整理《文論講疏》，上海古籍出版社，2020 年，第 45—50 頁。
④ 郭紹虞《〈文章流別論〉與〈翰林論〉》，《照隅室古典文學論集》，上海古籍出版社，1983 年，第 148 頁。
⑤ 范文瀾《文心雕龍注》卷十，人民文學出版社，1958 年，第 727 頁。
⑥ 許云和《經典建構：〈隋書·經籍志〉總集的範式意義》，《文學遺産》2015 年第 4 期，第 51 頁。
⑦ 參見張伯偉《中國古代文學批評方法研究》内篇第二章《推源溯流論》，中華書局，2002 年；拙文《推溯源流與經典化：魏晉南北朝文論對漢代五言詩史的重構》，《新疆大學學報》（哲學·人文社會科學版）2018 年第 6 期，第 116—117 頁。
⑧ 任昉《文章始》所載文體數量有八十四、八十五種之别，本文從八十五種之説，參見吳承學、李曉紅《任昉〈文章緣起〉考論》，《文學遺産》2007 年第 4 期，第 23 頁。

嶸《詩評》之單論一種文體者，在《七録》中尚不能被視同總集，而只能被置於雜文部詩類之下。此是《七録》總集部之獨特設定，與唐以降之總集觀念尤有不同。

綜上，《七録》總集部文獻著録的標準，即收録不同作家多種文體的文章選本與評論著作，選本與評論可兼具（如《文章流别集》），也可分别（如《翰林論》）。其要素在於三點：一，不同作家；二，多種文體；三，選本或評論。只有同時符合這三點標準的選本與評論之作才得以著録於總集部。

三　雜收文體：《七録》雜文部的文體特徵

前文由《隋志》"推原"《七録》總集部著録文獻，並由其文獻著録推論總集部著録標準，事實上，這一標準也可從雜文部所著録的文獻反推。可以説，從總集部考察的是《七録》總集部文獻著録的標準，由雜文部入手則可考察在確定的楚辭部與别集部文獻之外，何種文獻不能被視爲總集而被收入雜文部，也可由此確定雜文部著録之標準，與總集、雜文二分的原則。

《七録》雜文部著録文獻二百七十三種，姚振宗《隋書經籍志考證》既將《隋志》總集類著録的文獻按《七録》部類標準分爲總集部與雜文部，又將雜文部分爲十八類，並以文體相次，計有賦、封禪文、雅頌、詩、樂府歌辭、箴銘、誡訓、贊文、七篇、吊文碑文祭文行狀、論、連珠、詔令册命、表奏、啟事、書札、策對策問、俳諧，其中各體下或雜有其他文體[①]。姚氏所分，係按照文體類從原則，並將"梁有"之書的文體亦計算在内。根據《隋志》"梁有"之書的記載，其中爲《七録》可能著録的體裁包括賦、封禪、頌、詩、樂府、歌辭[②]、箴、銘、訓誡、贊、誄、七、吊、碑、祭文、行狀、論、連珠、典引、詔、表奏、檄（露布）、啟事、薦文、書、策、俳諧等類。從其文獻著録及排序可以看出，《七録》雜文部著録的文獻是按照文體類聚并加以區分，主要爲某一類文體的選本及解釋評論之作，其中多數爲某一文體或該文體某一主題的通代或斷代的選本，如《賦集》《樂器賦》《詩集》《古游仙詩》等，又以注解、音訓、圖譜等衍生文獻間雜其中，如《賦音》《雜賦圖》《雜詩圖》等。此外，還有對單體作品的評論之作，如鍾嶸《詩評》（即《詩品》）[③]。《詩品中·序》稱："嶸今所録，止乎五言，雖然，網羅今古，詞人殆集。""沈約"條又稱："約所著既多，今剪除淫雜，收其精要，允爲中品之第矣。"[④]青木正兒據此推測："鍾嶸原來别有所編之總集，《詩品》一定是那書的附録。恰

---

① 〔清〕姚振宗《隋書經籍志考證》卷四十，第5877—5901頁。
② 在宋前總集、類書中，樂府、歌辭二類常與詩相區别而各單獨列類，本文亦從其例。
③ 本文所舉鍾嶸《詩評》及下《毛伯成詩》《毛伯成集》《隋志》均未列入"梁有"。此三書之撰作時間均在《七録》始撰之前，如果《隋志》注例中有與《七録》完全相同之書不再出注之例，則或亦爲《七録》收入。即使不爲《七録》收入，但其在《隋志》中的著録標準亦同於《七録》，而此三書特具代表性，故摘出討論，特此説明。
④ 曹旭《詩品箋注》，人民文學出版社，2009年，第108、196頁。

與《流別論》《翰林論》等之情形相同。"①此論可備一説。則此詩體評論之作附詩類之後，與總集部之《翰林論》附多體文章選本之後正相同。故如謝靈運《詩集》、鍾嶸《詩評》等單選與單評一類文體的著作均未進入總集部，而是列入雜文部之中。與總集部文獻相比，雜文部著録的文獻雖然也具備"選"的特點，但更多體現出單種文體的特徵，而不同於總集部著録多種文體的選本特色，這也是《七録·文集録》區别總集部與雜文部、雜文部文獻不得被納入總集部的根本原因。

尤其值得注意的是，在分體選本與評論之外，《七録》雜文部中又雜有單篇與一人作品。一人作品如東晉《毛伯成詩》一卷，《隋志》别集類又有《毛伯成集》一卷，姚振宗《隋書經籍志考證》稱："或毛《集》多寄存他人詩，亦有似乎總集歟？"②此説未得其實。按《三國志·魏書·董卓傳》裴松之注引《三輔決録注》："(士孫)萌字文始，亦有才學，與王粲善。臨當就國，粲作詩以贈萌，萌有答，在粲《集》中。"③又《荀攸傳》裴松之注引《荀氏家傳》："(荀)祈與孔融論肉刑，(荀)愔與孔融論聖人優劣，并在融《集》。"④知王粲、孔融集中也雜有他人作品，但在書目中仍著録於别集。後世書目别集類中所著録的别集亦有附録他人作品者，如《四庫全書總目》以《寒山子詩集一卷附豐干拾得詩一卷》《曹祠部集二卷附曹唐詩一卷》等均入别集⑤，或即是以《隋志》爲先例而行。但别集中雖附録他人作品，并不能以附庸者而改變其别集屬性，也就不得著録於總集中，不能等同於總集中的多人合集。

事實上，《毛伯成詩》與《毛伯成集》的區别，實在於"詩"與"集"的區别，這也是雜文部與别集部同樣著録一人作品而分屬不同部類的根本所在。《隋志》别集類所收文獻均以"集"爲名⑥，《七録》承晉、宋以來别集編纂之大成，又專以"文集"代替《七志》"文翰"，從《隋志》所録"梁有"之書來看，《七録》别集部之著録體例與《隋志》所示相同。是《七録》别集部之著録，在於個人作品選集，而且強調以"集"命名；《隋志》中歸屬於雜文部的一人作品，全無以"集"爲名者，而是徑以文體爲名，與雜文部以文體類分的特點相符合，《七録》雜文部之文獻著録亦當如是。一人作品附於某類文體之末，彰顯示出編者看重的是其文體特性。就《毛伯成詩》而言，尤其強調其"詩"體屬性，而不同於《毛伯成集》之爲别集的結"集"特點，故《毛伯成集》入别集部，《毛伯成詩》則入雜文部，體現出

---

① (日)青木正兒著，隋樹森譯《中國文學概説》，重慶出版社，1982年，第165頁。
② 〔清〕姚振宗《隋書經籍志考證》卷四十，第5888頁。
③ 〔晉〕陳壽撰，〔南朝宋〕裴松之注《三國志》卷六《董卓傳》，中華書局，1971年，第186頁。
④ 〔晉〕陳壽撰，〔南朝宋〕裴松之注《三國志》卷十《荀攸傳》，第321頁。
⑤ 〔清〕永瑢等撰《四庫全書總目》卷一四九、一五一，第1277、1300頁。
⑥ 在《隋志》别集類著録文獻中，唯有《梁武帝浄業賦》不符合别集以"集"命名的體例，兩《唐志》則未予著録。柏俊才《梁武帝詩文繫年》考證此賦作於梁武帝天監十年(511)，在《七録》始撰之前(《梁武帝蕭衍考略》，上海古籍出版社，2008年，第164—165頁)。若《七録》著録此賦，則當列入雜文部賦類中。孫振田則認爲其入别集部"當是出於某種特殊的考量，例如將作爲帝王的梁武帝一人的相關著作著録於一處等"(《從著録體例看〈隋志〉總集類之成因及相關問題》，《中國文學研究》第二十二輯，復旦大學出版社，2013年，第25頁)。姑列此存疑。

別集與雜文的明顯區別①。

單篇作品也是如此，如孔逭《東都賦》即在賦類。此外，又有針對單篇作品或一人著作的注解、音訓，如郭璞注《子虛上林賦》、應貞注應璩《百一詩》、李軌《二京賦音》等。姚振宗《隋書經籍志考證》稱應貞注應璩《百一詩》"因其子貞注本別行，故《七録》著於雜文類中"②，似亦可通。但事實上，此類作品既非單録一人作品的別集，也非收録多人多體作品的總集，將其附於雜文部各文體之後，正强調了其某一文體的文體特徵。而如許云和、何文静師、弟將此類作品加以總集"選"的意義進行闡釋③，雖是觀察到了六朝總集編纂與選録文章結集的實情，但尚未能注意到此類作品所揭示的文體特徵與《七録》總集部、雜文部著録觀念的不同及其對《隋志》總集類的影響。王雲鵬針對許文進行了批駁，也關注到了總集與雜文的不同，但所論過於簡略④。盧盛江稱："單篇流傳的作品，算不上一部別集，在時人的觀念中，充其量只是雜文。既是雜文，當然只能歸入雜文類。"⑤注意到了時代和學術背景，但也忽略了至爲重要的文體特徵。

進言之，雜文實即指向雜列各種文體。《後漢書》《宋書》已出現以"雜文"概稱文體，《文心雕龍·雜文》論列對問、七、連珠等十九種文體："總括其名，并歸雜文之區；甄別其意，各入討論之域。"⑥雜文成爲這十九種文體的臨時性概稱。李士彪指出："雜文一詞在魏晉南北朝經常是指幾種或多種體裁的泛稱，并非指一種體裁。"⑦吴承學、劉湘蘭認爲："在魏晉南北朝文學批評中，'雜文'另一個意義是指在正規和主流文體之外難以明確歸類的叢雜文體。"⑧此亦可對照江淹《雜體詩》，雜者，多也⑨。不過，這一時期的雜文觀念是不包括詩、賦等體在内的，所收文體範圍仍有局限。《七録》雜文部名稱的確定無疑受到這種普遍觀念的影響，但已將其擴展至雜收包括詩、賦在内的諸種文體，遠遠超出當時的雜文觀念。"雜文"由文章學、文學批評觀念而成爲一種新的目録學部類，後來如《藝文類聚·雜文部》亦收録各類文體，或即受此影響。與雜文相

---

① 姚振宗認爲《毛伯成詩》應當在《毛伯成集》中（《隋書經籍志考證》卷三九，第5786頁），文廷式則"疑詩文分集也"（《補晉書藝文志》卷六，《二十五史補編》第三册，第3793頁），今《毛伯成集》已佚亡，無從考察其實。德藏吐魯番文書中有題"晉史毛伯成"者，許云和認爲即《毛伯成詩》，與《毛伯成集》是兩部書，又稱《毛伯成詩》入《隋志》總集類因其"是特殊的具有示範意義的新詩體"，故"選而集之"（《德藏吐魯番本"晉史毛伯成"詩卷再考》，《西域研究》2008年第1期，第103—105頁）。本文所論則雜文部側重文體特徵，別集部側重"集"名，正"詩"與"集"之別。

② 〔清〕姚振宗《隋書經籍志考證》卷四十，第5885頁。

③ 參見何文静《〈隋書·經籍志〉總集著録的個人作品和單篇作品研究》，中山大學2011年碩士學位論文；許云和《經典建構：〈隋書·經籍志〉總集的範式意義》。

④ 王雲鵬《也談〈隋書·經籍志〉總集的範式——從古典目録學的視域考察》，《文學遺産》2020年第6期。

⑤ 盧盛江《集部通論》，中華書局，2019年，第19頁。

⑥ 范文瀾《文心雕龍注》卷三，第256頁。

⑦ 李士彪《魏晉南北朝文體學》，上海古籍出版社，2004年，第34頁。

⑧ 吴承學、劉湘蘭《複雜的"雜文"》，《古典文學知識》2018年第5期，第122頁。

⑨ 江淹《雜體詩》之總集特徵，可參見程章燦師《雜體、總集與文學史建構——以江淹〈雜體詩三十首〉爲中心》的相關論述，載《清華大學學報》（哲學社會科學版）2020年第5期。

對的別集、總集,指向的是多種文體的合集。如前所述,總集部文獻均以文體類分,別集部文獻也有此特點。李士彪認爲"別集和總集的編撰大都是'以類相從'"①,郭英德也稱"以文類區分,按部就班地編纂集子,這是魏晋南北朝時編集的通例"②。已知最早以"集"爲名的別集是陳壽編《諸葛亮集》,其編纂過程中即已"隨類相從"③。又《顔氏家訓·勉學篇》記載:"吾初入鄴,與博陵崔文彦交游,嘗説《王粲集》中難鄭玄《尚書》事,崔轉爲諸儒道之,始將發口,懸見排蹙,云:'文集只有詩賦銘誄,豈當論經書事乎?'"④歷歷表現別集以文體類分的特點。別集爲一人文章的匯總,有單體與多體之分,其中多體別集也仍按文體類分。《後漢書》《三國志》等於人物傳記中雖未載別集,但多概稱其人作品的文體與篇數,《後漢書》各列傳所著録的文體即有四十四種⑤。至梁武帝有《詩賦集》《雜文集》的區分,已開始在別集内部區分文體。

事實上,《七録·文集録》雖以"文集"爲名,内部的部類劃分却始終體現出文體的特徵。楚辭部單純收録楚辭體作品與研究文獻,別集部、總集部所著録的文獻表現出文體類分的特點,雜文部著録的文獻也以文體爲次。從這一角度而言,雜文部的設定,與楚辭、別集、總集三部形成呼應。在雜文部中,各類文體下的文獻基本上先列分體選本、解釋評論之作,後列一人或單篇作品。故雜文之義,實際指向的是對各種文體的包納,《七録·文集録》中不列於楚辭、別集、總集三部的文獻,均以文體爲次著録於雜文部,雜文部所收除單一文體的選本與解釋評論之作外,一人、單篇作品亦得附録於該種文體之後,適以表現其雜列各種文體的性質。至如侯素芳稱"'雜文部'之'雜'應指包含各種書籍編輯體式,甚至單篇作品"⑥,是由書籍形制而言,實因唐前書籍仍以紙張卷軸爲主,而尚未有唐宋時期的書册形態,更接近於《漢志》對文獻"篇""卷"的著録。孫振田則以雜文部爲集部之雜書,并歸納出"著'雜'於末"的目録體例⑦,稍顯偏頗,亦實未能注意到其文體特徵。凌頌榮稱:"'雜文'大致上是指一些具有明確實用目的的文類。它們不入'總集類',反映兩者在性質和價值上并不相容。""回歸'雜文部'的問題,可知阮氏相信,此類實不及'總集類'。且若以'總集'和'別集''楚辭'成一整體來觀之,則'雜文部'其實是被排除於這個整體之外,在'文集録'中只屬於附庸的等級。"⑧則是從部類地位的尊卑高下而言,并認爲其先後次第體現出了"文筆之辨"的特徵。侯、孫、凌三氏雖均注

---

① 李士彪《魏晋南北朝文體學》,第 15 頁。
② 郭英德《〈後漢書〉列傳著録文體考述》,《中國古代文體學論稿》,北京大學出版社,2005 年,第 86 頁。
③ 〔晋〕陳壽撰,〔南朝宋〕裴松之注《三國志》卷三五《諸葛亮傳》,第 930 頁。
④ 王利器《顔氏家訓集解》(增補本)卷三,中華書局,1993 年,第 183—184 頁。
⑤ 郭英德《〈後漢書〉列傳著録文體考述》總結爲六十二種,經整理後歸爲四十四種,見《中國古代文體學論稿》,第 71—74 頁。
⑥ 侯素芳《〈隋志〉總集觀念》,第 143—144 頁。
⑦ 孫振田《從著録體例看〈隋志〉總集類之成因及相關問題》,第 19 頁。
⑧ 凌頌榮《"總集"概念演變研究——以西晋至南宋爲中心的考察》,第 61 頁。

意到了雜文部著錄文獻的特點,且各有發明,但前二者所論均是從《隋志》總集類而非《七録》雜文部出發,凌頌榮則偏離了"雜文"的文體學價值,均未能中其鵠的。唐明元推測:"其著録的書籍應是除楚辭、總集、別集以外的所有其他體裁的作品,也就是說,'雜文部'收録的是楚辭、總集、別集無法歸并集中的圖書,諸如新體裁的文學作品。'雜文部'的設立,一定程度上反映了當時新的文學體裁不斷涌現的現實。"①已注意到雜文部收録《文集録》前三部之外的文獻,但尚未能夠從文體角度考察雜文與其他三部的真正差異②。

四 《七録》"集部"文體學價值新探

在古典目録經、史、子、集四部之中,以集部與文體學關聯性最強,其文獻著録也足以反映出文體學相關重要問題。集部文體學,即古典目録學中集部著録文獻所見文體相關研究,是著録群書的目録學與篇章細分的文體學的綜合研究。近十年來,已有學者關注到目録學與文體學的關聯,如曾棗莊《中國古代文體分類學》認爲:"版本學、文獻學、目録學皆以圖書爲研究對象,與以單篇詩文的體裁爲研究對象的文體分類學是不同的。""只有目録學與文體學有較密切的關係……圖書分類往往也包含了文體分類。"③吴承學、何詩海《文章總集與文體學研究》概括文體學研究涵蓋的各種文獻,包括詩文評、總集別集、子論序跋、類書、目録學著作等④。胡大雷《古代文體譜系論》也提出"中古文體譜系的形態大致有三",即總集、文論表述與史部目録、簿録。⑤ 上述研究都注意到了目録學與文體學之間的關聯,爲文體學的進一步拓展指出了新的研究方向,但僅是簡單述及,目録學與文體學的關聯究竟何指,并未得以明確。

目前學者所廣泛注意到的,主要是具體書目文獻中所包含的文體學資料。其一是將書目大小序、解題視爲文體學研究資料;其二則注意到書目中的文獻著録與排序所反映出的文體學思想,尤其是對《漢志·詩賦略》中賦體的二級分類標準,自清代至今争議不休。此外,范增注意到從《隋志》總集類著録考察賦與楚辭、七、頌等文體的區别⑥;劉文江從《隋志》總集類的十七種文體類分考察文

---

① 唐明元《魏晉南北朝目録學研究》,巴蜀書社,2009年,第197頁。
② 《七録》雜文部中尚有兩部收録兩種以上文體的文獻,爲張湛《古今箴銘集》與《太原王氏家碑誄頌贊銘集》。(《太原王氏家碑誄頌贊銘集》在《隋志》中明確標示"梁又有",張湛《古今箴銘集》未標"梁有",但此前的張湛《古今九代歌詩》標"梁又有",則《古今箴銘集》或爲隋代所存與《七録》相同,故不另注,實當爲《七録》所著録者。)前者置於箴體前,後者則置於碑體中。此二集已佚,無從考,僅從題名來看,仍屬於多人多體文章選本,但前述總集部文獻無以具體文體爲名者,也可推知總集部著録文獻在題名上有所限制。事實上,箴銘二體,以及碑誄頌贊等諸體,都有著"有韵之文"的特徵,將其納入一集,更多考慮的是文體類從規則,仍不同於總集部中同時包含詩賦等有韵與無韵文章的多體選本。雜文部此類僅有此兩部文獻,亦可不必深究其意,故僅於此略述。
③ 曾棗莊《中國古代文體分類學》,《中國古代文體學》下卷,上海人民出版社、上海書店出版社,2012年,第17頁。
④ 吴承學、何詩海《文章總集與文體學研究》,《古典文學知識》2013年第4期,第121頁。
⑤ 胡大雷《古代文體譜系論》,《中山大學學報》(社會科學版)2018年第1期,第2頁。
⑥ 范增《〈隋志〉與魏晉南北朝賦學》,《四川師範大學學報》(社會科學版)2002年第3期,第65頁。

體分類觀念變革①；盧盛江也涉及《隋志》《崇文總目》等書目集部的内部文體類分②。此類研究已能從書目文獻著録的角度反觀文體學，但考論仍相對簡單，尤其未能注意到作爲《隋志》先聲的《七録》中的集部文體學材料及其價值。

　　回到《七録》，其《文集録》實即後世集部之先聲，《七録·文集録》所展現出的文體學，亦即集部文體學之先聲。前文研究已可歸納出《七録·文集録》下分四部的著録標準：楚辭部單收楚辭體文獻；别集部單收以"集"爲名的個人作品合集；總集部收録不同作家多種文體的文章選本與評論著作；雜文部則雜收各類文體，單一文體的選本、解釋評論之作與無法收入别集的單篇、一人作品，均歸入雜文部。"雜文"二字，指向的是雜列各種文體，即在楚辭、别集、總集三部之外的單體文獻均得納入，又表現出以文體類分的特點。四部之間井然有序，互不干涉。其總集、雜文二分，表現出先唐時期目録學中獨特的總集與雜文觀念，也是在文體辨别與選本編纂興盛之下對選本和文體的有效區分。盧盛江稱："《七録》中著録的十六種總集，在《隋書·經籍志》中很可能指那些匯合多種文體多家作品的綜合性總集，比如《文章流别集》《文選》之類。這一類在《隋書·經籍志》總集類中是少數。而《七録》中著録的雜文，很可能指那些文體比較單一的總集。這一類在《隋書·經籍志》總集類中是多數。"③尚在推測階段，而已比較接近事實，但同時也忽略了雜文部中的評論著作與一人、單篇作品的存在，及其背後的文體價值。

　　總括來説，《七録·文集録》的分類、文獻著録與排序，事實上揭示了唐前文體學發展的三點新變。其一即楚辭體的獨立。現存書目中，《漢志·詩賦略》中的屈原、宋玉等賦作尚未正式結集，"楚辭"仍被規限在賦體之下。其後官私書目，均未有楚辭立類的記載。至阮孝緒編纂《七録》，《楚辭》已完成結集，是一種單一而非多種文體的楚辭體選本，即使不單獨立類，也只能入雜文部而非總集部。因此，後世以《楚辭》爲總集之始的觀點，并不適用於先唐目録學。《四庫全書總目》稱："蓋漢魏以下，賦體既變，無全集皆作此體者。他集不與楚辭類，楚辭亦不與他集類，體例既異，理不得不分著也。"④考究其實，楚辭體自异於其他各文體，置於雜文部亦嫌粗疏，不能考見文體源流及楚辭體的重要性。與《七録》同時代的《文心雕龍》既將《辨騷》置於文之樞紐，《時序》又稱："爰自漢室，迄至成哀，雖世漸百齡，辭人九變，而大抵所歸，祖述《楚辭》，靈均餘影，於是乎在。"⑤《文選》亦以"騷"體别爲一體，置於詩、賦之外。考慮到楚辭在漢魏六朝文學、文體中的獨特地位，以及由各種選、注、音義而形成的楚辭

---

① 劉文江《從目録學看古代文體分類意識的演進——從〈漢志〉"詩賦略"與〈隋志〉"集部"談起》，《名作欣賞》2017年第26期，第45頁。
② 盧盛江《集部通論》，第11頁。
③ 盧盛江《集部通論》，第16頁。
④ 〔清〕永瑢等撰《四庫全書總目》卷一四八，第1267頁。
⑤ 范文瀾《文心雕龍注》卷九，第672頁。

专门之学,單列一類是其最佳選擇①。阮孝緒將楚辭單獨立類的做法又爲後來多數目録學者與書目編纂實踐所接受,楚辭類作爲集部之首的地位已然確定,儘管也有部分書目將楚辭類取消獨立地位或將楚辭類文獻置於其他部類,但并未能真正撼動其獨立地位。這其中尤其關涉到先唐總集觀念,先唐尤其是《七録》總集觀念不明,即不能明確楚辭部設置的深層原因。

其二,多體與分體的區隔。有效地區别多體與分體選本和評論著作,是《七録》總集部與雜文部設立與二分的關鍵。在《七録》觀念中,只有選録多種文體的選本與評論之作才能被著録在總集部,體現出了獨特而强烈的文體與選本觀念。這與《隋志》以降將分體選本也納入總集範疇不同,《七録》總集部對多種文體的强調,事實上與獨立的楚辭部、别集部、雜文部形成有效區隔,確立了相對純粹的總集著録標準,使得具備單種文體特徵的,包含單書、單篇作品在内的各類文獻,不得與多體選本相雜厠,確保了多體選本的獨立性與純潔性。"總集"不僅僅是"别集"的對立,更與"雜文"劃分出明顯的界限。不過,這種對分體選本有意識的"拒絶",在目録學中并未能成爲主流,尤其是《隋志》將《七録》總集、雜文二部并合爲總集類,同時著録多體與分體選本,此後書目多遵從《隋志》此一著録標準。至南宋鄭樵《通志·藝文略》,將文類區别爲楚辭、别集、總集、詩總集、賦、贊頌、箴銘、碑碣、制誥、表章、啓事、四六、軍書、案判、刀筆、俳諧、奏議、論、策、書、文史、詩評二十二類,其中自詩總集至書皆爲分體總集,與多體選本的總集形成了明顯區别,又注意到了文體類從與排序,可以視爲是對《七録》的效仿。

另一方面,隨著《隋志》總集類并合《七録》總集部與雜文部,將分體選本、評論之作與個人、單篇作品收入總集類中,總集概念與著録範圍擴大,也引起後世學者對此的質疑。研究者往往注意到《隋志》總集類收録文獻範圍的蕪雜,進而從各種層面對其總集觀念强加解釋,但實未注意到《隋志》總集類不過是對《七録》總集、雜文二部文獻的簡單并合,《隋志》總集著録的駁雜實來自於將《七録》兩種著録標準進行了拼合而未能進行進一步統一,有關於此的各種論斷也就未達一間。除前引觀點外,如郭英德注意到《文章流别集》之前已產生了文章選本,并認爲:"這些總集大抵都是彙聚某一體文章爲一編的,與《文章流别集》的總匯各體文章有别。也許正因爲如此,《隋書·經籍志》才以《文章流别集》作爲總集的發軔之作。"②注意到了《隋志》對多體與分體總集的區分,但尚未能關注到《隋志》這一界定來自於《七録》固有的總集與雜文二分觀念。

《隋志》何以將雜文部文獻并入總集類,因文獻不足徵,已無法作出明確判斷。以理推之,或是編纂者認爲存在於雜文部中的分體選本,與唐前總集觀念下的多體選本都具備選録文章的"總""集"特性,循名責實,二者實可合并而不必區分。《隋志》總集類的文獻著録因於《七録》,也有著明顯的辨體意識,既區

---

① 相關考察還可參考熊良智《阮孝緒〈七録〉楚辭分類著録的學理背景》,《文學評論》2007年第6期。
② 郭英德《歷代〈文選〉類總集的編纂體例與選文範圍》,《中國古代文體學論稿》,第101頁。

分多體與分體選本，分體選本之内又以文體爲次。儘管仍存在個人與單篇作品，但其數量既少於其他文獻，也不必再行分類，作爲附庸而隸屬於各文體之下當無大礙①。事實上，《隋志》之所以將個人與單篇作品同樣納入總集類，顯係源於《七録》雜文部原有的文獻著録標準，而《隋志》編者僅將其總集部與雜文部之文獻直接合并，并未改變原有次序。是則《隋志》之合并二部，似乎未必考慮到《七録》將單篇、一人作品著録於雜文部的實際用意與文體觀念。不過，據《唐六典》記載："秘書郎掌四部之圖籍，分庫以藏之，以甲、乙、景、丁爲之部目。……丁部爲集，其類有三：一曰楚詞，以紀騷人怨刺；二曰别集，以紀詞賦雜論；三曰總集，以紀類分文章。"②其對集部的劃分及所記部類、卷數，實際上來自於《隋志》。稱總集"類分文章"，即源於《七録》與《隋志》分列與合并總集和雜文的部類設定，是對總集、雜文二部以文體類分特點的高度歸納。從這一角度而言，《隋志》之并合，著眼點應該還是在於文體類分。其次，集部既以文章結集形式爲名，别集類、總集類皆以"集"名，楚辭類亦爲選集，而雜文之名則顯得與此相悖，去掉雜文部而將其容納於總集類之中，當是考慮到了部類劃分與命名標準的統一性。事實上，集本有雜義。《孟子·公孫丑》"是集義所生者"趙岐注："集，雜也。"焦循亦稱："雜從集，《方言》云：'雜，集也。'故雜、集二字皆訓合。"③知集、雜二字義同。雜文部之雜列各種文體，實等同於總集部文獻之以文體類分，不同的是後者是將多種文體并列於一部選本之中。若將雜文部的全部文獻結爲一集，實可視爲一部著録多名作者多體文章而又以文體類分的總集，雜文部與總集部實有諸多相似之處，相似即可相通，二者合并也在情理之中。

其三，雜文部文體分類與排序。《七録》雜文部著録的文獻，有著明顯的以文體分類與排序的意識，這在《隋志》文獻著録中得以保留。這種文體分類與排序，體現出了先唐時期共通的文體規則。《七録》雜文部著録的文體包括賦、封禪、頌、詩、樂府、歌辭、箴、銘、訓誡、贊、誄、七、吊、碑、祭文、行狀、論、連珠、典引、詔、表奏、檄(露布)、啓事、薦文、書、策、俳諧等二十七類，同一文體的著作、篇章相類從，不同文體不相雜厠，有着明顯的文體區别意識。從文體類從的角度而言，賦、詩與源出於賦、詩的頌、箴、銘、贊等爲有韵之文，誄、吊、碑、祭文、行狀爲與亡人相關的文體，詔、表奏、檄、啓事、薦文、策等爲官方文體，其中又夾雜了七、論、連珠、俳諧等一般應用性文體。《七録》雜文部所見的文體排序，遵從先列詩賦等有韵之文，次列亡人相關文體，次列官方與一般應用性文體的規則。與宋代以前見存總集、文論、類書等文獻所見文體排序相對比可知，《七録》雜文部的文體排序規則，是宋前見存文獻中最爲常見的文體排序規則，書目如《隋志》《古今書録》，總集如《文苑》《文館詞林》，文論如《文心雕龍》，類書如《北堂書鈔·藝文部》《藝文類聚》，均採用這一排序方式，而與《文選》所

---

① 許云和則提出單篇作品(主要是單篇賦作)被納入總集主要因其具有"文兼事類"的性質，見《經典建構:〈隋書·經籍志〉總集的範式意義》，第52—54頁。
② [唐]李林甫等撰，陳仲夫點校《唐六典》卷十，中華書局，1992年，第298—300頁。
③ [清]焦循撰，沈文倬點校《孟子正義》卷六，中華書局，1987年，第202頁。

創立的排序規則不同,背後也隱現出文筆之分、文源五經的時代學術背景①。更進一步,也可見出《七録》雜文部所開創的這一文體排序規則對於後世各類文獻在文體分類、排序上的重要影響②。

結　語

總體來説,《七録》總集、雜文二部的著録觀念區隔明顯,各有著録標準,不相雜厠。《七録》總集、雜文二部,又直接影響到《隋志》總集類的設定與著録標準,自《隋志》開始,分體選本也開始進入總集視野,而總集類仍包含了評論、一人與單篇作品,并在唐代以降書目中被分置文史、别集類,單篇作品逐漸退出集部,著録專書成爲定例,總集著録標準開始定型又不斷發生變化,而這一切,都在事實上受到了《七録》總集、雜文二分的深遠影響。另一方面,楚辭體的獨立,多體、分體的有效區别,雜文部文體分類、排序規則與時代的呼應,共同構成了早期集部文體學的先聲,爲文體學研究提供了豐富的文獻材料和理論支撑。其間既涉及到目録學中的著録觀念,也關切到目録學與文體學的互動與觀念共享。

附記:本文主要内容曾先後參加中山大學中文系主辦的"第五届全國中文學科博士生學術論壇"(2016 年 9 月 27—29 日)、南京大學古典文獻研究所與《文獻》編輯部主辦的"古文獻整理與研究前沿問題學術研討會博士生論壇"(2016 年 10 月 9 日)、華中師範大學歷史文化學院主辦的"第二届文獻學與學術史青年學者學術研討會"(2019 年 9 月 21—22 日)、華中師範大學文學院主辦的"跨學科視域下先唐的知識、思想與文獻"青年學術工作坊(2021 年 10 月 10 日),并承中山大學中文系許云和教授、李曉紅副教授,南京師範大學文學院王鍔教授,《文獻》編輯部張燕嬰編審,華中師範大學歷史文獻學研究所張固也教授,南昌大學國學研究院于浩老師,華中師範大學文學院林岩教授,北京大學中文系張學謙老師,南京大學文學院張宗友副教授等指正,特此致謝。

(作者單位:湖南大學文學院)

---

①　相關研究,可參見拙文《宋前文獻所見文體類分排序考析》,《古籍研究》總第 70 卷,鳳凰出版社,2019 年。

②　此外,有關《七録》雜文部設立之價值,施懿超《"詩文評"類目溯源——以〈七録〉"雜文"類爲中心》認爲:"'詩文評'類在目録學中的出現可以上溯到魏晉南北朝時期阮孝緒《七録》中'雜文'類的設置。'雜文'類的創設,可視爲後世'文史'類的開端,至少可視爲'詩文評'類發展的源頭之一。"(《文學評論叢刊》第 6 卷第 1 期,南京大學出版社,2003 年,第 53 頁)將詩文評類溯源至《七録》雜文部,忽略了《七録》總集部中也著録了文學評論著作,雜文部中更多是以文體劃分的選本和其他著作,且文學評論著作尚屬於總集部與雜文部之附庸,故此説爲本文所不能認同。事實上,在唐代,除了吴兢《西齋書目》已有"文史"類外,《古今書録》也開始在總集類中將文學評論著作置於總集類之末,此爲文史類設置之先聲,而非《七録》雜文部。相關考證,可參見拙文《附庸、獨立與背離:唐宋書目中文史類與總集類關係演變》,《北京大學中國古文獻研究中心集刊》第二十三輯,北京大學出版社,2021 年。

王際華與于敏中關於《四庫》修書之通信[*]
——兼談《于文襄手札》的考釋

張　昇

　　于敏中和王際華是四庫館早期最重要的兩位總裁官[①]，因此，兩人著作中關於《四庫》修書的記載就顯得特别重要。其中，《于文襄手札》自1933年由國立北平圖書館影印出版後，長期以來成爲學者研究四庫學的重要資料。《王際華日記》所存只有三年之日記，其中乾隆三十九年之日記中有一些關於《四庫》編修之記載，亦頗受學者關注[②]。但是，由於兩書爲稿本存世，均未經整理，字迹頗難認讀，尤其是前者還存在着繫年不清問題，學者利用常感不便，更遑論以兩書相參證。本人因整理《王際華日記》的關係，常以《于文襄手札》相參讀，發現《王際華日記》所載之王、于關於《四庫》修書之通信不但可以揭示王、于兩人在四庫館中之密切合作關係，而且可以有助於解決《于文襄手札》考釋的一些疑難問題。因不揣譾陋，草成此文，以求正於方家。

一　《王際華日記》所載王、于之通信

　　乾隆三十九年五月至九月間，于敏中扈從乾隆皇帝到避暑山莊等地避暑、行圍。據胡適的考證可知，此次行程大致是這樣的：乾隆三十九年五月十六日

---

[*] 本文爲教育部人文社科基金項目"明清士大夫書籍之交研究"（項目編號19YJA770023）階段性成果。

① 于敏中，字叔子，號耐圃、素餘，江蘇金壇人，文華殿大學士兼軍機大臣，謚文襄。王際華，字秋瑞，號白齋，浙江錢塘人，户部尚書，謚文莊。

② 張曉芝《對新世紀以來〈四庫全書總目〉研究的反思與前瞻》，《武漢理工大學學報（社會科學版）》2015年第二期，第334—341頁；張昇《〈王際華日記〉的史料價值與整理說明》，《四庫學》第七輯，社會科學文獻出版社，2020年，第7—25頁。稿本《王際華日記》分藏兩處：上海圖書館藏乾隆三十七年之日記；國家圖書館藏乾隆三十五年和乾隆三十九年之日記。前者現收入《上海圖書館藏稿鈔本日記叢刊》第3册（國家圖書館出版社，2017年），後者現收入《歷代日記叢鈔》第30册（學苑出版社，2006年）。本文所用即後者，以下不再標明。

自圓明園啓行,五月廿二到避暑山莊;八月十六日自避暑山莊啓行赴木蘭;十九日行圍;九月四日行圍止,回鑾;八日,駐蹕避暑山莊;十六日,自避暑山莊回鑾;廿二日,幸圓明園。當時京師的驛報(亦捎帶重要的書信)傳送,大約一晝夜至兩天可以送達熱河①。

據《王際華日記》可知,王、于兩人在此段時間的通信如下:

序號	時間	內容	備注
1	乾隆三十九年五月廿二	札致金壇。	一去信
2	廿七	札致金壇。	一去信
3	六月初二	接金壇并莊鳳壽札。	一來信
4	初六	札致金壇。	一去信
5	初十	接金壇札,即答之。	一來一去
6	十九	卯詣內閣,遞請安折。入直,以《遵生八箋》封寄行在,金壇札知上宣取也。至傳心殿,會英公言事。札答于中堂,即歸。	一來一去
7	廿五	兩札素餘相公	兩去信
8	廿八	札答素餘(即金壇也)。金壇字內知廿五日請安折下,賞收如意一柄	一來一去
9	廿九	卯直武英,奉旨查看舊書也。食後入館,商改明白回奏底子,即於館畫部稿而歸。 朱鳳自行在歸。接素餘札。	一來。
10	七月朔,立秋	卯起拜家祠,即直武英。訂紀、陸三君共食,以奉旨命臣查存貯佳書寄行在也。隨繕奏片清單,晡食後始散歸。複致金壇相公書。	一去信
11	初四	札致金壇。	一去信
12	初八	再作字致金壇。	一去信
13	十四	入朝,參奏分校邱庭瀿事。隨接于中堂札。入直,查天祿琳琅,作札答之。	一來一去
14	十七	卯初赴內閣遞請安折。接金壇札(內傳旨為命查影宋抄書等事),隨至傳心殿,作書答之。	一來一去。
15	八月初五	接于公札,有奉旨查件送。入直,既料理,即出。	一來信
16	初八	直武英,答于公書。	一去信

---

① 胡適《跋〈于文襄手札〉影印本》,《胡適全集》第十三卷,安徽教育出版社,2003年,第571頁。

續表

序號	時間	内容	備注
17	十一	入武英,答金壇。	(一來)一去。此前應還有于氏來信,可能漏記了。
18	十七	接金壇札,遂至武英作札答之,并寄查辦三書奏稿。	一來一去
19	九月初四	杜門,辦貢事。至戌正,乃交楊文明日黑早起身赴熱河恭進。札致于、梁、張、蔣。	一去信。
20	初六	一早赴閣遞請安折,遂直武英。札答于公。偕李少堂飯。	(一來)一去
21	初九	札于。	一去信
22	十二	接金壇札,索直隸、山東、河南輿圖,即至武英囑所司檢出,札寄之。	一來一去

因爲于氏身份更高,而且相對來說處理事情更多,因此于氏之來信,一般來説王氏都會每札必回,而王氏之去信,于氏則不一定每札必回。這從上表亦可大致看出。還有,既然是答書,必然有來札,故上表中有兩處可推斷于氏必有來札,而日記可能是漏記了。除此之外,其他的來往信札,王氏應該都記録了下來(從王氏對通信的重視程度看,不太可能會漏記較多的通信)。因此,以上共計32通來往書信,應該就是這段時間内兩人之全部通信:其中王氏去信20通,于氏來信12通。通過分析這些書信,可以發現:

其一,通信之數量。

從五月廿二日至九月十二日,共計約110天的時間,通信32通,平均不到四天即有一通,應該是比較頻繁的。我們還可以拿其他年份相應的時間兩人之通信情況來對比。例如,乾隆三十七年于氏亦扈從避暑山莊,大致也是在同樣的時段(約110天),《王際華日記》所載兩人只有約9通來往書信。顯然,乾隆三十九年這段時間兩人書信來往頻繁,是與《四庫》修書有密切關係的。

其二,通信之起止時間。

考慮到于氏在路上收信和回信均會有不便,因此王氏應該不會在此時段給于氏寫信,而上表所載之通信日期即可證明這一點。據《王際華日記》可知,于氏行前一天,王氏即拜訪過于氏,故對其行程應較瞭解:"(五月)十五……送梁少宗伯、金壇相公,見其介弟易牧。"因此,于氏出發應在五月十六日(《王際華日記》即載此日王氏到大東門送駕),而於五月廿二到避暑山莊。王氏一定是估計于氏到了之後才會給他寫信,故王氏於五月廿二日才有第一通去信發出。另外,由於他們之間通信較多,于氏可能會將回程告知王氏,而且官方也會將于氏他們回京的日程通知接駕的大臣,因此王氏也不會在于氏正在路上的時候去信。于氏於九月十六日啓程回京,於廿二日回到。王氏最晚的一通去信是在九月十二日發出的。如果按兩天收到來估算,于氏應該在回京之前的兩天即能收到此信。

其三,兩人之通信大部分應與《四庫》編修有關。

王、于兩人在乾隆三十九年的這段時間通信較多,顯然是和《四庫》編修有密切關係的。不過,由於日記中基本不涉及到書信的内容,我們只能參考相關記載來推斷其中哪些書信與《四庫》編修有關。目前來看,與《四庫》編修有關的信函應有如下一些:

上表第6條所涉信函(一來一去)。《王際華日記》載,乾隆三十九年六月,"十九,晴。卯詣内閣,遞請安折。入直,以《遵生八箋》封寄行在,金壇札知上宣取也。至傳心殿,會英公言事。札答于中堂,即歸。"關於提取《遵生八箋》之事,《于文襄手札》第32函亦載:"六月廿三日。《遵生八箋》日前覓到一部,板缺誤不堪,未知外間有初印本否?"可知此函應作於乾隆三十九年六月廿三日。據此亦可知當時通信之時間:王氏於十九日所寄之書,于氏至遲在二十二日已收到。此可證當時通信兩三天左右即能收到。

上表第9、10條所涉信函(一來一去)。《于文襄手札》所收于氏給陸錫熊的書信均與《四庫全書》編修有關,而其中提到與王際華(大農)的通信①,也必定與《四庫》編修有關,否則没有必要提醒陸氏注意。例如,《王際華日記》載:六月廿九,"接素餘札"。該札應即是《于文襄手札》第34函(乾隆三十九年七月初六日)所提到的致大農札:"接讀手教,得悉種種,《意林》一事容俟從容再覆。頃接李少司空札,以《水經注》尚有可商,不可不酌求其是。愚學殖淺薄,不敢輕議,且相隔甚遠,尤難彼此折衷。此事知東園深費苦心,且向曾探討及此,自當有所依據。其中或尚有應行酌定者,不妨再爲覆核(大農處亦有札致及)。……"顯然,此致大農札應與《四庫》修書有關,否則不會在此順便提到。而且,據《王際華日記》載:"七月,……訂紀、陸三君共食,以奉旨命臣查存貯佳書寄行在也。隨繕奏片清單,晡食後始散歸。複致金壇相公書。"在給于氏回信之前,王氏還請紀昀、二陸氏(應爲陸錫熊與陸費墀)相聚,商量"以奉旨命臣查存貯佳書寄行在"之事,亦可看出必然與《四庫》修書有關。

上表第14條所涉信函(一來一去)。《王際華日記》載,七月十七日,"接金壇札(内傳旨爲命查影宋抄書等事),隨至傳心殿,作書答之。"廿二日,"入直,檢御書房影宋抄書,得廿三種,遂携至翰苑,交紀、陸二公辦理。"二十三日,"本日接到御題宋刻二種、影宋抄五種,即交丹叔。"可見,王氏與紀昀、陸錫熊合辦影宋抄書之事,應與《四庫》修書有關。而且,王氏接到乾隆御題之七種書籍之後,當即交予總校官陸費墀辦理,體現了其對這些有御題詩的書籍的辦理特別慎重②。

---

① 大農,指户部尚書,王際華於乾隆三十八年八月初三被任命爲户部尚書。
② 張昇《乾隆御題〈四庫〉書詩代作問題初探——以"題《鶡冠子》"詩爲中心的考察》,《故宫學刊》2018年總第19輯,第397—407頁。

上表第15、16條所涉信函(一來一去)。《于文襄手札》第24函(乾隆三十九年八月初五日。關於該信的繫年,下文詳述)提到致王氏(大農)札云:"……昨已有札致大農矣。"指的是于氏在八月初五日之前曾致函王際華,這在《王際華日記》中亦可得到印證:八月初五日,"接于公札,有奉旨查件送。入直,既料理,即出。"此札即是上表第15條所涉之于信。至於王氏的回信,當然也應該與《四庫》修書有關,而與第24函相關的回信,即是上表第16條所涉之王信。另外,《于文襄手札》第44函(乾隆三十九年八月初九日。其時間考定參下文)云:"前以檢查有無干礙之書,專仗足下及曉嵐先生,曾囑大農轉致,并札致舒中堂知。以上諭稿交閱,恭繹聖訓,便可得辦理之道也。"這裏所說的"曾囑大農轉致",也可能是與前述的八月初五日"接于公札"有關。

上表第18條所涉信函(一來一去)。《王際華日記》載,八月十七日,"接金壇札,遂至武英作札答之,并寄查辦三書奏稿。"另據《于文襄手札》第46函載:"郵來得書,悉種種。應毀三書既經辦出,自以奏請銷毀爲是。來稿已爲酌易數字,寄大農與中堂大人商行。明人文集若只係章奏干礙,字面詞意不涉狂悖者,則查其餘各種,實無貽害人心之語,即刪去字面有礙數篇,尚可存目。若章疏妄肆狺吠,及逞弄筆墨,病囈狂皋者,必當急行毀禁,以遏邪言。無論是詩是文,務須全部焚斥。此必應詳細留神妥辦者。至《香光集》若覺得舊板酌辦更妥,已札商大農矣。……中頓首,十九日木蘭第一程寄。"陳垣、徐慶豐均未考定該札年月,而胡適考定爲乾隆三十九年八月十九日,無疑是正確的。其依據主要是:第46函的内容與第44、45函的内容相關聯,故應爲乾隆三十九年八月之函;再參考本文開頭所列的行圍時間,亦可證寫作時間只能是八月十九日①。如果我們以《王際華日記》中所載之王、于來往信函爲參考,則可更進一步證成這一推斷。前引《王際華日記》所提到的"并寄查辦三書奏稿",即與第46函所提到的"應毀三書"有關。而且,《王際華日記》還載:"廿一……至翰苑,以明日請毀三書奏稿交辦事,將以廿三日發報奏也。"此奏稿有可能是王氏與陸錫熊、紀昀同擬的,于氏在其上作了些修改後再返回,并囑陸氏與王氏相商。至於第46函還提到:"至《香光集》若覺得舊板酌辦更妥,已札商大農矣。"應即指王氏十七日所收的于札(金壇札)。

以上涉及《四庫》編修之書信共有10通。這10通是通過考證推知的,而其他信件因爲很少或無相關材料,因此難以推斷其是否與《四庫》編修有關,但從下文所論于敏中、陸錫熊之通信情況看,應該也多與《四庫》編修有關。而且,前述乾隆三十七年于氏扈從避暑山莊期間(約110天),王、于兩人只有約9通來往書信。其時還未開四庫館,故這9通反映的是兩人一般來往之通信頻次。如果以此爲例,乾隆三十九年這段時間兩人之通信共32通,遠遠超過9通,則其與《四庫》編修有關之通信應占其中大多數。

總之,通過上面的考證和相關記載可以看出:首先,即便于氏扈從避暑山

---

① 胡適《跋〈于文襄手札〉影印本》。

莊,但王、于兩人就《四庫》編修依然頻繁聯繫溝通,可證王、于兩位總裁對修書之事的重視、積極負責態度,以及他們確實爲四庫館早期最重要的,而且也是實際任事的總裁。其次,于氏對王氏頗爲倚任,而王氏對於于氏亦頗爲敬重,有札即回,奉命輒辦。兩位總裁這種密切溝通、往復相商的合作關係,無疑爲四庫館工作的開展奠定了良好的基調,保證了修書的順利進行。

二 從王、于通信看《于文襄手札》

《于文襄手札》,收錄了乾隆三十八年至四十一年四庫館總裁官于敏中陪侍乾隆在承德避暑山莊期間寫給四庫館總纂官陸錫熊的書信,共 56 函。這批書信均與《四庫全書》編修有關。書信原稿未標明寫作年份,有些甚至無月、日,雖有陳垣、胡適、徐慶豐等作過相關考證①,但仍有諸多疑問,而《王際華日記》中所載王、于通信,在一定程度上可爲解開這些疑難問題提供參考。

其一,通信之數量。

如前所述,《于文襄手札》所收均爲于氏給陸氏之來信,共 56 通,其中有六通是附函,實則只有 50 通。考慮到于氏的身份較尊貴,且與陸氏有師生之誼,故陸氏給于氏之去信應較于氏之來信爲多,起碼要超過 50 通。例如,第 29 函(乾隆三十九年六月初五)云:"連接兩函,俱未及裁覆,今日又得手書,具悉種種。"第 45 函(乾隆三十九年八月十五日)云:"兩接手書,匆冗未及具覆。"如果參考王氏與于氏之通信來往比例計算(王氏之去信約爲于氏之來信之一倍),則陸氏之去信應有約 100 通。那麼,乾隆三十八年至四十一年這段時間兩人來往之書信應共約 150 通,每年約 37 通(當然,從《于文襄手札》看,實際上每年通信數不會這樣平均,這只是大致而言的)。可見,于、陸通信非常頻繁,較之于、王之間的通信更多②,而且應多與《四庫》編修有關。例如,《于文襄手札》中所收乾隆三十九年于氏之來信即有 17 通,均涉《四庫》編修之事。由此我們也可進一步證實前述的推斷,當時王、于通信如此頻繁,也應該多涉《四庫》編修之事。

其二,通信之時間。

據陳垣考證,《于文襄手札》所收信札作於乾隆三十八年至乾隆四十一年乾隆皇帝避暑承德期間,分爲四個時段:乾隆三十八年五月八日至九月十二日,乾隆三十九年五月十六日至九月十二日,乾隆四十年五月廿六日至九月十六日,乾隆四十一年五月十三日至九月十六日。陳垣總結說:"故此諸函前後亘四年,而不出五月八日以前,九月十六日以後。"③後來的相關考證,也是在

---

① 陳垣《書于文襄論〈四庫全書〉手札後》,于敏中《于文襄手札》,國立北平圖書館 1933 年影印本。徐慶豐《〈于文襄手札〉考釋——并論于敏中與〈四庫全書〉纂修》,北京師範大學 2005 年碩士論文。
② 這主要是因爲:陸氏是專職的總纂官,在四庫館中負責更具體的編撰工作,而且與于氏有更爲密切的私人關係(師生之誼,而且曾在于氏家任教);王氏雖爲任事之總裁,但也身兼户部尚書,修書只是其工作之一部分,而且王氏雖然與于氏私人關係也很好,但終不如陸氏與于氏之關係密切。
③ 陳垣《書于文襄論〈四庫全書〉手札後》。

此時間範圍內作推斷的。如果我們參考上述王、于兩人于此段時間之通信，則還可以將通信時間範圍再作縮小：考慮到于氏在路上接信和回信均有不便，因此于氏應該不會在此段時間給陸氏寫信。因此，乾隆三十九年于氏之信，應該寫於五月廿二日之後，九月十二日之前。依此類推，乾隆三十八年于氏之信，應該寫於五月十四日之後，九月十二日之前。乾隆四十年于氏之信，應該寫於六月二日之後，九月十六日之前。乾隆四十一年于氏之信，應該寫於五月十九日之後，九月十六日之前。目前來看，陳垣、胡適、徐慶豐考證出的于氏手札之寫作月、日，均不出此範圍內，應該是正確的。至於《于文襄手札》中還有未能考證出具體寫作時間者，其寫作月、日也應該在此時間範圍內來推斷。

不過，之前考證的個別手札之具體寫作時間仍有可商榷之處。例如，《于文襄手札》第24函："叨荷渥恩，實慚非據。……候補謄錄即傳令抄書，未補之前所寫之書如何核計，似當定以章程，方爲周妥。昨已有札致大農矣。《禹貢指南》因有御題詩句，尚存直次，俟辦得再寄。……中頓首，八月初五日。《王子安集》所辦如何，或新到之集有前序後跋，并希録入。"陳垣認爲該札寫於乾隆三十九年八月初五，其依據爲："函有叨荷渥恩，太監高雲從案，詞連于敏中，見三十九年七月二十三日諭：敏中著從寬免其治罪。所謂渥恩者即此。"胡適、徐慶豐均認爲該札寫於乾隆三十八年八月初五，其依據是書函開頭提到的"叨荷渥恩，實慚非據"，似乎與《高宗純皇帝實録》所載相合：(乾隆三十八年)八月丁亥(初一)，以協辦大學士户部尚書于敏中爲大學士。札中所謂"叨荷渥恩"當即指此一事。以上何者爲正確呢？事實上，據乾隆《御制詩四集》卷十七可知，乾隆作"題毛晃《禹貢指南》六韵"(即《禹貢指南》御題詩)是在乾隆三十九年正月①，因此此信應是寫於乾隆三十九年，而不可能寫於乾隆三十八年。信中所提到的候補謄錄一事，據乾隆三十九年十月十九《多羅質郡王永瑢等奏請准候補謄錄額外效力并添篆字繪圖謄錄折》載："(候補謄錄)其未補缺以前繕寫之書，統計字數若干，入于贏餘項下，照奏明之例，分別議叙。"②也應是發生在乾隆三十九年之事。至於該札所提的"昨已有札致大農矣"，指的是于氏在八月初五日之前曾致信王際華，在《王際華日記》中亦可得到印證：八月初五日，"接于公札，有奉旨查件送。入直，既料理，即出。"另外，據該札所云"《禹貢指南》因有御題詩句，尚存直次，俟辦得再寄"可知，《禹貢指南》當時還在避暑山莊(御題詩是在京師題的，後來又將書帶到了避暑山莊)。聯繫到前述《王際華日記》載，乾隆三十九年七月二十三日王際華"接到御題宋刻二種、影宋抄五種"，這七種有乾隆御題詩之書，很可能是七月二十三日之前很長時間以內之

---

① 〔清〕永瑢等撰《紀曉嵐刪定〈四庫全書總目〉稿本》(國家圖書館出版社，2011年影印本)卷首之三亦收有此詩，并將其歸爲甲午年(乾隆三十九年)之作。
② 張書才主編《纂修四庫全書檔案》，上海古籍出版社，1997年，第278頁。

御題之書，而不是當時較短時間內之御題之書①。

第 26 函云："前接兩札，俱未及覆。《王子安集》承費清心，謝謝。既已增訂，必須另抄，其缺者亦當補入，止可俟回家再辦耳。《南宋兩朝綱目》已奉御題，其前後倒置，目内尚覺無妨，綱內則斷乎不可。已與大農面言。今將全書寄回，即可查酌加按。……在京進繳各書，蒙諭有在一百種以上者，即照馬裕家例揀擇數種進呈題詩，以示榮寵，祈即爲速辦。又蒙詢及各種遺書分別應刊、應抄、應存，總叙提要約計何時可完，愚覆奏以約計後年當有眉目。此即兩公承恩之由，祈即于紀大人相商酌辦，但不知果能如愚所言否。……中頓首，八月廿一日。"陳垣沒有明確指出此函之寫作時間。胡適、徐慶豐均認爲此函寫於乾隆三十八年八月廿一日，其依據爲：乾隆三十八年八月十八日《諭内閣紀昀、陸錫熊校書勤勉著授爲翰林院侍讀以示獎勵》，應指信中所提的"此即兩公承恩之由"②。但是，與前述第 24 函的情況類似，據乾隆《御制詩四集》卷十七可知，乾隆作"題《南宋兩朝綱目備要》二首一韵"（即《南宋兩朝綱目》御題詩）也是在乾隆三十九年正月③，因此此信應是寫於乾隆三十九年，而不可能寫於乾隆三十八年。而且，此函與第 24 函均提到《王子安集》，應爲前後相近之兩函，第 24 函作於乾隆三十九年八月初五，則此函當亦作於乾隆三十九年八月廿一日。

第 44 函云："前兩次接書，俱未及覆。《太平寰宇記》與《元和郡縣志》皆係必應刊行之書，或俟兩書同奏，此時且無庸更改，總俟愚回京再定可耳。前以檢查有無干礙之書，專仗足下及曉嵐先生，曾囑大農轉致，并札致舒中堂知。以上諭稿交閱，恭繹聖訓，便可得辦理之道也。……進呈書目提要，此時自以叙時代爲正，且俟辦總目時再分細類，批閱似較順眼。其各書注藏書之家，莫若即分注首行大字下，更覺眉目一清，且省提要内附書之繁。惟各家俱進之書，若儘最初者，似未平允。若俱載又覺太多，似須酌一妥式，進呈方可遵辦耳。至《簡明目録》此時且可不辦，或再蒙詢及，酌辦一樣進呈，亦無不可。《水經注》既已另辦，須善爲調停，勢必無嫌無疑，方爲萬妥。……中頓首。初九日。"該函只署日期，沒有年、月。關於該札的繫年，陳垣先生沒有明確説明，但將其排在乾隆四十年各札之後，應是以爲乾隆四十年之後所作。胡適考證指出，房兆楹、王重民認爲該札寫於八月，不對，應寫於乾隆三十九年七月④。徐慶豐認爲寫於七月二十五日之後：《纂修四庫全書檔案》載乾隆三十九年七月二十五日《諭内閣著四庫全書處總裁等將藏書人姓名附於各書提要末及并另

---

① 〔清〕弘曆《御制詩四集》（台北商務印書館 1982—1986 年影印《文淵閣四庫全書》本）所收乾隆三十九年御題之書有 21 部，應包括上述七種。
② 胡適《跋〈于文襄手札〉影印本》，第 564 頁；徐慶豐《〈于文襄手札〉考釋——并論于敏中與〈四庫全書〉纂修》。
③ 〔清〕永瑢等撰《紀曉嵐删定〈四庫全書總目〉稿本》卷首之三亦收有此詩，并將其歸爲甲午年（乾隆三十九年）之作。
④ 胡適《跋〈于文襄手札〉影印本》，第 565—566 頁。

編〈簡明目錄〉》，而札中詳細討論了提要中附注藏書家姓名的辦法及辦理《簡明目錄》一事，應當是在奉旨之後所行之事，該函日期應去"乾隆三十九年七月二十五日"不遠。綜合來看，本人認爲寫於八月的可能性更大，因爲：于氏在七月初六有一函致陸氏，提到《水經注》，而此函即有"《水經注》既已另辦"之回復。三天時間內，陸氏收到于氏初六日函後，又致函于氏而爲于氏收悉，似乎太神速（胡適即認爲當時有此"神速"）。而且，此函開頭云"前兩次接書，俱未及覆"，而于氏於初六日即有致陸氏信，與此所述相矛盾。此外，該函云"曾囑大農轉致"，可能即指前述《王際華日記》八月初五日"于公札"，如此則該函應寫於八月初九日。

　　綜上所述，通過將《王際華日記》與《于文襄手札》參讀，我們發現《王際華日記》所載之王、于關於《四庫》修書之通信不但可以揭示王、于兩人在四庫館中之密切合作關係，而且可以有助於解決《于文襄手札》考釋的一些疑難問題。

　　首先，從乾隆三十九年五月廿二日至九月十二日共計約110天的時間裏，王、于通信32通，平均不到四天即有一通，是比較頻繁的。從相關記載及參考《于文襄手札》可以推斷，乾隆三十九年這段時間兩人書信來往頻繁，是與《四庫》修書有密切關係的。從中亦可看出，這兩位四庫館早期最重要的總裁如此密切溝通、往復相商的合作關係，無疑在很大程度上保障了四庫館工作的順利開展。

　　其次，通過對王、于通信的考述，可以有助於考釋《于文襄手札》。例如，參考王、于之通信規律，乾隆三十八年至四十一年于敏中扈從避暑山莊期間于、陸兩人來往之書信應共約150通。關於《于文襄手札》所收書札的寫作時間，在陳垣推定的基礎上還可以進一步縮小範圍：五月十四之後至九月十六日之前。至於各函之具體寫作時間，亦可在前人考證的基礎上得到修正，如以前認定寫於乾隆三十八年之第24、26函，實爲寫於乾隆三十九年；第44函，應寫於乾隆三十九年八月初五。

　　最後，可以看出王際華、于敏中、陸錫熊三者之關係，以及三人對於《四庫》修書之重要作用。從《王際華日記》日記可以看出，王、于兩人關係非常密切，來往較多，王氏對于氏頗爲敬重，而于氏對於王氏也頗爲倚任。王氏之墓誌銘即是于氏所寫，并由陸氏代筆，其中提到："其群公之後先爲僚者，或存沒聚散非一，獨戶部尚書錢塘王公與余對直最久，其交契亦最篤。"①至於陸氏与于氏，于敏中曾爲陸錫熊之座師，而陸氏又曾館於于敏中家，開館之前兩人關係就較密切，故在開四庫館期間于氏主要依靠的是陸氏而不是紀昀。這可以從《于文襄手札》明顯看出。而王氏與陸氏，同爲上海人，兩人平時交往雖不是很多，但關係也比較密切，這從《王際華日記》日記亦可看出。在三人之關係網中，于氏顯然是處在一個中心的位置，這既是由其地位和身份決定的，同時也

---

① 〔清〕陸錫熊《寶奎堂集》卷十二《光祿大夫贈太子太保戶部尚書文莊王公墓誌銘（代于文襄公作）》，清道光二十九年(1849)陸成沅刻本，第15—20頁。

是由其與王氏、陸氏之間的關係所決定的。例如,于氏在給陸氏的信中,經常會提到亦曾致函王氏,應該是希望王氏、陸氏能夠經常分享信息,互相溝通。這樣一種關係網,也在很大程度上影響到《四庫》修書,如于氏更多倚靠王氏、陸氏來辦事,而王氏、陸氏也儘量配合,鼎力相助。事實上,四庫館中發凡起例,各種條例(或章程)的制訂,多是由于氏委托王氏或陸氏撰擬的,并得到于氏之充分肯定①。

(作者單位:北京師範大學歷史學院)

---

① 張昇《陸錫熊與〈四庫全書〉編修》,《史學史研究》2014年第2期。陸錫熊《光禄大夫贈太子太保户部尚書文莊王公墓誌銘(代于文襄公作)》(第16頁)亦云:"余参預軍機,旦夕有所宣召,不克專意館事,自發凡起例,以逮丹鉛甲乙之式,一切多決於公。"

四庫提要的差异與稿本《總目》的修改[*]

江慶柏

本文所說的"四庫提要",是指各庫本的書前提要和浙本、殿本《總目》。稿本《總目》也是四庫提要,但因爲要和其他提要比較,所以分開說明。

《四庫全書》中,一部圖書的幾篇提要有完全或基本相同的,也有存在各種差异的。四庫提要大部分的文字差异,都和稿本的修改有關,這些差异,在有底本存世的情況下,往往都可以找到稿本上的修改依據。本文依據上海圖書館、國家圖書館、天津圖書館收藏的稿本《四庫全書總目》(以下簡稱"稿本《總目》"),探討書前提要、刊本《總目》①的差异與稿本《四庫全書總目》的修改之間的關係,探討從《初目》到《總目》的修改與稿本《總目》的關係,并探討四庫提要篇幅差异、稿本《總目》的修改與《簡目》的差异等問題。

我們之所以重視稿本《總目》,是因爲稿本上的修改痕迹可以更好地反映出一部四庫提要撰寫的動態過程。稿本通過標注、夾簽或各種符號,將作者在寫作過程中的一些思路顯現出來,使我們可以瞭解作者的撰寫過程,從而更好地理解作品的意義。例如以上圖稿本中清張英撰《文端集》提要爲例,看一下其修改情況:

> 英好古力學,遭際昌辰,仰蒙聖祖仁皇帝擢侍講幄,入直禁廷。簪筆雍容,極儒臣之榮遇。矢音賡唱,篇什最多。其間鼓吹昇平,黼黻廊廟,無不金相玉質典雅和平。故館閣諸臣,皆推爲詞林鉅手。至於言情賦景之作,又多清微淡遠,抒寫性靈,迥出塵壒之表。蓋燕許閎麗之格,與儲王高曠之體,臺閣、山林二體,古難兼擅,英乃兼而有之。其散體諸文,稱心而出,不事粉飾。雖未能直追古人,而原本經術,詞旨溫厚,亦

---

* 本文爲 2015 年度國家社科基金重大項目"四庫提要彙輯彙校彙考"(項目編號 15ZDB075)階段性成果。

① 爲叙述方便,本文將乾隆六十年刊刻的浙本、殿本《總目》統稱爲"刊本《總目》",以與本文使用的"稿本《總目》"有所區別。

無忝於作者焉①。

上圖稿本修改稿在原稿上刪去了單劃綫部分,并將最後一處的修改改爲"臺閣、山林二體,古難兼擅,英乃"(文中雙劃綫部分),以替換原來的文句。被刪去的句子,均是浮誇之詞。張英是康熙重臣,一生"慎密恪勤",文學上也有一定成就。但將其稱之爲"詞林鉅手","燕許閎麗之格,儲王高曠之體",則言過其實,誇飾過度。修改稿將浮詞全部刪去,體現了館臣求實的態度。查這一部書的其他提要,也都依據修改稿改正了。這充分説明了稿本《總目》在四庫學研究中的重要作用。稿本《總目》與其他四庫提要的比較,是一個值得研究的題目。

四庫提要文字差異的問題

不過稿本雖然重要,像這部書的幾篇提要改正相同的却并不多。相反,我們在比較書前提要和浙本、殿本《總目》時,經常會看到在同一部圖書的幾篇提要中有許多文字差異。這些差異的原因是多方面的,其中一個原因仍然是與稿本《總目》的修改有關。以下通過一些具體的例子加以説明。

先看《總目》卷六十八地理類叙的修改以及由此帶來的提要差異。上圖稿本《總目》原稿作:"其編類,首總志,統寰宇也;次都會郡縣,析方域也。"後改作:"首宫殿,尊宸居也;次總志,大一統也;次都會郡縣,辨方域也。"②"首宫殿",國圖稿本《總目》原稿作"首宫殿簿"。後將"簿"字圈去,改作"疏"。其編類名稱,有作"宫殿簿",又改作"宫殿疏",由此導致各提要和四庫本之間的差異。查《文淵閣提要》,《三輔黄圖》卷首題作:"三輔黄圖,地理類一,宫殿簿之屬。"《禁扁》卷首同樣題作:"禁扁,地理類一,宫殿簿之屬。"是用了國圖稿本原來的名稱,與地理類叙作"宫殿疏"不同。

再如《總目》及《四庫全書簡明目録》各類後統計及"案語"。《總目》云:"右地理類宫殿疏之屬。"又按語云:"《太平御覽》所引有《漢宫殿疏》。"均稱"宫殿疏",與國圖稿本修改相同。閣本、浙本《簡目》同作"右地理類宫殿簿之屬",上古本《簡目》作"右地理類宫殿疏之屬"。其下案語,閣本、浙本《簡目》作"晋有宫殿簿之名",上古本作"晋有宫殿疏之名"③。此處所説"漢宫殿疏",除提要所稱《太平御覽》所引外,也見於《三輔黄圖》《太平寰宇記》《玉海》等書所引。所説"宫殿簿",或指《隋書·經籍志》史部地理著録之《洛陽宫殿簿》一卷。雖説都有文獻記載的依據,但提要此處的差異,應該是和謄録監生所見稿本《總目》上的不同批改有直接關係。

稿本《總目》上的批改,没有被四庫提要采納的情況并不多見,更多的是被四庫提要采納了。但采納的情況會有所不同,由此也形成了四庫提要的差異。例如《總目》卷一百四十八著録梁何遜撰《何水部集》提要,上圖稿本原作:"梁

---

① 《四庫全書總目稿抄本叢刊》第 14 册,上海科學技術文獻出版社,2021 年,第 465 頁。
② 《四庫全書總目稿抄本叢刊》第 3 册,第 82 頁。
③ 《四庫全書簡明目録》,上海古籍出版社,1985 年,第 258 頁。

何遜撰。遜事迹具《梁書》本傳。"後來在下一"遜"字旁添加了如下文字："字仲言,東海郯人。官至水部員外郎,故自唐以來稱何水部。"①文淵閣、文溯閣②、文津閣③、文瀾閣④提要均完整地把這段添加的文字補入了提要,作:"梁何遜撰。遜字仲言,東海郯人。官至水部員外郎,故自唐以來稱何水部。事迹具《梁書》本傳。"但浙本、殿本《總目》均無"事迹具《梁書》本傳"一句。這一句其實是稿本《總目》原有的,且其人正史有傳的必加以標注。所以《總目》此處漏去實爲疏忽。由此也造成了提要的差異。

《總目》卷一百四十九唐王績撰《東皋子集》,上圖稿本原作:"績簡放嗜酒。嘗作《醉鄉記》《五斗先生傳》《無心子傳》。"上面有紅筆手書補充文字:"(然)績(爲王通之弟,而志趣高雅,不隨通聚徒講學,獻策干進,其人品亦不可及矣。史稱其)簡放嗜酒。嘗作《醉鄉記》《五斗先生傳》《無心子傳》。"⑤(括號內爲手書補充文字)

《文淵閣提要》與修改後的提要完全相同。這篇《文淵閣提要》校上於乾隆四十六年十月,應該是後來撤換後重新抄録的。其抄寫的依據就是上海圖書館所藏的這篇修改後的稿本《總目》。這裏有一個細節值得注意。"聚徒講學"四字,在天津圖書館藏紀昀刪定《四庫全書總目》稿本中原作"聚經議學",紀昀將"經議"二字圈去,改爲"徒講"二字⑥。今本《總目》,與修改的情況完全一致。

《文溯閣提要》⑦《文津閣提要》⑧,此處則作:"績簡放嗜酒。嘗作《醉鄉記》《五斗先生傳》《無心子傳》,今俱在集中。"與上圖稿本提要改動前的樣子相同。這裏需要注意的是"今俱在集中"五字,《文淵閣提要》和今本《總目》均無。這五個字在上圖稿本中被劃去了。

仍然是這篇提要,《文溯閣提要》《文津閣提要》在"今俱在集中"後面作:"《唐書·藝文志》載績集五卷。"上圖稿本劃去"今俱在集中"五字,其下有紅筆修改作:"其《醉鄉記》爲蘇軾所稱,然他文亦疏野有致。其詩惟《野望》一首爲世傳誦。然如《石竹咏》意境高古,《薛記室收過莊見尋》詩二十四韵氣格遒健,皆能滌初唐俳偶板滯之習,置之開元、天寶間,弗能別也。"這段補充的文字同樣見於《文淵閣提要》與今本《總目》。

這説明,《文淵閣提要》是依據修改後的《總目》抄寫的,《文溯閣提要》《文津閣提要》則完全是按照修改前的《總目》抄寫的。書前提要的差異,與抄録時所依據的提要修改有關。

---

① 《四庫全書總目稿抄本叢刊》第5册,第296頁。
② 《金毓黻手定本文溯閣四庫全書提要》,中華全國圖書館文獻縮微複製中心,1999年,第667頁。
③ 《文津閣四庫全書提要彙編》集部,商務印書館,2006年,第17頁。
④ 《文瀾閣四庫全書》,杭州出版社,2015年,第1093册。《文瀾閣提要》有原抄、補抄之别,本文所用均爲原抄提要。
⑤ 《四庫全書總目稿抄本叢刊》第5册,第299頁。
⑥ 《紀曉嵐删定〈四庫全書總目〉稿本》第六册,國家圖書館出版社,2011年,第347頁。
⑦ 《金毓黻手定本文溯閣四庫全書提要》,第668頁。
⑧ 《文津閣四庫全書提要彙編》集部,第21頁。

再看這一卷的下一篇《寒山子詩集》附《豐干拾得詩》提要。上圖稿本原作《寒山子詩集》一卷,"一卷"後用紅筆修改作"二卷"①。今查,《文淵閣提要》《總目》作二卷,而《文溯閣提要》②《文津閣提要》③均作一卷。這個差異和《東皋子集》提要的差異原因相同。

上圖稿本原作:"寒山子,貞觀中天台廣興縣僧。居於寒巖,時還往國清寺。豐干、拾得,則皆國清守寺僧。台州刺史間邱允嘗與之遇。其詩相傳即允令寺僧道翹尋寒山平日於竹木石壁上及人家廳壁所書,得三百餘首。"經手書紅筆修改本作:"寒山子,貞觀中天台廣興縣僧。居於寒巖,時還往國清寺。豐干、拾得,則皆國清守寺僧。(世傳)台州刺史間邱允,(遇三僧事,踪迹甚怪。蓋莫得而考證也)。其詩相傳即允令寺僧道翹尋寒山平日於竹木石壁上及人家廳壁所書,得三百餘首。"(括號內爲手書補充文字)

《文淵閣提要》這一段與手書增補完全相同,而且有個細節可以注意。上圖稿本"國清守寺僧",《總目》"寺"上無"守"字,"僧"下有"也"字,而《文淵閣提要》有"守"字無"也"字,與上圖稿本完全相同。又上圖稿本上手書增補文字"蓋莫得而考證也",《文淵閣提要》也相同,而《總目》此處"也"字作"矣"字。雖說這些差異無關宏旨,但也說明就此處的提要而言,《文淵閣提要》抄得更爲認真。

《文溯閣提要》《文津閣提要》也與上圖稿本修改本同。

從這裏可以看到這部書的提要與上一部書的提要的差異。《東皋子集》提要,是《文淵閣提要》《總目》與上圖稿本修改稿相同,而《文溯閣提要》《文津閣提要》與上圖稿本未經修改的原作相同。而這篇《寒山子詩集》提要,則是文淵閣、文溯閣、文津閣提要與《總目》,都和經過修改的上圖稿本相同。可見提要之間的關係,并無一定的規則。不過即使《文溯閣提要》《文津閣提要》與上圖稿本修改本相同,也還有一些差異。如上圖稿本原作《寒山子詩集》一卷,修改作"二卷",《文淵閣提要》《總目》也均作"二卷",而《文溯閣提要》《文津閣提要》仍作"一卷",未知何以未改。

再如清姜宸英撰《湛園集》,《文淵閣提要》云:"此本爲黃叔琳所重編,凡古文八卷,又《湛園札記》二卷。"《總目》作:"此本爲黃叔琳所重編,凡八卷。"查國圖稿本,圈去了"古文""又《湛園札記》二卷"字樣④。今《總目》依據了稿本修改稿抄録,而《文淵閣提要》仍然是依據了稿本原本抄録了。

本書提要,《文淵閣提要》和其他幾篇相比較,有幾處明顯的差異。一是《文淵閣提要》有作者小傳:"宸英號西溟,慈溪人。康熙丁丑進士,官翰林院編修。"其他提要均是參見法:"宸英有《江防總論》,已著録。"其次是關於其著作,《文淵閣提要》作:"初自編其文,爲《湛園未定稿》。秦松齡、韓菼皆爲之序。此本爲黃叔琳所重編,凡古文八卷,又《湛園札記》二卷。"《總目》作:"初編其文,

---

① 《四庫全書總目稿抄本叢刊》第5册,第301頁。
② 《金毓黻手定本文溯閣四庫全書提要》,第668頁。
③ 《文津閣四庫全書提要彙編》集部,第22頁。
④ 《四庫全書總目稿抄本叢刊》第14册,第486頁。

爲《湛園未定稿》。秦松齡、韓菼皆爲序,後武進趙侗敎摘爲《西溟文鈔》。此本爲黄叔琳所重編,凡八卷。"

這兩者提要有明顯的差別,因此懷疑《文淵閣提要》是依據稿本原本抄錄的,而今天能看到的國圖稿本,已經是作了修改後的。

本書提要,還有幾處地方也值得注意。《文溯閣提要》①《文津閣提要》②云:"後武進趙同敎摘爲《西溟文鈔》。""趙同敎",《總目》作"趙侗敎",作"趙侗敎"是也。趙侗敎,字景維,別號賡西,清江南武進人。熊詔子。乾隆《江南通志》卷一百三十六《選舉志·薦辟》記康熙四十五年聖駕南巡行在召試,有趙侗敎之名。進京與修《子史精華》諸書。雍正《浙江通志》卷一百二十一《職官·分巡寧紹台道》記道:"趙侗敎,字賡西,江南武進人。歲貢。雍正十二年任。"是作"趙同敎"者有誤。《西溟文鈔》今存,其書有趙氏序,即題作"乾隆四年七月南蘭後學趙侗敎撰"。而文溯閣、文津閣提要之所以誤作"趙同敎",也與稿本《總目》有關。國圖稿本《總目》原作"趙同敎",後將"同"字圈去,改爲"侗"。文溯閣提要等是依據了原稿抄寫的,所以錯了。刊本《總目》按照修改後的樣子抄寫,所以没錯。

又《文淵閣提要》云:"集中有《與洪虞鄰書》,論選兩浙十家古文事,謂兩浙自洪、永以來三百餘年,不過王子充、宋景濂、方希哲、王陽明三四人。""方希哲",文溯閣、文津閣提要及《總目》均作"方希直"。清秦瀛《己未詞科錄》卷八作引此文作"方希古"。方希直、方希古,即明代學者、文學家方孝孺。《文淵閣提要》作"方希哲"有誤。查文淵閣本《湛園集》,《復洪虞鄰書》見於卷三,又重複見於卷八(題作《復洪虞鄰先生書》),兩處地方均誤作"方希哲",提要未能改。而國圖稿本《總目》,此處作"方希直",《文溯閣提要》等也作"方希直"。這篇提要文字的差異,仍然可以看到稿本的影響。

《總目》卷一百六十八元郭翼撰《林外野言》二卷提要的差異,也和稿本《總目》的修改有關。

這篇提要之間的差異,第一個明顯的就是作者的小傳。文淵閣、文溯閣③、文津閣④提要均作:"翼字熙仲,昆山人。少從衛培學,精於《易》義。嘗獻策張士誠,不能用,歸耕婁上。老得訓導官,竟與時忤,偃蹇以没。盧熊爲作《墓誌》,見朱珪《名迹録》中。"對作者有完整的介紹。而《總目》與《文瀾閣提要》⑤則用了參見法:"翼有《雪履齋筆記》,已著録。"

郭翼撰《雪履齋筆記》,收録在《四庫全書》卷一百二十二子部雜家類六,按照凡例,《林外野言》提要是應該用參見法,不需要再重複出現小傳。所以《總目》的著録是對的。但問題是,上圖稿本原本中《林外野言》的小傳就是完整

---

① 《金毓黻手定本文溯閣四庫全書提要》,第934頁。
② 《文津閣四庫全書提要彙編》集部,第833頁。
③ 《金毓黻手定本文溯閣四庫全書提要》,第855頁。
④ 《文津閣四庫全書提要彙編》集部,第587頁。
⑤ 《文瀾閣四庫全書》,第1251册。

的,不過後來將這一段劃去了,并在旁邊補上了"翼有《雪履齋筆記》,已著録"這一句①。在天津圖書館藏稿本中,已經按照上圖稿本的修改抄寫,即不再出現作者小傳②。由此可見,《文淵閣提要》等和《總目》等的差异,就在於前者是按照稿本原本抄寫的,後者按照修改稿抄寫了。

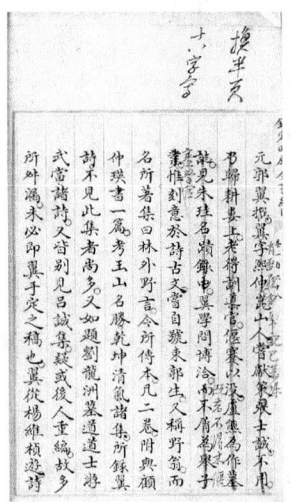

上圖稿本《總目》:《林外野言》提要

《文淵閣提要》等和《總目》等的其他差异,也都是出於同樣的原因。

又如《文淵閣提要》等"附《與顧仲瑛書》一篇",《總目》作"附《與顧阿瑛書》一篇"。顧阿瑛與顧仲瑛爲同一人。明張昶《吴中人物志》卷九云:"顧瑛,一名阿瑛,字仲瑛。"文獻中,顧阿瑛與顧仲瑛常互用。如明王鏊撰《姑蘇志》,卷三十四冢墓云:"顧仲瑛墓在昆山縣界溪。"卷五十四人物云:"顧阿瑛,字仲英,別名德輝。昆山人。"四庫提要這裏之所以有兩種寫法,也與稿本的修改有關。上圖稿本原作"顧仲瑛",天津圖書館藏紀昀删定稿本原亦寫作"顧仲瑛",後將"仲"字劃去改作"阿"字。《文淵閣提要》等是依據了原稿抄寫,《總目》依據了天圖稿本的修改本。

不過就本篇提要而言,有些差异還難以找到依據。如作者小傳之後,《文淵閣提要》等作:"翼明敏博學,不屑爲舉子業。專意作古文詞,尤工于詩。"但《總目》《文瀾閣提要》此處作:"翼學問博洽,既老不得志,偃蹇學官,惟刻意於詩古文。"兩處有明顯的差异。上圖稿本原作:"翼學問博洽,而不屑爲舉子業。惟刻意於詩古文。"後將"而不屑爲舉子業"劃去,在此句旁邊改爲"既老不得志,偃蹇學官"。天圖稿本作:"翼學問博洽,既老不得志,偃蹇學官,惟刻意於詩古文。"與上圖稿本的修改相同。儘管此處的部分文字有修改依據,但總的來看兩者仍有差异。《文淵閣提要》等抄録的依據是什麽?仍然看不出來。

---

① 《四庫全書總目稿抄本叢刊》第5册,第454頁。
② 《紀曉嵐删定〈四庫全書總目〉稿本》第七册,第264頁。

提要的還有一處差異也值得注意。文淵閣、文溯閣、文津閣提要云："又如《題劉龍洲墓》《送道士游武當》。"《總目》《文瀾閣提要》作："又如《題劉龍洲墓道》《道士游武當》。"這是收入郭翼《林外野言》而別見於吕誠文集的詩篇名稱。《林外野言》的詩題分别作《追和龍洲先生登多景樓詩就題其墓》《送道士游武當》。吕誠《來鶴亭集》亦收入《四庫全書》中，此處詩題見卷二，分别作《閏月二十四日陪館士秦文仲陸良貴奉省臣命祭昆山東齋龍洲劉先生墓》《送錢道士游武當》。詩題儘管有差異，但"墓"下無"道"字，而"道士"之上有"送"字則同。結合文集看，頗疑提要此處詩題本作"題劉龍洲墓送道士游武當"，後因將"送"字誤抄作"道"字，遂不得已從上讀。

查上圖稿本和天圖稿本，此處亦均作"《題劉龍洲墓道》《道士游武當》"。天圖稿本在"墓道"的"道"字旁有句讀圈號。以其句讀所讀，即應讀作"題劉龍洲墓道""道士游武當"。可見從稿本到浙本、殿本《總目》，一直是既有錯字，亦有破句。文淵閣、文溯閣、文津閣提要作《題劉龍洲墓》《送道士游武當》，甚是，或是另有所本。

上圖稿本是現在所能見到的最早的稿本，但從《文淵閣提要》等所抄録的內容看，可能還應該存在有比上圖稿本還要早的提要。

從《初目》到《總目》的修改與稿本《總目》

《初目》，即《四庫全書初次進呈存目》，這是目前所見到的最早的提要彙總稿。它將一千八百餘篇提要彙爲一書，既爲其他類型的四庫提要的編寫提供了基礎，也爲四庫提要之間的比較提供了依據。就目前所能了解的資料情況看，稿本《總目》是在《初目》的基礎上成立的，上圖稿本《總目》與《初目》的關係尤爲直接。通過《初目》和稿本的比較，可以發現提要之間的相互聯繫以及四庫提要演化發展的過程。

《總目》卷一百三十五類書類一著録宋陳思撰《小字録》一卷提要的差異，可以很好地說明這個問題。本書提要現有《四庫全書初次進呈存目》《四庫全書總目》《四庫全書簡明目録》以及文淵閣、文溯閣、文津閣、文瀾閣提要共七篇，是提要存世較多的圖書之一，提要之間的差異也很明顯。以下就書名和提要兩個方面作一分析。

關於書名問題。《初目》書名作《小字録》一卷《補録》六卷[1]，這與進到四庫館之書相同。《浙江采集遺書總録》庚集著録此書作《小字録》七卷，刊本，提要云："右書首卷爲宋陳思輯，後六卷爲明沈宏正續輯。"[2]《江蘇采輯遺書目録》史部譜牒類著録此書作《小字録》，宋成忠郎陳思輯，提要云："此書録史傳中小字一卷，明沈宏正補六卷，共七卷。刊本。"[3]兩部書目的著録略有差异，

---

[1] 《四庫全書初次進呈存目》，人民文學出版社，2015年，第249頁。
[2] 《浙江采集遺書總録》，《〈四庫全書〉提要稿輯存》第二册，國家圖書館出版社，2006年，第408頁。
[3] 《江蘇采輯遺書目録》，《〈四庫全書〉提要稿輯存》第四册，國家圖書館出版社，2006年，第269頁。

但進呈之書共七卷,且包括陳思輯一卷和沈宏正補六卷則相同。《初目》著錄與之相同,不過在書名中將兩種分別著錄而已。

查上圖稿本,原本也作《小字錄》一卷《補錄》六卷①。天圖稿本依據上圖稿本的修改稿抄錄,書名開始也稱作《小字錄》一卷《補錄》六卷,後來將"六"字圈去改作"一"。但又將"補錄一卷"圈去。天頭批語云:"《補錄》因所載金元人名不確當,且近已譯改,已經扣除未寫,提要依删本謄刻。"②這是最後決定將沈宏正所輯的《補錄》六卷删去。所以文淵閣提要等,以及浙本、殿本《總目》,書名都作《小字錄》一卷。但閣本、浙本《簡目》作《小字錄》一卷《補錄》一卷,應該和天圖稿本修改稿有關。

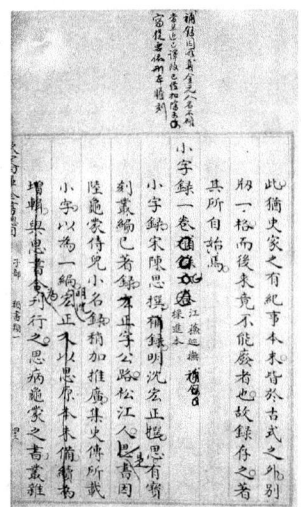

《紀曉嵐删定〈四庫全書總目〉稿本》:《小字錄》

至於本書的各篇提要,相互之間差异也較大。《簡目》之外的六篇提要,只有文淵閣、文瀾閣提要相同,而文淵閣、文瀾閣提要與其他提要又有差异。這種情況在四庫提要中是很少見到的。

《初目》是本書現存最早的提要,其内容過於簡單,所以基本未被其他提要採納。上圖稿本提要與《初目》内容不同,是重新撰寫的。

上圖稿本原提要如下:

　　《小字錄》一卷《補錄》六卷,兩淮鹽政采進本。宋陳思撰。思有《寶刻叢編》,已著錄。案:思本理宗時臨安書賈,而此書卷首題其官爲成忠郎、緝熙殿國史實錄院秘書省搜訪,不知何以授此職,亦不知其真與僞也。是書乃仿陸龜蒙《侍兒小名錄》之例,稍加推廣,集史傳所載小字以爲一編。明萬曆間,松江沈宏正公路又以思原本未備,續事增輯,爲《小字錄補》六卷,

---

① 《四庫全書總目稿抄本叢刊》第5册,第39頁。
② 《紀曉嵐删定〈四庫全書總目〉稿本》第五册,第645頁。

合刊行之。思以龜蒙之書叢雜無法，故矯其失。先列帝王，而自漢以後諸臣，則按代分繫其下。然如北周晉公護之小字薩保，見於本傳，而此顧遺之。則亦不免於漏略。至宏正所編，雖校詳悉，而徵引又失之太繁。中間如遼、金、元諸臣所載小字，皆不知音譯，往往附合割裂，尤多舛誤。特以原本相傳既久，采綴頗勤，以備檢尋，尚足供獺祭之用，故考古者亦不得而遽廢焉。

這篇提要上批改甚多，主要作了這幾方面的修改。一是刪除了有關作者陳思的一些傳記資料，同時將沈宏正增補爲作者，并把原來在後面的作者簡介移到了前面。其次改寫了原提要的一些文句。上圖稿本修改後的提要如下：

《小字錄》一卷《補錄》六卷，兩淮鹽政采進本。《小字錄》，宋陳思撰。《補錄》，明沈宏正撰。思有《寶刻叢編》，已著錄。宏正，字公路，松江人。思書因陸龜蒙《侍兒小名錄》稍加推廣，集史傳所載小字以爲一編。宏正又以思原本未備，續爲增輯，與思書合刊行之。思病龜蒙之書叢雜無緒，故條分縷析。先列歷代帝王，而自漢以後諸臣，則按代臚載，較龜蒙書爲有條理。然如北周晉公宇文護小字薩保，見於本傳，而此顧遺之，則亦不免於漏略。至宏正所編，雖校詳悉，而徵引又失之太繁。中間如遼、金、元諸臣所載小字，皆不知音譯，踵謬沿訛，亦多不足依據。特以二人相續，蒐羅舊籍，所陳十得七八，亦足以備檢尋。故并錄存之，爲識小之一助焉。

天圖稿本根據上圖稿本上的批改，重新謄錄了。在天圖稿本謄錄稿上，館臣又作了許多批改。例如將《補錄》六卷改爲一卷，將圖書進獻者改爲"江蘇巡撫采進本"。天圖稿本最重要的修改，是後來又刪去了《補錄》一書。天頭批語云："《補錄》因所載金元人名不確當，且近已譯改，已經扣除未寫，提要依刪本謄刻。"因爲刪除了《補錄》，原提要中有關這部書以及作者的內容也都被刪去了。經過修改後的提要是這樣的：

《小字錄》一卷，江蘇巡撫采進本。《小字錄》，宋陳思撰。思有《寶刻叢編》，已著錄。是書因陸龜蒙《侍兒小名錄》稍加推廣，集史傳所載小字，以爲一編。明沈宏正爲刊行之。思病龜蒙之書叢雜無編，故條分縷析，先列歷代帝王，而自漢以後諸臣則按代臚載，較龜蒙書爲有條理。然如北周晉公宇文護小字薩保，見於本傳，而此顧遺之。則亦不免於漏略。特以其蒐羅舊籍，十得七八，亦足以備檢尋。故錄存之，爲識小之一助焉。

以上比較了現存的稿本《總目》，可見無論是上圖稿本的原提要和修改後的提要，或者是上圖稿本和天圖稿本，差異都是非常大的。其中上圖稿本的修改提要，撤換了原提要有一半以上的文字。稿本提要的大量修改，使得書前提要和刊本《總目》，也出現了許多差異。

在這幾篇提要中，文淵閣、文瀾閣提要[①]相同，甚至錯字也相同，如均將

---

① 《文瀾閣四庫全書》，第956冊。

"宇文護"抄作"字文護"。兩篇提要部分內容與上圖稿本修改稿相同,但如"兹删汰宏正所《補錄》,專錄存思書,爲識小之助焉"等語,不見於其他提要,未知其所依據。或是還有其他未知稿本《總目》存在。《文溯閣提要》[①]與《文津閣提要》[②]相比,除了缺少"至宏正所編,雖較詳晰,而徵引又失之太繁。中間如遼、金、元諸史所載小字,皆不知音譯,往往附合割裂,尤多舛誤"這一段文字外,其餘相同。《文津閣提要》與上圖稿本原提要相同。浙本、殿本《總目》則與天圖稿本修改稿相同。

除了以上問題外,還有圖書的來源問題。浙本、殿本《總目》提要內容相同,但圖書來源有差異。浙本作"兩淮鹽政采進本",殿本作"江蘇巡撫采進本"。查《四庫采進書目》,《小字錄》一卷,見"江蘇省第一次書目""兩淮鹽政李續呈送書目",亦見"江蘇采輯遺書目錄簡目"等[③]。江蘇巡撫與兩淮政進圖書,互不統屬,且此處又非字誤,原因在所依據的底本已經改變。浙本與上圖稿本相同,殿本與天圖稿本相同。

就本書提要看,書前提要與浙本、殿本《總目》之所以有如此多的差異,根本原因就在於各自使用不同的稿本《總目》。所有的差異,都可以找到原始依據。

《總目》卷一百十九著錄明周祁撰《名義考》十二卷一書提要,可以非常清楚地看到從《初目》到《總目》的修改過程及對提要的影響。

以下再以明周祁撰《名義考》十二卷一書爲例,將各提要的關係作一具體比較。

《初目》文字不多,原文如下:

> 明周祁撰。祁,蘄州人。其書凡天部二卷,地部二卷,人部四卷,物部四卷,各因其名義而訓釋之。其有异同,則雜引諸書,參互辯證。雖條目浩博,不無訛誤,如論月星則不知推步之術,論河源則全據傳聞之訛,論鮮卑以柳城爲柳州,論肉刑以漢文爲魏文,論箜篌爲即琵琶,論杜甫詩竹根爲酒杯,牴牾者往往而有。然訂謬析疑,可取之處爲多[④]

上圖稿本《總目》原文如下:

> 明周祁撰。祁,蘄州人。是書凡天部二卷,地部二卷,人部四卷,物部四卷,各因其名義而訓釋之。其有异同,則雜引諸書,參互辯證。雖條目浩博,不無僞誤,如論月星則不知推步之術,論河源則全據傳聞之訛,論鮮卑以柳城爲柳州,論肉刑以漢文爲魏文,論箜篌爲琵琶,論杜甫詩竹根爲酒杯,牴牾者往往而有。然訂謬析疑,可取之處爲多[⑤]。

這兩篇提要可以清楚地看到,上圖稿本和《初目》差不多是完全相同的,只

---

① 《金毓黻手定本文溯閣四庫全書提要》,第598頁。
② 《文津閣四庫全書提要彙編》子部,第623頁。
③ 《四庫采進書目》,商務印書館,1960年,第27、59、268頁。
④ 《四庫全書初次進呈存目》,第264頁。
⑤ 《四庫全書總目稿抄本叢刊》第5册,第221頁。

不過有一處地方略有差异。《初目》云"論箜篌爲即琵琶",上圖稿本作"論箜篌爲琵琶"。雖然少了一個"即"字,於文義并無影響,但對考察提要之間的相互關係却很重要。之所以這樣説,是因爲這裏"論某某爲某某"四句的句式非常整齊,其中忽然出現一個"爲即",顯得非常突出。《名義考》卷十二有《箜篌即琵琶》一篇,《初目》多一"即"字,或由於此。"箜篌爲即琵琶"與"箜篌爲琵琶",并無區别,但這却成爲判斷提要相互關係的一個標記。

天圖稿本原文如下:

> 明周祈撰。祈,蘄州人。始末未詳。前有萬曆甲申劉如寵序,稱爲周大夫。又有萬曆癸未袁昌祚重刻序,稱其嘗爲民部郎,又稱其從幼時授經,至綰組擁韜。不知確爲何官也。其書凡天部二卷,地部二卷,人部四卷,物部四卷,各因其名義而訓釋之。其有异同,則雜引諸書,參互辨證。雖條目浩博,不無訛誤,如論月星則不知推步之術,論河源則全據傳聞之訛,論廣輪則不知《周禮》先有此文,論化日則不知《潛夫論》實無此語,論鮮卑以柳城爲柳州,論肉刑以漢文爲魏文,論箜篌爲即琵琶,論杜甫詩竹根爲酒杯。如斯之類,牴牾恒有。然訂謬析疑,可取之處爲多。惟援引舊文,往往不著出典,不出明人著書之通病云爾[①]。

這篇提要顯然是以上述兩篇提要爲基礎增補而成的,與《初目》和上圖稿本都有文字相同的地方。增補部分一是增加了作者小傳,二是在指出本書的訛誤時,增加了"論廣輪則不知《周禮》先有此文,論化日則不知《潛夫論》實無此語"兩個例子。三是結尾部分增加了"惟援引舊文,往往不著出典,不出明人著書之通病云爾"一句,將對本書缺點的批評上升到對明代學風的批評。除此之外,與原提要一字不差。但從"論箜篌爲即琵琶"這句上看,可能其是在《初目》基礎上修改的。

這三篇提要以外的書前提要,所依據的底本各不相同。《文淵閣提要》《文瀾閣提要》及浙本、殿本《總目》與天圖稿本相同,是以天圖稿本爲底本謄録的。

《文溯閣提要》[②]《文津閣提要》[③]兩篇完全相同。從其字數少於天圖稿本,且無"論廣輪則不知《周禮》先有此文,論化日則不知《潛夫論》實無此語"兩例,可知并非依據天圖稿本抄録。從兩篇提要都作"論箜篌爲即琵琶",可見是依據《初目》抄録的。不過文溯閣、文津閣提要在《初目》基礎上也有修改補充。如《初目》最後説:"然訂謬析疑,可取之處爲多。"文溯閣、文津閣提要作:"然訂謬析疑,徵引典核,其可取之處亦多於論古者,固不爲無助也。"可見是在《初目》的基礎上修改的。這一句不同於天圖稿本,也是兩篇提要并非依據天圖稿本謄録的又一個依據。其來源於何處,已不可知。

本書提要還説明了一個問題。《初目》内容比天圖稿本及《總目》簡單,文

---

① 《紀曉嵐删定〈四庫全書總目〉稿本》第四册,第579頁。
② 《金毓黻手定本文溯閣四庫全書提要》,第554頁。
③ 《文津閣四庫全書提要彙編》子部,第482頁。

溯閣、文津閣提要依據《初目》謄録，内容也較簡單。《總目》所依據謄録的底本是天圖稿本，已經在《初目》的基礎上作了增補。這一例也説明文溯閣提要等較爲簡單，不是删削了提要，而是稿本提要增補了内容。

四庫提要篇幅差异的問題

稿本《總目》的修改造成了四庫提要文字的差异，同時也帶來了四庫提要篇幅差异的問題。四庫提要篇幅的差异，通常是指《文溯閣提要》和《文津閣提要》與刊本《總目》之間的篇幅差异。

四庫提要中，《文溯閣提要》《文津閣提要》有時候要比刊本《總目》（有時候也包括《文淵閣提要》）簡略。例如《皮子文藪》，《文溯閣提要》全部共二百二十六字，如果去掉前後的體例性文句，提要正文只是二百一十字。《文津閣提要》與《文溯閣提要》相同。上圖稿本《總目》這一篇是三百五十二字。前者僅是後者的百分之六十。兩者篇幅甚爲懸殊。其原因通常認爲是《文溯閣提要》和《文津閣提要》在抄録時對《總目》作了删節。我們通過和《初目》以及稿本《總目》的對照，發現事實可能并非如此。一部分《文溯閣提要》和《文津閣提要》之所以較爲簡略，是因爲它們是依據《初目》抄録的緣故。同時一部分《總目》之所以比《文溯閣提要》和《文津閣提要》詳盡，不是文溯閣、文津閣等書前提要删節了《總目》的文字，而是稿本《總目》在修改過程中又增補了内容。《文溯閣提要》和《文津閣提要》是依據增加内容之前的提要原稿抄寫的，而刊本《總目》（有時候也包括撤换後的文淵閣提要）是依據了增加内容之後的《總目》修改稿抄寫的。此處仍以唐皮日休撰《皮子文藪》爲例。先將四篇相關的提要逐録於下：

《初目》：

> 唐皮日休撰。日休字襲美，襄陽人。隱鹿門山，自號醉吟先生。登咸通八年進士。官太常博士。舊傳其降于黄巢，後爲所害。而陸游《老學庵筆記》獨據皮光業碑以爲日休終於吳越，并無陷賊之事。舊説疑失實也。是編乃其文集。《自序》稱："咸通丙戌不上第，退歸州墅，編次其文。發篋叢萃，繁如藪澤，因名《文藪》。凡二百篇。"宋晁公武謂其尤善箴銘。今觀集中，書序論辨諸作，亦多能原本經術。其《請孟子爲學科》《請韓愈配饗太學》二書，在唐人尤爲卓識，不得僅以詞章目之。集中詩僅一卷。蓋已見《松陵唱和集》者不復重編，亦如《笠澤叢書》之例耳①。

上圖稿本《總目》：

> 唐皮日休撰。日休字襲美，襄陽人。居於鹿門山，自號醉吟先生。登咸通八年進士。官太常博士。《唐書》稱其降于黄巢，後爲所害。尹洙《河南集》有《大理寺丞皮子良墓誌》，則稱日休避廣明之難，奔錢氏。子光業，爲吳越丞相。生璨，爲元帥判官。子良即璨之子。陸游《老學庵筆記》亦

---

① 《四庫全書初次進呈存目》，第 335 頁。

据皮光業碑以爲日休終於吳越,并無陷賊之事。皆與史全異,殆《唐書》偶誤歟。是編乃其文集。《自序》稱:"咸通丙戌不上第,退歸州墅,編次其文。發篋叢萃,繁如藪澤,因名《文藪》。凡二百篇。"宋晁公武謂其尤善箴銘。今觀集中,書序論辨諸作,亦多能原本經術。其《請孟子立學科》《請韓愈配饗太學》二書,在唐人尤爲卓識,不得僅以詞章目之。集中詩僅一卷,蓋已見《松陵唱和集》者,不復重編,亦如《笠澤叢書》之例耳。王士禎《池北偶談》嘗摘其中《鹿門隱書》一條、《與元徵君書》一條,皆"世民"二字句中連用,以爲不避太宗之諱。今考之信然。然後人傳寫古書,往往改易其諱字,安知日休原本非"世"本作"代"、"民"本作"人",而今本易之耶?是固未足爲日休病也①。

《文溯閣提要》②(《文津閣提要》與之相同):

臣等謹案:《文藪》十卷,唐皮日休撰。日休字襲美,襄陽人。隱鹿門山,自號醉吟先生。登咸通八年進士。官太常博士。舊傳其降於黃巢,後爲所害。而陸游《老學庵筆記》獨據皮光業碑以爲日休終於吳越,并無陷賊之事。舊説疑失實也。是編乃其文集。《自序》稱:"咸通丙戌不上第,退歸州墅,編次其文。發篋叢萃,繁如藪澤,因名《文藪》。凡二百篇。"宋晁公武謂其尤善箴銘。今觀集中,書序論辨諸作,亦多能原本經術。其《請孟子爲學科》《請韓愈配饗太學》二書,在唐人尤爲卓識,不得僅以詞章目之。集中詩僅一卷,蓋已見《松陵唱和集》者不復重編,亦如《笠澤叢書》之例耳。乾隆四十七年十一月恭校上。

浙本《總目》:

唐皮日休撰。日休字襲美,襄陽人。居於鹿門山,自號醉吟先生。登咸通八年進士。官太常博士。《唐書》稱其降於黃巢,後爲所害。尹洙《河南集》有《大理寺丞皮子良墓誌》,則稱日休避廣明之難,奔錢氏。子光業,爲吳越丞相。生璨,爲元帥判官。子良即璨之子。陸游《老學庵筆記》亦據皮光業碑,以爲日休終於吳越,并無陷賊之事。皆與史全異,未知果誰是也。是編乃其文集。《自序》稱:"咸通丙戌不上第,退歸州墅,編次其文。發篋叢萃,繁如藪澤,因名《文藪》。凡二百篇。"宋晁公武謂其尤善箴銘。今觀集中,書序論辨諸作,亦多能原本經術。其《請孟子立學科》《請韓愈配饗太學》二書,在唐人尤爲卓識,不得僅以詞章目之。集中詩僅一卷,蓋已見《松陵唱和集》者,不復重編,亦如《笠澤叢書》之例耳。王士禎《池北偶談》嘗摘其中《鹿門隱書》一條、《與元徵君書》一條,皆"世民"二字句中連用,以爲不避太宗之諱。今考之信然。然後人傳寫古書,往往改易其諱字,安知日休原本非"世"本作"代"、"民"本作"人",而今本易之耶?

---

① 《四庫全書總目稿抄本叢刊》第5册,第323頁。
② 《金毓黻手定本文溯閣四庫全書提要》,第692頁。

是固未足爲日休病也①。

這四篇提要的關係,可以分爲兩種情況。《文溯閣提要》《文津閣提要》與《初目》,除了前後體例性的文字外,其餘文字完全相同。上圖稿本《總目》與浙本《總目》相同。

我們將《初目》與稿本《總目》相比較,可以發現後者的基本內容、文字就是直接使用了《初目》之言,是在前者的基礎上擴展而成的,但儘管如此依然可以發現兩者的差異。例如《初目》云:皮日休"隱鹿門山。"而稿本《總目》則說:"居於鹿門山。"一般地說,"隱"和"居"并無嚴格的區別,前人常常"隱居"連用,但如仔細分析,則也有一些差異。就皮日休而言,文獻多用"隱"字。如《太平廣記》卷四百九十九《皮日休》云:"隐於鹿門山,號醉吟先生。"《說郛》卷九《鹿門隱書》云:"醉士隱於鹿門。"《氏族大全》卷二"皮"字條云:"黃巢入長安,日休、孟浩然皆隱於鹿門山。"可見多用"隱"於鹿門。大凡說皮日休"居鹿門"的通常也是"隱居"連用,很少直接用一"居"字的,如《唐才子傳》卷六云:"皮日休,隱居鹿門山。"乾隆帝《讀皮日休集》云:"鹿門曾亦隱居之。"可見《初目》此處用字更爲準確,《總目》未知何故與《初目》有異。

再如《初目》云:"陸游《老學庵筆記》獨據皮光業碑以爲日休終於吳越。"上圖稿本則作:"陸游《老學庵筆記》亦据皮光業碑以爲日休終於吳越。"《初目》因爲只用了陸游《老學庵筆記》一部書,所以說"獨據"。上圖稿本在陸游《老學庵筆記》之前,還用了尹洙《河南集》中《大理寺丞皮子良墓誌》一文,所以提要在提到陸游《老學庵筆記》時,用了"亦据"②一詞。可見提要作者此處用詞十分嚴謹。也正因爲如此,更可以看出兩者的差異。

除了文字有差異外,上圖稿本還增加了新的內容。稿本提要最後,針對王士禎《池北偶談》所說,對皮日休書中的避諱問題作了分析。這一部分內容是《初目》沒有的。由此可見,《初目》與上圖稿本有許多差異。

凡這些差異之處,《文溯閣提要》《文津閣提要》無一例外都與《初目》相同,說明它們是直接依據《初目》抄錄的。本篇文溯閣、文津閣提要與《總目》毫無關係,所以也不可能是刪減《總目》而成的。當然任何事情都不是絕對的,文溯閣、文津閣提要刪節《總目》這種情況應該也是有的。只是現存的稿本《總目》和《初目》都不完整,致使有些差異無從比較。

在此還可以比較一下上圖稿本《總目》和天圖稿本《總目》的差異。上圖稿本是現存稿本《總目》中成書時間最早的,天圖稿本《總目》與國圖稿本一樣,都是上圖稿本《總目》的修改本。上圖稿本和天圖稿本《總目》著錄的《皮子文藪》,文字相同,但也略有差異。例如皮日休的名號,上圖稿本作"醉吟先生",與《初目》相同,天圖稿本《總目》作"醉翁先生"③。按:《唐才子傳》卷六

---

① 《四庫全書總目》,中華書局,1965年,第1300頁。
② "据"與"據"同,都有依據之意。此据上圖稿本原本所用文字,未作改動。
③ 《紀曉嵐刪定〈四庫全書總目〉稿本》第六冊,第471頁。

云:"皮日休,隱居鹿門山。性嗜酒,癖詩,號醉吟先生,又號間氣布衣。"故乾隆帝《讀皮日休集》云:"間(去聲)氣誠當如是否,醉吟何謂不孤斯。(原注:間氣布衣、醉吟先生,皆日休自取之號。)"(《皮子文藪》卷首)李福標《〈四庫全書〉之〈皮子文藪〉提要指誤》指出:"今存文獻中無皮日休自號'醉翁先生'而有'醉吟先生'的記載,如《北夢瑣言》卷二、《郡齋讀書志》卷四、《唐才子傳》卷八等。'醉吟先生'之號係襲用中唐詩人白居易之號而來。"①是《初目》及上圖稿本不誤,天圖稿本有誤。浙本《總目》作"醉吟先生"不誤,但殿本《總目》及《文淵閣提要》都作"醉翁先生",顯然是依據天圖稿本抄録的。

浙本、殿本《總目》的差異,大部分也和稿本《總目》的修改有關。有的看到的是未經修改的稿本《總目》,有的看到的是已經修改過的《總目》。各自依據的底本不同,就形成了差異。這一差異雖不影響幾篇提要相互關係的判斷,但也看出稿本《總目》對四庫提要的影響。

稿本《總目》的修改與《簡目》的差异

稿本《總目》的修改也給《四庫全書簡明目録》帶來了影響。由於《簡目》的文字較為簡略,和《總目》及其他提要直接可作文字比較的地方不多,可以比較的主要的就是書名、卷數、作者等。這方面的影響仍然可以見到。

如清姜宸英撰《湛園集》,國圖稿本《總目》此書原作"十卷",後將"十"字圈去,改作了"八"②。這是《文淵閣提要》等都著録作"八卷"的原因。但内府抄本、趙懷玉刻本《簡目》③都仍然是作"十卷"。文淵閣本《簡目》也還是作"十卷",只是上古本《簡目》改作了"八卷"④。

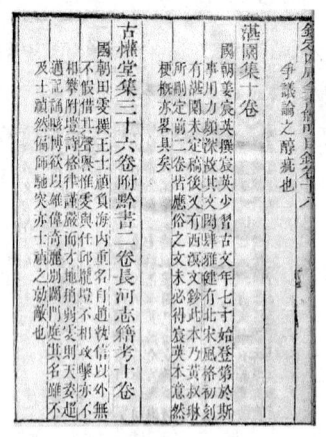
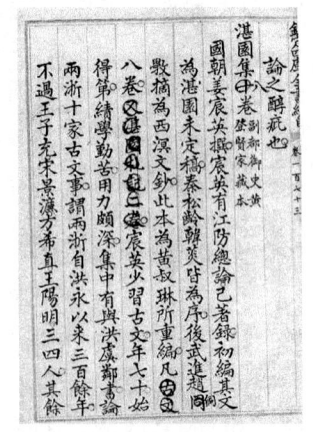

趙懷玉刻本《簡目》作"十卷"　　國圖稿本《總目》後改作"八卷"

① 李福標《〈四庫全書〉之〈皮子文藪〉提要指誤》,《圖書館工作與研究》二〇〇六年第五期。
② 《四庫全書總目稿抄本叢刊》第14冊,第486頁。
③ 《四庫全書簡明目録》卷十八,清乾隆四十九年刻本,第50頁。
④ 《四庫全書簡明目録》,上海古籍出版社,1985年,第823頁。

再如元周霆震撰《石初集》提要，內府抄本①和趙懷玉刻本《簡目》②都作十卷。但後來文淵閣本《簡目》抄作了十七卷，或也和稿本《總目》的修改有關。稿本原作"十卷"，修改稿作"十七卷"。

據研究生陳丹琪考查，內府抄本和趙懷玉刻本是《簡目》最早的版本。從以上的例子來看，最初的《簡目》抄本或刻本，似乎都沒有看到稿本《總目》的修改，所以其圖書卷數的著錄，與未經修改的稿本原本相同，而後來刊刻的《簡目》，則多同於稿本修改本。

由此可見稿本《總目》修改的影響是很大的，四庫提要文字的差異往往都和稿本的修改有關。

餘　論

少量稿本《總目》上也有難以理解之處。

元周霆震撰《石初集》，文淵閣、文溯閣、文津閣提要都作十卷，《總目》《文瀾閣提要》作十七卷。查歷代書目著錄，如《千頃堂書目》卷二十九"補"、《明史》卷九十九《藝文志四》、《欽定續通志》卷一百六十二《藝文略》等，均作十卷。其書完整傳世者，在《四庫全書》之前，僅有清抄本，上有王士禛跋，云："周處士《石初集》詩雜文各五卷。"此本卷末明成化十年甲午劉宣《書石初周先生文集跋》云："國初，其門人晏公彥文輯其兵後所作凡十卷。"凡此均可見《石初集》即十卷。《四庫全書》所抄也是十卷。何以《總目》作十七卷？在於稿本《總目》的修改。

天圖稿本原作"十卷"，後在"十"字下補一"七"字③。浙本、殿本《總目》以及依據《總目》抄寫的《文瀾閣提要》作"十七卷"，應該和稿本《總目》的這個修改有關。但這個修改顯然錯誤的。

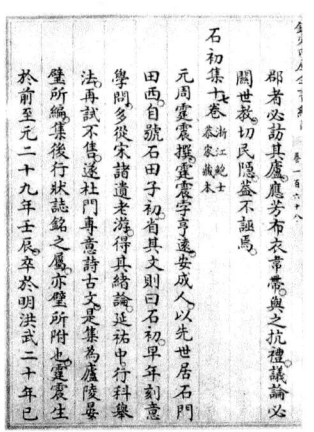

天圖稿本，將原來的十卷，改作了十七卷

---

① 《四庫全書簡明目錄》卷十七，內府抄本，第30頁。
② 《四庫全書簡明目錄》卷十七，清乾隆四十九年刻本，第26頁。
③ 《紀曉嵐刪定〈四庫全書總目〉稿本》第七冊，第292頁。

以紀昀爲主的纂修官在稿本《總目》上的批改意見，基本上都會被接受。早期的稿本《總目》（如上圖稿本）因批改較多，各書的調整也較多，會被重新抄寫成一個新的稿本《總目》（如國圖、天圖稿本）。重新謄録的稿本《總目》（如國圖、天圖稿本）因批改較少，批改意見會直接寫在稿本上，但一般不會再重新謄録。稿本修改過後，原來的稿本并没有被廢棄，無論是早期的稿本，還是後期的稿本，都在四庫館中流傳，成爲謄録監生謄寫依據的底本。

　　同一部書的書前提要之間，如書前提要與書前提要之間，書前提要與刊本《總目》之間，刊本《總目》的浙本、殿本之間，往往會有文字差異。大部分的文字差異，都和稿本的修改有關，這些差異，在有底本存世的情況下，往往都可以找到稿本上的修改依據。提要的差異絶大多數不是謄録監生的隨意改動或謄録筆誤，而可能與抄寫時所依據的底本有一定關係。謄録監生在謄抄書前提要、或成爲後來刊印定本的《總目》的時候，其所使用何種稿本《總目》，具有一定的隨機性。謄録監生在謄抄時，不會刻意作選擇，往往是依據手邊有的稿本《總目》抄録。

　　不過提要的有些差異還找不到依據。如清朱鶴齡撰《愚庵小集》十五卷提要，現有上圖稿本、國圖稿本《總目》，但與現存文淵閣、文溯閣、文津閣書前提要以及刊本《總目》都有很大差異。如《文淵閣提要》"至其與錢謙益爲同郡，方謙益箋注杜詩時，嘗館於其家，乃集中無一語推重之"云云，刊本《總目》"與錢謙益爲同郡，初亦以其詞場宿老，頗與倡酬。既而見其首鼠兩端，居心反覆，薄其爲人，遂與之絶"[①]云云，均不見於稿本《總目》。《文溯閣提要》《文津閣提要》與稿本《總目》差異更大，幾無一語相同。從現有資料看，提要内容有大量差異的，不是謄録監生可以決定的，因此在現在所知的稿抄本《總目》之外，應該還有不爲我們所知的更早時期的稿抄本《總目》。

（作者單位：南京師範大學文學院）

[①]《四庫全書總目》，中華書局，1965年，第1523頁。

《四庫全書總目》元別集提要版本問題辨證

何素婷　何宗美

　　清中期纂修《四庫全書》是元代文學文獻得以整理與開新的一次絶佳契機，其間抉發的文獻成果蔚爲大觀。《四庫全書總目》（以下簡稱《總目》）著録元別集共二百零五種，在數量上爲當時書目之最。從文獻來源上看，《總目》著録之元別集，從《永樂大典》中輯出者二十九種，另有從進呈書中采録者（如侯克中《艮齋集》、劉嶽申《申齋集》等）；從提要内容上看，《總目》之著録涉及元別集之版本淵源、流傳及存佚情況等。儘管四庫館臣對元別集之搜羅和輯録可謂功不可没，然而《總目》對元別集版本之著録不無可議，至少在一百一十六種別集提要中存在不同程度的疏誤①。未經學者考辨的提要并非毫無問題，已經考辨而仍有問題者也不乏其例。如盧琦《圭峰集》二卷，儘管胡玉縉《四庫全書總目提要補正》已予考辨，但其版本問題仍未得到完全解决，有待再作辨證。因此，《總目》元別集提要中的版本問題，值得專予檢討。

　　《總目》作爲一部集大成式的批評宏著，其取捨和定位勢必對當時學術架構和思想體系產生重要影響；而其基本屬性則係目録學著作，版本著録是其重要内容，準確與否直接影響其"辨章學術、考鏡源流"之效驗。既有研究表明，《總目》對明別集版本的著録還存在各種問題②，既產生於徵書視野之局限等客觀因素，也與清廷對於明朝"狹隘的心理和敵視的姿態"③等主觀態度有關。

---

*　本文爲中國博士後科學基金第 67 批面上資助項目（2020M673101）及國家社科基金重點項目"《四庫全書總目》子部提要考辨與學術批評還原研究"（17AZW012）階段性成果。

①　按，據《總目》元別集提要考辨的現有成果，涉及版本問題的元別集提要約 116 種，如胡玉縉《四庫全書總目提要補正》補正元別集提要 98 種，其中涉及版本者便有 85 種；李裕民《四庫提要訂正》訂正元別集提要 1 種，爲版本問題；何素婷博士學位論文《〈四庫全書總目〉元別集提要研究》"版本考辨"一章所涉提要有 30 種。

②　按，如"版本來源不詳""版本好壞不辨""版本視野局限""卷帙多寡與底本、原刊本多有不同"等（何宗美、張曉芝《〈四庫全書總目〉的官學約束與學術缺失》，人民文學出版社，2017 年，第 93 頁）。

③　何宗美、劉敬《明代文學還原研究——以〈四庫總目〉明人別集提要爲中心》，人民出版社，2014 年，第 3 頁。

此類研究顯然有助於探析四庫館臣對於明代文化、文學所持的觀念。與此相類，對《總目》中元別集版本信息進行全面的清理和考辨，無疑可以考察四庫館臣的元代文學觀念，成爲觀照元代文人創作風貌并還原元代文學本真圖景的有效取徑。

《總目》提要中的版本信息包括兩方面內容：一是每則提要首行標注的書名及卷次、來源所對應的版本；一是與提要描述內容相對應的版本。本文緊扣這兩個維度展開考辨，討論《總目》對於元別集版本著録之得失及其與四庫本的契合問題。以下拈出五個典型個案爲例，試加發明。

（一）黄溍《黄文獻集》十卷（浙江鮑士恭家藏本）

> 濂《序》稱所著《日損齋稿》二十五卷，溍歿後縣尹胡惟信鋟梓以傳。又有危素所編本爲二十三卷。今皆未見。此本乃止十卷。前有嘉靖辛卯張儉《序》，稱舊本頗缺失，且兼載其一時泛應异端之求者，恐非公意也。索世家得善本，及公所爲筆記一編，稍加删定，付建甌尹沈璧、陳珪重梓以傳云云。則儉已有所刊削，非濂所序之本。卷首題"虞守愚、張儉同校"一行。又題"溫陵張維樞重選、會稽王廷曾補訂"一行。則二人又有所竄易，并非儉所刻之本。卷數不同，有自來矣。明人誕妄，凡古書經一刊刻，必遭一塗改。數變之後，遂失其真，蓋往往如此。然有所私損，未必有所私益。雖殘缺不完，尚可見溍之崖略也。①

按：《總目》所取"《黄文獻集》十卷"并非足本。提要謂宋濂所稱《日損齋稿》二十五卷本和危素所編二十三卷本"今皆未見"，并不屬實。今查《四庫采進書目》，"江蘇省第一次進呈書目"中"黄溍《黄學士（文）集》二十三卷"②赫然有之；《浙江采集遺書總録》載"鮑士恭家藏本"，描述稱"黄文獻公集二十三卷，元刊本，右侍講學士義烏黄溍撰，門人宋濂、傅藻同編"③，則浙江鮑士恭家曾進呈此二十三卷本；《中華再造善本》收録之《金華黄先生文集》四十三卷，爲元至正刻本（卷二十一至四十三配清鈔本），《中華再造善本總目》稱："此本曾經蘇州蔣重光子宣、任邱邊浴禮夔友遞藏。鈐有'重光''子宣''邊氏空青館鑒藏經籍書畫記'諸印可證。乾隆間蔣氏曾進呈以充纂修《四庫全書》之用，開卷鈐有翰林院大方印，書衣有'乾隆三十年江蘇巡撫□載送計書□本'戳記，封底鈐有'江蘇巡撫採購備選書籍'印。但《四庫》所據實係明嘉靖張儉所刊只十卷本而非此本，未悉緣何。繆荃孫跋云'《四庫》不搜足本，僅以十卷本著録，未免因陋就簡'。"④則當時四十三卷本曾被進呈入翰林院供纂修《四庫全書》之用。又，《四庫提要著録叢書》與《中華再造善本》所取版本相同，其後標注有"四庫

---

① 永瑢等纂《武英殿本四庫全書總目》卷一六七，國家圖書館出版社，2019年，第46册，第209—210頁。
② 吴慰祖《四庫采進書目》，商務印書館，1960年，第12頁。
③ 沈初等《浙江采集遺書總録》壬集，上海古籍出版社，2010年，第609頁。
④ 《中華再造善本總目》（金元卷），國家圖書館出版社，2015年，第1261頁。按，文中"□"係闕字。

進呈本"①。以上可證二十三卷本和四十三卷本皆曾進入四庫館臣的視野。那麼,《總目》何以要稱"今皆未見",僅取《黃文獻集》十卷本這一并非足本者?

黃溍《黃文獻公集》的刊刻和流傳甚爲複雜,在清乾隆朝之前已經有四十三卷本、二十三卷本、十卷本、十二卷本傳世②。今取黃溍別集之十卷本對比如下,以便知曉是四庫本的版本源流情況:

版本	明嘉靖十年校刊本（十卷本）	清康熙三十年重修本（十卷本）	文淵閣四庫本（十卷本）	備注
卷首	題"門人宋濂輯""後學虞守愚校刊""後學張儉編次";嘉靖十年張儉《重刊黃文獻公文集序》;有詳目	題"門人宋濂、王褘同輯""後學虞守愚、張儉同校""溫陵張維樞子環重選、會稽王廷曾培庵補訂";王廷曾《補訂黃文獻公集序》、宋濂《金華先生黃文獻公集序》;有詳目	題"元黃溍撰";宋濂《文獻集序》;無目錄	四庫本版本信息粗略,且無目錄
卷一	五言古詩75首、律詩62首、絕句4首	五言古詩75首、律詩62首、絕句4首	五言古詩75首、律詩62首、絕句4首	
卷二	七言古詩28首、律詩129首、絕句44首	七言古詩28首、律詩129首、絕句44首	七言古詩28首、律詩130首、絕句44首	
卷三	賦2首、贊6首、騷1首、答問1首、策問6首、策題1首、雜著4首、勸農文1首、樂章1首、祭文2首、祝文9首、表10首、牋3首、箋1首、公文1首、啟1首、書1首、傳1首、行述1首、製1首、箴1首、行狀1首、辭1首	賦2首、贊6首、騷1首、答問1首、策問6首、策題1首、雜著4首、勸農文1首、樂章1首、祭文2首、祝文9首、表10首、牋3首、箋1首、公文1首、啟3首、書1首、傳4首、行述1首、製2首、箴1首、行狀1首、辭1首	賦2首、贊6首、騷1首、答問1首、策問6首、策題1首、雜著4首、勸農文1首、樂章1首、祭文2首、祝文9首、表11首、牋2首、箋1首、公文1首、啟3首、書1首、傳4首、行述1首、製2首、箴1首、行狀1首、辭1首	康熙重修本與四庫本在內容上略微多於嘉靖刊本,例如啟、傳、製等文體
卷四	題跋89首、跋30首	題跋89首、跋30首	題跋89首、跋29首	
卷五	序28首	序28首	序28首	
卷六	序28首	序28首	序28首	

① 《四庫提要著錄叢書》集部255冊,北京出版社,2010年,第59頁。
② 按,詳參《元人文集版本目錄》《中國古代詩文名著提要(金元卷)》等文獻。

续表

版本	明嘉靖十年校刊本（十卷本）	清康熙三十年重修本（十卷本）	文渊阁四库本（十卷本）	备注
卷七	记56首、笔记3首、附录3首（目录载笔记3首、附录3首，集中无）	记56首、笔记3首、附录3首（后无按语）	上卷记38首	(1)四库本分上下卷；(2)四库本与康熙重修本皆有笔记3首、附录3首
			下卷记18首；卷七下卷末有按语，有笔记3首、附录3首	
卷八	墓记4首、铭9首、墓志铭31首	墓记4首、铭9首、墓志铭31首	上卷墓记4首、铭9首、墓志铭14首	四库本分上下卷
			下卷墓志铭17首	
卷九	墓志铭36首	墓志铭36首	上卷墓志铭17首	四库本分上下卷
			下卷墓志铭18首	
卷十	碑文1首、庙碑2首、神道碑11首、墓碑4首、墓碣3首、墓表5首	碑文1首、庙碑2首、神道碑11首、墓碑4首、墓碣3首、墓表5首	上卷碑文1首、庙碑2首、神道碑9首	四库本分上下卷
			下卷神道碑（碑文）2首、墓碑4首、墓碣3首、墓表5首	
卷尾	无	无	无	

结合四十三卷本的收录情况①和十卷本的源流情况，大致可以得出以下四点认识：其一，四库本所据者并非足本；其二，四库本之底本乃清康熙三十年（1691）王廷曾补订本；其三，四库本与其他诸本分卷皆有不同，即四库本自卷七至卷十皆分上、下卷，他本则否；其四，四库本及其所据底本皆涵括了黄溍

---

① 按，据《四部丛刊》本描述和统计，元刊本《金华先生文集》四十三卷如下：该本卷首有贡师泰《黄学士文集序》，每卷首题"临川危素编次""番易刘耳校正"，卷一为五言古诗42首（题）、七言古诗14首，卷二为五言律诗33首、七言律诗60首、五言绝句2首、七言绝句33首，卷三为赋1首、骚1首、答问1首、杂著4首、记3首、赞1首、碑1首、记1首、序5首、题跋6首、书1首、祭文1首、传2首、行述1首，卷四乐章3首、五言古诗36首、七言古诗20首，卷五为五言律诗115首，卷六为五言律诗48首、五言绝句6首、七言绝句61首，卷七为诏1首、制18首、表9首、牋3首、箴1首、铭11首、赞8首，卷八为碑文4首、记12首，卷九记17首，卷十为记17首，卷十一为记17首，卷十二记10首，卷十三为记13首，卷十四记14首，卷十五记21首，卷十六为序20首，卷十七为序23首，卷十八为序20首，卷十九为序12首、说4首、启3首、公文2首，卷二十为策论9首、劝农文1首、上梁文1首，卷二十一为题跋77首，卷二十二为题跋44首，卷二十三为祝文8首、青词1首、疏3首、祭文1首、行状3首，卷二十四为神道碑5首，卷二十五为神道碑4首，卷二十六为神道碑5首，卷二十七为神道碑6首，卷二十八为碑4首，卷二十九为墓记7首，卷三十为墓表10首，卷三十一为墓志铭10首，卷三十二为墓志铭12首，卷三十三为墓志铭11首，卷三十四为墓志铭10首，卷三十五为墓志铭11首，卷三十六为墓志铭9首，卷三十七为墓志16首，卷三十八为墓志铭12首，卷三十九为墓志铭15首，卷四十为墓碣8首、墓记4首，卷四十一为塔铭8首，卷四十二为塔铭5首、道行碑1首，卷四十三为世谱1首、家传2首，卷末为宋濂撰《金华黄先生行状》。

《日損齋筆記》內容,而明嘉靖十卷本是有目而無文。四庫本卷七下末尾有一段說明文字:"按此下凡《雜說》七條,原刊本佚其標目而參校危素所訂滯集,又不載此數條之文,無可考補,今姑闕之"①,其下附六段話,另有《辨史十六則》《雜辨十三則》兩部分內容。按語所稱的"《雜說》七條"正對應《日損齋筆記》中《辨經六則》②這一部分,《辨史十六則》《雜辨十三則》則對應《日損齋筆記》的後兩部分,由此可判斷,康熙刻本補足的"筆記3首"即黃溍《日損齋筆記》。翻閱嘉靖十年刻本,其卷七目錄中雖載有"筆記3首、附錄3首"③,然文集中又并無內容與此目錄對應,而康熙刻本則已補足此缺漏,四庫本亦同。康熙刻本和四庫本又附錄有危素《黃公神道碑》及《請謚文移》《謚議》三篇文,即嘉靖十年刻本所缺失的"附錄3首"。

據上揭提要所述和版本比對可知,《總目》著錄之《黃文獻集》是以清康熙三十年(1691)王廷曾補訂本為底本。王廷曾,清康熙年間人,纂修《(康熙)義烏縣志》二十卷。據王廷曾《補訂黃文獻公集序》稱:"當是至正壬寅癸卯,歷二百三十八年,而張侯維樞選而布之,今又九十二年矣。版之闕者有十,而字之濫且訛者不止百千焉。稍為補之訂之,尚當求其全本,而以文憲狀及忠文祠堂碑入附錄,增鋟其後,是為敘。"④則王廷曾重修本所據底本是萬曆年間張維樞輯刻的《重刊黃文獻公文集》十卷本。張維樞,明萬曆年間人,萬曆二十六年(1598)進士,官至工部侍郎,著有《澹然齋小草》。張維樞輯刻本,又是以明嘉靖十年(1531)虞守愚、張儉所編校刊刻本為底本。然此十卷本始於明嘉靖年間,與元刊本四十三卷本相比,已是刪節本。

令人不解的是,館臣為何對於囊中之物——鮑士恭家藏本和江蘇巡撫進呈本視而不見,而取用一刪節本?又明知其所取本"竄易"甚多,卻并未繼續搜尋善本來取代"粗劣"之本?不可否認的一個重要原因便是,該"粗劣"之本契合了編纂《四庫全書》的一條重要宗旨:刪除了不符合儒者身份和儒家思想的言論,即《總目》所言"為有道之累"⑤者。《黃文獻公集》十卷本誕生的緣起便是出於"裨於治教"。關於嘉靖"十卷本"的誕生還有一段故事。明嘉靖年間虞惟明出任福建巡按,受黃氏族人所托刊刻《黃文獻公集》,將舊卷帙囑托張儉校編。張儉認為黃溍為朱學正傳後人,其《序》云:"蓋公生長何王金許四君子道學之鄉,得聞閩學之正傳,而仁山、白雲二先生,猶及先輩"⑥,故而"見凡老釋碑版,盡以刊去"⑦,即刪除了集中的道、佛之作。而虞惟明、張儉主觀刪改之

---

① 黃溍《文獻集》卷七下,《景印文淵閣四庫全書》第1209冊,台灣商務印書館,1986年,第457頁。
② 按,按語中所謂"《雜說》七條"當對應"《辨經六則》","七條"乃"六則"數量之誤。
③ 黃溍《重刊黃文獻公文集》卷首目錄,明嘉靖十年(1531)虞守愚、張儉所編校刊刻本,第2b頁,國家圖書館藏,善本書號04468。
④ 黃溍《重刊黃文獻公文集》卷首序,清康熙三十年(1691)王廷曾補訂本,第5b頁,國家圖書館藏,善本書號02928。
⑤ 永瑢等纂《武英殿本四庫全書總目》卷一六六《白雲集》提要,第46冊,第111頁。
⑥ 黃溍《黃文獻公集》卷首《重刊黃文獻公文集序》,《叢書集成初編》,中華書局,1985年,第23頁。
⑦ 黃溍《黃文獻公集》卷首《重刻黃文獻公集後叙》,第21頁。

行爲遭到了時人李鶴鳴的極力反對,其《序》曰:"且公集無新刻,人尚舊本之求。新刻行,則完本日淪泯矣。豈校刻者不得吾虞子意邪?敢輒托書張副憲,用載贊我虞子,以所刊去別爲一卷繫集後,且期得報,乃以叙復。既久而不獲,我私問,將別增刻一卷,不但已也。"①李鶴鳴要求將删除之文合爲一卷,即爲十一卷,附於卷末。此反對聲音得到張大輪的響應,張大輪稱:"《黄文獻集》之初刻也,虞巡按惟明屬張僉憲校之,凡涉异教者削去,謂公知道者宜不爲此。惟明既不滿志。李司諫九皋見之,寓書惟明,并屬大輪曰:'必刻之'。安知公之作,非不得已則意有在耶?大輪躍曰:'信哉!公生不逢時,當元入中國,天下且臣之矣。公之作其不得已乎?乃其志則可悲耳。抑曾子固有言:君子之禁邪説,固將明其道於天下。使當世皆知其説之不可從,然後以禁則齊;使後世皆知其説之不可爲,然後以戒則明,公之意其在兹乎?其在兹乎?'"②張氏同樣反對删除行爲,因其認爲黄溍集存有道佛之文的本意是在以自身之過失警誡後人。

此段"删編"公案,在本集的多篇序跋中反復提及,而黄溍於元代文學而言亦非無名小輩,館臣不可謂不知,但其却仍執意抄録删節本《重刊黄文獻公文集》十卷,其用意雖未明言,但顯然是默認了嘉靖年間虞惟明、張僉"凡涉异教者削去"的理念及删削黄溍文集的行爲。館臣謹防大儒"有道之累"的顧慮可謂昭然若揭。

(二)楊維楨《鐵崖古樂府》十卷《樂府補》六卷(安徽巡撫采進本)

其門人吴復所編。維楨以樂府擅名,此其全帙也。③

按:此二句中訛誤處有二。其一,"其門人吴復所編"之説不確,《樂府補》六卷實爲明刊本所補。楊維楨詩歌集現存最早的本子,當屬元末至正二十四年(1364)刊本《鐵崖古樂府》十卷《復古詩集》六卷,由楊維楨門人章琬所編。章琬至正二十四年(1364)撰《輯鐵雅先生復古詩集序》云:"琬登鐵門學詩,因輯先生前後所制者二百首,連吴復所編又三百首,名曰《鐵崖先生復古詩集》,此集出,我朝之詩斯爲大備。"④依序可知,章琬所編《鐵崖先生復古詩集》是在吴復所編有三百首詩歌基礎上完成合編的。顧瑛至正八年(1348)所撰《序》曰:"若先生之詩,自《琴操》而下諸樂府之作,其不可尾於騷人之後乎?故予謹録吴復所編本,凡三百餘首以鋟諸梓,與有志古詩者共之,庶幾感發古之六義,由是而之風騷之教,不難也。"⑤吴復所編《古樂府》在至正八年(1348)便由顧瑛刊刻梓行。據以上二則材料,可知《鐵崖古樂府》確爲吴復所編,但卷次不明。今閲《四部叢刊初編》本《鐵崖古樂府》十卷(據明成化本影印),其卷十之後附有楊維楨爲吴復所作《墓誌銘》,而《墓誌銘》後載有章琬語:"吴見心集《鐵

---

① 黄溍《黄文獻公集》卷首《重刻黄文獻公集後叙》,第21頁。
② 黄溍《黄文獻公集》卷末《書黄文獻集别刻後》,第579—580頁。
③ 永瑢等纂《武英殿本四庫全書總目》卷一六八,第47册,第101頁。
④ 楊維楨《鐵崖先生復古詩集》卷首章琬序,《四部叢刊初編》第244册,上海書店,1989年,第1a頁。
⑤ 楊維楨《鐵崖先生復古詩集》卷末顧瑛序,第3b頁。

崖古樂府》凡十卷,蓋先生中年之作也。見心卒於至正八年戊子,集詩止於其時也。見心卒後,先生晚年之著則有《補遺》《遺稿》《後集》焉。家傳人誦者,散逸未暇裒集,亦可慨也。附錄先生作《見心墓誌》於集後,以見世次云。"①由此可以確定兩個事實:一是吳復卒於至正八年(1348);二是吳復所編《鐵崖古樂府》爲十卷。又,從《樂府補》六卷的内容來看,《大明鐃歌鼓吹曲》十三首顯然是楊維楨入明後所作,吳復卒於元末,故吳復編《樂府補》在時間上是不成立的。那麽,《樂府補》六卷是何時進入楊維楨作品集的?據民國藏書家葉啓發《華鄂堂讀書小識》記載:"明成化間,先族祖文莊公巡撫兩廣,嘗校正《古樂府》,命廣州郡守沈禮梓行。同時昆山王益復據以重刊。凡《樂府》十卷,《補遺》六卷,而無《復古詩集》,又不得謂之完本矣。"②則明成化時,《樂府補遺》實賴沈禮得以成書,王益又是據沈禮所編進行刊行。至明末,藏書家毛晉"又據元至正甲辰章琬、明成化乙(己)丑沈禮兩刻本,刊行《古樂府》十卷、《樂府補遺》六卷、《復古詩集》六卷",則"鐵崖詩賦頗稱全備"③。由上可知,《樂府補》六卷并非吳復所編,而是明成化時沈禮所輯補。館臣所述有誤。

其二,提要稱"此其全帙也",然此本實非楊維楨樂府作品全帙。《四庫全書薈要總目提要》(下稱《薈要提要》)明確記載楊維楨《鐵崖古樂府》是依"明毛晉汲古閣本繕録恭校"④,後尚無"全帙"之稱。嵇璜《續文獻通考》著録"楊維楨《鐵崖古樂府》十卷,《樂府補》六卷,《復古詩集》六卷",後注曰:"維楨以樂府擅名,此集其門人吳復所編。又《復古詩集》,其門人章琬所編。"⑤亦未有"全帙"之謂。《四庫全書薈要》和《續文獻通考》成書略早於《總目》,其作爲館臣撰修《總目》時不可回避的兩部參考文獻,皆未以"全帙"稱之,而《總目》則加之,那麽《總目》何以要增添"此其全帙也"這一判斷?

首先,需要明確的第一個問題是四庫本楊維楨《鐵崖古樂府》及《樂府補》是否爲"明毛晉汲古閣本"?民國藏書家葉啓勛將其所見元刊本《鐵崖古樂府》十卷《復古文集》⑥六卷與毛晉汲古閣本《古樂府》十卷《復古詩集》六卷進行詳細比對。從其細緻的勘校可知,汲古閣本與元刊本出入頗大,其中《鐵崖古樂府》的排版差異有五處,《復古詩集》的排版差異有三處,而在篇目、注解上亦有十一處差異,合計一共十九處與元刊本不合⑦。巧合的是,以上汲古閣本的所有區别特徵,皆能在四庫本得以印證。除此,毛晉汲古閣本是首次將《樂府補》六卷與《鐵崖古樂府》十卷合刻,其中《樂府補》六卷收録 96 首⑧,《古樂府》十

---

① 楊維楨《鐵崖古樂府》卷末《吳君見心墓誌銘(爲)鐵崖先生作》,第 14a 頁。
② 葉啓發撰,李軍整理《華鄂堂讀書小識》卷四,《二葉書録》,上海古籍出版社,2014 年,第 319 頁。
③ 葉啓發撰,李軍整理《華鄂堂讀書小識》卷四,《二葉書録》,第 319 頁。
④ 江慶柏等整理《四庫全書薈要總目提要》,人民文學出版社,2009 年,第 418 頁。
⑤ 嵇璜等纂《續文獻通考》卷一九五,《景印文淵閣四庫全書》第 630 册,第 613 頁。
⑥ 按,蓋爲《復古詩集》之誤。
⑦ 按,詳參何素婷《〈四庫全書總目〉元别集提要研究》,西南大學博士學位論文,2018 年,第 150—151 頁。
⑧ 按,本爲 99 首,除去友人和辭 3 首,則爲 96 首。

卷收録 415 首,合計 511 首。四庫本亦然。綜上可斷,四庫本所據確爲毛晉汲古閣本①。

其次,還需明確的是"毛晉汲古閣本"究竟是否爲楊維楨樂府作品的"全帙"？顯然不是。儘管《樂府補遺》六卷是對元刊本《古樂府》的一次補遺,但却仍不無遺漏之憾。如《楊鐵崖咏史古樂府》一卷(或不分卷),是書爲明成化八年刊本,由楊維楨門人顧亮輯録。葉啓發《華鄂讀書小識》著録,并稱"顧氏編刻在明之初年,而在吳、章兩輯之後"②,又認爲:"此書各首均爲沈刻、吳編《古樂府》之止於至正戊子者所不載矣。"③據葉氏所述,則在毛晉汲古閣本之外,楊維楨樂府作品仍有散佚。《楊鐵崖咏史古樂府》内容便爲毛氏所未及。

收録楊維楨作品較完備的本子,當屬明天啓元年馬弘道所編《鐵崖大全集》十卷。葉啓發《華鄂堂讀書小識》稱此本:"據萬曆中陳淵止刊、華亭陳仲醇繼儒校本抄録,并益以元至正戊子顧瑛、至正甲辰章琬、成化王益、金華章懋、諸暨陳于京及歸景山房古本、金陵坊本,合并編定爲十卷。凡《古樂府》八卷七百七十首,《文賦》二卷三十五首,《香奩》八首,又《古樂府補遺》一卷八十首,凡各本之序跋、傳志均采録甚全,可謂集諸家之大成矣。"④僅從數量來看,天啓年間的《鐵崖大全集》共收録古樂府 850 首,此數目遠甚於汲古閣的 555 首⑤。

事實上,在乾隆年間,楊維楨樂府類作品便已經得到一定程度的整理:一是王榮紱所編《楊鐵崖先生咏史古樂府》四卷,其篇目皆不見於吳復《鐵崖古樂府》,於乾隆三十八年(1775)五月刊行;一是樓卜瀍於乾隆三十九年(1774)完成《鐵厓樂府注》十卷、《鐵厓咏史注》八卷、《鐵厓逸編注》八卷⑥,至乾隆末年由聯桂堂刊行。樓卜瀍《鐵厓咏史注序》稱:"《楊鐵崖先生古樂府》編自門人吳復,人稱'鐵雅',外此有《咏史詩》編自門人顧亮,人稱'鐵史'。予求顧編不可得,蓋書缺有間矣。前明萬曆中先外王父淵止陳公爲刊古樂府行世,强半皆《咏史詩》,吳編所不載。予既出吳編付梓,因删去已見者不重出,另録《咏史詩》加之箋注,都爲一集,名亦仍舊題曰'鐵厓咏史注'矣。"⑦可見,毛晉《鐵崖古樂府》及《樂府補》之外,楊維楨樂府作品仍存在大量散佚。

由此看來,毛晉汲古閣本實難稱"全帙"。然館臣爲何急於以"全帙"對此集進行論定？蓋囿於人物褒貶和政治立場的考量。

毛晉汲古閣本《樂府補》中的補遺篇目《大明鐃歌鼓吹曲》,曾一度驚起了政治巨浪。乾隆四十三年(1778)初夏,乾隆帝弘曆閲及此《樂府補》六卷後憤

---

① 按,此本今藏國家圖書館。
②③ 葉啓發撰,李軍整理《華鄂堂讀書小識》卷四,第 318 頁。
④ 葉啓發撰,李軍整理《華鄂堂讀書小識》卷四,第 320 頁。
⑤ 按,今描述文淵閣四庫本《鐵崖古樂府》十卷如下:卷一 26 首,卷二 44 首,卷三 22 首,卷四 40 首,卷五 29 首,卷六 26 首,卷七 31 首,卷八 42 首,卷九 80 首,卷十 75 首,合計 415 首;《樂府補》六卷:卷一 24 四首,卷二 7 首,卷三 18 首,卷四 34 首,卷五 13 首,卷六 32 首,合計 140 首;總計一共 555 首樂府作品。
⑥ 按,樓卜瀍所編本"鐵崖"皆爲"鐵厓"。
⑦ 樓卜瀍《鐵厓咏史注》卷首序,《續修四庫全書》第 1325 册,上海古籍出版社,2002 年,第 528 頁。

然撰寫《題楊維楨〈鐵崖古樂府〉》,後被冠於四庫本《鐵崖古樂府》卷首。題詞首先對楊維楨詆毀故國之行徑大加撻伐:"楊維楨於元仕不顯而不肯仕於明,似爲全人矣,而其補集中有《大明鐃歌鼓吹曲》,非刺故國,頌美新朝,非真全人之所爲,與《劇秦美新》何以異耶?"①進而譴責貶低其人品之劣甚於錢謙益;接着極力否定館臣爲楊維楨人品尋找托詞的行爲;末則試圖將楊維楨作爲反面教材:"因著此論,并命録其集前,亦所以教萬世之爲人臣者。"②其中指向無疑包括館臣在内。於是館臣心有餘悸,反復對《鐵崖古樂府》提要作出相應的更改。《四庫全書薈要》成書於乾隆四十三年(1778),是最早的四庫系列成果之一。《薈要》本《鐵崖古樂府》提要載:"至維楨於明初被召不肯受禄,賦《老客婦謠》以自况,其志操頗有可取。而《樂府補》内有所作《大明鐃歌鼓吹曲》,乃多非刺故國,頌美新朝,判然若出兩手。據危素《跋》,《鐃歌》即聘至金陵時所作。或者懼明祖之强留,而故爲此遜詞,自全之計,亦未可知。然終不免於白圭之玷也。"③此則提要後來又歷經了三次修改,主要集中於末三句。第一次修改是定稿在後的庫書提要中,此可見於文淵閣(乾隆四十六年正月)、文溯閣(乾隆四十七年九月)、文津閣(乾隆四十九年八月)三庫書提要。因三庫書提要一致,此僅引文淵閣庫書提要爲據:"據危素《跋》,亦即聘至金陵時所作,不知何以乖謬至是。核以大義,殆不止於白璧之微瑕矣。"④第二次修改是浙本《總目》提要,此版本晚於庫書提要而又早於殿本《總目》提要,其載:"據危素《跋》,蓋聘至金陵時所作。或者懼明祖之羈留,故以遜詞脱禍歟?然核以大義,不止於白璧之微瑕矣。"⑤第三次修改是《紀曉嵐删定四庫全書總目稿本》提要和殿本《總目》提要,其載:"據危素《跋》,蓋聘至金陵時所作。核以大義,不止於白璧之微瑕矣。"⑥

細校提要之變化,從《薈要》提要到殿本《總目》,《鐵崖古樂府》提要的表述越來越簡潔,但是館臣對楊維楨的態度則越來越篤定。若説最初在《薈要》提要中,館臣是以存疑之法而尚未對楊維楨的人品加以論定,那麽在乾隆題詞之後,提要的反復修改,則是已將楊維楨的背逆之罪牢牢坐實。可見,《大明鐃歌鼓吹曲》及其出處毛晉汲古閣本《樂府補》,既已被乾隆帝援引來定性楊維楨的人品,則其權威性已不容置疑,又何談置换?

(三) 周權《此山集》四卷(浙江鮑士恭家藏本)

> 是集爲陳旅所選定,旅及袁桷、歐陽元等各爲之序,揭傒斯又爲之跋。旅本作者,故别擇特精。⑦

按:《總目》著録之版本卷次、來源以及叙述之版本信息皆與四庫本不符。

---

① ② 楊維楨《鐵崖古樂府》卷首,《景印文淵閣四庫全書》第1222册,第1頁。
③ 江慶柏等 整理《四庫全書薈要總目提要》,第418頁。
④ 楊維楨《鐵崖古樂府》卷首,《景印文淵閣四庫全書》第1222册,第2頁。
⑤ 永瑢等《四庫全書總目》卷一六八《鐵崖古樂府》提要,中華書局,1965年,第1462頁。
⑥ 永瑢等纂《武英殿本四庫全書總目》卷一六八《鐵崖古樂府》提要,第47册,第103頁。
⑦ 永瑢等纂《武英殿本四庫全書總目》卷一六七,第46册,第147頁。

其一，著録之《此山集》爲四卷，而四庫本實際所録《此山集》爲十卷；其二，著録本采源出處爲"浙江鮑士恭家藏本"，核之却并非如是；其三，提要稱"是集爲陳旅所選定"，而四庫本《此山集》名爲"十卷"實"四卷"，并非元人陳旅選定本。

通常認爲，《總目》著録本及其所述信息理應與四庫本一致，可《此山集》實際情況却是提要篇首標注本、叙述本與四庫本三者均不同。何以如此？這些版本之間究竟有什麼關聯和區別？在此，有必要對《此山集》的版本作一番梳理。筆者將四庫本十卷與今存之鮑士恭家藏本四卷①、明天順刻本四卷②、清景元刻本十卷③、清初抄本四卷（附查慎行跋）④進行了詳細比對，具體如下表：

版本	四庫本（十卷）	鮑士恭家藏本（四卷）	明天順刻本（四卷）	清景元刊本（十卷）	清抄本查慎行跋（四卷）
序	3篇（袁桷、陳旅、歐陽玄）	3篇（袁桷、歐陽玄、陳旅）	3篇（袁桷、歐陽玄、陳旅）	3篇（袁桷、歐陽玄、陳旅）	3篇（袁桷、歐陽玄、陳旅）
卷次	卷一：五古31首	卷一：五古54首	卷一：五古58首	卷一：賦4篇	卷一：五古58首
	卷二：五古27首			卷二：詩52首	
	卷三：七古27首	卷二：七古47首（含《舟行阻潮》）	卷二：七古84首	卷三：詩60首	卷二：七古84首
	卷四：七古25首			卷四：詩52首	
	卷五：七古32首	無		卷五：詩53首	無
	卷六：五律30首	卷三：五律30首、七律43首（此本有44首，有誤。⑤）	卷三：五律30首、七律84首	卷六：詩45首	卷三：五律30首、七律84首
	卷七：七律42首			卷七：詩30首	
	卷八：七律41首			卷八：詩69首	
	卷九：五絕15首	卷四：五絕15首、七絕49首	卷四：五絕15首、七絕55首	卷九：詩64首	卷四：五絕15首、七絕55首
	卷十：七絕55首			卷十：樂府35首	
跋	跋二篇（謝端、揭傒斯）	跋一篇（揭傒斯）	跋三篇（謝端、揭傒斯、柳貫）	跋三篇（柳貫、謝端、揭傒斯）	跋三篇（謝端、揭傒斯、柳貫），附查慎行跋一則
合計	詩325首	詩238首	詩326首	詩425首，賦4首，樂府35首	詩326首

---

① 按，浙江大學圖書館編、西泠印社出版社2011年出版的《周此山先生詩集》，所據底本乃鮑士恭家藏本。
② 按，此本藏國家圖書館，善本書號12327。
③ 按，此本藏上海圖書館，《擇是叢書初編》《叢書集成續編》皆收録。
④ 按，此本藏國家圖書館，善本書號03721。
⑤ 按，周權《次韵子昂學士人日立春》附有趙孟頫詩："今年人日與春并，人得春來喜氣迎。宮柳風微金縷重，御溝冰泮玉鱗生。陰消漸覺餘寒散，陽長争看曉日明。霜鬢彩旛渾不稱，强裁新句慰羈情。"此本無附趙詩，僅周權詩一首："人日今年樂事并，新春只遣饗旛迎。一元块圠新調變，萬物洪纖總發生。早有東風消臘凍，漸舒昕日作晴明。玉堂人醉梅花底，門帖新題羈宦情。"

對比以上五種版本,可得出如下認識:

首先,四庫本并非以浙江鮑士恭家藏本爲底本。二者相同之處,在於詩歌均按體裁分門別類。二者不同之處則體現在:其一,卷次不同。鮑本四卷而四庫本十卷。從詩歌體裁分卷來看,鮑本卷一爲五古,相當於四庫本卷一、卷二;鮑本卷二爲七古,相當於四庫本卷三、四、五;鮑本卷三爲律詩(含五律、七律),相當於四庫本卷六、七、八;鮑本卷四爲絶句(含五絶、七絶),相當於四庫本卷九、十。其二,數量不同。四庫本比鮑本五古多四首,七古多三十七首,七律多四十首,七絶多六首,合計共八十七首,其中最大的差异則體現在七古和七律上。又,今查《浙江采集遺書總録》著録"《此山集》四卷",描述爲"知不足齋寫本",且稱"按今本系陳旅選定者"①,則《總目》叙述之版本與提要篇首標注之版本皆與浙江鮑士恭家藏本是一致。問題在於,四庫本實録爲十卷本,并非鮑士恭家藏本四卷。

其次,《此山集》版本主要存在兩個流傳系統,故有十卷本和四卷本之分。十卷本屬於元刊本,而四卷本屬於明刻本。《此山集》最早由周權本人所定,獻與時任史官的袁桷。袁桷《此山集序》稱:"括蒼周君衡之,磊落湖海士也。束書來京師,以是編見贄,意度簡遠,議論雄深,法蘇、黄之準繩,達《騷》《選》之旨趣。曆覽名勝,長歌壯吟,亦皆寫其平生胸中之耿鬱。至於詞筆,尤爲雅健。讀之亹亹忘味,誠有起予者。"②袁桷《清容居士集》中亦有此文,篇名爲《書括蒼周衡之詩編》。元末元統年間,陳旅校選、歐陽玄批點《此山先生集》完畢。歐陽玄《此山先生集序》言:"僕既序,復見詩集留莆田陳君處,陳爲之精選,又倍神采焉。僕因致點校之助於其間云。歐陽玄識。"③是序作於元統二年(1334)八月。陳旅《序》亦稱:"因爲選其最佳者,得若干首,題爲《此山先生集》云……又予爲校選,故能深知之也。"④可知,《此山先生集》傳世的最早版本在元末便已定型。今上海圖書館藏"此山先生詩集十卷","清翻元刻本"⑤;又清光緒年間張鈞衡編、民國十五年(1926)吳興張氏所刊行《擇是居叢書初集》,收録《周此山先生集》⑥十卷,便是據元刻本影印。《擇是居叢書初集》本《周此山先生集》卷首載"據元至正評點本開雕"⑦,又卷首《序》之末有"袁桷""歐陽玄"等印章,則此本當是以元朝元統年間陳旅校選和歐陽玄批點、至正年間刊行的《此山先生集》爲底本。此元刊十卷本的特點是:每一卷次下皆標注"登仕郎江浙等處儒學副提舉陳旅校選""翰林直學士中憲大夫知制誥同修國史歐陽玄批點";按賦、詩、詞三種文體分類,其中對詩歌并未再作體裁分類;有部分詩歌後

---

① 沈初等《浙江采集遺書總録》壬集,第612頁。
② 周權《此山詩集》卷首,《景印文淵閣四庫全書》第1204册,第2頁。
③ 周權《周此山先生集》卷首序,《擇是居叢書初集》本,民國十五年(1926)吳興張氏刊。
④ 周權《此山先生詩集》卷首序,《擇是居叢書初集》本。
⑤ 周清澍《元人文集版本目録》,第33頁。
⑥ 按,後文分卷之卷首皆題爲《此山先生詩集》。
⑦ 周權《此山先生詩集》卷首,《擇是居叢書初集》本。

有歐陽玄評點;卷首有袁桷、歐陽玄、陳旅所撰三篇《序》;卷末附録《此山堂題詠》六首,分别爲趙孟頫、袁桷、歐陽玄、謝端、揭傒斯、陳旅六人所作詩;卷末有元元統二年(1334)揭傒斯《跋》一篇、謝端《跋》一篇以及元至正五年(1339)柳貫題記。張鈞衡《跋》稱:"《周此山集》十卷,元周權衡之撰,元刊本,每半葉十一行,行十九字,高五寸九分,廣四寸九分,白口單邊,上有字數。"①傅增湘《藏園群書經眼録》著録有"此山先生詩集十卷,附此山堂題詠三葉",稱:"元刊本,十一行十九字,細黑口,左右雙欄,版心上記字數,行間有圈點,此行題陳旅校選。三行題歐陽玄批點,俱帶官銜。有延祐袁桷序,歐陽玄序,陳旅序。後有謝端跋、揭奚(傒)斯跋。癸丑歲見於南潯張石銘家。"②二者對元刊本的版次描述一致。再看四卷本系統。張鈞衡《跋》云:"顧《四庫》所收及九家著録,均分體詩四卷,亦無批點,且抄本居多,明天順黑口本已極罕見,亦只有四卷。"③今查閱多種書目所載,其言不誣。明末清初藏書家黄虞稷《千頃堂書目》載:"周權此山集四卷,一作十卷。"④清初徐乾學《傳是樓書目》記:"周此山集四卷,元周衡。"⑤清倪燦《補遼金元藝文志》載:"周權此山詩集四卷。"⑥錢大昕《補元史藝文志》有載:"周權此山集四卷,一作十卷。字衡之,括蒼人。"⑦另如清瞿鏞《鐵琴銅劍樓藏書目録》、黄丕烈《士禮居藏書題跋記》、陸心源《皕宋樓藏書志》等亦皆著録四卷本。梳理可知,明清時期的四卷本較爲通行且常見。而四卷本相對於十卷本,特點是僅有詩歌,且對詩歌進行體裁分類,未録賦和樂府,無《此山堂題詠》六首,首無目録。各四卷本在内容和數量上皆較爲一致,鮑士恭家藏本四卷本内容有所删減(見上表)。今存四卷本,有明天順刻本,部分詩歌後有批語,此本可謂現存最早的四卷本;清初抄本,部分詩歌後有批語,末附查慎行跋,《跋》曰:"周權《此山詩集》,莆田陳衆仲所選定者,余抄自泰興季氏。詩後間有評騭,當是莆田手筆也。初白翁。"⑧此本與天順刻本較爲相近,差别僅其中《子陵釣圖》一首順序不同,蓋因抄録時疏漏,後附於卷末所致;清同治十三年(1874)劉履芬刻本,有清劉履芬跋,章鈺校并跋,藏國家圖書館(善本書號14609);東武李氏研録山房刻本,藏國家圖書館(善本書號14022)。

再次,四庫本是十卷本與四卷本的雜糅體,非元刊本。從數量統計和版本比對可知,除卷次不同外,四庫本《此山集》十卷在數量、順序、分類方式上皆與明刻四卷本一致,總數爲三百二十五首,相比於天順刻本和清初抄本的三百二

---

① 周權《此山先生詩集》卷末跋,《叢書集成續編》集部第108册,上海書店,1994年,第959頁。按,《叢書集成續編》所録即爲《擇是居叢書初集》本。
② 傅增湘《藏園群書經眼録》卷一五,中華書局,2009年,第1101頁。
③ 周權《此山先生詩集》卷末跋,《叢書集成續編》集部第108册,第959頁。
④ 黄虞稷《千頃堂書目》卷二九,上海古籍出版社,2001年,第724頁。
⑤ 徐乾學《傳是樓書目》,清味經書屋抄本。按,此中"周衡"當爲"周衡之"。
⑥ 倪燦《補遼金元藝文志》,中華書局,1985年,第98頁。
⑦ 錢大昕《補元史藝文志》卷四,中華書局,1985年,第44頁。
⑧ 周權《此山詩集》(有查慎行跋),清抄本(善本書號05407)。

十六首,缺少《浮淮》一首,蓋因此《浮淮》之前一首爲《淮海》,詩題近似,館臣抄録時混淆二者,故漏抄其一。除去上述不同外,四庫本亦僅録詩歌且依詩歌體裁分類,詩歌順序、體裁斷限處皆與四卷本一致。但儘管總量一致、順序一致、分類方式一致,四庫本又確實爲十卷本,相對於明刻本四卷本的大分類,四庫本將其分類進一步細化,故拆作十卷。館臣將明刊本四卷本生硬地拆分爲十卷本,比如將原本歸於卷一的五言絶句與七言絶句,割裂爲兩卷:一卷爲五言絶句,一卷爲七言絶句,依此便將四卷拆分爲了十卷。值得注意的是,此十卷本與元刊本十卷本截然不同。四庫本《此山集》具備了元刊十卷本的卷次總數,采納的却是明刊四卷本的分類和内容,這便使得它完全成了獨立於元刊本與明刊本之外的新版本。故館臣簡單將之認定爲元刊本實不妥,或簡單認定其爲明刊本亦屬混淆。而除去版本梳理不精之外,纂修《四庫全書》過程中館臣的各自爲政、協調不一,亦是造成《此山集》版本信息撲朔迷離的重要原因。

(四)盧琦《圭峰集》二卷(浙江鮑士恭家藏本)

徐㶿《筆精》曰:"《圭峰集》歲久弗傳,近歲惠安莊户部徵甫搜而梓之,誤入薩都拉詩六十餘首。"此本爲元陳誠中所編,明萬曆初邑人朱一龍、福州董應舉序而刻之,在莊本之前。①

按:提要第二句涉及三種《圭峰集》版本,同時也藴含著館臣對《圭峰集》版本的三條認知信息。第一,四庫本所據是陳誠中所編本;第二,朱一龍、董應舉本刻於萬曆初,其本即爲陳誠中所編本;第三,朱一龍、董應舉所刻本在時間上當早於莊毓慶萬曆年間所刻本。其中前兩條皆有誤。事實是,一方面四庫本并非據"元陳誠中所編本"而來,另一方面朱一龍、董應舉所刻本亦非"元陳誠中所編本",且刊刻時間并不是萬曆初,而是隆慶年間。以下試對《圭峰集》三種版本進行詳細梳理:

其一,元陳誠中所編本爲七卷本,是《圭峰集》的最初形態,非萬曆刻本。今之文獻關於此本的記載有三:一是孫伯延《序》,其云:"凡爲七卷,將鋟梓,以久其傳"②;二是陸心源《皕宋樓藏書志》著録有"《盧圭峰先生集》七卷",陸氏稱洪武六年(1373)曾刊印七卷本,爲陳誠中所編,其考證曰:"從洪武刊影寫,孫《序》後有'洪武癸丑五月七日重梓'一行,其證也"③;三是黄仁生《日本現藏稀見元明文集考證與提要》中載有日本静嘉堂文庫所藏《圭峰集》七卷,其描述謂該本卷首有孫伯延《序》,末署"至正丙午二月庚寅日延平孫伯延撰,大明洪武癸丑五月七日重梓",正文各卷頭題"盧圭峰先生集卷幾",署"惠安盧琦撰""莆陽陳誠中編",又稱是本收詩"四十五首"④。由上三種文獻記載,可確定"元陳誠中所編本",是七卷本,而非二卷本,故提要所云四庫本爲"元陳誠中所

---

① 永瑢等纂《武英殿本四庫全書總目》卷一六七,第 46 册,第 260—261 頁。
② 陸心源《皕宋樓藏書志・續志》卷一〇四,廣文書局,第 11 册,1991 年,第 4618 頁。
③ 陸心源《皕宋樓藏書志・續志》卷一〇四,第 11 册,第 4618 頁。
④ 黄仁生《日本現藏稀見元明文集考證與提要》,嶽麓書社,2004 年,第 37 頁。

編本"顯然有誤。

其二,隆慶壬申刻本,卷次未明。據四庫本卷首隆慶壬申朱一龍《序》言:"盧公遺文,予未仕時嘗見抄本半集於先君子舊篋中,薦經倭亂,散逸無存,求之二十餘年不獲。一日得於吾鄉王君玉流氏,乃元陳誠中所編爲《圭峰集》,與公之子昺所次爲《平陽集》,欲鋟梓而未就者。當兵燹之餘,家比爲燼,不知藏於何名山大川以得無毀,或者鬼神呵護,將使之俟後世君子以廣其傳也歟?予不類竊喜爲之校閱叙錄,遂令鋟梓如左。"①則隆慶刻本之《圭峰集》并非陳誠中所編之《圭峰集》,而是陳誠中所編之《圭峰集》與盧琦子盧昺所編次之《平陽集》的合集,内容上較元陳誠中所編七卷本亦有所增加。

其三,萬曆己酉刻本爲二卷本。此本今《北京圖書館古籍珍本叢刊》據以影印,卷首有朱一龍、莊毓慶、董應舉三序,有目錄,集名題曰"圭齋盧先生集"②,而"圭齋"乃"圭峰"之誤③。每卷首署有"元錦田盧琦希韓著"以及"鄉後學三山董應舉崇相、陳勛元凱、邑人朱一龍於田、吳天成德渾、莊明鎮静甫、莊毓慶徵甫同選"④兩行文字。正文分二卷,上卷爲詩歌二百九十八首,下卷爲文章二十六篇。之後爲《附錄》,附有五篇文章,分别是吳鑒《故前村居士盧公墓誌銘》、陳忠《盧平陽哀辭》、林以順《永春平賊記》、陳中《恭人陳氏壙志》以及孫伯延《立齋盧先生文集後語》⑤。

通由上述梳理可知,提要所述實混淆了隆慶刻本與萬曆刻本兩種版本。再來看四庫本究竟出自何本。

對比文淵閣四庫本與萬曆刻本,知二者相同之處在於正文卷次相同,篇目數量和順序相同,附錄五篇文章亦相同;不同之處在於卷首序不同,四庫本缺漏了莊毓慶《序》,僅錄朱一龍、董應舉二序;目錄不同,四庫本無目錄;署名不同,四庫本僅有"元盧琦撰"。儘管有所不同,但二者實爲同一版本則無疑。細檢其文,知二者相同之處是《圭峰集》的主體部分,而不相同之處皆是後人參與的部分。此處還有一條力證,即董應舉《序》,該《序》云:"惠安盧希韓先生《圭峰集》若干卷,莊徵甫得之于田朱大參家,而猶病其雜也,則使莊、吳二山人損焉以授我,又令我損焉以傳。蓋存者僅十五六,而古風獨全。……萬曆己酉秋日閩中董應舉書。"⑥據此可知,董應舉是受莊毓慶所托而作序,且該序時間與莊毓慶《序》一致,皆在"萬曆己酉"即萬曆三十七年(1609)。由此可判定,此本爲萬曆刻本。此外,還有一處證據。萬曆本《附錄》第五篇孫伯延《立齋盧先生文集後語》中有一處訛誤:"公之徒莆陽陳誠中氏,適至三山,與予學,同寓僧

---

① 盧琦《圭峰集》卷首,《景印文淵閣四庫全書》第 1214 册,第 689 頁。
② 盧琦《圭齋盧先生詩集》卷上,《北京圖書館古籍珍本叢刊》第 96 册,書目文獻出版社,1998 年,第 104 頁。
③ 按,圭齋,是元代館閣文人歐陽玄之字,《圭齋文集》是歐陽玄之别集。盧琦(1306—1362),字希韓,號圭峰、立齋,所著乃《圭峰集》。
④ 盧琦《圭齋盧先生詩集》卷上,《北京圖書館古籍珍本叢刊》第 96 册,第 104 頁。
⑤ 盧琦《圭齋盧先生詩集》卷末,《北京圖書館古籍珍本叢刊》第 96 册,第 173—177 頁。
⑥ 盧琦《圭峰盧先生詩集》卷首,第 94—96 頁。

舍,誠中訪求得公所爲詩文而編次之,凡十三卷,將鋟梓,以久其傳,且求諸名公爲之序。"①其中的"十三"有誤,今所見陳誠中所編實爲七卷。巧合的是,此誤亦出現在四庫本中:"凡十三卷,將鋟梓,以久其傳,且求諸名公爲之序。"②而日本静嘉堂文庫所藏《圭峰集》七卷,其孫伯延《序》所載實爲"七卷",前文已引,可據。由四庫本沿襲萬曆本的一處細微訛誤可推出,儘管四庫本缺漏一篇《序》、删除目録和簡化署名,但其以萬曆刻本爲底本仍可坐實。此觀點亦爲黄仁生《日本現藏稀見元明文集考證與提要》所認可,其云:"至於《四庫全書》本《圭峰集》二卷……其所據底本既非陳誠中所編,亦非朱一龍隆慶六年序刻本,而是萬曆三十七年莊毓慶刻本。"③

四庫本缺漏莊毓慶《序》、簡化莊毓慶等署名,這些做法的共通性則是在簡化和弱化萬曆刻本的特徵,其中删除目録亦不失爲一種掩蓋版本特徵的快捷有效的方式。可見,四庫本實是弱化了萬曆本特徵的萬曆本。蓋萬曆刻本錯訛過多,故書賈隱去萬曆本之特徵,而冒充隆慶本。而館臣在撰修《總目》時亦被其表面信息所欺騙,誤認此即爲隆慶本,而非萬曆本。館臣又混同元陳誠中所編本(即洪武七年刊本)與隆慶本,故致版本描述錯訛頻出。

(五)李孝光《五峰集》六卷(編修汪如藻家藏本)

> 所著詩文,歲久散佚。是編乃宏治甲子懷遠錢昊爲樂清令,訪求遺稿,得全集於儒生周綸家,因俾綸編次刊板。昊自爲之序,仍以《五峰集》爲名。其詩文不分卷帙,但以各體分編。今定以樂府四言詩爲一卷,五七言古詩爲一卷,五言律詩爲一卷,七言律詩爲一卷,絶句爲一卷,雜文爲一卷。卷首别有逸文目四篇,曰《南村草堂記》,曰《郭翼遷善齋記》,曰《姚文焕書聲齋記》,曰《孝善坊記》,皆有録無書。蓋傳寫復佚,今亦闕之……雜文凡二十首,皆矯矯無凡語……末附《題朱澤民畫》一首,蓋古樂府之末章,誤編于文集。今仍移附樂府末云。④

按:提要稱《總目》著録之《五峰集》六卷是據弘治刻本編定而成,其稱弘治十七年(1504)錢昊訪求李孝光遺稿,於儒生周綸家得其全集,因俾周綸編次刊版,錢昊爲之作序,其特點是不分卷,僅以文體類編。館臣自稱據此本而略作改動,將其編次爲六卷,其中"今定"二字意,即館臣對此别集進行了分卷改編,且是依文體不同而定爲六卷。

提要言之鑿鑿,但與其所述内容矛盾的是,今文淵閣四庫本《五峰集》并非六卷,而是十卷。提要所述版本與文淵閣四庫本實際所録版本并不一致。那麽二者究竟是什麽關係?何以會出現這種不一致?爲厘清這一問題,兹將《總目》所述本、弘治刻本、文淵閣四庫本、文津閣四庫本,對比如下:

---

① 盧琦《圭峰盧先生詩集》卷末《附録》,第177頁。
② 盧琦《圭峰集》卷末《附録》,《景印文淵閣四庫全書》第1214册,第759頁。
③ 黄仁生《日本現藏稀見元明文集考證與提要》,第41頁。
④ 永瑢等纂《武英殿本四庫全書總目》卷一六七《五峰集》提要,第46册,第266—268頁。

卷次	文體	《總目》所述本（六卷）	文淵閣四庫本（十卷）	弘治錢㫤輯本①（不分卷）	文津閣四庫本（十卷）	備注
序		錢㫤序	無序	錢㫤序	錢㫤序	
卷一	記、序文	卷六（20篇）	13篇	13篇	13篇	《總目》述本多7篇
卷二	古樂府	卷一	38題43首	45首	45首（標注）	錢本比四庫本多2首
卷三	四言詩	卷一	9題32首	無	9首（標注）	四庫本比錢本多32首
卷四	五言絕句	卷五	19首	19首	19首（標注）	錢本、四庫本相同
卷五	五言古體、古詩	卷二	前者50首，後者40首	無	91首（標注）	四庫本比錢本多90首
卷六	五言律	卷三	44首	44首	44首（標注）	錢本與四庫本相同
卷七	六言詩、五言排律	卷三（五言排律）	六言4首，五言7首	無	7首（標注）	四庫本比錢本多11首
卷八	七言絕句	卷五	218首	219首	220首（標注）	錢本比四庫本多1首
卷九	七言古體	卷二	30首	30首	30首（標注）	錢本與四庫本相同
卷十	七言律	卷四	155首	55首	55首（標注，實際爲錄155首）	四庫本比錢本多100首
合計			文13篇，詩642首	文13篇，詩425首	文13篇，詩641首	四庫本共多詩217首

對比可知，《總目》所述本與文淵閣庫書、文津閣庫書之實際，最明顯的差別是卷次數。《總目》所述本是六卷，而文淵閣、文津閣庫書所錄是十卷本。卷次之所以不同是因劃分方式不同所致。四庫本《五峰集》十卷的文體劃分比較細緻，而《總目》所述本則是將四庫本《五峰集》中的卷二古樂府與卷三的四言詩合爲一卷，卷四的五言絕句與卷八的七言絕句合爲一卷，卷五的五言古體與卷九的七言古體合爲一卷，卷七的六言五言排律與卷六的五言律合爲一卷，而所剩卷一之記和序文、卷十之七言律仍是獨立卷次，故爲六卷。

與文淵閣庫書對應的，是文淵閣庫書提要。提要載："《五峰集》十卷……

---

① 清末學者孫詒讓家藏有弘治刻本傳錄的《五峰集》："《五峰集》二十卷本，明時已佚，今所傳者，明錢㫤重輯本，不分卷，然刊本亦不多靚。余家所藏則從錢刻傳錄者，凡文十三首，古樂府四十五首，五言律詩四十四首，五言絕句十九首，七言古詩三十首，七言近體五十五首，七言絕句二百十九首，共分七類。四庫本厘爲六卷，其本今未之見。提要稱雜文二十篇，則與鈔本不合，未知明刊原本果何如也。"（孫詒讓撰，潘猛補校補《溫州經籍志》卷二四，上海社會科學院出版社，2005年，第1024頁）

是編乃明弘①治甲子懷遠錢杲爲樂清令,訪求遺稿得全集於儒生周綸家,因俾綸編次板行,其詩文不分卷帙,但以各體分編,今依次分爲十卷。"②此與《總目》所述完全不同。再查文溯閣庫書提要,其與文淵閣庫書提要所載同,皆爲"《五峰集》十卷""今依次分爲十卷"③。可見,定稿早於《總目》的文淵閣、文溯閣庫書提要所述皆是《五峰集》十卷,且其所言與今所見文淵閣、文津閣《四庫全書》所錄卷次亦爲一致。而定稿較晚的文津閣庫書提要則已刪除了"今依次分爲十卷"一句,改作"今定以樂府、四言詩爲一卷,五七言古詩爲一卷,五言律詩爲一卷,七言律詩爲一卷,絕句爲一卷,雜文爲一卷。卷首別有逸文目四篇,曰《南村草堂記》,曰《郭翼遷善齋記》,曰《姚文焕書聲齋集記》,曰《孝善坊記》,皆有錄無書。蓋傳寫復佚,今亦闕之。"④其描述,已與《總目》一致。同時,可以明確的是,館臣的確曾釐定該集爲六卷本,而非十卷本。

問題在於,儘管弘治本《五峰集》原無卷次,但是既然文淵閣、文溯閣二庫書提要皆稱已將其"分爲十卷",且四庫本所錄《五峰集》十卷又正與二庫書提要對應,那麽《總目》僅需順理成章地沿襲描述便可。何以館臣却執意否定"今以此分爲十卷"的做法,而擅自改編爲"六卷"?

今據《總目》所云核實,文淵閣庫本、文津閣庫本《五峰集》的雜文卷首并無"逸文目四篇",文淵閣、文溯閣二庫書提要亦未提及此四篇目,更未載有雜文"二十首"這一內容。再聯繫《總目》標注的"六卷"卷次來看,則可斷言《總目》所據當另有版本,而此版本顯然與文淵閣庫書、文津閣庫書所錄版本不盡相同。

經檢,與《總目》所述版本最爲貼近者,當是今存鮑廷博手抄并校、勞格朱墨筆校本《五峰集》六卷《補遺》三卷《文集》一卷《雁山十記》一卷(後稱"鮑本"),今藏中山大學圖書館。此本《五峰集》卷一爲古樂府十七題十八首,騷類十八題十八首,卷二爲四言詩九題、五言古體六十六題六十八首,卷三爲七言古詩二十八題,卷四爲五言律詩四十題、五言長律七題、六言詩四題,卷五爲七言律詩一百三十一題一百三十二首,卷六五言絕句十九題、六言絕句四題、七言絕句一百五十五題,《補遺》卷一詩歌二十九題、卷二詩歌十一題十二首、卷三詩歌四十四題四十六首,《五峰文集》共文章十篇,分別是《樂府詩集序》《朱伯賢白雲稿序》《送瞿慧夫上青龍鎮學官詩序》《丁仲容檜亭詩稿序》《蕭山縣公署記》《重修昆山州學宮記》《重修樂清縣學記》《王貞婦傳》《漢洛陽令方聖公儲傳》《遂初齋銘并序》,又《雁山十記》一卷共十篇文章。此一種本子,能與《總目》所述相呼應。

對比《總目》所述與鮑本實際情況,大致能判斷紀昀在庫書提要確定之後,對《五峰集》提要又單獨作出了修改。修改的契機是鮑廷博重新修訂了《五峰

---

① 按,"弘"字原文缺末筆。
② 李孝光《五峰集》卷首,《景印文淵閣四庫全書》第1215册,第91頁。
③ 金毓黻等編《文溯閣四庫全書提要》卷九九,中華書局,2014年,第3361頁。
④ 《文津閣四庫全書提要》,商務印書館,2006年,第572頁。

集》的版本，其不僅對原來《五峰集》的詩歌進行了補遺，亦對文章進行了補遺，故而鮑本《五峰集》是當時收錄李孝光作品最全、最新的別集。因此紀昀秉著收錄全本的態度對《總目》著錄之《五峰集》的描述進行了修改，提要所云"今定"便是試圖對新編的鮑本進行厘定。根據提要所述的分卷方式可知，紀昀的設想是將鮑本的前六卷詩歌與補遺三卷詩歌合并，再進行重新編排爲五卷，又將鮑本的《五峰文集》和《雁山十記》合爲雜文一卷，共二十篇，依此則《五峰集》包括詩文，一共六卷。至於提要所云"卷首別有逸文目四篇……皆有録無書"，當是鮑廷博輯佚時所列出的篇目，但終究未能抄録原文，故原本缺失。

然而紀昀重編鮑本的設想只是一紙理論，因爲踐行其設想的《四庫全書》七分書已經處於緊鑼密鼓的抄録階段。今觀成書較早的文淵閣、文溯閣庫書提要并未變更，仍載"今依次分爲十卷"。紀昀曾力求把《五峰集》整理的最新成果融入到《四庫全書》系統中，只可惜其想法并未能在《四庫全書》中得到全部實現，今查《文津閣四庫全書》所抄録的《五峰集》便仍是十卷。

紀昀試圖在《總目》中呈現別集版本的最新學術成果，此爲其不斷對《總目》提要進行修改和完善的重要原因之一。然而遺憾的是，他所提出的版本修改設想，終究未能付諸實踐并形成與之對應的版本，因此《總目》中所記載的版本與實際抄録者并未能一一對應。提要所叙版本與實際抄録者之間的信息錯位，體現出《總目》所述學術信息并非完全反映出當時學術之最新成果。

（六）小結

以上通過對同一別集多種版本的比較，知《總目》著録之元別集存在所取者并非足本等現象，《總目》相關信息存在不同程度的失實及錯訛之處，嚴重影響了《總目》學術作用的發揮。本文結論如次：

其一，《總目》元別集提要中存在的版本問題，大致可歸爲四類。第一類，因陋就簡，取非足本，即所録本非其所見足本。實際上，求"足本"是《四庫全書》纂修的一項重要宗旨。《總目·凡例》稱："諸書刊寫之本不一，謹擇其善本録之。增删之本亦不一，謹擇其足本録之。"館臣於徵集所得的同一別集的多種版本中擇其一種進行著録，而其標準是：從刊寫角度看，擇選善本；從增删角度上，選取"足本"。但《總目》所著録元別集中仍有不少屬於删節本。前文所考黄溍《黄文獻集》、楊維楨《鐵崖古樂府集》即屬此類代表，此外還有戴表元《剡源集》三十卷、趙孟頫《松雪齋集》十卷《外集》一卷、余闕《青陽集》四卷等。第二類，《總目》所述本與四庫本爲館臣重編本，與存世版本不同。館臣之所以重編，同其求善本、求舊本、求足本的心理有關，或是與《總目》編撰理念有關。如前文所考周權《此山集》四卷即屬此類；此外還有釋大訢《夢觀集》五卷等。第三類，《總目》混淆版本，即《總目》在描述四庫底本的版本源流、對四庫底本作出判斷時，出現混淆不清、張冠李戴的現象。這一現象的產生與館臣版本認識不足、版本梳理不精有關。屬於此類的有盧琦《圭峰集》二卷以及張養浩《歸田類稿》二十四卷、張昱《可閑老人集》四卷等提要。第四類，提要標注本與所述本不同，即《總目》提要條目内標注者與提要所述者未能相匹配。這一現象揭示出《總目》關於某一元別集的敘述存在"文"不對"題"的問題，此或與定稿在後的《總目》對於版本信息不斷更新，而已被抄錄的四庫本無法更換有關，或是《總目》之編撰與《四庫全書》之抄錄二者各自爲政所致。前文所考如李孝光《五峰集》六卷即屬此類，劉鶚《惟實集》四卷《外集》二卷、貢性之《南湖集》七卷亦屬此類。

其二，政治權力、正統觀念凌駕於學術客觀之上，從而導致《總目》在論述元別集版本時存在諸多問題。《總目》元別集提要中版本存在的訛誤和缺失多與帝王干預、官學約束等非學術因素有關。例如，館臣輕易將楊維楨《鐵崖古樂府》十卷《樂府補》六卷論定爲"全帙"，便是迎合"聖裁獨斷"之舉。因《大明鐃歌鼓吹曲》對楊維楨人物重評的重要價值，故館臣以"全帙"稱之，以此方能確保毛晉汲古閣本《鐵崖古樂府》十卷《樂府補》六卷這一版本的權威地位，同時使得此篇"罪證"文字在後世的傳播以及楊維楨教化人臣的典型作用得以確立。館臣此舉顯然與遵從聖命、迎合聖意有關，是將政治要求凌駕於學術客觀的行爲。再如，《總目》著録之《黃文獻集》既非原初刻本，又非足本，而是一删節本。館臣能見到元刻本《金華黃先生文集》四十三卷這一善本，爲何取劣不取優？原因便在於，館臣選取版本的標準是以思想性爲首要的，這種標準致使館臣往往置實際上的足本於不顧。可見，正統的官學思想是《總目》版本擇取時至關重要的標準，它甚至制約了館臣求善求精的學術主動性。再如釋大昕《梦观集》，原本爲二十四卷，但因"集中雜文亦多青詞、疏引，不出釋氏之本色，皆無可取"①，故館臣"删除其《夢法》等卷，并删除其雜文，惟録古今體詩，編爲五卷。"②可見爲了摒棄"釋氏"色彩，館臣擅自大量删減其原本而重編删節本，其崇儒抑佛的思想傾向昭然若揭。

（作者單位：西南大學文學院）

---

① 永瑢等纂《武英殿本四庫全書總目》卷一六七《夢觀集》提要，第46册，第270—271頁。
② 永瑢等纂《武英殿本四庫全書總目》卷一六七《夢觀集》提要，第46册，第271頁。